TIMOTHY KELLER
mit KATHY KELLER

Ein Jahr mit den PSALMEN

365 Andachten

Deutsch von Renate Hübsch

BRUNNEN
Verlag GmbH · Giessen

Originalausgabe unter dem Titel: The Songs of Jesus

Erstmals erschienen bei: VIKING, einem Imprint von Penguin Random House LLC,
375 Hudson Street, New York 10014, USA
Penguin.com

5. Auflage 2023

Umschlaggestaltung: Jonathan Maul
Satz: DTP Brunnen
Druck: GGP Media GmbH, Pößneck
ISBN 978-3-7655-0982-7

www.brunnen-verlag.de

Der Familie Midwood gewidmet:
Louise
Jesse, Meg und Abby
und dem Gedenken an unseren Freund David (1949–2014),
Ehemann, Vater, Großvater, Freund, Mentor und
Diener des Evangeliums, der bereits aus vollem Herzen
seine Lieder mit Jesus singt.

Einführung

Die Psalmen waren das von Gott selbst inspirierte Gesangbuch für den öffentlichen Gottesdienst im alten Israel (1Chr 16,8-36). Die Psalmen wurden nicht nur gelesen, sondern gesungen, und prägten sich daher den Menschen in Geist und Vorstellungskraft ein, wie nur Musik es vermag. Herz und Fantasie der Menschen waren so von den Psalmen durchtränkt, dass es nicht überrascht, dass die Menge Jesus bei seinem Einzug in Jerusalem spontan mit einem Psalmvers begrüßt (Mk 11,9; Ps 118,26).

Auch die ersten Christen beteten und sangen die Psalmen (Kol 3,16; 1Kor 14,26). Als Benedikt seine Klostergemeinschaften gründete, bestimmte er, dass alle Psalmen mindestens einmal in einer Woche gebetet, gelesen und gesungen werden sollten. Im Mittelalter stellten die Psalmen den Teil der Bibel dar, der den meisten Christen wohl am vertrautesten war. Und falls ein Laie überhaupt ein biblisches Buch besaß, dann war es mit hoher Wahrscheinlichkeit der Psalter. In der Reformation spielten die Psalmen eine wichtige Rolle bei der Neuordnung der Kirche. Martin Luther empfahl, dass man den Psalter weiterhin in Gebrauch halten solle, und zwar in seiner Gänze. Johannes Calvin verordnete seinen Gemeinden eine Gesangsdiät, die vor allem aus dem Wechselgesang der Psalmen bestand.[1] Er schreibt: „Die Absicht des Heiligen Geistes war nämlich … der Kirche eine gemeinsame Form des Betens zu schenken.“[2]

Alle großen Theologen und leitenden Kirchenmänner waren überzeugt, dass jeder Christ in seinem persönlichen Reden mit Gott die Psalmen täglich beten sollte und dass sie auch im öffentlichen Gottesdienst ihren Platz haben müssen. Wir sollen die Psalmen nicht einfach lesen; wir sollen in sie eintauchen, uns so in sie versenken, dass sie unsere Beziehung zu Gott formen und prägen. Die Psalmen sind der Weg, den Gott selbst uns weist, um zu lernen, wie unser Gott angebetet sein will.

Warum? Einen Grund nennt Luther: Der Psalter ist eine „Bibel im Kleinen“. Wir finden darin einen Überblick der Heilsgeschichte: von der Schöpfung über die Gesetzgebung am Sinai, den Bau von Stiftshütte und Tempel und das Exil aufgrund des Abfalls von Gott bis zum Vorausblick auf die kommende messianische Heilszeit und die Erneuerung aller Dinge. Der Psalter enthält dogmatische Aussagen über die Offenbarung (Ps 19), über Gott (Ps 139), die Natur des Menschen (Ps 8) und die Sünde (Ps 14):

Aber die Psalmen sind mehr als ein Hilfsmittel für die theologische Unterweisung. Der Kirchenvater Athanasius (4. Jahrhundert) schrieb: „Ich glaube nämlich, dass in diesen Worten des Buchs das ganze Leben der Menschen und die Stimmungen der Seele und die Bewegungen der Gedanken umfangen und umschlössen seien, und dass unter den Menschen darüber hinaus sich nichts mehr finde."[3] Alles, was das Leben mit sich bringen kann, finden wir in den Psalmen. Sie bereiten uns auf jede denkbare geistliche, soziale und emotionale Herausforderung vor, in die wir geraten können – sie zeigen uns, welchen Gefahren wir im Leben begegnen, lehren uns, woran wir uns halten können, welche innere Einstellung wir entwickeln sollen, wie wir mit Gott über alles reden können und wie wir von ihm die Hilfe erhalten, die wir brauchen. „Sie stellen unseren Lebensumständen ihr unbeirrbares Verständnis der Größe und Erhabenheit Gottes gegenüber, damit wir die wahre Proportion der Dinge erkennen." Jede denkbare Situation, jede Lebenslage wird „in die Gegenwart des Herrn versetzt und in den Zusammenhang der unumstößlichen Wahrheit über Gott gestellt."[4] Die Psalmen sind also nicht nur eine unüberbietbare Fibel christlicher Lehre; sie sind Medizin für Brust und Herz und das denkbar beste Handbuch dafür, wie man sein Leben am besten gestaltet.

Wenn ich die Psalmen „Medizin" nenne, dann möchte ich damit ihrem besonderen Charakter gerecht werden, der sie aus allen anderen biblischen Büchern heraushebt. Die Psalmen wurden nicht als Lesetexte geschrieben; sie wollen gebetet, rezitiert, gesungen werden – kurz: Sie wollen getan werden. Der Theologe Gordon Wenham schlussfolgert, wer die Psalmen immer wieder „gebraucht", der „verwirklicht" sie auf eine Weise, „die die eigene Beziehung zu Gott verändert, wie bloßes Hören allein es nicht vermag".[5] Wir sollen die Psalmen sozusagen zum Kern unseres eigenen Betens machen oder auch unser Beten in die Psalmen einhüllen und uns auf diese Weise Gott nähern. Auf diese Weise „verwickeln" die Psalmen uns unwillkürlich direkt in neue innere Haltungen, Engagements, Versprechen und sogar Emotionen. Wenn wir etwa Psalm 139,23.24 – „erforsche mich … prüfe mich … Sieh, ob ich einen Weg eingeschlagen habe, der mich von dir wegführen würde" – nicht nur lesen, sondern beten, dann bitten wir Gott, unsere Motive zu durchleuchten, und willigen bewusst ein, so zu leben, wie die Bibel es verlangt.[6]

Die Psalmen leiten uns an, es ebenso zu machen wie die Psalmbeter – uns an Gottes Verheißungen zu binden; unser Vertrauen auf ihn durch Bitten und die ausgesprochene Einwilligung in das, was er schickt, auszudrücken; in Klage und Beschwerde Gottes Trost zu suchen; durch Reue und Schuldbekenntnis sein Erbarmen zu finden und durch Meditation, Erinnerung und Reflexion neue Weisheit und Einsicht von Gott zu erlangen.

Die Psalmen helfen uns, Gott zu sehen – nicht so, wie wir ihn uns wünschen oder erhoffen, sondern so, wie er sich selbst offenbart. Der Psalter malt ein sehr reiches Bild von Gott, jenseits aller menschlichen Erfindungen. Der Gott der Psalmen ist sehr viel heiliger, sehr viel weiser, erschreckender, zärtlicher und liebevoller, als Menschen ihn sich je ausdenken könnten. Die Psalmen eröffnen unserer Vorstellungskraft ganz neue Dimensionen und leiten sie dennoch hin zu dem Gott, der tatsächlich existiert. Und so verleihen sie unserem Gebetsleben eine Realität, wie es sonst nichts vermag. „Aus uns selbst heraus beten wir zu einem Gott, der uns sagt, was wir gern hören, oder zu dem Teil von Gott, der uns einleuchtet. Entscheidend ist aber, dass wir zu dem Gott reden, der zu uns redet, und dass wir auf alles reagieren, was er uns sagt … Das Entscheidende beim Beten ist nicht, dass wir lernen, wie wir uns ausdrücken sollen, sondern dass wir lernen, Gott zu antworten."[7]

Aber vor allem: Wenn wir die Psalmen im Kontext der ganzen Bibel lesen, dann führen sie uns zu Jesus. Die Psalmen waren das Gesangbuch von Jesus. Daraus hat er gesungen: das Große Hallel (Psalm 113 bis 118) beim Passahmahl (Mt 26,30; Mk 14,26). Wir haben allen Grund anzunehmen, dass Jesus zeitlebens die Psalmen gesungen hat, immer wieder, alle, und dass er sie auswendig gekannt hat. Kein anderes Buch des Alten Testaments zitiert er so oft. Aber die Psalmen wurden nicht nur von Jesus gesungen; sie singen umgekehrt auch von ihm. Das wird dieses Buch immer wieder aufzeigen.

Und so gilt in einem doppelten Sinn: Die Psalmen sind die „Lieder von Jesus".

Wie dieses Buch angelegt ist

Dieses Buch ist ein Andachtsbuch, das in 365 Tagen durch den gesamten Psalter führt. Eigentlich haben die Psalmen es nicht nötig, dass man sie zu „Andachten" verarbeitet – sie sind ja das von Gott höchstpersönlich inspirierte „Andachtsbuch".

Viele Menschen mögen keine modernen Andachten; sie finden sie entweder künstlich forsch oder zu sentimental oder zu dogmatisch oder zu mystisch, weil sie nur den Blickwinkel und die Erfahrung eines einzigen Autors widerspiegeln. Die Psalmen dagegen geben uns eine ganze Bandbreite von Stimmen, Menschen mit unterschiedlichem Temperament und sehr verschiedenen Erfahrungen, die von Gottes Geist inspiriert sind. Kein anderes Buch, auch kein biblisches, kann es als Grundlage für unser tägliches Gebet mit den Psalmen aufnehmen. Natürlich malt das Neue Testament ein viel deutlicheres und unmittelbareres Bild von Jesus Christus. Aber kein Buch des Neuen Testaments wurde als eine Art Grundkurs durchbeteter Theologie geschrieben, der uns hilft, jede nur denkbare menschliche Situation im Licht der Wahrheit über Gott zu verarbeiten.

Die Psalmen sind also bereits an sich das Andachtsbuch Gottes für uns. Trotzdem: Die meisten Menschen brauchen eine Anleitung, um ihre ersten Schritte im Gelände des Psalters sicher zu tun. Viele Psalmen haben einen komplexen historischen Hintergrund und können auch nach vielfachem Lesen noch sehr rätselhaft sein. Und einen Text, den wir kaum verstehen, können wir nicht beten.

Jeder Tag bietet einen Abschnitt aus einem Psalm. Dann folgt eine kurze Meditation zur Hauptaussage und Bedeutung der ausgewählten Verse. Das abschließende Gebet möchte helfen, in das Gespräch mit Gott einzutreten. Verstehen Sie diese Gebete als eine Art „Anlauf", nicht als vollständiges Gebet. Sie möchten nur in eine bestimmte Richtung führen, von wo aus jeder Leser selbst weiterbeten, persönliche Lebenssituationen einbringen und alles Gott hinlegen kann – im Namen Jesu (Joh 14,13).

Wir haben dieses Buch so angelegt, dass man es auf dreifache Weise nutzen kann: Am einfachsten ist es, wenn Sie den Psalm und die Meditation langsam lesen und dann mit dem Gebetsvorschlag und dem Psalm Ihr eigenes Gebet beginnen. Das ist der Auftakt dazu, alles, was Sie an diesem Tag auf dem Herzen haben oder was an Aufgaben und Anforderungen auf Sie wartet, vor Gott zu bringen. Das alles kann in etwa fünfzehn Minuten geschehen.

Ein zweite Möglichkeit: Nehmen Sie sich die Zeit, die zusätzlichen Schriftstellen nachzuschlagen, die häufig in der Meditation oder im Gebet noch genannt werden. Die Meditation ist zwar in sich verständlich, auch wenn Sie die angegebenen Stellen nicht nachschlagen; aber natürlich erweitert es Ihr Verständnis des Textes, wenn Sie sie nachlesen, und es kann auch Ihr Gebet um weitere Aspekte bereichern.

Und drittens können Sie sich Ihre Andachten sozusagen selbst erarbeiten. Nehmen Sie ein Tagebuch zu Hilfe. Lesen Sie den Psalmabschnitt zweimal langsam und laut. Dann stellen Sie sich drei Fragen und notieren sich Ihre Antwort:

Anbetung – Was habe ich über Gott gelernt, das mich staunen, loben, danken lässt?

Umkehr – Was habe ich über mich selbst gelernt, das mich zur Umkehr bringt?

Umsetzung – Was habe ich über das Leben gelernt, das ich anstreben, erbitten oder in die Tat umsetzen kann?

Wenn Sie diese Fragen beantwortet haben, haben Sie Ihre persönliche Meditation zum jeweiligen Psalmabschnitt. Lesen Sie dann den auslegenden Text im Buch und ergänzen Sie Ihre eigenen Notizen ggf. mit Gedanken daraus. Und dann machen Sie Ihre Erkenntnisse zum Gebet – mit den Elementen Lobpreis und Dank, Bekenntnis und Vorsatz. Den Gebetsvorschlag im Buch können Sie dafür als „Anlauf“ nutzen. Auf diese Weise werden Sie allmählich Zugang zu der tiefen Weisheit und Einsicht finden, die die Psalmen uns eröffnen können.

Jetzt sind Sie bestens vorbereitet für ein Jahr mit den Psalmen. Gott schenke Ihnen dazu „den Geist der Weisheit und der Offenbarung … damit ihr ihn immer besser kennenlernt“ (Eph 1,17).

Psalm 1 — *1. Januar*

1 Glücklich zu preisen ist, wer nicht dem Rat gottloser Menschen folgt, wer
nicht denselben Weg geht wie jene, die Gott ablehnen, wer keinen Umgang
mit den Spöttern pflegt. 2 Glücklich zu preisen ist, wer Verlangen hat nach
dem Gesetz des Herrn und darüber nachdenkt Tag und Nacht. 3 Er gleicht
einem Baum, der zwischen Wasserläufen gepflanzt wurde: zur Erntezeit trägt
er Früchte, und seine Blätter verwelken nicht. Was ein solcher Mensch unter-
nimmt, das gelingt. 4 Ganz anders ist es bei den Gottlosen: Sie gleichen der
Spreu, die der Wind wegweht. 5 Darum können sie auch nicht bestehen, wenn
Gott Gericht hält. Wer Gott ablehnt, hat keinen Platz in der Gemeinde derer,
die nach seinem Willen leben! 6 Der Herr wacht schützend über dem Weg der
Menschen, die seinen Willen tun. Der Weg aber, den die Gottlosen gehen,
führt ins Verderben.

DAS WORT, VON DEM WIR LEBEN. Psalm 1 ist das Tor zu den Psalmen. Das „Gesetz" ist die ganze Heilige Schrift; „Verlangen" nach dem Wort Gottes zu haben, bedeutet nicht einfach, es zu befolgen, sondern zu lieben, was Gott anordnet. Aufgrund dessen, was Jesus für uns getan hat, gilt für Christen: Wir sind dem Gesetz nicht mehr verpflichtet, wir sind frei. Vers 2 beschreibt daher das Geheimnis einer Beziehung zu Gott und zum Leben selbst: nach seinem Wort und Gesetz verlangen und es beständig im Herzen tragen. Alles, was nicht im Wort Gottes verwurzelt ist, bietet keinen Halt in Zeiten der Not. Gottes Wort schenkt uns die Widerstandskraft eines Baumes, der an einer lebendigen Quelle wächst, die nie versiegt.

Gebet: *Herr des Wortes, bewahre mich vor der Verführung der Welt – lass mich nicht naiv mit den Wölfen heulen, lass mich nicht bitter und zynisch werden. Hilf mir, dein Wort zu meditieren, bis ich es liebe und mich daran freue. Schenk mir in jeder Lebenslage Beständigkeit und Zufriedenheit. Das brauche ich sehr. Amen.*

1 Weshalb geraten die Nationen in Aufruhr? Warum schmieden die Völker
Pläne, die doch zum Scheitern verurteilt sind? 2 Die Könige dieser Welt ste-
hen zum Angriff bereit, und die Machthaber verbünden sich miteinander zum
Kampf gegen den Herrn und gegen den König, den er gesalbt hat. 3 „Befreien
wir uns endlich von ihren Fesseln“, sagen sie, „lasst uns die Ketten der Abhän-
gigkeit zerbrechen!“ 4 Doch der im Himmel thront, lacht, der Herr spottet
über sie.

KEINE BANGE. Die Medien geben uns jeden Tag neue Gründe, Angst zu haben. Die Meinungsmacher reden uns ein, dass Gehorsam gegen Gott uns einschränkt und unsere Freiheit begrenzt. Die Wahrheit ist: Freiheit finden wir nur, indem wir dem dienen, der uns geschaffen hat. Alle Menschen und Mächte, die dem Anschein nach die Welt regieren, unterstehen doch seiner Herrschaft, und eines Tages werden sie es erkennen. Gott herrscht auch heute. Und wir können mit all unseren Ängsten bei ihm Zuflucht suchen. Sich von der Welt in Angst und Schrecken versetzen zu lassen (Psalm 2) ist geistlich ebenso fatal, wie zu sehr von der Welt fasziniert zu sein (Psalm 1).

Gebet: *Herr der Welt, viele Menschen lehnen deinen Anspruch auf ihr Leben ab. Und ich spreche nicht gern von dir, ich fürchte, damit lächerlich gemacht zu werden oder Zorn auszulösen. Aber du lässt dich nicht einschüchtern von den „Mächtigen“ dieser Welt. Ich sollte es auch nicht tun. Lass mich erfahren, welche Freude es bedeutet, dir zu gehorchen, und welche Furchtlosigkeit daraus erwächst. Amen.*

5 Dann aber herrscht er sie an im Zorn, ja, sein glühender Zorn versetzt sie
in Schrecken. 6 Er spricht: „Ich selbst habe meinen König eingesetzt hier auf
dem Zion, meinem heiligen Berg!" 7 Dann spricht der König: „Ich gebe den
Beschluss des Herrn bekannt; er hat zu mir gesagt: ‚Du bist mein Sohn, heute
habe ich dich gezeugt. 8 Nenne mir deine Forderung, ich will sie erfüllen! Ich
gebe dir alle Nationen zum Erbe, die Erde bis an ihr äußerstes Ende soll dein
Besitz sein! 9 Zerschmettere die Völker mit eisernem Zepter! Zerschlag ihren
Widerstand, wie man ein Tongefäß zerschlägt!‘ 10 Und nun kommt zur Ein-
sicht, ihr Könige der Welt, lasst euch warnen, ihr Richter auf Erden! 11 Dient
dem Herrn mit Ehrfurcht, zittert vor ihm und jubelt ihm zu! 12 Erweist Ehre
seinem Sohn, damit er nicht zornig wird und ihr auf eurem falschen Weg um-
kommt – denn schnell wird sein Zorn zu Feuer, das euch verzehrt!" Glücklich
zu preisen sind alle, die Schutz bei ihm suchen.

SCHUTZ SUCHEN BEI GOTT. Gott reagiert auf den menschlichen Stolz, indem er seinen „Sohn" auf dem Zion zum Herrscher einsetzt. Das weist bereits über den König Israels hinaus auf Jesus, den wahren Sohn Gottes. Der wird einmal alle Dinge zurechtbringen; aber er wird es tun, indem er zuerst auf den Zion – nach Jerusalem – geht, um für unsere Sünden zu sterben. Diesem Sohn „Ehre zu erweisen" bedeutet, für ihn zu leben und in ihm zu ruhen. Wenn wir das tun, können wir sicher sein, dass letzten Endes alles gut wird, egal, was uns zustößt. Wenn wir nicht für ihn leben, kämpfen wir am Ende gegen Gott. Denn „es gibt keinen Schutz vor Gott – es gibt nur Schutz bei ihm".[8]

***Gebet:** Herr, deine Antwort auf das Chaos und den Unfrieden dieser Welt ist dein Sohn Jesus Christus. Er wird einmal unsere Gebrochenheit zerbrechen, den Tod töten, die Zerstörung zerstören und jeden Kummer tilgen. Lehre mich, bei dir Schutz zu suchen – in deiner Vergebung durch Jesus, in deinem guten und weisen Willen, und darin, dass meine herrliche Zukunft bei dir gesichert ist. Amen.*

Psalm 3 — 4. Januar

1 *Ein Psalm Davids. Entstanden in der Zeit, als er auf der Flucht vor seinem Sohn
Absalom war.*
2 Herr, wie zahlreich sind doch meine Feinde! So viele lehnen sich auf und
verfolgen mich! 3 Sie behaupten: „Gott wird ihn nicht retten." 4 Du aber, Herr,
bist der Schild, der mich schützt, meine Ehre bist du allein. Du selbst richtest
mich immer wieder auf. 5 Mit lauter Stimme will ich zum Herrn rufen, er
wird mir antworten von seinem heiligen Berg. 6 Ich konnte mich hinlegen
und ruhig schlafen; wohlbehalten bin ich wieder aufgewacht, denn der Herr
ist mein Schutz. 7 Ich fürchte mich nicht vor einem Heer von Zehntausenden,
auch wenn sie mich schon ringsum eingeschlossen haben. 8 Nun steh doch
auf, Herr! Rette mich, mein Gott! Bisher hast du noch allen meinen Feinden
ins Gesicht geschlagen, ja, diesen Rechtsbrechern hast du die Zähne ausge-
brochen! 9 Hilfe und Rettung kommt allein vom Herrn! Dein Segen, Herr,
komme über dein Volk.

FRIEDEN MITTEN IN DER GEFAHR. Davids Sohn Absalom trachtet ihm nach dem Leben. Und David ist an dieser Familienfehde nicht unschuldig. Er war so versessen auf die Liebe dieses Sohnes, dass er ihn nie zurechtwies, selbst dann nicht, als Absalom einen seiner Brüder ermordete. Jetzt flieht David vor seinem eigenen Sohn um sein Leben. In seinem Gebet erkennt er, dass weder die Liebe eines Sohnes noch der Beifall der Menge einem Menschen seinen Wert oder wirkliche Sicherheit geben kann. Und er verlagert seine Hoffnung wieder in Gott, sucht seine Ehre bei ihm und findet mitten in der Gefahr Frieden. Gott allein ist der, der unser Leben erhält, ob wir nun vor einem Heer von Feinden fliehen oder friedlich im Bett liegen. Er schenkt uns jeden Atemzug, den wir tun.

Gebet: *Mein Herr und Retter, ich kämpfe mit so vielen Schwierigkeiten. Manche davon habe ich mir selbst zuzuschreiben. Aber ich muss den Kopf nicht hängen lassen, denn ich bin dein Kind und dein Diener. Sei du mein Schild – schütze mich. Sei du meine Ehre – schenk mir die Zuversicht, dass du bei mir bist und mich durch alle Schwierigkeiten hindurchbringst. Hilf mir! Amen.*

1 *Für den Dirigenten. Mit Saiteninstrumenten zu begleiten. Ein Psalm Davids.*
2 Wenn ich zu dir rufe, mein Gott, so antworte mir, du bist der Gott, der für
mein Recht eintritt. Aus großer Bedrängnis hast du mir schon herausgeholfen
und mir weiten Raum verschafft, sei mir auch jetzt gnädig und erhöre mein
Gebet! 3 Ich frage euch, ihr Angesehenen meines Volkes: Wie lange zieht ihr
noch meine Ehre in den Schmutz? Wie lange liebt ihr noch die Falschheit
und verbreitet eure Lügen? 4 Begreift doch, dass sich der Herr für mich ent-
schieden hat. Er selbst hat mich berufen als einen Mann, der ihm die Treue
hält. Der Herr wird mich erhören, wenn ich zu ihm bete. 5 Wenn ihr zornig
seid, dann versündigt euch dabei nicht! Denkt nachts auf eurem Lager noch-
mals nach und schweigt! 6 Bringt Gott die Opfer dar, die er von euch möchte,
setzt euer Vertrauen auf den Herrn! 7 Viele Leute hört man klagen: „Was ha-
ben wir noch Gutes zu erwarten?" Herr, wende uns dein Angesicht freundlich
zu und schenke wieder neue Hoffnung! 8 Tiefe Freude hast du mir gegeben.
Sie ist viel größer als die Freude derer, die Korn und Wein im Überfluss ge-
erntet haben! 9 In Frieden kann ich mich nun hinlegen und schlafen. Denn du,
Herr, gibst mir einen Ort, an dem ich unbehelligt und sicher wohnen kann.

FREUDE, DIE NICHT VON DEN UMSTÄNDEN ABHÄNGT. Wie können wir nachts ruhig schlafen (V. 9) und „tiefe Freude" empfinden (V. 8) – wenn es anderen so sichtbar gut geht und uns selbst nicht? Habe ich vielleicht ein geteiltes Herz – sind Erfolg oder Beziehungen mir wichtiger als Gott? Ich kann in jedem Augenblick umkehren (V. 3). Habe ich vielleicht ein bitteres Herz (V. 5)? Dann sollte ich vergeben. Suchen wir im Gebet Gottes Angesicht (V. 7), seine Gegenwart und seine Liebe, die unser Herz spüren kann. Dann wissen wir wieder, dass wir bei ihm sicher sind, komme, was wolle.

***Gebet:** Herr, andere „Götter" konkurrieren mit dir um mein Herz. Ich ärgere mich über Menschen, die mich verletzt haben, und manchmal auch über dich. Genau das verhindert, dass ich die Freude deiner Gegenwart und den Frieden deines Schutzes erlebe. Hilf mir, diese falschen Haltungen abzulegen, und erfülle mein Herz mit deiner Freude. Amen.*

1 *Für den Dirigenten. Mit Flötenspiel zu begleiten. Ein Psalm Davids.*
2 Herr, lass mich ein offenes Ohr bei dir finden, höre doch, wie ich seuf-
ze! 3 Meine Hilfeschreie sollen zu dir durchdringen, mein König und mein
Gott, denn allein zu dir bete ich! 4 Herr, in aller Frühe bringe ich mein Gebet
wie ein Opfer vor dich und warte sehnsüchtig auf deine Antwort. 5 Denn du
bist ein Gott, dem es nicht gefällt, wenn Menschen sich dir widersetzen. Nie-
derträchtige duldest du nicht in deiner Gegenwart. 6 Wer verblendet ist vom
Stolz, darf dir nicht unter die Augen treten. Menschen, die Unheil anrichten,
erträgst du nicht. 7 Wer lügt, sobald er den Mund aufmacht, den lässt du ins
Verderben laufen. Mörder und Betrüger verabscheut der Herr.

DAS HERZ AUSSCHÜTTEN. Viele Psalmen beginnen mit „Hilfeschreien" – einem Seufzer aus tiefstem Herzen. Dies ist unzensiertes Gebet, es ist der Aufschrei des Herzens zu Gott. Auch wenn uns die Worte fehlen, um unsere Not auszusprechen, können wir Gott unser Anliegen vorlegen. Er erwartet, dass wir uns an ihn wenden, wenn wir Zuflucht oder Trost in Leid, Angst, Schmerz brauchen. Er will nicht, dass wir diese Empfindungen mit Ablenkungen und Vergnügungen betäuben, die alles Mögliche versprechen, aber nichts halten. Wir sollen vertrauen: Gott hat Mose versprochen, dass er sich in unerschütterlicher Treue auf die Seite von uns Menschen stellt. Er schenkt uns seine Liebe und Gnade trotz unserer Sünden und Fehler (2Mo 6).

***Gebet:** Allwissender Gott, du kennst mein Herz. Allmächtiger Gott, mir fehlt die Kraft zu tun, was getan werden muss, deshalb wende ich mich an dich. Allweiser Gott, ich weiß, dass du mich hörst und dass du handeln wirst – ich weiß auch, dass du den richtigen Zeitpunkt kennst. Darauf will ich warten. Amen.*

8 Ich aber darf zu deinem Haus kommen, weil du mir deine reiche Gnade
schenkst; ich darf mich niederwerfen vor deinem Heiligtum und dich in Ehr-
furcht anbeten. 9 Herr, erweise mir deine Treue und leite mich auf dem richti-
gen Weg, tu es meinen Feinden zum Trotz! Bahne mir den Weg, den du mich
führen willst! 10 Aus dem Mund dieser Menschen kommt kein verlässliches
Wort, ihr Herz ist voller Bosheit. Ihr Rachen gleicht einem offenen Grab,
und ihre Zunge gebrauchen sie nur, um zu betrügen. 11 Sprich sie schuldig, o
Gott! Sollen sie doch selbst zu Fall kommen durch ihre hinterhältigen Pläne!
Verstoße sie, weil sie dir die Treue brechen und sich immer wieder gegen dich
auflehnen. 12 Doch Freude wird bei all denen herrschen, die bei dir Hilfe su-
chen. Ihr Jubel wird ohne Ende sein, denn du stellst sie unter deinen Schutz.
So werden alle jubeln über dich, die deinen Namen lieben. 13 Denn du, Herr,
segnest alle Menschen, die dir treu sind, deine Gnade umgibt sie und schützt
sie wie ein Schild.

BITTE UM SCHUTZ. David spricht in seinen Psalmen oft von seinen Feinden. Im Altertum schwebte ein König praktisch immer in Lebensgefahr. Wir haben vielleicht weniger Feinde, die uns nach dem Leben trachten, aber es gibt andere Mächte in der Welt, die uns ruinieren können: wirtschaftlich, emotional, physisch und geistlich. Machen wir es so wie David. Er bittet Gott, ihn in seinen Schutz zu nehmen. Und er ist sich sicher, dass Gott das auch tun wird, denn David achtet und besucht den Tempel, den Ort, an dem Sünde gesühnt wird. Wir Christen tun dasselbe, wenn wir uns an den erinnern, der von sich gesagt hat, er sei der endgültige Tempel (Joh 2,20), das endgültige Opfer und der endgültige Beweis dafür, wie groß Gottes Liebe zu uns ist.

***Gebet:** Gerechter Herr, ich bitte dich um deinen Schutz vor allem, was mir schaden will. Und wenn ich mich über andere empören will, weil sie so offensichtlich Böses im Sinn haben, dann erinnere mich an meine eigene Sünde. Dann will ich daran denken, dass es allein deine Gnade ist, die mich dir nahe sein lässt. Ich muss und möchte lernen, das Böse zu hassen, ohne mich über andere zu erheben. Ja, schütze mich, Herr, und schenk mir ein demütiges Herz. Amen.*

1 *Ein Psalm Davids.*
2 Herr, bestrafe mich nicht in deinem Zorn, weise mich nicht zurecht, solange
du aufgebracht bist. 3 Erbarme dich über mich, Herr, denn ich bin kraftlos
wie ein welkes Blatt. Heile mich, denn der Schreck sitzt mir in allen Glie-
dern. 4 Ich habe allen Mut verloren. Und du, Herr, wie lange willst du dir das
noch ansehen? 5 Herr, wende dich mir wieder zu! Befreie mich aus meiner Not
und rette mich um deiner Barmherzigkeit willen! 6 Denn bei den Verstorbe-
nen gibt es kein Gedenken mehr an dich. Wer sollte dich im Totenreich noch
preisen? 7 Ich bin erschöpft vom vielen Seufzen, die ganze Nacht hindurch
fließen meine Tränen, mein Bett ist davon schon durchnässt. 8 Meine Augen
sind vor Kummer schwach geworden, gealtert sind sie, weil ich zusehen muss,
wie meine Feinde mich bedrängen. 9 Geht weg von mir, ihr Verbrecher, denn
der Herr hat mein Weinen gehört! 10 Mein Flehen hat der Herr vernommen,
ja, der Herr nimmt mein Gebet an. 11 Alle meine Feinde werden Hohn und
Spott ernten, sie werden sich plötzlich zurückziehen müssen, beladen mit
Schmach und Schande.

WARTEN IST SCHWER. „Wie lange noch, Gott, wie lange?" So fragt ein Mensch, der mehr Leid und Krankheit erlebt hat, als er je geglaubt hätte, ertragen zu können. Gott hört die Gebete der Menschen, die nicht mehr können, denn er ist der Gott der „Barmherzigkeit", der „Güte", der „Gnade" (das hebräische chesedh meint die beständige Liebe eines Gottes, der einen Bund mit uns geschlossen hat und dem an uns liegt, nicht weil wir vollkommen wären, sondern weil er es ist; V. 5). David kann sein Gebet kaum noch stammeln, aber seine Tränen sind nicht vergeblich. Ihm wird ein Hauch von Gewissheit geschenkt, dass Gott ihn hört (V. 9.10), auch wenn sich an den äußeren Umständen noch nichts ändert (V. 11). Gott steht uns zur Seite und hilft uns, damit wir „mit aller Ausdauer dem Ziel entgegenlaufen" können (Heb 12,1).

Gebet: *„Was du versprichst, bitt ich von dir – nur damit nah ich dir. Du lädst, wer Lasten trägt, zu dir – und dieser Ruf gilt mir."*[9] *Ich weiß, dass deine Barmherzigkeit grenzenlos ist, auch wenn ich sie nicht spüre. Aber ich bitte dich, dass du mich in deiner Gnade berührst und mich wieder gewiss machst, dass du bei mir bist und auf allen Wegen bei mir bist. Amen.*

[1] *Ein Klagelied von David, das er dem Herrn sang, nachdem Kusch, ein Mann aus Benjamin, ihn verleumdet hatte.*
[2] Herr, mein Gott, bei dir finde ich Zuflucht. Hilf mir und rette mich vor all
meinen Verfolgern! [3] Mein Feind wird sonst wie ein Löwe über mich herfallen
und mich zerfleischen, und niemand ist da, der mich rettet. [4] Herr, mein Gott,
wenn das stimmt, was mir vorgeworfen wird, wenn ich mit meinen Händen
Unrecht begangen habe, [5] wenn ich Freunden gegenüber den Frieden gebro-
chen und jene Menschen ausgeplündert habe, die mich jetzt grundlos bedrän-
gen, [6] dann mögen meine Feinde mich verfolgen und einholen. Sie mögen
mich zu Boden treten und mich in Schande verenden lassen!

SCHMUTZKAMPAGNE. Was tun wir, wenn andere Gerüchte über uns verbreiten, uns verleumden und unseren guten Ruf in Zweifel ziehen? David zeigt es uns. Er sagt nicht: „Ich will meine Zuflucht bei Gott suchen." Vielmehr zeigt er uns, dass er das bereits getan hat, dass er bereits in Sicherheit ist. Wie kann er das so empfinden, obwohl er noch nicht wissen kann, ob die Schmutzkampagne gegen ihn ins Leere laufen wird? Die Antwort ist: Wenn wir der Weisheit Gottes und seinem Willen für uns vertrauen, können wir in innerem Frieden leben, egal, wie die äußere Situation sich entwickelt. Die einzige Meinung über uns, die zählt, ist die, die Gott von uns hat. Und die wird sich am Ende durchsetzen.

Gebet: *Herr, es gibt Kritik, die furchtbar unfair ist. Aber mein tiefster Trost liegt darin, dass du alles siehst und dass du am Ende alle Dinge zurechtbringst. Deshalb werde ich mich nicht hektisch verteidigen oder selbst die attackieren, die mich verleumden oder gegen mich intrigieren. Du kennst die Wahrheit und damit begnüge ich mich. Ich lege dir alles in deine Hände. Amen.*

7 Steh auf, Herr, in deinem Zorn, und begegne den wütenden Angriffen mei-
ner Feinde; wach auf und komm mir zu Hilfe, denn du hast ja bereits Gericht
angekündigt. 8 Versammle alle Völker um dich und sprich dein Urteil, nimm
deinen Platz hoch oben auf dem Richterstuhl ein! 9 Der Herr ist Richter über
die Völker. Sprich du, Herr, auch über mich ein gerechtes Urteil; denn ich
lebe nach deinem Willen, ich bin rein von aller Schuld. 10 Mach der Bosheit
dieser gottlosen Verleumder ein Ende und richte den wieder auf, der nach
deinem Willen lebt! Du bist ein gerechter Gott! Du prüfst die Herzen der
Menschen und weißt, was in ihnen vorgeht. 11 Gott ist über mir wie ein schüt-
zender Schild; er rettet Menschen, die ein aufrichtiges Herz haben. 12 Gott ist
ein gerechter Richter, ein Gott, der täglich die Schuldigen zur Rechenschaft
zieht.

GOTT IST RICHTER. David hat nicht getan, was man ihm vorwirft (V. 9). Er bittet Gott, sich auf den Richterstuhl zu setzen und Recht zu schaffen (V. 8). David überlässt es Gott, Unrecht zu vergelten. Denn er weiß: Nur Gott hat die Weisheit, um zu entscheiden, was ein Mensch verdient, und nur er hat die Macht und das Recht, ihm das dann auch zukommen zu lassen. Wir sollten es machen wie David. Aber wie können wir sicher sein, dass wir selbst das Gericht überstehen werden? Als Christen wissen wir: Bevor der Herr seinen Platz auf dem Richterstuhl einnimmt, um ein gerechtes Urteil zu sprechen, wird er seinen Platz an einem Kreuz einnehmen, um die Sünde aus der Welt zu tragen (Joh 12,32). Und deshalb werden die Völker, die sich am jüngsten Tag vor seinem Richterstuhl versammeln werden, aus erlösten und jubelnden Menschen bestehen (V. 8).

***Gebet:** Gerechter Herr, es gibt viele Menschen, die mich zu Unrecht beschuldigen. Verteidige mich, Herr! Aber ich kenne auch meine eigene Sünde und mein Herz klagt mich an, und zwar zu Recht. Ich finde Frieden, weil Jesus für mich gestorben ist. „Er ist erstanden, hat uns befreit; dafür sei Lob und Dank allezeit. Uns kann nicht schaden Sünd oder Tod. Christus versöhnt uns mit unserm Gott.“[10] Amen.*

13 Schärft der Feind nicht schon wieder sein Schwert, spannt seinen Bogen
und zielt auf mich? 14 Doch seine tödlichen Waffen kehren sich um, seine
Brandpfeile treffen ihn selbst! 15 Sieh doch: Da brütet jemand Böses aus, er
geht schwanger mit Unheil, er gebiert nichts als Lüge. 16 Er gräbt anderen
eine Grube und schaufelt sie aus – dann stürzt er in seine selbstgemachte Fal-
le! 17 Das Unheil, das er plant, es trifft nun ihn, was er sich ausgedacht hat,
bricht jetzt über ihn herein. 18 Ich will den Herrn für seine Gerechtigkeit prei-
sen. Zur Ehre seines Namens singe ich einen Psalm – für ihn, den Herrn, den
Höchsten!

WER ANDERN EINE GRUBE GRÄBT. Die Welt, in der wir leben, ist eine gefallene Welt. Deshalb geschieht darin bis zum Tag des Gerichts viel Unrecht, das nicht geahndet wird. Aber in den meisten Fällen kommt die Gerechtigkeit Gottes noch in dieser Welt zum Tragen. Das Böse trägt den Keim seiner eigenen Vernichtung bereits in sich. Nicht nur, weil es mit falschen Versprechen arbeitet – es lässt uns unzufrieden und leer zurück (V. 15). Sondern auch, weil es sich am Ende gegen sich selbst wendet. Man fällt selbst in die Grube, die man für andere gegraben hat. Wer hasst, wird gehasst; wer täuscht, wird getäuscht; wer andere verleumdet, wird ebenfalls verleumdet. Das sollten wir uns immer wieder vor Augen führen, bis uns das, was wir an Bösem sehen und erleben, nicht mehr entmutigt, verängstigt oder in Versuchung führt.

Gebet: *Gott, ich muss zugeben, dass mein Ärger über Menschen, die sich über deine Gebote hinwegsetzen, auch aus Neid gespeist wird. Sie leben, wie es ihnen passt, und scheinen glücklicher zu sein als ich. Aber das ist eine Illusion. Das Böse ist wie ein Tumor – er wächst und wächst, aber nur, um am Ende Tod und Zerstörung zu bringen. Hilf mir, das ganz klar zu sehen, damit ich anderen vergeben kann und nicht versucht bin, dieselben Wege einzuschlagen wie sie. Amen.*

1 *Für den Dirigenten. Auf beschwingte Weise zu begleiten. Ein Psalm Davids.*
2 Herr, unser Herrscher, wie berühmt ist dein Name in aller Welt! Ja, auch
am Himmel zeigst du deine Größe und Herrlichkeit. 3 Schon Säuglingen und
kleinen Kindern hast du dein Lob in den Mund gelegt, damit sie deine Macht
bezeugen. Das hast du so bestimmt, um deine Gegner zu beschämen, um je-
den Feind und Rachsüchtigen zum Schweigen zu bringen. 4 Wenn ich den
Himmel sehe, das Werk deiner Hände, den Mond und die Sterne, die du er-
schaffen und an ihren Ort gesetzt hast, dann staune ich: 5 Was ist der Mensch,
dass du an ihn denkst? Wer ist er schon, dass du dich um ihn kümmerst! 6 Du
hast ihn nur wenig geringer gemacht als Gott, mit Ehre und Würde hast du
ihn gekrönt. 7 Du hast ihn zum Herrn eingesetzt über deine Geschöpfe, die
aus deinen Händen hervorgingen; alles hast du ihm zu Füßen gelegt. 8 Du hast
ihm Schafe und Rinder unterstellt und dazu alle frei lebenden Tiere in Feld
und Flur, 9 die Vögel, die am Himmel fliegen, ebenso wie die Fische im Meer
und alles, was die Meere durchzieht. 10 Herr, unser Herrscher, wie berühmt ist
dein Name in aller Welt!

WUNDERBAR GEMACHT. Das Universum offenbart die Herrlichkeit Gottes. Sind wir Menschen denn nicht nur Staubkörner in einer leeren Unendlichkeit? Rein körperlich betrachtet, ja. Und doch: Wir sind es, die Gottes Denken beschäftigen (V. 5). Das Erstaunen des Psalmdichters sollte uns auch erfassen: Warum sollte Gott etwas an uns liegen? Weil er uns in seinem Ebenbild geschaffen hat. Weil er die Welt, die er geschaffen hat, in unsere Obhut gegeben hat, damit wir als seine Stellvertreter für sie sorgen. Dass wir Land, Meer, Luft und alles, was auf dieser Erde lebt, „bewahren", dass wir jedem Menschen, der als Gottes Ebenbild geschaffen ist, Gerechtigkeit widerfahren lassen – das verherrlicht Gott. Und man muss sagen: Die Menschheit ist nicht sehr gut darin, diesem Auftrag gerecht zu werden! Aber Jesus ist gekommen und letzten Endes wird die Welt ihm „zu Füßen gelegt" werden (V. 6; Heb 2,5-9) und dann wird alles in Ordnung kommen.

Gebet: *Du großer und erhabener Gott, eigentlich ist es unfassbar, dass du dich mit uns kleinen Menschen beschäftigst. Aber so ist es: Du liebst uns und wir liegen dir so sehr am Herzen, dass du eingewilligt hast, ein verletzlicher Säugling zu werden, ein schwaches Kind, um uns zu retten. Bitte, hilf mir, in allem, was ich heute tue, denke, rede und unterlasse, dass ich jeden Menschen, der mir begegnet, als jemanden behandele, der in deinen Augen unendlich wertvoll ist. Amen.*

1 *Für den Dirigenten. Auf die gleiche Weise zu begleiten wie das Lied ‚Der Sohn muss
sterben'. Ein Psalm Davids.*
2 Dich, Herr, will ich loben von ganzem Herzen, von all deinen Wundern
will ich erzählen. 3 Über dich will ich mich freuen und jubeln, zur Ehre dei-
nes Namens ein Lied singen, du Höchster! 4 Denn jetzt treten meine Feinde
den Rückzug an, dein zorniger Blick wirft sie zu Boden und lässt sie um-
kommen. 5 Du hast für meine Gerechtigkeit gesorgt und mir zu meinem
Recht verholfen. Du hast dich auf den Richterstuhl gesetzt und gerecht geur-
teilt. 6 Du hast ganze Völker in ihre Schranken verwiesen, die Gottlosen hast
du umkommen lassen und ihre Namen für immer und ewig ausgelöscht. 7 Der
Feind ist völlig vernichtet, seine Macht für immer zerschlagen. Du hast sei-
ne Städte dem Erdboden gleichgemacht; nichts erinnert mehr an sie. 8 Der
Herr aber regiert für immer und ewig, er hat seinen Thron zum Gericht auf-
gestellt. 9 Er selbst wird die Welt in Gerechtigkeit richten, wird den Völ-
kern ein aufrichtiges und gerechtes Urteil sprechen. 10 Den Unterdrückten
gewährt der Herr seinen Schutz, in Zeiten der Not ist er für sie eine Burg in
sicherer Höhe. 11 Auf dich, Herr, werden alle vertrauen, die dich und deinen
Namen kennen, denn wer deine Nähe sucht, den lässt du nie allein. 12 Singt
dem Herrn, der auf dem Berg Zion wohnt, eure Lieder, verkündet unter allen
Völkern seine großen Taten! 13 Denn er zieht all die zur Rechenschaft, die Blut
vergießen, er kümmert sich um die Verfolgten und überhört nicht die Schreie
der Unterdrückten.

DANKE. Dieser Psalm verhilft uns zu einem Symptom geistlicher Gesundheit: einem dankbaren Herzen. Wir müssen lernen, Gottes „Wunder" (V. 2) in unserem Leben zu erkennen. Das kann dramatische Ereignisse meinen – wie die Teilung des Roten Meers. Aber wir müssen auch sehen lernen, wie Gott uns auf viel unspektakulärere Weise begegnet: Er ermutigt uns, als wir gerade schon aufgeben wollten; er lässt uns auf den richtigen Menschen oder das richtige Buch oder den richtigen Gedanken stoßen, gerade als wir das brauchten. Lernen wir es, Gottes alltägliche Wunder zu erkennen. Dann wird der Grundton unserer Lebensmelodie von Freude bestimmt sein.

Gebet: *Oh Gott, du hast noch nie jemanden verlassen, der angefochten und leidgeprüft war. Wenn ich an die zahllosen großen und kleinen Wunder denke, die du schon in meinem Leben getan hast, kommen mir die Tränen … Wie viel verdanke ich dir doch! Wie sehr liebst du mich! Hilf mir, immer deutlicher zu erkennen, wie du mich an jedem Tag führst, damit ich jeden Tag Grund habe, dir zu danken! Amen.*

14 Sei mir gnädig, Herr, sieh auch meine Not, in die mich der Hass meiner
Feinde bringt, hol mich herauf aus dem Totenreich! 15 Dann will ich deinen
Ruhm verbreiten in den Toren der Stadt Zion, jubeln will ich über deine Ret-
tung. 16 Da sind Völker in die Gruben gestürzt, die sie für andere gegraben
hatten, sie sind mit ihren Füßen im eigenen Fangnetz hängen geblieben.
17 Der Herr hat sich zu erkennen gegeben, indem er Gericht übte: Wer Gott
ablehnt, der verstrickt sich in seinen eigenen Machenschaften. 18 Mögen alle
Gottlosen im Totenreich enden, alle die Völker, denen Gott gleichgültig
ist! 19 Der Unterdrückte aber ist nicht für immer vergessen, und die vom Leid
gebeugt sind, müssen ihre Hoffnung nicht aufgeben. 20 Erhebe dich, Herr,
lass nicht zu, dass Menschen sich dir widersetzen! Lass alle Völker vor dich
treten und zieh sie zur Rechenschaft! 21 Versetze sie in Schrecken, Herr, lass
alle Völker begreifen, dass sie nur Menschen sind!

VERGISS NICHT. Mitten im Text verwandelt sich dieses Danklied an Gott unvermutet in den Hilfeschrei eines Leidenden. Genau wie im Leben. Aber David klammert sich an eine Wahrheit, die sein Schiff vor dem Untergang bewahrt. Die größte Sünde ist die, dass wir vergessen, dass Gott Gott ist – und dass wir nicht Gott sind. Und das ist seine Gerechtigkeit – wer Gott vergisst, wird vergessen werden, aber wer Gott im Blick hat, wird für alle Ewigkeit in seinem Blick sein (Jes 56,5). Christen kennen einen, der Gott beständig vor Augen hatte, aber doch von ihm verlassen wurde (Mt 27,46). Aber weil Jesus an unsrer statt starb, können wir noch viel sicherer sein als David, dass Gott immer für uns da ist.

Gebet: *Oh Gott, so viele Probleme, die ich habe, erwachsen nur daraus, dass ich dich nicht vor Augen habe. Ich vergesse deine Weisheit – und fange an, mir Sorgen zu machen. Ich vergesse deine Gnade – und werde selbstzufrieden. Ich vergesse dein Erbarmen – und erhebe mich über andere. Hilf mir, in jedem Augenblick dieses Tages vor Augen zu haben, wer du bist. Amen.*

1 Warum, Herr, bist du so fern, warum verbirgst du dich in Zeiten der Not?
2 Hochmütige Menschen, die Gott ablehnen, verfolgen die Wehrlosen und
bringen sie durch ihre Intrigen zu Fall. 3 Diese Gottlosen prahlen auch noch
damit, dass ihre Gier keine Grenzen kennt. In ihrer Habsucht verspotten sie
den Herrn und verachten ihn. 4 Stolz behaupten sie: „Gott kümmert sich so-
wieso nicht um das, was wir tun! Es gibt ja gar keinen Gott!“ Weiter reichen
ihre Gedanken nicht. 5 Dennoch führt ihr Weg sie stets zum Erfolg. Unend-
lich fern liegt ihnen der Gedanke, dass du sie einmal zur Rechenschaft ziehen
könntest. Sie pfeifen auf jeden, der sich ihnen in den Weg stellt. 6 Sie reden
sich ein: „Uns bringt nichts zu Fall, kein Unglück wird uns jemals treffen,
auch nicht in künftigen Generationen.“ 7 Wenn sie fluchen, betrügen und er-
pressen, sind sie um Worte nicht verlegen; was sie von sich geben, bringt
anderen Unheil und Schaden. 8 Dort, wo ihre Opfer wohnen, legen sie sich in
den Hinterhalt; wo niemand es sieht, bringen sie den Unschuldigen um. Ihre
Augen spähen nach Menschen, die sich nicht wehren können. 9 Sie liegen auf
der Lauer wie Löwen im Dickicht, aus dem Hinterhalt fallen sie über ihr Op-
fer her und fangen es in ihrem Netz. 10 Sie halten sich versteckt, sind auf dem
Sprung, und schon geht ein Wehrloser unter ihren Pranken zu Boden. 11 Sie
reden sich ein: „Gott hat alles sowieso schon vergessen, er hat sich abgewandt
und sieht nie wieder hin.“

HARTE FAKTEN. Der Kirchenvater Augustinus von Hippo (354–430 n. Chr.) hat uns gelehrt, dass es zwei Fundamente gibt, auf die man eine Gesellschaft aufbauen kann – die Selbstliebe oder die Hingabe. Heute ist die gesellschaftliche Norm die „Gier“ (V. 3) und sie führt uns zu einem Lebensstil der Selbstdarstellung und Selbstbehauptung, weg von einer Haltung selbstloser Liebe. Dieser Lebensstil scheint sich gegenwärtig in der Welt durchzusetzen – und Gott scheint fern und untätig zu sein (V. 1). Der Psalm malt uns diese Situation schmerzhaft klar vor Augen – weil er uns davor bewahren will, auch nur unbewusst mit dieser Sicht der Welt und dieser Lebenshaltung konform zu gehen. Wie der Psalmbeter müssen wir gegen eine solche Sicht der Welt Widerstand leisten – im Gebet und in unserer täglichen Lebenspraxis.

***Gebet:** Gott, lass mich nicht naiv sein, was das Böse im Menschen anbetrifft, aber auch nicht selbstgerecht oder zynisch. Lass nicht zu, dass ich je gleichgültig werde gegenüber dem Unrecht oder, schlimmer noch, mich daran beteilige. Lehre mich, zu lieben, was du liebst, und zu hassen, was du hasst. Amen.*

12 Steh auf, Herr! Gott, erhebe deine mächtige Hand! Vergiss die nicht, die
erlittenes Unrecht geduldig ertragen! 13 Warum dürfen diese Gottlosen Gott
verachten und sich einreden, dass du dich sowieso um nichts kümmerst? 14 Du
hast doch alles genau gesehen! Du achtest doch darauf, ob jemand Not leidet
oder Kummer hat, und nimmst das Schicksal dieser Menschen in deine Hän-
de! Die Armen und die Verwaisten dürfen dir ihre Anliegen anvertrauen, denn
du bist ihr Helfer. 15 Zerbrich die Macht dieser gottlosen und boshaften Men-
schen, zieh sie zur Rechenschaft dafür, dass sie sich dir widersetzen! Keiner
von ihnen soll mehr zu finden sein! 16 Der Herr ist König für immer und ewig.
Einst werden alle Völker, die ihn missachten, aus seinem Land verschwunden
sein. 17 Du hast die Wünsche derer gehört, die erlittenes Unrecht geduldig er-
tragen, Herr; aufmerksam hast du dich ihnen zugewandt und ihr Herz wieder
stark gemacht. 18 Du wirst den Verwaisten und den Unterdrückten zu ihrem
Recht verhelfen. Du wirst nicht zulassen, dass Menschen auf der Erde Angst
und Schrecken verbreiten.

ERMUTIGUNG. Im zweiten Teil dieses Psalms begegnen wir einem Menschen, dessen Frage nach dem „Warum?“ (V. 13) nie beantwortet wird und der Gott trotzdem aus ganzem Herzen vertraut. Das Gericht Gottes mag noch lange auf sich warten lassen, aber bereits jetzt gilt uns die Zusage Gottes, wenn wir auf ihn schauen. Aber wie können wir ihm schon jetzt vertrauen, wo doch überall noch das Unrecht herrscht? Christen wissen: Gott liebt die geduldig Leidenden (V. 12), die Armen und Verwaisten (V. 14) und die Unterdrückten (V. 18) so sehr, dass er buchstäblich einer von ihnen wurde und schließlich „aus Angst und Gericht hinweggenommen“ wurde (Jes 53,8; L). Befehlen wir uns also ihm an.

Gebet: *Herr, in dieser Welt gibt es so viele Tragödien und so viel Ungerechtigkeit! Und ich möchte gern verstehen, warum das alles so ist. Aber entgegen dem Augenschein und entgegen allem, was ich aus meinem sehr begrenzten Blickwinkel erkennen kann, gilt doch: Du hast niemals einem Menschen Unrecht getan. Hilf mir, deiner Weisheit zu vertrauen und erfülle mein Herz mit der Ermutigung und Kraft, die nur du schenken kannst. Amen.*

1 *Für den Dirigenten. Von David.*
Bei dem Herrn habe ich Zuflucht gefunden. Wie könnt ihr da zu mir sagen:
„Flieh in die Berge wie ein Vogel! 2 Denn sieh doch: Die gottlosen Mörder
spannen den Bogen, legen den Pfeil auf die Sehne und zielen. Sie versuchen
im Zwielicht, wo keiner sie sieht, auf die zu schießen, die ein aufrichtiges
Herz haben.“ 3 Wenn jede Rechtsordnung zerstört wird, was kann dann ein
Mensch, der nach Gottes Willen lebt, noch ausrichten? 4 Doch der Herr ist
in seinem heiligen Tempel, im Himmel hat der Herr seinen Thron. Von dort
beobachten seine Augen prüfend die Menschen. 5 Ja, der Herr prüft den, der
nach seinem Willen lebt. Doch wer sich von Gott abwendet und Gewalt liebt,
den hasst er aus tiefster Seele. 6 Er wird die Gottlosen in tödliche Gefahren
stürzen, Feuer und Schwefel wird sie treffen, und der heiße Wüstenwind ver-
brennt sie. 7 Denn der Herr ist gerecht, und er liebt gerechtes Handeln. Wer
aufrichtig ist, wird sein Angesicht sehen.

KEIN GRUND ZU VERZWEIFELN. Wenn das Leben einem unter den Händen zerrinnt, erfasst uns das Bedürfnis, einfach alles hinzuschmeißen und den Kopf in den Sand zu stecken. David begegnet diesem Impuls mit drei Einsichten: theologisch – Gott sitzt noch immer auf seinem Thron und wird zu seiner Zeit Gerechtigkeit walten lassen (V. 4); praktisch – Krisen sind Prüfungen, Gelegenheiten, herauszufinden, was an uns wahrhaftig und solide ist und was nur Schein – und deshalb entbehrlich (V. 4.5); und geistlich – was wir wirklich brauchen, ist die Gewissheit der Gegenwart Gottes und dass wir sein „Angesicht“ sehen (V. 7). Warum möchten wir einem anderen ins Angesicht sehen? Weil wir ihn lieben. Wenn wir nicht mehr ängstlich durchs Leben hetzen möchten – beten wir, bis Gott und seine Liebe zu uns realer werden als alle Bedrohungen dieser Welt.

Gebet: *Herr, die Leute sagen: „Das war's jetzt, ich geb' auf.“ Aber ich gerate nicht in Panik – oder sollte ich besser sagen: „Hilf mir, nicht den Kopf zu verlieren?“ Mein Kopf weiß, du regierst – aber mein Herz ist sich da nicht so sicher. Bitte, sprich zu meinem Herzen. Gib mir genug Liebe zu dir, damit ich mich nicht ängstigen muss. Amen.*

1 *Für den Dirigenten. Mit Saiteninstrumenten im Bass zu begleiten. Ein Psalm*
Davids.
2 Hilf doch, Herr! Denn es gibt keinen mehr, der zu dir hält, und alle treu-
en Menschen sind verschwunden. 3 Jeder belügt jeden. Mit ihren Worten
schmeicheln sie, aber im Herzen spielen sie ein falsches Spiel. 4 Soll der Herr
doch alle diese Heuchler hinwegfegen, diese Leute, die großspurig daherre-
den 5 und sagen: „Mit der Macht unserer Worte setzen wir uns durch; niemand
kommt gegen uns an, mit unseren Reden können wir alles erreichen!" 6 Der
Herr spricht: „Die Schwachen werden misshandelt, und die Armen können
nur noch seufzen. Darum werde ich mich jetzt erheben und denen Rettung
bringen, die bedrängt werden!" 7 Alle Worte des Herrn sind rein, sie sind wie
Silber, das im Schmelzofen geläutert und siebenmal gereinigt wurde. 8 Du,
Herr, wirst die Schwachen schützen, du wirst sie für immer bewahren vor
diesen Leuten, 9 die sich gegen dich auflehnen und sich überall breitmachen.
Ja, die Bosheit unter den Menschen nimmt zu!

DIE MACHT DER WORTE. Vielleicht war es noch nie so wahr wie heute: „Alles, was übel ist, findet den Beifall der Menschen." Christen brauchen den Schutz Gottes vor der Lüge, vor Verleumdung, vor Täuschung. Denn Worte haben enorme Macht – nicht nur die Macht, die Wahrheit zu verfälschen oder zu verletzen, sondern auch die Macht, eine ganze Kultur aus den Angeln zu heben (V. 3-5; Jak 3,1-11). Die große Gefahr ist die, in gleicher Münze zurückzuzahlen. Das dürfen wir nicht tun. Wir sollten unsere Worte am Wort Gottes ausrichten – wahre Worte, besonnene Worte (V. 6). An uns ist es, auf Gottes Schutz zu vertrauen und uns an unserem Herrn und Meister Jesus zu orientieren, der nicht schmähte, als er geschmäht wurde. Wenn wir Unrecht ertragen, ohne uns zu Hass oder Vergeltung hinreißen zu lassen, machen wir unserem Vater im Himmel Ehre.

Gebet: *Herr, ich bin umgeben von Menschen, die sich entweder einschleimen wollen oder mit Worten verletzen und demütigen. Lass nicht zu, dass ich es genauso mache. Hilf mir, ehrlich und offen zu reden, mit wenigen Worten das Nötige zu sagen. Lass mich weise, ruhig und freundlich reden. Gib mir genug Liebe und genug Gnade, dass es mir immer selbstverständlicher wird, so zu reden. Amen.*

[1] *Für den Dirigenten. Ein Psalm Davids.*
[2] Wie lange noch, Herr, willst du mich vergessen? Etwa für immer? Wie lange
noch willst du dich vor mir verbergen? [3] Wie lange noch muss ich unter tiefer
Traurigkeit leiden und den ganzen Tag Kummer in meinem Herzen tragen?
Wie lange noch darf mein Feind auf mich herabsehen? [4] Schau doch her und
antworte mir, Herr, mein Gott! Gib mir neuen Mut und lass meine Augen
wieder leuchten, damit ich nicht in den Todesschlaf sinke! [5] Mein Feind soll
nicht sagen können: „Jetzt habe ich ihn endgültig besiegt!" Meine Gegner
sollen nicht jubeln und sich freuen, wenn ich den Halt verliere. [6] Doch ich
will auf deine Güte vertrauen, von ganzem Herzen will ich jubeln über deine
Rettung! Mit meinem Lied will ich dem Herrn danken, weil er mir Gutes
erwiesen hat.

VOR GOTT GANZ EHRLICH SEIN. Schweres Leid hat David getroffen und er kann die Gegenwart Gottes nicht mehr spüren. Er klagt Gott seine Not: Gott verbirgt sich ihm, kümmert sich nicht um seinen Kummer und die Qual seines Herzens. Der Psalm ist ein Protestschrei. Und dass er in die Bibel aufgenommen wurde, zeigt, dass Gott möchte, dass wir unsere Gefühle ernst nehmen, auch wenn es Wut auf Gott ist oder Verzweiflung. Aber David hört nicht auf zu beten, und das ist der Schlüssel. Solange wir unsere Wut und unser Leid Gott hinschreien und daran festhalten, dass seine Güte uns rettet (V. 6), werden wir letztlich zum Frieden finden. Als Christen hören wir hinter V. 2-5 Jesus, der diese Worte am Kreuz betet, wo Gott sich ihm entzog und er für unsere Sünde bezahlte. Deswegen können wir den V. 6 zu unserem Gebet machen.

Gebet: *„Stimme, die Stein zerbricht, kommst mir im Finstern nah, jemand, der leise spricht: Hab keine Angst, ich bin da."*[11] *Herr, ich weiß, es braucht Zeit, um zu lernen, deiner Gegenwart in meinem Leben zu vertrauen, gerade in schwierigen Situationen. Und dieses Vertrauen wächst nur langsam und Schritt für Schritt. Deshalb will ich beten, bis mein Herz wieder von der Freude an dir erfüllt ist. Amen.*

1 *Für den Dirigenten. Von David.*
Törichte Spötter reden sich ein: „Es gibt keinen Gott!" Sie richten Unheil an,
ihr ganzes Verhalten ist abscheulich. Keiner handelt so, wie es gut wäre. 2 Der
Herr schaut vom Himmel herab auf die Menschen. Er möchte sehen, ob es
einen unter ihnen gibt, der verständig ist, einen, der nach Gott fragt. 3 Doch
alle sind vom richtigen Weg abgewichen, sie sind durch und durch verdorben.
Keiner handelt so, wie es gut wäre, nicht ein Einziger. 4 Haben denn alle, die
Unrecht tun, keine Einsicht mehr? Sie fressen mein Volk auf, so als wäre es
ein Stück Brot, und zum Herrn rufen sie überhaupt nicht. 5 Doch der Tag wird
kommen, an dem sie von Schrecken gepackt werden, denn Gott ist mit denen,
die nach seinem Willen leben. 6 Ihr wollt die Pläne des Armen vereiteln, doch
der Herr selbst ist seine Zuflucht. 7 Käme doch endlich vom Berg Zion die
Rettung für ganz Israel! Wenn der Herr das Geschick seines Volkes zum Gu-
ten wendet, dann wird ganz Israel in Jubel ausbrechen, überall im Land wird
Freude herrschen.

TORHEIT. Mit „töricht" (V. 1) meint die Bibel eine Selbstbezogenheit, die letztlich selbstzerstörerisch ist. Ein „törichter Spötter" kann es nicht ertragen, dass jemand über ihm stehen sollte. Deshalb ignoriert er Gott und leugnet seine Existenz. Und etwas von dieser Haltung gibt es im Herzen jedes Menschen. Jede Sünde ist eine Art praktischer Atheismus – wir handeln, als ob es Gott nicht gäbe. Das bedeutet gleichzeitig, dass wir nicht an Gott glauben können, wenn er es uns nicht schenkt. Paulus zitiert diesen Psalm in Römer 3,11: „Keiner ist klug, keiner fragt nach Gott." Von uns aus würden wir nie nach Gott suchen, wir würden ihn nie finden. Aber das ist keine schlechte Nachricht. Denn wenn wir uns danach sehnen, Gott zu finden, liegt es daran, dass es sein Herzensanliegen ist, dass uns das gelingt.

***Gebet:** Mein Gott, oft quälen mich Zweifel, ob es dich gibt und wie du bist und ob du überhaupt in diese Welt eingreifst. Dieser Psalm zeigt mir: Meine Zweifel kommen gar nicht so sehr aus meinem Verstand – die meisten kommen aus meinem Herzen. Da gibt es etwas in mir, das gar nicht will, dass es einen Gott gibt, dem ich Gehorsam schulde. Stärke meinen Glauben durch dein Wort und durch deinen Geist – und durch Menschen, die diesen Glauben teilen, Menschen, „die nach deinem Willen leben" (V. 5). Amen.*

1 *Ein Psalm Davids.*
Herr, wer darf sich aufhalten in deinem Heiligtum, wer darf wohnen auf dei-
nem heiligen Berg? 2 Jeder, der aufrichtig seinen Weg geht, der Gerechtigkeit
übt und von ganzem Herzen die Wahrheit sagt, 3 der nicht andere verleumdet,
der seinen Mitmenschen kein Unrecht tut und sie nicht in Verruf bringt. 4 Er
wird den verachten, den Gott verworfen hat, doch er wird alle ehren, die Ehr-
furcht vor dem Herrn haben. Er hält sich treu an jeden Eid, den er geschwo-
ren hat, selbst wenn er dadurch einen Nachteil befürchten muss. 5 Er leiht sein
Geld nicht gegen Wucherzinsen aus und lässt sich nicht mit Geschenken be-
stechen, Unschuldige anzuklagen. Wer so handelt, wird nie zu Fall kommen.

INTEGRITÄT. Wer darf sich Gott nahen? Menschen, die die Wahrheit sagen (V. 2), und das in Liebe (V. 3) und Großzügigkeit (V. 5). Menschen, die transparent und ehrlich sind und zu ihrem Wort stehen, die nicht ständig ihre Meinung ändern (V. 4.5). Wenn wir täuschen, diffamieren, schmeicheln, wenn wir leere Versprechen machen oder überzogene Ansprüche haben, können wir nicht mit Gottes Gegenwart in unserem Leben rechnen. Dieser Maßstab ist anspruchsvoll. Und er macht uns bewusst: Gott nahen können wir uns nur durch seine Gnade. Niemand außer Jesus hat je ein makellos integres Leben geführt (Heb 4,15). Aber weil er unser Retter ist, können wir uns „voll Zuversicht“ Gott nahen (Heb 4,16).

Gebet: *Herr, wie oft sündige ich mit meiner Zunge! Vergib mir, wo ich zu viel rede (aus Stolz), wo ich zu wenig rede (aus Angst), wo ich nicht die Wahrheit sage (aus Stolz und Angst), vergib mir meine harten und verletzenden Worte oder mein negatives Gerede über andere. Reinige meine Worte durch dein Wort. Amen.*

1 *Ein Lehrpsalm Davids.*
Bewahre mich, Gott, denn bei dir finde ich Zuflucht! 2 Ich sage zum Herrn:
„Du bist mein Herr. Nur bei dir finde ich mein ganzes Glück!“ 3 Ich freue
mich über alle, die zu Gottes heiligem Volk gehören. An ihnen zeigt sich
Gottes Herrlichkeit. 4 Die sich aber vor einem anderen Gott niederwerfen,
bereiten sich selbst zahlreiche Schmerzen. Mit ihren Opfern – dem Blut, das
sie ihrem Gott darbringen, will ich nichts zu tun haben. Die Namen ihrer
Götzen will ich nicht in den Mund nehmen. 5 Mein Besitz und mein Erbe ist
der Herr selbst. Ja, du teilst mir zu, was ich brauche! 6 Was du mir für mein
Leben geschenkt hast, ist wie ein fruchtbares Stück Land, das mich glücklich
macht. Ja, ein schönes Erbteil hast du mir gegeben!

GÖTTER, DIE ENTTÄUSCHEN. Vielleicht glauben wir nicht buchstäblich an die Götter der Schönheit, des Wohlstands, des Vergnügens oder der Fruchtbarkeit. Aber jeder Mensch braucht etwas, wofür er lebt. Und wenn wir für etwas anderes leben als für Gott, wenn wir anderes mehr lieben als ihn, sind wir in die Falle gegangen. Dann werden diese Dinge uns beherrschen. Wir müssen sie haben, wir tun alles, um sie zu bekommen. Aber damit tun wir uns nichts Gutes (V. 4), denn das Leben wird sie uns unweigerlich wieder nehmen. Machen wir doch stattdessen Gott zu unserem Erbteil (dem wahren Reichtum), zu unserem Besitz und unserem höchsten Gut.

Gebet: *Gott, oft sind mir die Gaben, die du schenkst, wichtiger als das Glück, dass du mir dein Angesicht zuwendest. Ich kann mein Glück an Unterhaltung, Musik, Essen oder schönes Wetter binden. Aber sobald mich ein Leid trifft, erweist sich all das als wertlos. Ohne deine bleibende Gegenwart, ohne deine Zuwendung gibt es nichts Gutes. Deshalb danke ich dir für deine guten Gaben, aber meine Hoffnung setze ich auf dich. Und dir gehört mein Herz. Amen.*

[7] Ich preise den Herrn, weil er mich beraten hat! Selbst nachts weist mein
Gewissen mich zurecht. [8] Ich habe den Herrn stets vor Augen. Weil er mir
zur Seite steht, werde ich nicht zu Fall kommen. [9] Deshalb ist mein Herz
voll Freude, und ich kann aus tiefster Seele jubeln. Auch mein Körper ruht
in Sicherheit. [10] Meine Seele wirst du nicht dem Totenreich überlassen, mich,
deinen treuen Diener, wirst du vor dem Grab verschonen. [11] Du zeigst mir den
Weg zum Leben. Dort, wo du bist, gibt es Freude in Fülle; ungetrübtes Glück
hält deine Hand ewig bereit.

DAS BESTE KOMMT NOCH. Mit Gott als unserem höchsten Gut haben wir etwas, das wir nicht verlieren können und das sich vermehrt – und zwar unendlich. Gott steht uns zur Seite – wörtlich heißt es in V. 8: „Er ist mir zur Rechten". Jemandem zur Rechten sein heißt: ihn vor Gericht vertreten, ihm im Kampf beistehen, ihn auf einer Reise begleiten. Christus tut das alles für uns (Apg 2,24-36). Weil er für uns starb und auferweckt wurde, ist er unser Stellvertreter im Himmel (und das heißt, alle Schuld ist uns vergeben) und unser Begleiter auf Erden (so sehr sind wir geliebt). Eines Tages werden wir ihn nicht nur an unserer Seite spüren, sondern ihn von Angesicht zu Angesicht sehen – in der Auferstehung (V. 9-11). Dann wird unsere Freude unvorstellbar sein und nie mehr enden. Wir haben wirklich nichts mehr zu fürchten.

Gebet: *Gott, dass ich mich gestern in Frieden schlafen legen und heute gesund aufstehen konnte, ist deine Gnade. Lass mir immer wieder voll Freude bewusst werden: Was immer auch geschieht, einmal werde ich endgültig aufstehen – auferstehen –, weil Jesus Christus für mich im Grab gelegen und zu meiner Rechtfertigung auferstanden ist. Amen.*

Psalm 17,1-9 *24. Januar*

1 *Ein Gebet von David.*
Höre mich an, Herr, denn ich bitte um ein gerechtes Urteil! Achte auf mein
Schreien! Schenk meinem Gebet ein offenes Ohr – über meine Lippen kommt
keine Lüge! 2 Von dir geht mein Recht aus; sieh mit eigenen Augen, wie auf-
richtig ich bin! 3 Du hast mein Herz geprüft, in der Nacht hast du erforscht,
was in mir vorgeht; du hast mich wie Metall im Feuer geläutert – und nichts
Verwerfliches an mir gefunden. Ich habe über alles nachgedacht: Nichts Böses
wird jemals über meine Lippen kommen! 4 Vom Tun und Treiben anderer
Leute habe ich mich nicht beeinflussen lassen. Ich habe mich an dein Wort
gehalten, und das hat mich vor bösen Wegen bewahrt. 5 Schritt für Schritt
folgte ich deiner Spur und kam dabei nicht zu Fall. 6 Nun rufe ich zu dir, denn
du erhörst mich, o Gott. Schenk mir ein offenes Ohr und höre auf mein Ge-
bet! 7 In deiner reichen Gnade lass mich erneut Wunder erfahren, du Helfer
und Retter für alle, die dir vertrauen und die bei dir Schutz suchen gegen ihre
Widersacher! 8 Bewahre mich wie deinen Augapfel, birg mich im Schatten
deiner Flügel 9 vor diesen Gottlosen, die mir Gewalt antun wollen, vor meinen
Todfeinden, die mich umzingeln!

EIN GUTES GEWISSEN. David behauptet hier nicht, dass er als Mensch frei von Sünde ist. Was er bestreitet, ist, dass er als Herrscher korrupt ist. Er hat niemanden belogen (V. 3); er hat sich nicht opportunistisch angepasst (V. 4). Er wird fälschlich beschuldigt, aber er weiß, dass sein Gewissen rein ist. Aber wie können wir immer ein gutes Gewissen haben? Zwei Dinge gehören dazu: Stets das Richtige tun. Und wenn uns das nicht gelingt, sofort umkehren, weil wir wissen, dass wir Gottes „Augapfel" sind. Denn so erstaunlich es ist: In Christus sieht Gott uns tatsächlich als vollkommen an (Phil 3,9.10). Ob wir nun fälschlich beschuldigt werden oder tatsächlich gefallen, aber dann auf den rechten Weg zurückgekehrt sind – in jedem Fall dürfen wir erhobenen Hauptes durchs Leben gehen.

***Gebet:** Herr, hilf mir, nicht so viel darauf zu geben, was andere über mich denken. Und auch nicht darauf, was ich selbst über mich denke. Erinnere mein Herz daran: Wenn du mich ansiehst, dann siehst du mich „in Christus" und findest Schönheit. In diesem Wissen findet mein Herz zur Ruhe. Amen.*

[10] Sie haben ihr Herz verschlossen, ihre Worte sind stolz und anmaßend. [11] So
eng hat der Feind uns umzingelt, dass wir keinen Schritt mehr ungehindert
gehen können. Seine Absicht ist klar – er will uns alle niederstrecken. [12] Er
gleicht einem Löwen, der gierig darauf wartet, Beute zu reißen – einem starken Junglöwen, der im Hinterhalt lauert. [13] Erhebe dich, Herr, komm ihm zuvor und wirf ihn nieder! Rette mich mit deinem Schwert vor diesen gottlosen
Verbrechern; [14] bewahre mich durch deine starke Hand vor den Menschen,
Herr, die alles Begehrenswerte allein von dieser vergänglichen Welt erwarten. Doch sie rechnen nicht mit dem Unheil, das du für sie aufgespart hast! Noch füllst du ihren Bauch, selbst ihre Söhne werden satt und hinterlassen ihren Kindern, was übrig bleibt! [15] Ich aber werde dein Angesicht sehen, weil ich nach deinem Willen lebe. Wenn ich erwache, darf ich mich satt sehen an deiner Gestalt.

HOFFNUNG IM DUNKELN. Menschen, die jede Grenze überschreiten, sich über jedes Gesetz hinwegsetzen, über Mitgefühl nur lachen und alles tun, um nur ja hier und heute glücklich zu sein, sind in der Tat die, die wir in diesem Leben fürchten sollten. Ein derart selbstbezogenes Leben wird immer auf Kosten anderer gelebt. Da wird die Welt dunkel. Aber in einer derart dunklen Welt gibt David die Hoffnung nicht auf. Er erinnert sich, dass Hartherzigkeit sich immer irgendwann rächt (V. 14). Dann lässt er in V. 15 den Gedanken an eine Aufrechnung des Bösen weit hinter sich und erinnert uns, welche Freude auf uns wartet (1Joh 3,2; 2Kor 3,18). Gott von Angesicht zu Angesicht zu sehen, seine unermessliche Schönheit zu betrachten und seine grenzenlose Liebe zu empfangen – darin werden wir endlich das vollkommene Glück finden, das nie mehr endet.

***Gebet:** Danke, Herr, dass deine Auferstehung mir das Vertrauen schenkt, dass einmal jedes Unrecht wiedergutgemacht wird. Danke, dass meine Seele zur Ruhe kommt, weil ich weiß, dass ich auferstehen und für immer mit dir leben werde. Das zu wissen, heilt alle Wunden. Amen.*

Psalm 18,1-7 — 26. Januar

1 *Für den Dirigenten. Von David, dem Diener des Herrn. David richtete die Worte
dieses Liedes an den Herrn an dem Tag, als der Herr ihn aus der Gewalt all seiner
Feinde und auch aus der Hand Sauls errettete.
2 Er sprach: Ich liebe dich, Herr! Du bist meine Stärke! 3 Der Herr ist mein
Fels, meine Festung und mein Befreier. Mein Gott ist meine Zuflucht, mein
Schild und mein starker Retter, meine Burg in sicherer Höhe. 4 „Gepriesen sei
der Herr!", rufe ich, und so werde ich vor meinen Feinden gerettet. 5 Der Tod
hatte seine Arme schon nach mir ausgestreckt, Sturzbäche der Vernichtung
erschreckten mich. 6 Die Fangarme des Totenreichs griffen nach mir, Stricke
des Todes drohten mich zu fesseln. 7 In meiner tiefen Not rief ich zum Herrn,
laut schrie ich um Hilfe zu meinem Gott. In seinem heiligen Tempel hörte er
meine Stimme, dort erreichte ihn mein Hilfeschrei.

ICH LIEBE DICH, HERR. Immer wieder wird Gott in den Psalmen „Zuflucht" genannt – immer wieder, weil wir immer wieder eine Zuflucht brauchen. Immer wieder bei Gott Zuflucht zu suchen, das ist der einzige wirkliche Halt, den wir im Leben haben. In Psalm 2 ist Davids Zuflucht die Erinnerung daran, dass Gott einmal alle Dinge wieder in Ordnung bringen wird. In Psalm 7 ist es das Wissen, dass auch seine momentane Lebenssituation im weisen Plan Gottes eingebettet ist. Und hier findet David Zuflucht in einem überschwänglichen Dank für allen Segen, den er bereits erfahren hat. „Ich liebe dich, Herr" (V. 2) – im Hebräischen steht hier ein ungewöhnliches Wort, das tiefe emotionale Bewegung und Leidenschaft ausdrückt. Eine solche tiefe, ergreifende Liebe können wir in uns wachsen lassen, indem wir uns immer wieder erinnern, wie Gott uns durch das dramatische Geschehen am Kreuz befreit hat (Röm 5,8). Diese Liebe wird uns stark machen.

***Gebet:** Herr Jesus, danke, dass du die sichere Zuflucht der himmlischen Welt verlassen hast und verletzlich wurdest bis zum Tod, damit ich trotz meiner Sünde in den offenen Armen des Vaters Zuflucht finden kann. Jesus, ich liebe dich, weil du das für mich getan hast. Und ich liebe dich, weil du bist, der du bist. Amen.*

8 Da ging ein Grollen und Beben durch die Erde, Erdstöße erschütterten die
Fundamente der Berge; sie erzitterten und erbebten, denn der Herr geriet in
Zorn. 9 Rauch quoll aus seiner Nase, verzehrendes Feuer loderte aus seinem
Mund, glühende Kohlen brachen hervor. 10 Dann neigte der Herr den Him-
mel und fuhr herab, unter seinen Füßen waren dunkle Wolken. 11 Er kam auf
einem Kerub-Engel, auf ihm flog er daher, schwebte herab auf Flügeln des
Windes. 12 Er machte Dunkelheit zu seiner Decke, die ihn verbarg, zu sei-
nem Zelt, das ihn ringsum verhüllte, und darunter legte er dichte Wolken, die
schwer waren von Wasser. 13 Strahlender Glanz umgab ihn, Wolken gingen
daraus hervor, Hagel und glühende Kohlen prasselten nieder. 14 Dann ließ der
Herr den Donner am Himmel erdröhnen, er, der Höchste, ließ seine Stimme
erschallen. Und wieder folgten Hagel und glühende Kohlen. 15 Er schoss seine
Pfeile ab und zerstreute die Feinde – seine Blitze brachten sie in Verwirrung.
16 Da wurde der Grund der Gewässer sichtbar, die Fundamente des Erdkreises
enthüllten sich – durch dein Schelten und Drohen, Herr, durch dein zorniges
Schnauben. 17 Er streckte aus der Höhe seine Hand aus, ergriff mich und zog
mich heraus aus den Wasserfluten. 18 Er rettete mich vor der Gewalt meiner
Feinde, vor denen, die mich hassten, denn sie waren mächtiger als ich. 19 Sie
stürmten auf mich los, damals, als mein Unglück begann. Doch der Herr gab
mir Halt und Sicherheit. 20 Er führte mich aus der Not in den weiten Raum
der Freiheit, riss mich aus aller Gefahr heraus, weil er Gefallen an mir hatte.

RÜCKBLICK IM GLAUBEN. David beschreibt, was Gott getan hat: Im Gewittersturm (V. 9.10 und 13.14) und im Wind (V. 11) kam er vom Himmel, um David zu retten. Nun hat Gott zu anderen Zeiten so gehandelt (Jos 10,11; 2 Mo 14,21); aber David hat er nicht auf diese Weise vor Saul gerettet. Aber im Rückblick erkennt David, dass Gott immer im Hintergrund am Werk gewesen ist, selbst wenn es ihm damals so vorgekommen ist, als sei Gott nicht da. Der Grund dafür: „Weil er Gefallen an mir hatte“ (V. 20). Als Christen wissen wir, dass Gott tatsächlich für uns vom Himmel gekommen ist und uns „seine Liebe erwiesen und sich selbst für [uns] hingegeben hat“ (Gal 2,20) und er nun tatsächlich „Gefallen an uns hat“, weil wir in Christus sind (Kol 1,22).

Gebet: *Herr, wieder ist mein Leben einen Tag länger geworden, und das verdanke ich nur deiner Barmherzigkeit und deinem Wirken in meinem Leben. Lass mit diesem Lebenstag auch meine Gewissheit wachsen, dass ich in Christus bei dir ganz und gar angenommen und geliebt bin, trotz meiner Fehler und Schwächen. Amen.*

[21] So handelte der Herr an mir, denn ich hatte nach seinem Willen gelebt.
Weil meine Hände rein waren von aller Schuld, hat er mir Gutes vergolten.
[22] Denn ich achtete auf die Wege des Herrn und hielt mich an sie; ich habe
mich nicht von meinem Gott losgesagt. [23] Alle seine Rechtsbestimmungen
standen mir vor Augen, seine Vorschriften habe ich nicht verworfen. [24] Ich
hielt mich mit ungeteiltem Herzen an ihn, ich hütete mich davor, schuldig zu
werden. [25] Da belohnte der Herr mich dafür, dass ich nach seinem Willen leb-
te. Denn in seinen Augen waren meine Hände rein von aller Schuld. [26] Wer dir
treu ist, dem bist auch du treu. Wer sich ganz zu dir hält, dem bleibst du zu-
gewandt. [27] Dem, der sich rein hält von Schuld, begegnest du aufrichtig. Wer
jedoch hinterhältig ist, dem stellst du dich quer. [28] Denn du rettest ein von
Not gebeugtes Volk, aber Menschen mit hochmütigem Blick erniedrigst du.

FREUNDSCHAFT MIT GOTT. Das Wort „treu" charakterisiert die Liebe, die Menschen einander in einem Bundesschluss gegenseitig versprechen. Gott reagiert ebenso (V. 26.27), damit er nicht nur unser Herr, sondern auch unser Freund sein kann. Aristoteles dachte, es sei unmöglich, dass Gott und Mensch Freunde sein können, denn Freunde haben vieles gemeinsam und können sagen: „Du auch?" Aber Gott wurde Mensch – sein erster großer Freundschaftserweis –, er wurde einer von uns, kam uns nahe, damit wir ihm nahekommen können. Das war nur möglich, indem er sich selbst erniedrigte. Deshalb können auch nur die Demütigen, nicht die Hochmütigen, seine Freunde sein. Sein zweiter großer Freundschaftserweis war es, sein Leben für uns hinzugeben (Joh 15,13). Wenn uns selbst Leid trifft, können wir nun auf Jesus sehen und sagen: „Du auch?"

Gebet: *Großer Gott, es ist unvorstellbar, dass der Herr des Universums wirklich der Freund meines Herzens sein will. Und doch ist es so. Lass meine Freundschaft mit dir wachsen: Indem ich auf dein Wort höre, indem ich dich treu und aufrichtig im Gebet suche, indem ich dir so diene, wie es deiner Liebe entspricht. Führe mich in eine enge und vertraute Gemeinschaft mit dir. Amen.*

29 Du, Herr, du lässt mein Licht erstrahlen, du, mein Gott, erleuchtest meine
Finsternis. 30 Denn mit dir kann ich meinen Feinden entgegenstürmen, mit
meinem Gott kann ich über Mauern springen. 31 Was für ein wunderbarer
Gott! Vollkommen ist sein Weg. Das Wort des Herrn ist rein. Ein schützen-
der Schild ist er für alle, die sich bei ihm bergen. 32 Wer ist denn Gott außer
dem Herrn? Und wer könnte ein Fels sein als allein unser Gott? 33 Gott ist es,
der mich mit Kraft ausrüstet, der mir hilft, auf dem richtigen Weg zu bleiben.
34 Er macht mich schnell und gewandt wie ein Hirsch, er hilft mir, auf sicheren
Höhen zu stehen.

WAS DAS WORT VERMAG. Der gesamte Psalm 18 dreht sich darum, wie Gott uns in die Lage versetzt, mit allem fertigzuwerden, was das Leben bringen kann. Wie geschieht das? David sagt, er könne mit Gott über Mauern springen, weil Gottes Weg „vollkommen“ und sein Wort „rein“ ist, fehlerlos. Ein vollkommener Gott kann auch in seiner Kommunikation mit seinem Volk nur vollkommen sein. Wir sind diejenigen, die flüchtig lesen, das Beten vergessen, nicht über sein Wort nachdenken – und dann sagen, es sei schwer zu verstehen. Die beste Gabe der Welt ist neben dem Wort Gottes, das Mensch geworden ist – Jesus –, das Wort Gottes, das niedergeschrieben wurde. Wenn wir ihm eine Chance geben, wird es unser Herz für Gott entzünden.

***Gebet:** Gott, ich danke dir für dein Wort, für die Heilige Schrift. Ich danke dir für die Vielfalt, Weisheit und Wahrheit deines Wortes; ich danke dir, dass es kraftvoll ist und unserer Seele guttut. Öffne mir die Augen, damit ich dein Wort tiefer entdecke und mehr liebe und damit ich dadurch fähig werde, allem zu begegnen, was das Leben bringen kann. Amen.*

35 Gleichzeitig lehrt er meine Hände, Krieg zu führen; mit meinen Armen
spanne ich den Bogen aus Erz. 36 Auch gabst du mir dein Heil als Schild zur
Deckung, deine rechte Hand verlieh mir Halt und Sicherheit. Weil du dich
zu mir herabneigtest, wurde ich siegreich und groß. 37 Du hast vor mir freien
Raum geschaffen, deshalb konnte ich vorwärtsgehen, ohne zu Fall zu kom-
men. 38 Ich jagte meinen Feinden nach und holte sie ein, und ich kehrte nicht
um, bis ich sie vernichtet hatte. 39 Ich schlug sie zu Boden, sodass sie sich
nicht mehr erheben konnten. Sie stürzten vor mir nieder und lagen besiegt zu
meinen Füßen. 40 Du hast mich für den Kampf ausgerüstet und stark gemacht.
Meine Gegner hast du vor mir in die Knie gezwungen. 41 Du schlugst meine
Feinde in die Flucht. Alle, die mich hassten, konnte ich vernichten. 42 Jetzt
waren sie es, die um Hilfe schrien, aber es war kein Retter für sie da. Sie riefen
zum Herrn, aber er antwortete ihnen nicht. 43 So zermalmte ich sie und mach-
te sie zu Staub, den der Wind fortweht, wie den Schmutz der Gassen habe
ich sie weggefegt. 44 Du hast mich den Krieg im eigenen Land siegreich über-
winden lassen und mich zum Herrscher über Nationen gemacht; Völker, die
ich zuvor nicht kannte, unterwarfen sich mir. 45 Wenn sie nur die Nachricht
von meinen Siegen hörten, erwiesen sie mir schon Gehorsam. Menschen aus
anderen Ländern zeigten mir Ergebenheit. 46 Die fremden Völker hatte aller
Mut verlassen, zitternd kamen sie aus ihren Festungen.

WAHRE GRÖSSE. Mitten in dieser Hymne auf das militärische Geschick, das David bewies, als er sein Leben gegen Leute verteidigen musste, die ausgezogen waren, ihn zu töten, findet sich eine bemerkenswerte Aussage: „Deine Herabneigung machte mich groß" (V. 36 wörtl.). Es ist dieses Entgegenkommen Gottes, seine Demut, der sich zu einem unvollkommenen Menschen herabneigt, was David erfolgreich sein ließ. Und es ist dieselbe Haltung, in die David schließlich durch viele harte Lektionen Gottes hineinwächst, die seine wahre Größe ausmacht. Ja, am deutlichsten wird das Ausmaß der Größe Gottes darin, dass er bereit und in der Lage war, klein zu werden, sich derart herabzuneigen und für uns zu sterben.

Gebet: *Herr Jesus Christus, du sagst von dir, dass du „sanftmütig und von Herzen demütig" (Mt 11,29) bist – und ich bin es so oft überhaupt nicht. Du hast nicht nach Ansehen und Ehre gestrebt – ich tue es. Du hast niemals im Zorn zurückgeschlagen – ich tue es mit Worten oft genug. Lass mich von deiner Demut und deiner Sanftmut lernen. Amen.*

[47] Der Herr lebt! Gepriesen sei mein Fels! Hoch erhoben sei der Gott meines
Heils! [48] Dieser wunderbare Gott – er ließ mich Vergeltung üben. Er zwang
Völker unter meine Herrschaft [49] und rettete mich vor meinen Feinden. Du
hast mich über alle erhöht, die sich gegen mich stellten. Vor gewalttätigen
Menschen hast du mich beschützt. [50] Darum will ich dich preisen vor den Völ-
kern, Herr; zum Ruhm deines Namens will ich dir Loblieder singen. [51] Welch
mächtige Taten vollbringt Gott zur Rettung und zum Wohl seines Königs!
Wie groß ist die Gnade, die er seinem gesalbten König David und seinen
Nachkommen in Ewigkeit erweist!

DIE FREUDE DER GNADE. Weiter vorn in diesem Psalm (V. 5-20) hat David davon gesprochen, dass er seine Feinde besiegt hat. In diesem Abschnitt nun schreibt er seinen Sieg Gott zu. Wer denn jetzt? Sind wir entscheidend oder ist es Gott? Beide – und dieses Paradox ist kein Widerspruch (Phil 2,12). David wusste später, dass aller Erfolg in seinem Leben Gottes Werk gewesen ist, dass er es aus Gnade gelingen ließ, trotz der unvollkommenen Bemühungen von David. Aber deswegen hat David nicht die Hände in den Schoß gelegt. Arbeit, die wir im Glauben tun, alles hänge von uns ab, wird zur freudlosen, zermürbenden Tretmühle. Aber wenn wir wissen, dass wir das Heil nicht durch unsere Anstrengungen erarbeiten, sondern allein aus Gnade empfangen, dann schenkt die dankbare Freude (Kol 3,15-17) darüber uns die innere Dynamik, die uns zu großen Anstrengungen befähigt. Dann ist die Freude am Herrn tatsächlich unsere Stärke (Neh 8,10).

Gebet: *Herr, lass mich nie vergessen, dass mein Heil durch Christus bereits besiegelt ist – dass das große Werk bereits getan, die große Schuld bezahlt, die schlimme Krankheit bereits geheilt ist. Dann kann ich auch alle kleineren Aufgaben und Herausforderungen zuversichtlich und mit Freude bewältigen. Ich lege mich selbst in deine Hände – wirke du durch mich. Amen.*

1 *Für den Dirigenten. Ein Psalm Davids.*
2 Die Himmel verkünden die Herrlichkeit Gottes, und das Himmelsgewölbe
zeigt, dass es das Werk seiner Hände ist. 3 Ein Tag erzählt es dem anderen,
und eine Nacht gibt es der anderen weiter. 4 Sie tun es ohne Worte, kein Laut
und keine Stimme ist zu hören. 5 Und doch geht ihre Botschaft über die ganze
Erde, ihre Sprache bis zum Ende der Welt. Gott hat der Sonne ihren Ort am
Himmel gegeben. 6 Wie ein Bräutigam aus seiner Kammer hervortritt, so geht
sie am Morgen auf, wie ein freudig strahlender Held läuft sie ihre Bahn. 7 Von
Horizont zu Horizont vollführt sie ihren Lauf, nichts kann sich vor ihrer Glut
verbergen.

DAS UNHÖRBARE WORT. Warum berühren Berge und Meere, Sonne und Sterne uns so stark, wie große Kunst es vermag? Die Antwort lautet: Weil all das große Kunst ist. Die Natur redet zu allen (V. 3) ohne hörbare Worte (V. 4). Es ist die nonverbale Kommunikation Gottes, die besagt: Es gibt einen Gott. Die Welt ist nicht ein zufälliges Gemisch von Molekülen, sondern das Werk eines großen Künstlers mit einem klaren Sinn. Wir sollten diesem Werk Achtung erweisen. Das bedeutet auch: Jeder Mensch weiß in gewissem Maß etwas von Gott, Wahrheit, Sinn, Weisheit und Schönheit, auch wenn er dieses Wissen nicht wahrhaben will (Röm 1,18-21). – Nonverbale Kommunikation ist gut. Aber sie ist auch missverständlich. Wir brauchen mehr als das.

***Gebet:** Schöpfer von Himmel und Erde, deine Schöpfung redet und singt von deiner Größe. Lass mich deine Schöpfung nie gering achten, sondern sie nach deinem Auftrag gern und achtungsvoll bewahren; aber lass mich sie auch nicht anbeten, sondern in ihr einen Abglanz von und einen Hinweis auf deine Herrlichkeit finden, die auch deine Schöpfung nur ansatzweise widerspiegelt.*[12] *Amen.*

[8] Das Gesetz des Herrn ist vollkommen, es stärkt und erfrischt die Seele. Was
der Herr in seinem Wort bezeugt, darauf kann man sich verlassen, auch ei-
nem Unerfahrenen wird dadurch Weisheit geschenkt. [9] Die Anordnungen des
Herrn sind wegweisend und erfreuen das Herz. Das Gebot des Herrn ist klar
und deutlich, es schenkt neue Einsicht. [10] Ehrfurcht vor dem Herrn ist rein,
in Ewigkeit bleibt sie bestehen. Die Ordnungen des Herrn sind zuverlässig
und entsprechen der Wahrheit, sie sind ausnahmslos gerecht. [11] Wertvoller als
Gold sind sie, kostbarer als eine Menge von feinstem Gold; sie sind süßer als
Honig, ja, süßer noch als Honig, der aus der Wabe fließt. [12] Herr, auch ich,
dein Diener, lasse mich durch sie zurechtweisen; sie zu befolgen bringt großen
Lohn. [13] Wem fällt es schon gleich auf, wenn er falsch gehandelt hat? Sprich
mich frei von unbewusster Schuld! [14] Bewahre deinen Diener vor überheb-
lichen Menschen, lass sie keine Macht über mich gewinnen! Dann kann ich
ohne Schuld und frei von schwerem Vergehen bleiben. [15] Mögen die Worte,
die ich spreche, und die Gedanken, die mein Herz ersinnt, dir gefallen, Herr,
mein Fels und mein Erlöser!

DAS VOLLKOMMENE WORT. Die Natur spricht zu uns von Gottes Wirklichkeit und von seiner Macht, aber sie redet nicht von seiner rettenden Gnade (V. 8-15). Nur das Wort Gottes kann dem geistlich Blinden eine neue Sicht schenken („Einsicht“, V. 9) und „die Seele erfrischen“ (V. 8). Das hebräische Wort für „Seele“ bezeichnet den Kern der menschlichen Person, die Psyche oder das Selbst. Das Wort Gottes hat die Macht, uns unsere wahre Identität zu zeigen und sie in uns auszubilden. Damit es so in uns wirken kann, müssen wir akzeptieren, dass das Wort Gottes „vollkommen“ ist, wahr und vertrauenswürdig (V. 8). Wir müssen es nicht nur lesen und studieren, wir müssen uns auch von ihm befragen lassen (V. 12-15). Und schließlich: Bitten wir Jesus, das menschgewordene Wort, um seinen Geist, damit wir im geschriebenen Wort ihn entdecken. Dann finden wir Weisheit, Freude und tiefes Glück.

Gebet: *Herr, ich bin so froh, dass wir uns nicht mit Vermutungen begnügen müssen, wer du bist. Du sprichst direkt mit uns. Hilf mir, mich von deinem Wort befragen, prüfen und warnen zu lassen, damit es mich gesund macht und beglückt. Schenk mir die Disziplin und den Glauben, der dazu nötig ist. Amen.*

[1] *Für den Dirigenten. Ein Psalm Davids.*
[2] Der Herr erhöre dich, wenn du in Not zu ihm rufst, der Name des Gottes
Jakobs schütze dich. [3] Er sende dir Hilfe aus dem Heiligtum, von Zion aus
gebe er dir Beistand. [4] Er schätze alle Opfergaben, die du ihm gebracht hast,
dein Brandopfer nehme er gerne an. [5] Er gebe dir, wonach du dich von Herzen
sehnst, und führe alle deine Pläne zum Ziel. [6] Wir wollen laut über deine Ret-
tung jubeln, und im Namen unseres Gottes wollen wir das Banner aufrichten.
Der Herr erfülle dir alle deine Bitten! [7] Jetzt weiß ich, dass der Herr seinem
gesalbten König den Sieg gibt! Von seinem heiligen Himmel her wird er ihn
erhören, durch mächtige Taten wird er ihm Rettung bringen. [8] Unsere Geg-
ner verlassen sich auf Kampfwagen und Pferde, wir aber preisen den Namen
des Herrn, unseres Gottes. [9] Unsere Feinde stürzen und fallen zu Boden, wir
aber stehen aufrecht als Sieger da. [10] Herr, hilf uns! Er, der höchste König,
wird uns erhören noch am selben Tag, an dem wir zu ihm rufen!

VOR DER SCHLACHT. Wie bereitet man sich auf eine große Herausforderung vor? Auf einen Konflikt, eine Operation oder eine gefährliche Unternehmung? Der Psalm ist ein Gebet von Menschen vor einer großen Schlacht. Die Versuchung ist groß, sich auf die militärische Stärke zu verlassen (V. 8). Aber sie wählen einen anderen Weg: Sie setzen ihre Hoffnung auf Gott und auf den König, den er ihnen gesandt hat (V. 1-7). Weil Gott ihn erhört (V. 2), seinen Gesalbten, wird er auch sie erhören (V. 10). Wie schnell setzen auch wir unsere Hoffnung auf greifbare Dinge: Familie, Geld, Ärzte, Strategien. Christen hoffen auf ihren gesalbten König, Jesus. Und dessen Gebet für uns hört Gott immer, sein Opfer nimmt er an (V. 1-4; Heb 10,1-22).

Gebet: *Herr, manchmal packt mich die Angst, weil ich mich auf menschliche Weisheit, mein eigenes Können und meine eigenen Mittel verlasse. All das kann mich im Stich lassen. Aber du lässt mich nie im Stich! Auch wenn es anders kommt, als ich es mir wünsche, bin ich doch in deinen Händen, und dort bin ich sicher und geborgen. Ich weiß, dass du mich erhörst, weil du das Gebet meines Retters Jesus immer erhörst. Amen.*

Psalm 21,1-8 — 4. Februar

1 *Für den Dirigenten. Ein Psalm Davids.*
2 Herr, über deine Macht freut sich der König, ja, wie sehr jubelt er über
deine Hilfe! 3 Du hast ihm gegeben, wonach er sich von Herzen sehnte, den
Wunsch, den er aussprach, hast du ihm gewährt. 4 Mit reichem Segen kamst
du ihm entgegen, eine Krone aus Gold hast du auf sein Haupt gesetzt. 5 Um
langes Leben bat er dich, und du hast seinen Wunsch erfüllt: Du schenktest
ihm viele Lebenstage und eine ewige Zukunft. 6 Durch deine Hilfe gelangte
er zu hohem Ansehen; Ruhm und Ehre hast du ihm beschert. 7 Du lässt ihn
für alle Zeiten zum Segen werden, mit Freude beschenkst du ihn, weil du ihm
dein Angesicht zuwendest. 8 Denn der König vertraut auf den Herrn, und
durch die Gnade des Höchsten wird er nicht wanken.

JUBEL ÜBER DEN KÖNIG. Psalm 21 ist ein Danklied für das erhörte Gebet (Psalm 20). Das Volk jubelt, weil der König gesiegt hat. Aber dann sprengt der Lobgesang auf den König alle Grenzen. Eine „ewige Zukunft“ (V. 5) wird ihm geschenkt; er wird zum Segen „für alle Zeiten“ (V. 7). Man könnte meinen, das sei eben eine Übertreibung, wie sie in Huldigungsliedern üblich ist. Aber wir wissen, dass diese Aussagen auf Jesus, den höchsten König, durchaus zutreffen. In ihm wird uns der Segen, die Freude, die Nähe zu Gott (V. 7) und die Zusicherung eines letzten Sieges geschenkt. Denn wonach Jesus „sich von Herzen sehnt“ (V. 3), das ist unser Heil. „Weil seine Seele sich abgemüht hat, wird er das Licht schauen und die Fülle haben“ (Jes. 53,11). Unser tägliches Gebet sollte sich vom überschwänglichen Jubel dieses Psalms anstecken lassen.

Gebet: *Herr Jesus Christus, du bist deinen Weg mit großer Freude gegangen – obwohl er dich das Leben gekostet hat –, weil es dein Herzenswunsch war, dass wir dein Volk sein sollten. Durch dich habe ich Zugang zum Vater und die sichere Hoffnung, dass ich auferstehen werde. Bitte, lass die Freude über diese sicheren Tatsachen mein Leben prägen. Du bist wirklich mein König, über den ich jubeln kann. Amen.*

9 Mit deiner Macht, o König, wirst du alle deine Feinde erreichen, mit dei-
ner Hand wirst du nach denen greifen, die dich hassen. 10 Wie Glut im Ofen
werden sie sein, wenn du dich zeigst. Der Herr wird sie in seinem Zorn ver-
nichten, Feuer wird sie verzehren. 11 Ihre Nachkommen wirst du von der Erde
vertilgen und sie aus der Gemeinschaft der Menschen herausreißen. 12 Wenn
sie auch Unglück über dich bringen wollen oder einen Anschlag gegen dich
planen, werden sie ihr Ziel doch nicht erreichen! 13 Du wirst sie in die Flucht
schlagen und deine Pfeile auf sie richten. 14 Erhebe dich, Herr, in deiner gan-
zen Stärke! Wir wollen deine Macht besingen und mit einem Psalmlied prei-
sen.

GOTTES URTEIL IST GERECHT. Wir hören gern, was in Teil 1 dieses Psalms gesagt wird. Aber auch die letzten Verse, in denen der von Gott eingesetzte König seine Feinde bestraft, sind ebenso Wort Gottes wie der Anfang. Vielleicht irritieren uns diese Verse, wenn wir ein nettes Leben ohne größere Krisen und Anfechtungen gelebt haben. Aber für Menschen, die Opfer von Unrecht oder Unterdrückung sind, sind diese Worte ein Trost. Jesus wird einmal sein Urteil sprechen, und sein Urteil ist gerecht. Deshalb müssen wir nicht über andere zu Gericht sitzen. Wir dürfen unseren Groll und unseren Durst nach Vergeltung begraben.

Gebet: *Herr, ich preise dich, dass du ein Gott bist, der Recht schafft und Unrecht nicht ungestraft lässt. Wenn mir selbst Unrecht geschieht, Herr, dann lass mich nicht zornig werden. Schenk mir ein weites, mitfühlendes Herz, und lehre mich, für die zu beten, die Unrecht begehen. Lass sie umkehren und dein Erbarmen finden. Amen.*

Psalm 22,1-9 — 6. Februar

1 *Ein Psalm Davids.*
2 Mein Gott, mein Gott, warum hast du mich verlassen? Ich schreie, aber kei-
ne Rettung ist in Sicht, ich rufe, aber jede Hilfe ist weit entfernt! 3 Mein Gott!
Ich rufe am Tag, doch du antwortest nicht, ich rufe in der Nacht und komme
nicht zur Ruhe. 4 Du bist doch heilig, du wohnst dort, wo dein Volk Israel dir
Loblieder singt. 5 Unsere Väter setzten ihr Vertrauen auf dich. Sie vertrauten
dir, und du hast sie gerettet. 6 Zu dir schrien sie um Hilfe und wurden be-
freit, sie vertrauten auf dich und wurden nicht enttäuscht. 7 Ich aber bin kein
Mensch mehr, nur noch ein Wurm, zum Spott der Leute bin ich geworden,
das ganze Volk verabscheut mich. 8 Alle, die mich sehen, verhöhnen mich, sie
verziehen den Mund und schütteln den Kopf. 9 „Übergib deine Sache doch
dem Herrn“, rufen sie. „Ja, soll Gott ihn doch retten! Er soll ihm helfen – an-
scheinend hat er ja Gefallen an ihm!“

IM WORT GOTTES ZU HAUSE. Als Jesus versucht wurde, hat er jeden Angriff des Versuchers mit einem Wort aus dem 5. Buch Mose abgewehrt. Als er das Kreuz trug, hat er den Propheten Hosea zitiert, und als er qualvoll am Kreuz starb, hat er aus den Psalmen gebetet (22,2; 31,6). Jesus war so sehr im Wort Gottes beheimatet, dass es ihm ganz spontan in den Sinn kam. So war es ihm möglich, in jeder Situation angemessen zu reagieren. Es gibt moderne Vorstellungen davon, was das Geheimnis von Jesus ausmacht: Entspannungstechniken, Stressmanagement, positives Denken, mystische Formen der Kontemplation. Aber nichts davon reicht an das Original heran: Das Wort Gottes war die Kraft, die das menschgewordene Wort Gottes im Leben und im Tod getragen hat. Wir sollten uns nicht mit weniger zufriedengeben.

Gebet: *Herr, hilf mir, dass ich deinem Wort nicht einfach nur glaube, sondern dass es in mir wohnt und ich in deinem Wort. Lass dein Wort formen, was ich denke und fühle; lass es mir tief ins Herz fallen und hilf mir, mich ganz darin zu gründen. Lehre mich, wie deine Verheißungen, deine Mahnungen und deine Forderungen für mich zur Kraftquelle werden können. Amen.*

10 Doch du, Herr, hast mich aus dem Leib meiner Mutter gezogen. Du ließt
mich an ihrer Brust Vertrauen fassen. 11 Seit mein Leben begann, bin ich ganz
auf dich angewiesen, von Mutterleib an bist du bereits mein Gott. 12 Bleib
mir doch jetzt nicht fern! Die Not ist so bedrohlich nah, und da ist niemand,
der mir hilft! 13 Gewalttäter haben mich umringt wie eine Herde Stiere, wie
mächtige Büffel aus Baschan haben sie mich umstellt. 14 Sie reißen ihr Maul
gegen mich auf wie hungrige und brüllende Löwen. 15 Ich fühle mich, als wäre
ich hingeschüttet wie Wasser, alle meine Glieder sind wie ausgerenkt. Mein
Herz ist wie flüssiges Wachs, das tief in meinem Innern zerschmilzt. 16 Ich bin
ohne Kraft, ausgetrocknet wie eine Tonscherbe. Die Zunge klebt mir am Gau-
men. Du hast mich in den Staub gelegt, dahin, wo die Toten liegen. 17 Denn
Menschen haben mich eingekreist wie Hunde, eine Horde von Gewalttätern
umringt mich. Wie sich ein Löwe in seine Beute verbeißt, so halten sie mich
fest und geben meine Hände und Füße nicht mehr frei. 18 Ich könnte meine
Knochen einzeln zählen; meine Feinde starren mich nur erbarmungslos an.
19 Sie verteilen meine Kleider unter sich und werfen das Los, wer mein Ober-
gewand bekommen soll.

JESUS INS HERZ SEHEN. Dieser Psalm Davids stellt uns vor ein Rätsel. Der Beter beschreibt, wie ihm Hände und Füße gefesselt sind (V. 17), wie er dem erbarmungslosen Blick der Feinde ausgeliefert ist (V. 18), dass er am Verdursten ist (V. 16). Das ist nicht die Beschreibung einer tödlichen Krankheit, es ist die Beschreibung einer Hinrichtung. Aber nichts dergleichen ist David je geschehen. Außerdem fehlt hier der sonst vertraute Schrei nach Gerechtigkeit. Es klingt, als ertrüge hier jemand eine Strafe, die er zwar nicht verdient hat, die aber getragen werden muss. Jesus hat in diesem Psalm die Beschreibung seines eigenen Todes gesehen (Mt 27,46). Wir haben hier also etwas ganz Außerordentliches vor uns: Wir werfen einen Blick in das Entsetzen und die Agonie seines Herzens, wie Jesus selbst sie beschreibt. Wenn wir diesen Psalm lesen, stehen wir auf heiligem Boden.

***Gebet:** Danke, Vater, dass du hier offenbarst, was Jesus für mich getan hat: „Wie wunderbar, Gott, ist doch diese Strafe! Der gute Hirte leidet für die Schafe, die Schuld bezahlt der einzig ganz Gerechte für seine Knechte.“*[13] *Amen.*

[20] Du aber, Herr, bleib nicht fern von mir! Du bist doch meine Kraft, schnell,
komm mir zu Hilfe! [21] Entreiße meine Seele dem tödlichen Schwert, rette
mein Leben vor den Krallen dieser Hunde! [22] Befreie mich aus dem Rachen
des Löwen, rette mich vor den Hörnern der Büffel! Ja, du hast mich erhört!
[23] Ich will meinen Brüdern verkünden, wie groß du bist, mitten in der Ge-
meinde will ich dir Loblieder singen. [24] Alle, die ihr vor dem Herrn Ehrfurcht
habt, preist ihn! All ihr Nachkommen Jakobs, gebt ihm die Ehre! Begegnet
ihm mit Demut und Verehrung, all ihr Nachkommen Israels! [25] Denn der
Herr hat sich von der Not des Hilflosen nicht abgewandt und seine Leiden
nicht verachtet. Ja, der Herr hat sein Angesicht nicht vor ihm verhüllt, son-
dern auf ihn gehört, als er um Hilfe rief. [26] Du, Herr, gibst mir Grund dafür,
dich zu loben inmitten der großen Gemeinde. Mein Gelübde will ich erfüllen
vor den Augen derer, die dem Herrn in Ehrfurcht dienen. [27] Die Armen sollen
wieder essen und satt werden. Die den Herrn suchen, sollen ihn preisen. Euer
Herz lebe auf, es lebe ewig!

GESEGNET, UM EIN SEGEN ZU SEIN. Ab Vers 23 wandelt sich die Klage in Lobpreis. Gott „hat sich von der Not des Hilflosen nicht abgewandt" und „seine Leiden nicht verachtet" (V. 25). Vom Kreuz Jesu her gesehen heißt das: Gott nimmt das Opfer an, das Jesus gebracht hat (V. 25-27). Und der Gottesknecht hat nun eine neue Mission: Er verkündet die Gute Nachricht von Gottes Heil. Als Christen wissen wir: Das ist die Mission des auferstandenen Jesus (Mt 28,28-30). Aber das Prinzip gilt auch uns: Abraham wurde von Gott erwählt, damit er ein Segen für andere sein konnte (1Mo 12,1-3). Wenn Gott uns in den Raum seiner Liebe ruft und uns verändert, tut er es nie, ohne uns dann auch zu beauftragen, diese Liebe weiterzugeben und anderen zu dienen. Wir sind gesegnet, um ein Segen zu sein.

Gebet: *Gott, mein Herr, du liebst jeden Menschen, den du geschaffen hast, und willst, dass alle dich finden und damit das Leben finden. Erbarme dich über die zahllosen Menschen, die dich nicht kennen. Nimm weg, was sie hindert – Unwissenheit, Herzenshärte, Verachtung für dein Evangelium – und führe du selbst sie nach Hause zu dir. Amen.*

28 An allen Enden der Erde wird man zur Einsicht kommen, und die Men-
schen werden zum Herrn umkehren. Alle Völker werden sich vor dir, Herr,
niederwerfen und dich anbeten. 29 Denn dem Herrn gehört das Königtum, er
herrscht über alle Völker. 30 Die Großen der Erde werden ein Festmahl halten
und sich anbetend vor dem Herrn niederwerfen. Auch alle, die in den Staub
des Todes sinken, werden vor ihm niederfallen, alle, die keine Kraft mehr zum
Leben haben. 31 Die kommenden Generationen werden ihm dienen. Denen,
die noch geboren werden, wird man vom Herrn erzählen. 32 Verkünden wird
man zukünftigen Völkern seine Rettungstaten. Man wird sagen: „Der Herr
hat alles vollbracht!"

DER HERR HAT ALLES VOLLBRACHT. Unser Dienst an der Welt besteht darin, die gute Nachricht vom Heil, das Gott geschaffen hat, weiterzusagen: allen Gesellschaftsschichten (den „Großen" wie den „Armen"; V. 30 bzw. V. 27), allen Völkern (V. 28) und allen Generationen (V. 31). Was ist diese universale Botschaft? Dass nicht wir unser Heil be- oder erwirken müssen, sondern dass Gott es tut. „Der Herr hat alles vollbracht!", ruft David aus. „Es ist vollbracht!", schreit Jesus am Kreuz (Joh 19,30). Im griechischen tetelestai schwingt die Bedeutung einer Zahlung mit: „Ich habe eure Schulden vollständig getilgt; ich habe euren Kelch bis zum letzten Tropfen getrunken", besagt das. Nun gibt es für uns keine Verdammnis mehr (Röm 8,1).

Gebet: *Himmlischer Vater, mein Kopf weiß es ja – mein Heil und meine Beziehung zu dir sind nicht davon abhängig, was ich richtig oder falsch mache. Nur das, was Christus für mich getan hat, zählt da. Und doch kann mein Herz es manchmal immer noch nicht glauben. Ich schwanke zwischen Stolz und Selbstverachtung, je nachdem, wie gut ich's gerade „hinkriege". Bitte, präge meinem Herzen eine Wahrheit ganz tief ein: „Du, Herr, bist mein Retter!" (Jona 2,10; GNB). Amen.*

1 *Ein Psalm Davids.*
Der Herr ist mein Hirte, darum leide ich keinen Mangel. 2 Er bringt mich auf
Weideplätze mit saftigem Gras und führt mich zu Wasserstellen, an denen
ich ausruhen kann. 3 Er stärkt und erfrischt meine Seele. Er führt mich auf
rechten Wegen und verbürgt sich dafür mit seinem Namen. 4 Selbst wenn ich
durch ein finsteres Tal gehen muss, wo Todesschatten mich umgeben, fürchte
ich mich vor keinem Unglück, denn du, Herr, bist bei mir! Dein Stock und
dein Hirtenstab geben mir Trost. 5 Du lädst mich ein und deckst mir den
Tisch selbst vor den Augen meiner Feinde. Du salbst mein Haupt mit Öl, um
mich zu ehren, und füllst meinen Becher bis zum Überfließen. 6 Nur Güte
und Gnade werden mich umgeben alle Tage meines Lebens, und ich werde
wohnen im Haus des Herrn für alle Zeit.

FRIEDEN MITTEN IM DUNKLEN TAL. Gott hat ein Festmahl für uns vorbereitet – nicht, nachdem wir endlich aus dem dunklen Tal raus sind, sondern mitten darin, direkt vor den Augen der Feinde. Er möchte, dass wir unsere Freude in ihm finden – mitten in all den Problemen der Welt. Ist unser Hirte vielleicht ein bisschen weltfremd? Wohl kaum. Jesus ist der einzige Hirte, der sich in die Haut eines Schafes versetzen kann (Joh 10,11). Er versteht, was wir durchmachen. Er geht jeden einzelnen Schritt auf unserem Weg mit uns, sogar durch das Tal der Todesschatten, wo „alle anderen Reiseführer sich aus dem Staub machen“[14] (Röm 8,39).

Gebet: *Herr, mein Gott, wenn ich mich von den Weideplätzen deiner Liebe, deiner Gnade, deiner Wahrheit ernähren würde, würde mir nichts fehlen. In diesem Leben werde ich das wohl nicht erreichen, und doch bist du immer bei mir. Eines Tages wirst du mich in mein wahres Vaterland führen, in die Heimat, nach der ich mein Leben lang unterwegs bin. Das ist die Hoffnung, die meiner Seele Frieden schenkt. Amen.*

1 *Von David. Ein Psalm.*
Die Erde und alles, was darauf lebt, gehört dem Herrn, der ganze Erdkreis
samt seinen Bewohnern. 2 Denn er selbst hat das Fundament der Erde auf dem
Grund der Meere befestigt, und über den Wassern gab er ihr festen Bestand.
3 Wer darf zum Berg des Herrn hinaufgehen, und wer darf an seiner heiligen
Stätte vor ihm stehen? 4 Jeder, dessen Herz und Hände frei von Schuld sind,
der keine Götzen anbetet und keinen Meineid schwört. 5 Er wird Segen emp-
fangen vom Herrn; Gott, sein Retter, wird ihm in Treue begegnen. 6 Daran
erkennt man Gottes wahres Volk, Menschen, die nach ihm fragen: Es sind
die, Herr, die deine Nähe suchen und vor dein Angesicht treten. Sie sind die
rechten Nachkommen Jakobs.

GOTT VON GANZEM HERZEN SUCHEN. Alles in dieser Welt gehört Gott – Geld, Begabung, Gesundheit, Macht und Vergnügen. Aber das größte Geschenk, das er uns machen kann, ist ein Leben in seiner Gegenwart. Sein Angesicht (V. 6) – nicht die Gaben, die seine Hände austeilen, so willkommen sie uns auch sind. In seinem Angesicht finden wir den Glanz, den nichts anderes geben kann. Seine Gegenwart zu kennen, kommt dem Aufstieg auf einen Berggipfel gleich (V. 3) – und eine Bergbesteigung ist immer auch ein Kampf. Wir müssen umkehren (V. 4), unser Gewissen befreien lassen. Wir müssen wissen, welche Götzen wir anbeten (V. 4) und sie zurückweisen. Und wir müssen im Gebet Gottes Nähe suchen (V. 6) – und das kann ein Kampf sein, wie Jakob es erlebt hat, der schließlich ausrief: „Ich lasse dich nicht, bis du mich segnest!" (1Mo 32,26).

Gebet: *Herr, du allein bist die Quelle des Lebens und der Liebe. Aber ich suche beides immer wieder auch anderswo als bei dir. Das hat mir kein Glück gebracht. Ich möchte dich lieben, dich allein, weil du der bist, der du bist. Ich möchte erfahren, wie gut deine Gegenwart tut, deine Nähe. Ich weiß, das könnte ein langer Weg sein, auf dem ich zu kämpfen habe. Aber heute mache ich mich auf diesen Weg. Amen.*

7 Tut euch weit auf, ihr mächtigen Tore, gebt den Weg frei, ihr uralten Pfor-
ten, damit der König der Herrlichkeit einziehen kann. 8 Wer ist dieser König
der Herrlichkeit? Es ist der Herr, stark und mächtig, der Herr, mächtig im
Kampf. 9 Tut euch weit auf, ihr mächtigen Tore, gebt den Weg frei, ihr ur-
alten Pforten, damit der König der Herrlichkeit einziehen kann. 10 Wer ist
dieser König der Herrlichkeit? Der allmächtige Herr, er ist der König der
Herrlichkeit.

DIE HERRLICHKEIT GOTTES. Was ist das – Gottes Herrlichkeit? Es ist seine allerhöchste Bedeutsamkeit, sein unendliches „von Belang sein." Gott zu verherrlichen bedeutet, ihm bedingungslos zu gehorchen. Wenn wir sagen: „Ich gehorche, falls …", geben wir irgendetwas anderem größere Bedeutung oder Ehre als Gott. Gehorsam gehört also unbedingt dazu, wenn wir Gott verherrlichen wollen; aber das ist noch nicht alles. Gottes Herrlichkeit – das ist auch seine unaussprechliche Schönheit und Vollkommenheit. Darum verherrlichen wir Gott nicht, wenn wir ihm aus reinem Pflichtgefühl gehorchen. Wir sollen ihm nicht nur unseren Willen hingeben, sondern auch unser Herz: ihn anbeten, uns an ihm freuen, ihn genießen, seine Schönheit bestaunen. Und was könnten wir Schöneres sehen als den Sohn Gottes, der auf seine Herrlichkeit verzichtet und für uns in den Tod geht (Phil 2,5-11)?

Gebet: *Herr, ich staune über deine Liebe zu mir! Du, dem die ganze Welt gehört, das ganze Universum, alles, was ist – du hast deine Herrlichkeit aufgegeben – für mich! Lass mein Herz erfassen, wie herrlich du bist. Zeig deine Herrlichkeit auch den Menschen, die ich liebe. Lass sie aufstrahlen in unserer Gesellschaft, damit viele Menschen dir die Tür ihres Herzens öffnen. Amen.*

[1] *Von David.*
Nach dir, Herr, sehnt sich meine Seele. [2] Auf dich, mein Gott, vertraue ich;
lass mich nicht in Schande enden, lass meine Feinde nicht über mich trium-
phieren! [3] Ja, niemand gerät in Schande, wenn er seine Hoffnung auf dich
setzt. Aber wer sich treulos von dir abwendet – aus welchem Vorwand auch
immer –, der wird beschämt dastehen. [4] Herr, zeige mir deine Wege und lehre
mich, auf deinen Pfaden zu gehen! [5] Führe mich durch deine Treue und un-
terweise mich. Denn du bist der Gott, der mir Rettung schafft. Auf dich hoffe
ich Tag für Tag. [6] Denk an dein großes Erbarmen, Herr, und an deine reiche
Gnade, die du seit jeher erwiesen hast! [7] Denk doch nicht an die Sünden, die
ich in meiner Jugendzeit begangen habe, und auch nicht an meine späteren
Verfehlungen! Allein in deiner Gnade denk an mich, Herr, deine Güte ist
doch so groß.

WAS GILT? Davids Feinde haben eine gänzlich andere Lebensmaxime als er. David ist überzeugt: Nicht die eigene Findigkeit garantiert uns ein gutes Leben, sondern ein gutes Lebensfundament ist es, auf Gottes Hilfe zu vertrauen. Naiv!, sagen seine Feinde. Ohne Gott, so muss David zugeben, könnte ein Mensch, der integer lebt, nicht gegen die selbstsüchtigen, trügerischen Machtspiele der Welt bestehen (V. 3). Christliche Integrität bedeutet: die Wahrheit sagen, auch wenn es der Karriere schadet; enthaltsam leben, wenn man nicht verheiratet ist; auch in kleinen Dingen, die niemand bemerkt, ehrlich sein – alles Verhaltensweisen, die in unserer Welt schon fast als Dummheit gelten. Aber am Ende ist es die Welt mit ihren Maßstäben, die beschämt dastehen wird.

***Gebet:** Herr, ich möchte so leben, wie dein Wort es sagt. Ich möchte deinen Wegen folgen (V. 4) und nicht den Erfolgsrezepten dieser Welt. Gib mir das Wollen und die Integrität, auf deinen Wegen zu gehen. Ich weiß, das wird mich auch angreifbar machen. Schütze mich vor allen, die Gelegenheit suchen, mir zu schaden. Amen.*

8 Gütig und aufrichtig ist der Herr. Deshalb zeigt er Menschen, die sich von
ihm abgewandt haben, den rechten Weg. 9 Er unterweist die Demütigen in
dem, was gut und richtig ist, ja, gerade ihnen zeigt er seinen Weg. 10 Der Herr
führt alle in seiner Gnade und Treue, die sich an seinen Bund halten und sich
richten nach dem, was er in seinem Wort bezeugt. 11 Mach deinem Namen
alle Ehre, Herr: Vergib mir meine Schuld, denn sie ist groß! 12 Wie steht es
mit dem Menschen, der in Ehrfurcht vor dem Herrn lebt? Ihn lässt der Herr
den Weg erkennen, den er wählen soll. 13 Sein Leben lang erfährt er Gutes,
und seine Nachkommen werden einst das Land besitzen. 14 Der Herr zieht die
ins Vertrauen, die in Ehrfurcht vor ihm leben; seinen Bund macht er ihnen
bekannt.

FÜHRUNG. Wie führt Gott uns? Eine bessere Frage ist: Wen führt Gott? Wie müssen wir sein, damit Gott uns in unseren Entscheidungen leitet? Ein paar Anhaltspunkte: So vertraut mit Gottes Wort und mit seiner Wahrheit (V. 10), dass wir den richtigen Weg auch in Situationen einschlagen, zu denen die Bibel nicht direkt etwas sagt. Nicht klug in unseren eigenen Augen (V. 9), sondern uns unserer Fehler und Sünden bewusst (V. 11). Voll Vertrauen, dass alles, was Gott uns schickt, seinen Grund in „seiner Gnade und Treue" hat (V. 10; 1Mo 50,20). Menschen, die eine solche Herzenshaltung haben, „zieht [Gott] ins Vertrauen" (V. 14). Solche Menschen macht er weise, sodass sie erkennen, welchen Weg sie wählen sollen.

***Gebet:** Herr, ich bitte dich, mach mich nicht nur gehorsam gegenüber deinem Wort; mach mich auch weise. Das Leben ist so vielfältig und manchmal kompliziert. Lass mich immer erkennen, wie ich in deinem Sinn handeln und entscheiden soll. Lass Weisheit, Urteilsvermögen und Klugheit in mir wachsen und schenk mir die Demut, auf der alles andere beruht. Amen.*

15 Meine Augen blicken ständig auf den Herrn, denn er, er wird meine Füße
aus dem Fangnetz ziehen. 16 Herr, wende dich mir zu und sei mir gnädig, denn
ich bin einsam und vom Leid gebeugt. 17 Sprenge du die Fesseln, die mir das
Herz zusammenschnüren, lass mich frei werden von allem, was mir jetzt noch
Angst macht. 18 Achte auf mein Elend und auf meine Mühe und vergib mir
alle meine Sünden! 19 Sieh doch, wie viele Feinde ich habe, sie verfolgen mich
mit abgrundtiefem Hass! 20 Bewahre mein Leben und rette mich! Lass mich
nicht in Schande geraten, denn bei dir suche ich Zuflucht. 21 Aufrichtigkeit
und Ehrlichkeit sollen mein Schutz sein, denn meine Hoffnung bist allein du.
22 Gott, erlöse Israel aus all seiner Not!

SEHNSÜCHTIGES WARTEN. Was V. 21 hier mit „Hoffnung" übersetzt, lautet im Hebräischen: „Denn ich harre auf dich". Harren – sehnsuchtsvoll und dringend warten. Das ist nichts Passives oder Resignatives, sondern höchst aktiv. David lebt geradlinig und integer (V. 21), obwohl es seinen Feinden so gut zu gehen scheint (V. 19). Er hält sich an Gott (V. 15) und sucht seine Gegenwart und Nähe (V. 16). Und diese beiden Dinge – kompromissloser Gehorsam und anhaltendes Gebet – machen das „Harren" aus, das aktive Warten. Auf Gott zu warten, statt die Dinge vorschnell in die eigene Hand zu nehmen, darin besteht Weisheit. Der Kontrast zwischen dem Leben und Schicksal von Saul (1Sam 13,8-14) und dem von David (1Sam 26,10.11) macht das sehr deutlich.

Gebet: *Herr, zugegeben: Oft verstehe ich deinen Zeitplan nicht. Wenn ich der Lenker der Geschichte oder der Herr meines eigenen Lebens wäre, würde ich die Dinge anders regeln. Aber ich sehe ja nicht das gesamte Bild. Ich sehe nur den kleinen Ausschnitt, den mein begrenztes Leben ausmacht. Deshalb will ich auf deine Zeit warten, deine Weisungen befolgen und deine Gegenwart suchen. Amen.*

1 *Von David.*
Verschaffe mir Recht, Herr, denn ich bin immer aufrichtig meinen Weg ge-
gangen. Und weil ich auf den Herrn vertraue, werde ich nicht zu Fall kom-
men. 2 Du kannst mich auf die Probe stellen, Herr. Ergründe, wie ich wirklich
bin, prüfe mich auf Herz und Nieren! 3 Deine Gnade habe ich stets vor Augen,
und deine Treue bestimmt meinen Weg. 4 Mit Betrügern hatte ich keinen
Umgang, mit hinterhältigen Menschen gab ich mich nicht ab. 5 Ich verab-
scheue es, wenn Leute sich versammeln, die Böses planen, und mit denen, die
Gott verachten, setze ich mich nicht an einen Tisch.

DAS GEHEIMNIS INNERER FREIHEIT. David pocht auf seine Unschuld. Er sagt nicht, dass er ohne Sünde ist; unten in V. 11 bittet er um Gottes Gnade. Aber den Vorwurf, als Herrscher korrupt und bestechlich zu sein oder mit zwielichtigen Gestalten im Bunde zu stehen (V. 4.5), weist er von sich. Er wendet sich nicht an seine Freunde, damit sie ihn verteidigen, und er erwartet auch nicht, dass seine Feinde ihre Meinung ändern. David ruft Gott als Richter an. Das ist das Geheimnis innerer Freiheit. Auch Paulus hat es gekannt; auch er kümmert sich wenig um das, was andere – Freunde oder Feinde – über ihn sagen, oder was er selbst von sich hält: „Entscheidend ist das Urteil, das der Herr über mich spricht" (1Kor 4,4). Gottes Meinung ist die einzige, die zählt.

Gebet: *Vater, ich bekenne, dass mir die Meinung der Menschen oft viel wichtiger ist als das, was du über mich denkst. Ich möchte in den Augen anderer nicht schlecht dastehen. Erinnere mich daran, dass ich durch Christus bei dir restlos akzeptiert bin – damit ich die Freiheit und das Rückgrat habe, ohne Angst zu leben. Amen.*

6 Meine Hände sind frei von Schuld, und so trete ich vor deinen Altar, Herr.
7 Dort will ich laut meinen Dank hören lassen, erzählen will ich von all dei-
nen Wundern. 8 Herr, ich liebe die Stätte, wo dein Haus steht, den Ort, an
dem deine Herrlichkeit wohnt. 9 Lass mich nicht umkommen zusammen mit
denen, die sich von dir abgewandt haben; lass mein Leben nicht mit den blut-
gierigen Mördern zu Ende gehen. 10 An ihren Händen klebt Unrecht, gerne
nehmen sie Bestechungsgelder an. 11 Ich aber gehe ehrlich meinen Weg. Er-
löse mich und sei mir gnädig! 12 Nun stehe ich auf festem, ebenem Boden.
Mitten in der Gemeinde werde ich den Herrn preisen.

WO GOTTES HERRLICHKEIT WOHNT. Davids Liebe gilt dem Ort, an dem Gottes Herrlichkeit wohnt – seine unendlich heilige und über alle Maßen schöne Gegenwart (V. 8). Aber noch unfassbarer als der Glanz Gottes im Tempel ist das, was uns das Evangelium sagt: Der wahre Tempel, das ist Jesus (Joh 2,20.21). In ihm wohnt Gottes Herrlichkeit (Joh 1,14), in ihm und in allen, die durch den Glauben mit ihm verbunden sind (1Petr 2,4-5). Die beiden Alten da in der nächsten Bank? Das junge Paar mit dem Baby, das immer schreit? Diese Teenies, die nicht mal wissen, wie man sich für den Gottesdienst anständig kleidet? All diesen Menschen soll unsere Liebe gelten, denn in ihnen wohnt Gottes Herrlichkeit. „Die Last, das Gewicht oder die Bürde der Herrlichkeit meines Nächsten sollte sich täglich auf meinen Rücken legen, eine Last, so schwer, dass nur Demut sie tragen kann und der Nacken des Stolzen darunter bricht.“[15]

Gebet: *Vater, jeder Mensch, der mir begegnet, ist dein Ebenbild und ist in deinen Augen unendlich wertvoll. In jedem Bruder, in jeder Schwester wohnt Christus und seine Herrlichkeit. Kann ich da kalt oder zornig sein und andere verachten? Gib mir genug Liebe, um jeden Tag – auch heute – deine Herrlichkeit in meinen Nächsten zu erkennen und zu würdigen. Amen.*

Psalm 27,1-6 — 18. Februar

1 *Von David.*
Der Herr ist mein Licht und mein Heil – vor wem sollte ich mich fürchten?
Der Herr ist für mein Leben wie eine schützende Burg, vor wem sollte ich
erschrecken? 2 Wenn boshafte Menschen über mich herfallen, um mich mit
Haut und Haaren zu verschlingen, meine Gegner und Feinde – dann sind
sie es, die stürzen und fallen! 3 Selbst wenn mich ein Heer von Feinden um-
lagert: mein Herz ist nicht von Furcht erfüllt. Und wenn Krieg gegen mich
ausbricht, bleibe ich dennoch voll Zuversicht. 4 Eines habe ich vom Herrn
erbeten, das ist mein tiefster Wunsch: alle Tage meines Lebens im Haus des
Herrn zu wohnen, um die Freundlichkeit des Herrn zu sehen und über ihn
nachzudenken – dort in seinem Heiligtum. 5 Denn er wird mich am Tag des
Unglücks in seinem Zelt bergen, mir dort in der Verborgenheit seinen Schutz
gewähren und mich auf einem hohen Felsen in Sicherheit bringen. 6 Erhobe-
nen Hauptes werde ich auf meine Feinde rings um mich herabsehen. Und ich
will dort in seinem Heiligtum mit lautem Jubel meine Dankopfer bringen, ich
will den Herrn preisen mit Musik und Gesang.

GOTT IST SCHÖN. Gibt es Musik, die Sie zu Tränen rührt? Gibt es Naturerlebnisse, die Sie begeistern oder beglücken – ein Sonnenuntergang, eine Aussicht, eine Landschaft? „Wozu braucht man das?“, könnte jemand sagen. Und Sie würden antworten: Musik oder eine schöne Landschaft sind nicht „nützlich“. Sie haben ihren Sinn in sich selbst. David macht es zu einer Priorität in seinem Leben, Gott so nah zu sein, dass er seine Freundlichkeit jeden Tag „sehen“ kann. Eigentlich steht hier: dass er Gottes Schönheit immer betrachten kann (V. 4), und zwar nicht nur mit einem flüchtigen Blick. Betrachten, bestaunen, den Blick gar nicht davon losreißen können, das ist hier gemeint. Beten besteht nicht nur darin, dass wir Gott unsere Bitten vortragen. Beten heißt ganz wesentlich: Gott loben, ihn bewundern, uns daran freuen, dass er ist, der er ist. David findet Gott nicht nur nützlich. Er findet ihn schön. Tief im Herzen etwas von der Schönheit Gottes zu spüren, ist so beglückend, dass es unser Herz zur Ruhe kommen lässt.

***Gebet:** Herr, es ist nicht übertrieben, wenn ich sage: Es gibt nur eins, was ich im Leben wirklich brauche. Und ich bitte dich jetzt genau darum. Lass mich nicht einfach nur an dich glauben. Lass mich immer mehr deine Schönheit sehen, spüren und schmecken. Lass mich dich lieben, weil du bist, der du bist. Amen.*

7 Höre, Herr, wenn ich nun mit lauter Stimme rufe, sei mir gnädig und ant-
worte mir! 8 In meinem Herzen wiederhole ich deine Worte: „Kommt vor
mein Angesicht, sucht meine Nähe!“ Ja, Herr, das will ich tun: ich will vor
dein Angesicht treten. 9 Verbirg dich darum nicht vor mir, stoße mich, deinen
Diener, nicht im Zorn zurück, denn du warst zu jeder Zeit meine Hilfe! Gib
mich nicht auf und verlass mich nicht, mein Retter und mein Gott! 10 Selbst
wenn Vater und Mutter mich verließen, der Herr nimmt mich dennoch auf.
11 Lass mich deinen Weg erkennen, Herr, und leite mich auf ebener Bahn – tu
es meinen Feinden zum Trotz! 12 Liefere mich nicht dem Mutwillen meiner
Widersacher aus, denn es treten falsche Zeugen gegen mich auf! Aus ihrem
Mund kommen heftige Worte voller Unrecht und Gewalt. 13 Doch ich bin
gewiss, dass ich am Leben bleiben und sehen werde, wie gütig der Herr ist.
14 Hoffe auf den Herrn, sei stark, und dein Herz fasse Mut – ja, hoffe auf den
Herrn!

GOTTES SCHÖNHEIT FINDEN. David steckt in großen Schwierigkeiten. Aber weil er Gott und seine Schönheit vor Augen hat (V. 1.6), bleibt er zuversichtlich. Wenn unser Herz seine Freude in Gott findet, in seinem Angesicht (V. 8), können wir auch furchtlos bleiben, wenn wir irdische Güter verlieren. „Selbst wenn Vater und Mutter mich verließen“ (V. 10), wir könnten es überleben. Warum? Wenn unser höchstes Gut – die Gemeinschaft mit dem lebendigen Gott – uns sicher ist, wovor sollten wir uns dann noch fürchten? Und doch gibt es so vieles, was uns Angst macht. Unsere Ängste können uns allerdings einen Dienst erweisen. Sie zeigen uns, woran wir unser Herz tatsächlich gehängt haben. Wir müssen nur die Spur der Angst bis in unser Herz hinein zurückverfolgen und wir werden entdecken, was uns wichtiger ist als Gott.

Gebet: *Herr, ich möchte dir gehorchen, weil du es verdienst und weil ich es dir schuldig bin. Aber dabei möchte ich nicht stehen bleiben. Lass mich deine Schönheit finden – nimm mein Herz gefangen, meine Vorstellungskraft, damit ich dir aus tiefer Freude und aus dem Glück, dich zu kennen, gern diene. Amen.*

1 *Von David.*
Zu dir rufe ich, Herr, mein Fels. Wende dich nicht von mir ab! Wenn du mich
schweigend abweist, werde ich denen gleichen, die sterben und unter die Erde
kommen. 2 Höre mein lautes Rufen, wenn ich dich um Hilfe bitte und meine
Hände ausstrecke zu deiner heiligen Wohnung! 3 Reiß mich nicht plötzlich
in den Tod, zusammen mit den Gottlosen und Verbrechern, die mit anderen
zum Schein freundlich reden, während ihre Herzen voller Bosheit sind! 4 Gib
ihnen, was sie für ihre Taten verdienen und was zu ihrem boshaften Verhalten
passt! Lass das Unheil über sie hereinbrechen, das sie selbst ausgelöst haben.
Zahle ihnen ihr Unrecht heim! 5 Denn alles, was der Herr tut, ist ihnen gleich-
gültig. Sie wollen auch nicht anerkennen, was seine Hände geschaffen haben.
Darum wird er sie und ihre Werke niederreißen und nicht wieder aufbauen.

DER STACHEL DES UNRECHTS. „Reiß mich nicht plötzlich in den Tod, zusammen mit den Gottlosen“ (V. 3) – das ist Davids Angst. Konfrontiert mit dem ungerechten Vorwurf, ein korrupter Herrscher zu sein, schreit er zu Gott. Und dieser Schrei nach Gerechtigkeit ist eines der großen Themen in den Psalmen. Allerdings fällt es uns als Wohlstandsmenschen der westlichen Welt schwer, es richtig zu verstehen. „Nichts trifft uns so tief wie erlittenes Unrecht. Und das muss auch so sein. Diese Verse sind also nicht einfach ein privater Ruf nach Vergeltung. Was sich hier ausspricht, ist vielmehr der Protest, in den jedes gesunde Gewissen angesichts der Übel dieser Welt ausbrechen sollte, und die Überzeugung, dass ein letztes Gericht eine moralische Notwendigkeit ist.“[16] Mit diesem Schrei nach Gerechtigkeit angesichts des Bösen in der Welt sollten wir Christen Gott Tag und Nacht in den Ohren liegen (Lk 18,7).

Gebet: *O Gott, ich bitte um Gerechtigkeit in dieser Welt – darum, dass die Armen aus ihrem Elend herauskommen, dass die Macht diktatorischer und korrupter Regime gebrochen wird , dass Gewalt, Krieg, Rassenkonflikte, Hass und Streit ein Ende finden. Danke, Herr, dass du ein Gott der Gerechtigkeit bist. Amen.*

[6] Gepriesen sei der Herr, denn er hat auf mein lautes Flehen gehört! [7] Der Herr ist meine Stärke und mein Schild. Auf ihn habe ich vertraut, darum wurde mir geholfen. Deshalb ist mein Herz voll Freude und Jubel, ich will ihn preisen mit meinem Lied. [8] Der Herr ist Stärke und Schutz für sein Volk; seinen gesalbten König umgibt er wie eine sichere Festung, die ihm Rettung bringt. [9] Hilf deinem Volk und segne dein Eigentum, weide und trage es wie ein Hirte seine Herde für immer und ewig!

HÖRENDES GEBET. Ohne Gebet können wir nicht leben. David hat Gott Bitten vorgetragen, die kühn und konkret zugleich waren (V. 3-5). Er hat sich Zeit genommen, mit Gott zu diskutieren; ihm zu erklären, warum er so betet. Mit Vers 6 ändert sich der Ton. Jetzt lobt er Gott, der „auf mein lautes Flehen gehört" hat (V. 7). Wie kann er das wissen? Vielleicht hat Gott David auf besondere Weise offenbart, dass seine Bitten erhört würden. Aber wir haben keinen solchen „Draht". Wenn wir Gott unsere Bitten vortragen, können wir Folgendes tun: Wir können ihm im Voraus danken, dass er uns geben wird, worum wir gebetet hätten, wenn wir wüssten, was er weiß (Phil 4,6.7).

Gebet: *Vater, ich weiß, dass du mein Gebet hörst – nicht weil ich das verdiene, sondern weil dein Sohn Jesus als mein Hohepriester für mich betet: Er bringt alle meine Anliegen vor deinen Thron und du erhörst ihn immer. Ich halte dir meine leeren Hände hin. Bitte, fülle sie mit deiner Gnade und mit deiner Hilfe. Amen.*

1 *Ein Psalm Davids.*
Erweist dem Herrn Ehre, ihr himmlischen Wesen! Preist die Herrlichkeit
und Macht des Herrn! 2 Gebt dem Herrn die Ehre, die seinem Namen ge-
bührt! Betet den Herrn an in heiligem Festschmuck! 3 Der Herr lässt über den
Wassern seine mächtige Stimme hören, der Gott der Herrlichkeit lässt den
Donner dröhnen. Ja, der Herr thront über den großen Wassermassen. 4 Die
Stimme des Herrn erdröhnt gewaltig, erhaben ist die Stimme des Herrn. 5 Die
Stimme des Herrn zerbricht mächtige Zedern, selbst die gewaltigen Zedern
auf dem Libanongebirge spaltet der Herr. 6 Er lässt den Libanon erbeben und
hüpfen wie ein Kalb, auch den Hermon lässt er auf und nieder springen wie
einen jungen Stier. 7 Die Stimme des Herrn lässt feurige Blitze zucken. 8 Die
Stimme des Herrn erfasst nun auch die Steppe, der Herr lässt die Wüste Ka-
desch erbeben. 9 Die Stimme des Herrn erschreckt die Hirschkühe, vorzeitig
bringen sie ihre Jungen zur Welt. In den Wäldern schlägt sie die Äste ab und
fegt das Laub von den Bäumen. Und in seinem Tempel rufen alle: „Ihm sei
Ehre!“ 10 Der Herr thront über dem Himmelsozean, ja, der Herr sitzt auf sei-
nem Thron für immer und ewig. 11 Der Herr schenkt seinem Volk Kraft. Der
Herr segnet sein Volk mit Frieden.

HERR DES STURMS. Ein Hurrikan kann eine gewaltige, beängstigende Kraft entfalten. Aber Gottes Macht ist größer – er thront über dem Himmelsozean (V. 11), sein souveräner Wille lenkt Natur und Geschichte und jeglichen Sturm so, dass alles letztlich uns zum Besten dienen muss (Röm 8,28). Besonders deutlich ist Gottes Macht in seinem Wort (V. 3-9). Was seine Stimme oder sein Wort sagt, das tut er (V. 5.8). Seine göttliche Macht ist in seinem Wort am Werk. Unterschätzen wir also nicht, was Gott in unserem Leben durch sein Wort, durch die Bibel, bewirken kann. Die Stimme des Herrn kann unsere massivste Abwehr durchbrechen, unsere Verzweiflung vertreiben, uns von Schuld befreien und uns zu ihm führen.

***Gebet:** Herr, wenn ich deine Macht in meinem Leben erfahren will, muss ich auf dein Wort hören. Mach mir dein Wort lieb, Herr. Schenk mir, dass ich es gern lese, dass ich es verstehe und im Herzen bewege, damit es mich immer mehr prägt. Schenk mir, dass ich in deinem Wort dir selbst begegne, du lebendiger Herr. Amen.*

1 *Ein Psalm Davids. Ein Lied zur Einweihung des Tempels.*
2 Ich will dich preisen, Herr, denn du hast mich aus einem tiefen Abgrund he-
raufgezogen und meinen Feinden keinen Triumph über mich gegönnt. 3 Herr,
mein Gott, im Gebet schrie ich zu dir, und du hast mich geheilt. 4 Herr, du
hast mich aus dem Totenreich zurückgeholt und mir das Leben wieder neu
geschenkt. Vor dem sicheren Tod hast du mich bewahrt. 5 Singt und musiziert
für den Herrn, alle, die ihr ihm die Treue haltet! Preist ihn, den ihr als den
heiligen Gott kennt. 6 Denn nur einen Augenblick dauert sein Zorn, aber ein
Leben lang seine Güte. Noch am Abend weinen wir – doch am Morgen kehrt
wieder Jubel ein.

AMAZING GRACE. Dieser Psalm besingt die Güte und Gnade Gottes. Ja, Gott ist auch zornig über sein Volk, aber sein Zorn hat nie das letzte Wort (V. 6). Deshalb ist die Freude immer schon unterwegs zu uns, sie kommt zu denen, die Gott glauben. In Jesus wird dieses Prinzip auf die Spitze getrieben: Trübsal schafft Herrlichkeit (2Kor 4,17; Joh 16,20-22).[17] Was Jesus erlitten hat, hat Freude für ihn und für die Welt bewirkt. Wenn wir ihm also in dunklen Zeiten vertrauen, kann das unseren Glauben vertiefen und uns zu geistlicher Bodenhaftung verhelfen – beides wirklich ein Grund zur Freude.

***Gebet:** Herr, dein Wort sagt, „die Not, die wir gegenwärtig leiden … bringt uns eine Fülle an Herrlichkeit, die jedes Maß übersteigt" (2Kor 4,17, BaB). Ich kann nicht begreifen, was das heißt. Aber ich kann sehen, dass es in meinem Leben bereits geschieht. Bitte, tu das in mir, was nur geschehen kann, wenn ich dir vertraue – und sei es auch unter Tränen. Amen.*

7 Als es mir gut ging, war ich sorglos und dachte: „Niemals werde ich zu Fall
kommen!“ 8 Herr, du warst sehr gnädig zu mir. Du gabst mir Schutz wie eine
sichere Festung auf einem hohen Berg. Doch als du dich vor mir verbargst,
da war ich ohne jeden Halt. 9 In meiner Not schrie ich zu dir, Herr, ich rief zu
dir um Hilfe: 10 „Willst du, dass mein Leben zu Ende geht und dass man mich
zu Grabe trägt? Welchen Wert hätte das für dich? Kann ein zu Staub zerfal-
lener Mensch dich preisen und deine Treue verkünden? 11 Höre mich doch,
Herr, und sei mir gnädig! Herr, sei mein Helfer!“ 12 Ja, du hast mein Klagelied
in einen Reigentanz verwandelt! Den Trauermantel hast du mir ausgezogen
und mich in ein Festgewand gekleidet. 13 So singe ich von ganzem Herzen zu
deiner Ehre – nie werde ich schweigen. Herr, mein Gott, für immer und ewig
will ich dich preisen!

GRUNDLOSES VERTRAUEN. Wir bewegen uns oft durchs Leben in der Annahme, es werde immer alles gut gehen – und dann ist das auf einmal nicht mehr der Fall. Unser unbewusstes oder manchmal auch unser bewusstes Denken sagt: „Ich packe es schon. Ich hab die Dinge in der Hand. Ich habe alles bedacht. Ich krieg das hin.“ Vers 7 und 8 zeigen, wie rasch wir in dieses trügerische Vertrauen auf uns selbst zurückfallen können, selbst wenn wir gerade erst Gottes befreiende Hilfe erfahren haben – und zwar, indem wir denken, Gottes Hilfe sei etwas, was uns zusteht. Aber Gott erschüttert unser Vertrauen in unser irdisches Leben, damit wir uns nach dem himmlischen Leben sehnen, in dem unsere Freude wirklich unerschütterlich sein wird und unsere Tränen und Klagelieder sich in Tanz verwandeln werden.

***Gebet:** Herr, lehre mich, wie ich in allem Auf und Ab des Lebens mein Herz auf dich ausrichten kann. Nur bei dir finde ich wahre, unzerstörbare Freude. Amen.*

1 *Für den Dirigenten. Ein Psalm Davids.*
2 Bei dir, HERR, habe ich Zuflucht gefunden. Lass mich nie in Schande gera-
ten! Erweise mir deine Treue und rette mich! 3 Neige dich zu mir herab und
schenke meinem Rufen ein offenes Ohr! Befreie mich doch schnell aus meiner
Not! Sei mir ein Fels, bei dem ich Schutz finde, eine Festung auf hohem Berg!
Rette mich! 4 Ja, du, du bist mein Fels und meine Burg! Du wirst mich führen
und leiten – dafür stehst du mit deinem Namen ein. 5 Befreie mich aus der
Falle, die meine Feinde mir hinterhältig gestellt haben! Du bist mein Schutz.
6 In deine Hände gebe ich meinen Geist. Du hast mich erlöst, HERR, du treu-
er Gott! 7 Ich verabscheue alle, die nutzlose Götzen verehren, und ich selbst
vertraue ganz dem HERRN. 8 Voller Freude juble ich über deine Gnade: Du
kennst mein Elend, kümmerst dich um meine Nöte, die so schwer auf meiner
Seele liegen. 9 Du hast mich nicht in die Hand meiner Feinde gegeben, weiten
Raum hast du vor mir geschaffen.

IN DEINE HÄNDE. Wer unter großem Druck steht, kann die Erfahrung machen, dass er aus „Nöten, die schwer auf [der] Seele liegen“ (V. 8), zu einem neuen Vertrauen findet, das ihn in einen „weiten Raum“ stellt (V. 9). David gelingt dieser Positionswechsel, und zwar, weil er geistlich aktiv wird und nicht passiv bleibt. Er ruft zu Gott: „Befreie mich doch schnell“ (V. 3). Er sagt sich von allen falschen Göttern los (V. 6). Er bleibt mit Gott im Gespräch, bis Gottes Liebe und Gunst sein Herz wieder erreichen und mit Freude erfüllen und ihn für alle anderen Verluste entschädigen (V. 8). All das sind Möglichkeiten, wie wir uns in Gottes Hände geben können (V. 6). Tun wir es doch – und Gott wird uns einen weiten Raum schaffen, trotz unserer Sünde. Denn Jesus hat am Kreuz seinen Geist in Gottes Hände gegeben (Lk 24,46).

Gebet: *Herr Jesus, am Kreuz hast du Verrat, Verleugnung und Ablehnung erlitten. Alle haben dich verlassen. Aber du hast dem Vater vertraut und dich ganz in seine Hand gegeben. Und das alles geschah für mich. Deshalb kann ich mich nun ganz in deine Hände geben. Hier bin ich. Amen.*

10 Sei du mir auch in Zukunft gnädig, HERR! Noch bin ich in großer Be-
drängnis, sind meine Augen trüb vor Traurigkeit, erschöpft bin ich an Leib
und Seele. 11 Voller Kummer schwindet mein Leben dahin, mit Stöhnen sehe
ich zu, wie meine Jahre verrinnen. Eigene Schuld hat mir die Kraft genom-
men. Meine Glieder sind wie gelähmt. 12 Meine Feinde haben dafür gesorgt,
dass ich Hohn und Spott von meinen Nachbarn ernte. Meine Bekannten
schrecken vor mir zurück; wer mich auf der Straße sieht, geht mir eilig aus
dem Weg. 13 Man hat mich vergessen, aus der Erinnerung verdrängt wie einen
längst Verstorbenen. Ich komme mir vor wie ein ausgedientes Gefäß, das man
zum Abfall wirft. 14 Ich höre ja genau, was viele tuscheln. Grauenhaft, was um
mich vorgeht! Da schmieden Leute miteinander Pläne gegen mich und haben
dabei nur das eine Ziel: sie wollen mir das Leben nehmen. 15 Ich aber, HERR,
vertraue auf dich! Ich sage es und halte daran fest: „Du bist mein Gott!"
16 Alle Zeiten meines Lebens sind in deiner Hand. Rette mich auch jetzt aus
der Gewalt meiner Feinde und vor denen, die mich verfolgen! 17 Wende dein
Angesicht mir, deinem Diener, freundlich zu! Sei mir gnädig und rette mich!
18 HERR, weil ich dich anrufe, lass mich nicht in Schande geraten – die gott-
losen Verleumder aber sollen in Schande enden und im Totenreich für immer
schweigen müssen. 19 Verstummen muss jedes Lügenmaul, das mit Stolz und
Verachtung frech gegen den redet, der nach dem Willen des HERRN lebt.

ALLE ZEITEN MEINES LEBENS. David erlebt Schlimmes. Man trachtet ihm nach dem Leben (V. 14). Das Leben erscheint unsicher, vielleicht auch unberechenbar. Auch wir erleben Schreckliches, Dinge, die völlig sinnlos erscheinen. Aber die Weltgeschichte und unsere persönliche Lebensgeschichte sind letzten Endes nicht Spielball des Zufalls. „Alle Zeiten meines Lebens sind in deiner Hand", ruft David uns und sich selbst ins Gedächtnis (V. 15). Die Bibel ist zu diesem Thema sehr ausgewogen. Ja, es gibt viel Schlimmes und Leidvolles in der Welt. Aber Gott ist größer als Leid, Unglück und Bosheit. Er wendet die Dinge so, dass uns letzten Endes alles zum Guten dienen muss (Röm 8,28). Es ist unmöglich, dass unser Leben endgültig im Untergang landet. Lernen wir, mit David zu beten: „Alle Zeiten meines Lebens sind in deiner Hand."

***Gebet:** Herr, es gibt so vieles in meinem Leben, das mir sinnlos erscheint. Aber in deinen Augen ist es das nicht. Lass mich in diesem Wissen Frieden finden. Meine Zeiten stehen wirklich in deinen Händen. Und das ist absolut und unendlich viel besser, als wenn sie in meinen eigenen Händen lägen. Amen.*

[20] HERR, wie viel Gutes hältst du doch bereit für alle, die Ehrfurcht vor dir
haben! Ja, vor den Augen aller Menschen zeigst du deine Güte denen, die bei
dir Zuflucht suchen. [21] Du birgst sie ganz nahe bei dir, unter deinen Augen
sind sie vor hinterhältigen Menschen sicher. Wie in einer schützenden Hütte
bewahrst du sie vor dem feindseligen Geschwätz ringsum. [22] Gepriesen sei der
HERR, denn er hat mir wunderbar seine Gnade erwiesen; er hat mir in einer
befestigten Stadt Zuflucht geschenkt. [23] Vorher hatte ich noch in meiner Ver-
zweiflung gesagt: „Ich bin alleingelassen, verbannt aus deinen Augen." Aber
du hast auf mein lautes Flehen gehört, schon damals, als ich zu dir um Hilfe
schrie. [24] Ihr alle, die ihr zum HERRN gehört: zeigt ihm eure Liebe! Der
HERR behütet alle, die ihm die Treue halten. Doch denen, die vermessen
handeln , zahlt er ihren Hochmut gründlich heim. [25] Seid stark und fasst neuen
Mut, ihr alle, die ihr auf das Eingreifen des HERRN wartet!

GEFÜHL UND REALITÄT. David hat sehr schwere Zeiten erlebt. Er fühlte sich von Gott verlassen – „ich bin verbannt aus deinen Augen" (V. 23). In guten Zeiten können wir umgekehrt empfinden: „Niemals werde ich zu Fall kommen" (Ps 30,6). Das ist genauso falsch. Wir müssen unser Leben darauf bauen, was Gott uns offenbart hat, nicht auf unsere Gefühle. Ein Pilot, der in eine Wolkenwand fliegt und den Sinn dafür verliert, wo oben und unten ist, muss sich an seinen Instrumenten orientieren, auch wenn die dem, was er unmittelbar fühlt, widersprechen. Das ist lebensnotwendig.[18] Wenn wir in einer Wolkenwand stecken, sei es nun eine Erfolgs- oder eine Misserfolgswolke, dürfen wir nicht unseren Gefühlen trauen, uns weder von Selbstsicherheit noch von Verzweiflung leiten lassen. Vertrauen sollten wir in unseren barmherzigen und weisen Gott haben.

Gebet: *Herr, wenn mein Herz es nicht lernt, deinem Wort zu vertrauen, auch wenn es mir Dinge sagt, die ich nicht hören will, dann wird es auch nicht glauben, wenn dein Wort mir sagt, was ich unbedingt hören will – dass du liebst, dass du vergibst. Lehre mich, deinem Wort voll und ganz zu vertrauen. Amen.*

Psalm 32,1-5 — 28. Februar

[1] *Von David.*
Ein kunstvoll gestaltetes Lied. Glücklich zu preisen ist der Mensch, dem seine
Treulosigkeit Gott gegenüber vergeben und dessen Sünden zugedeckt sind.
[2] Ja, der ist wahrhaft glücklich zu nennen, dem der HERR die Schuld nicht
anrechnet und der durch und durch aufrichtig ist. [3] Solange ich meine Schuld
verschwieg, wurde ich von Krankheit zerfressen , den ganzen Tag habe ich nur
gestöhnt. [4] Tag und Nacht lastete deine Hand auf mir. Da verging mir aller
Lebensmut, ich verlor jede Kraft wie unter stechender Sonnenglut. [5] Dann
endlich bekannte ich dir meine Sünde, meine Schuld verschwieg ich nicht län-
ger vor dir. Ich sagte: „Ich will dem HERRN alle meine Vergehen bekennen.“
Und du – ja, du befreitest mich von der Last meiner Sünde.

VERGEBUNG. Viele Menschen sind der Meinung, Schuld sei etwas, das Gesellschaft oder Religion uns einreden, und was richtig und falsch ist, müsse jeder für sich selbst definieren. Aber jeder von uns kennt das Gefühl, schuldig zu sein, nicht so zu sein, wie wir sein sollten. Wir werden es einfach nicht los. Die Befreiung, die die Vergebung schenkt, beginnt bei der Ehrlichkeit. Nur wenn wir unsere Sünde offenlegen und bekennen, ist Gott bereit, sie „zuzudecken“ (V. 2). Das heißt, er streicht unsere objektive Schuld durch, sodass sie keine Strafe mehr nach sich ziehen kann (V. 5). Und er nimmt uns unsere subjektive Scham, sodass wir uns damit nicht mehr herumquälen müssen (V. 3.4). Ja, jeder, der weiß, wie nötig er Gottes Vergebung hat, und der sie auch erfährt, ist in der Tat „glücklich zu preisen“ (V. 1).

Gebet: *Vater, meine Sünden sind groß und schwer. Aber es wäre eine noch größere Sünde, wenn ich mich weigern würde, auf deine Gnade zu bauen und deine Vergebung anzunehmen. Schenk mir das Glück und die große Erleichterung, mir ganz gewiss zu sein, dass meine Schuld um Jesu willen vergeben ist – endgültig, vollständig und aus frei geschenkter Liebe. Amen.*

Psalm 32,6-11 *1. März*

6 Darum soll jeder, der dir treu ist, zu dir beten, solange du dich finden lässt.
Und er darf erleben: Selbst wenn die Not ihn bedrängt wie eine gewaltige
Flut – sie wird ihm nicht schaden können. 7 Du, Gott, bist mein sicherer Zu-
fluchtsort, mein Schutz in Zeiten der Not. Wohin ich mich auch wende –
deine Hilfe kommt nie zu spät. Darüber juble ich vor Freude. 8 Du hast zu
mir gesagt: „Ich will dich unterweisen und dir den Weg zeigen, den du gehen
sollst. Ich will dich beraten und immer meinen Blick auf dich richten." 9 Seid
nicht wie Pferde oder Maultiere, denen der Verstand fehlt und deren Schmuck
aus Zaum und Zügel besteht. Damit muss man sie zähmen, denn sonst ge-
horchen sie ja nicht. 10 Viele Schmerzen muss erleiden, wer sich von Gott ab-
wendet, doch wer auf den HERRN vertraut, den umgibt er mit seiner Gnade.
11 Freut euch über den HERRN und jubelt laut, die ihr nach seinem Willen
lebt! Ihr alle, deren Herz aufrichtig ist, singt vor Freude!

ZAUM UND ZÜGEL. Gott möchte uns weiterführen als dahin, dass wir „nur" seine Vergebung empfangen. Er bietet uns echte Freundschaft mit ihm an. Normalerweise leben wir nur dann so, wie wir sollten, wenn wir es müssen, aus Eigeninteresse oder weil es Konsequenzen gibt, die uns in der Spur halten. Das entspricht dem störrischen Maultier, das nur durch Zaum und Zügel auf den richtigen Weg gelenkt wird (V. 9). Nein, wir sollten Gottes Wege gehen, weil wir es wollen, aus Liebe zu dem Gott, der uns durch sein Wort und im Gebet ganz persönlich unterweist (V. 8). Manchmal gebraucht Gott eine schwierige Wegstrecke, in der uns die Probleme überrollen wie eine „gewaltige Flut" als eine Art Zaum und Zügel, die uns zu ihm zurücklenken, und dann zeigt er uns, dass wir vor allem anderen seine Freundschaft und Liebe brauchen. Wie gut, dass er uns nicht einfach nach unserem eigenen Gutdünken laufen lässt.

Gebet: *Herr, ich möchte nicht nur aus äußerem Zwang meine Sünden bekennen. Ich möchte darauf schauen, wie viel es Jesus gekostet hat. Ich möchte nicht nur die Folgen bedauern, die meine Sünden für mich haben, sondern die Sünde selbst, weil sie dich betrübt. Nur so wird sie ihre Macht über mich verlieren. Amen.*

1 Jubelt über den HERRN, die ihr nach seinem Willen lebt! Ja, gut ist es,
wenn aufrichtige Menschen Gott loben! 2 Preist den HERRN zum Klang
der Zither, spielt für ihn auf der zehnsaitigen Harfe! 3 Singt ihm ein neues
Lied, lasst eure Instrumente schön erklingen und ruft eure Freude laut hinaus!
4 Denn das Wort des HERRN ist zuverlässig, treu ist er in allem, was er tut.
5 Er liebt Gerechtigkeit und Recht. Die Erde ist erfüllt von der Gnade des
HERRN. 6 Durch das Wort des HERRN wurden die Himmel erschaffen, das
Heer der Sterne durch den Hauch seines Mundes. 7 Er sammelte das Wasser
des Meeres und setzte ihm eine Grenze. In die riesigen Meeresbecken füllte
er die Fluten. 8 Alle Welt zeige Ehrfurcht vor dem HERRN, alle Bewohner
der Erde sollen ihm mit großer Achtung begegnen. 9 Denn er sprach nur ein
Wort – und es geschah; er gab einen Befehl – und es kam zustande.

LOBEN IST GESUND. Ja, Lobpreis ist „gut“ (V. 1). Wörtlich heißt es hier: Es „ziemt“ sich, Gott zu preisen, denn ihm gebührt unser Lob; und es ziemt sich für uns, denn wir sind für den Lobpreis geschaffen. Großzügige, glückliche Menschen werden eher loben, andere eher klagen. Lobpreis ist „hörbar gewordene innere Gesundheit“[19]. Aber wir sind nicht für ein allgemeines Lob geschaffen; sondern dazu, ein höchstes Wesen anzubeten, unsere Gedanken und Herzen von ihm einnehmen zu lassen. Deshalb müssen wir unser Herz von jeder Fixierung auf andere Dinge lösen und uns faszinieren lassen von Gottes Schönheit. Eine Weise, wie das geschehen kann, ist die, dass wir im Gottesdienst und unserem privaten Beten Musik einbeziehen (V. 3).

***Gebet:** O Gott, ich preise dich, dass du ein Gott bist, der alles Lob wert ist, dem es wirklich gebührt. Und ich danke dir, dass ich selbst heil werde, wenn ich dich preise – dich zu loben klärt meine Sicht, verändert meine Perspektive, stärkt mein Herz und schenkt mir immer neue Freude. Hilf mir, dich zu sehen, wie du bist, damit ich dich so lobe, wie es dir gebührt. Amen.*

10 Der HERR macht die Absichten der Völker zunichte; ja, er vereitelt ihre
eigenmächtigen Pläne. 11 Doch die Absichten des HERRN haben für immer
Bestand, seine Pläne setzen sich durch – jetzt und in allen künftigen Genera-
tionen. 12 Glücklich zu nennen ist das Volk, dessen Gott der HERR ist, das
Volk, das er sich zum Eigentum erwählt hat. 13 Der HERR schaut vom Him-
mel herab, er sieht alle Menschen. 14 Von seinem Thron aus blickt er herab, er
schaut aus nach allen, die auf der Erde wohnen. 15 Er hat sie ja alle erschaffen,
eines jeden Herz; er achtet auf alles, was sie tun. 16 Ein König siegt nicht durch
die Stärke seiner Truppen. Ein mutiger Soldat überlebt nicht durch seine gro-
ße Kraft. 17 Es ist eine trügerische Hoffnung, eine Schlacht durch die Anzahl
der Pferde zu entscheiden. Und nicht ihre große Kraft lässt einen Reiter heil
davonkommen.

GOTT SETZT SICH DURCH. Die Mächtigen dieser Welt verfolgen immer ihre eigenen Ziele und Pläne. Aber, so sagt der Psalm, sie werden alle scheitern. Entweder erreichen sie nicht, was sie wollen, oder ihre Pläne müssen letztlich Gottes Zielen dienen. Menschen, die Gottes Heilsplan durch Jesus vereiteln wollten, haben ihn letztlich nur befördert (Apg 4,27.28). Gott führt seinen Rettungsplan für uns aus; er lässt sich nicht beirren durch den Aufstieg oder Fall von Zivilisationen, Nationen oder Mächten. Es ist sinnlos, unser Vertrauen auf weltliche Macht und Wohlstand zu setzen. Wir glauben, unsere eigenen Fähigkeiten verdienten eine Auszeichnung. Aber Gott sagt: „Ich habe dir deine Fähigkeiten verliehen. Ich habe bestimmt, wer sonst noch am Wettbewerb teilnimmt. Es liegt alles in meiner Hand.“ Wir vertrauen auf Gott, nicht auf soziale Macht, politische Manöver oder wirtschaftliche Schlagkraft.

Gebet: *Herr, bewahre mich davor, dass ich mich allzu sehr auf mein Wissen, meine sozialen Verbindungen, meine wunderbaren Pläne verlasse. Die Wahrheit ist: In allem sind wir ganz und gar abhängig von dir. Dagegen möchte ich mich nicht wehren. Hilf mir, den Trost und die dankbare Freude zu erleben, die daraus erwächst, dass ich diese Abhängigkeit dankbar akzeptiere. Amen.*

18 Sondern es ist der HERR, dessen Blick auf allen ruht, die ihm mit Ehr-
furcht begegnen und voller Zuversicht darauf warten, dass er seine Güte zeigt.
19 Denn er will sie vor dem Tod retten und sie in Hungersnot am Leben er-
halten. 20 Aus tiefster Seele hoffen wir auf den HERRN; er allein ist unsere
Hilfe und der Schild, der uns schützt. 21 Denn an ihm freuen wir uns von gan-
zem Herzen, und wir vertrauen auf seinen heiligen Namen. 22 Deine Gnade,
HERR, sei über uns, wie wir es von dir erhoffen.

HOFFNUNG, DIE NICHT TÄUSCHT. Wer liebt, ist hoch aufmerksam für den anderen. Wer liebt, ist „flinken Auges merksam“ auf den anderen.[20] Er achtet auf kleinste Andeutungen in Mienenspiel, Tonfall oder Gestik, ob dem anderen etwas fehlt, und sorgt rasch für das Vermisste. Genauso liebt Gott uns – sein Blick, der alles sieht, achtet auf beides: das, was uns schaden will, und das, was unser Leben erhält (V. 19). Der Psalm endet auf einem Ton der Hoffnung, aber es ist nicht einfach allgemeiner Optimismus. Der Beter hofft nicht, dass Gott ihm die eine oder andere Bitte erfüllt. Seine Hoffnung richtet sich auf Gott selbst. Sein Blick gilt „nicht der Gabe (obwohl auch das seinen Platz hat; Röm 8,18-25), sondern dem Geber. In einer solchen Hoffnung „werden wir nicht enttäuscht“ (Röm 5,5).[21]

Gebet: *Gott, es ist fast nicht zu glauben, dass du, ein Gott von unendlicher Macht und Herrlichkeit, deinen Blick aufmerksam und voller Liebe auf mich richtest und alle meine Bedürfnisse siehst. Du liebst mich mehr – und unendlich viel weiser – als ich mich selbst liebe. Hilf mir, in dieser Liebe zu ruhen und so viel Freude darin zu finden, dass ich mir keine Sorgen mehr mache. Amen.*

1 *Von David. Aus der Zeit, als Abimelech ihn fortgetrieben hatte, weil David sich vor
ihm wahnsinnig gestellt hatte.*
2 Ich will den HERRN preisen zu aller Zeit, immer soll sein Lob auf meinen
Lippen sein. 3 Aus tiefster Seele will ich den HERRN rühmen. Alle, die ihr
Leid geduldig ertragen, werden mich hören und sich freuen. 4 Kommt, wir
verkünden gemeinsam, wie groß der HERR ist! Lasst uns miteinander seinen
Namen rühmen! 5 Ich suchte die Nähe des HERRN – und er hat mir geant-
wortet: Er rettete mich aus aller Angst. 6 Alle, die zu ihm aufschauen, werden
strahlen vor Freude! Nie werden sie beschämt sein. 7 Als es mir schlecht ging,
rief ich zum HERRN. Er hörte mich und befreite mich aus aller Not. 8 Der
Engel des HERRN lässt sich bei denen nieder, die in Ehrfurcht vor Gott le-
ben, er umgibt sie mit seinem Schutz und rettet sie. 9 Erfahrt es selbst und seht
mit eigenen Augen, dass der HERR gütig ist! Glücklich zu preisen ist, wer
bei ihm Zuflucht sucht. 10 Die ihr zu Gottes heiligem Volk gehört, begegnet
dem HERRN mit Ehrfurcht! Denn wer ihn achtet, der leidet keinen Mangel.
11 Selbst junge und starke Löwen können ihren Hunger nicht stillen, aber wer
die Nähe des HERRN sucht, dem wird nichts Gutes fehlen.

IN GOTT GEGRÜNDET. Wie kann das aussehen, aus aller Angst gerettet zu werden (V. 4)? Die Antwort ist vielschichtig. Bauen Sie eine Identität auf, die ihren letzten Grund – ihren „Ruhm“ (Jer 9,23) – nicht in eigener Leistung, nationaler Zugehörigkeit oder moralischer Anstrengung findet, sondern in Gott (V. 3). So und nur so wird das Fundament Ihres Selbstwerts fest gegründet; es wird immun sein gegen Angst und Scham (V. 6). Aber wie bekommen wir eine solche Identität? Indem wir nicht einfach nur an Gott glauben, sondern seine Güte „schmecken“ und erfahren – im Gebet (V. 9). Und indem wir andere mit dem Trost trösten, den wir selbst erfahren haben (V. 3; 2Kor 1,3.4), bis auch sie mit uns „gemeinsam“ Gott verherrlichen (V. 4). Dieser Auftrag gilt jedem Christen.

Gebet: *Herr, wenn ich etwas anderes als deine Güte und zuverlässige Liebe für mich zum Grund meines Lebens mache, dann überfallen mich Ängste, Scham, Mutlosigkeit. Lehre mich, immer wieder auf dich zu schauen und dich zu suchen, bis ich die strahlende Freude finde, die du schenkst. Amen.*

12 Ihr jungen Leute, kommt und hört mir zu! Ich will euch sagen, was es heißt,
in Ehrfurcht vor dem HERRN zu leben. 13 Wer von euch will Freude am Le-
ben haben? Wer hätte gern ein langes Leben, in dem es ihm gut geht? 14 Wenn
das dein Wunsch ist, dann erlaube deinem Mund keine boshaften Reden, ver-
biete deinen Lippen jedes betrügerische Wort. 15 Halte dich vom Bösen fern
und tu Gutes; setze dich für den Frieden ein und verfolge dieses Ziel mit gan-
zer Kraft! 16 Denn der Blick des HERRN ruht freundlich auf denen, die nach
seinem Willen leben; er hat ein offenes Ohr für sie, wenn sie um Hilfe rufen.
17 Mit vernichtendem Blick aber schaut der HERR auf alle, die Böses tun. Er
wird sie von der Erde wegnehmen und jede Erinnerung an sie auslöschen.

DIE LÜGE. Wer Freude am Leben haben will (V. 13), muss ein gutes Leben leben (V. 14.15). Dieser Psalm widerlegt die Lüge der Schlange im Paradies. Die hatte behauptet: Wer Gott gehorcht, verpasst etwas; das wahre Leben findet nicht, wer seinen Willen tut, sondern wer ihn missachtet.[22] Aber diese Lüge hat ihren Weg tief in jedes menschliche Herz gefunden: Wären wir nicht glücklicher, wenn nicht Gott, sondern wir selbst bestimmen könnten, wie wir leben sollen? Nein. Das höchste Gut ist es, Gott persönlich zu kennen; und die höchste Strafe ist ebenso persönlich – Gottes freundlichen Blick, die einzige Quelle von Freude und Liebe, zu verlieren (V. 17) und „endgültig und unwiderruflich *draußen* gelassen [zu] werden – abgewiesen, verbannt, entfremdet und völlig unbeachtet“.[23]

***Gebet:** Vater, wenn ich das Leben lieben möchte, muss ich dich lieben – und dich lieben heißt, deinen Willen gern und voll Freude tun. Lass dein Angesicht mir leuchten – lass mich deine Liebe erfahren –, damit ich dich liebe, weil du der bist, der du bist. Erinnere mich immer wieder daran, dass der einzige Verlust, der wirklich unerträglich wäre, der ist, dass ich dich und deine Gegenwart verliere. Amen.*

18 Die aber nach dem Willen des HERRN leben, rufen zu ihm, und er hört
sie. Er befreit sie aus all ihrer Not. 19 Nahe ist der HERR denen, die ein ge-
brochenes Herz haben. Er rettet alle, die ohne Hoffnung sind. 20 Wer nach
Gottes Willen lebt, der erfährt viel Leid, aber der HERR wird ihn aus allem
Unglück befreien. 21 Er bewahrt alle seine Glieder, nicht ein Knochen soll ihm
gebrochen werden. 22 Wer Gott verachtet, findet durch seine Bosheit den Tod.
Und wer die hasst, die nach Gottes Willen leben, wird dafür zur Rechenschaft
gezogen werden. 23 Der HERR aber erlöst die Seele derer, die ihm dienen;
und wer bei ihm Zuflucht sucht, muss keine Strafe fürchten.

WIE GOTT UNS BEWAHRT. V. 18 und 20 klingen wie ein Versprechen: Wer Gott glaubt, den verschont er vor allen Schwierigkeiten. Andere Psalmen sagen es anders: Gott ist in unseren Schwierigkeiten bei uns (Ps 23,4; 91,15). Auch V. 19 bestätigt: Das Leben kann uns das Herz brechen. Aber solches Leid lässt uns Gottes Nähe und Gegenwart suchen und erfahren, wie nichts anderes das vermag (V. 19). Menschen, die schweres Leid erfahren haben, sagen nicht selten im Rückblick darauf, dass sie nur durch diese Erfahrung eine tiefere Freude an Gott gefunden hätten. V. 23 verspricht, dass Gott alle erlöst, die ihre Zuflucht bei ihm suchen. Erst das Neue Testament enthüllt, was dieses Versprechen Gott gekostet hat. Jesus hat am Kreuz ein für alle Mal diese Erlösung erwirkt – deshalb gibt es „keine Verdammnis für die, die in Christus … sind“ (Röm 8,1;L). Eine so allumfassende Erlösung war für David noch unvorstellbar.

Gebet: *Herr, eigentlich ist es nicht in Ordnung, wenn ich dir für die Sorgen und Probleme in meinem Leben danke. Denn du hast keine Welt geschaffen, die voller Übel wäre, und wenn ich leide, leidest du mit mir. Und doch will ich dir danken – für die vielen Schätze, die ich in diesen dunklen Stollen gefunden habe: Geduld, Mut, Selbsterkenntnis und vor allem deine Liebe und Gegenwart. Amen.*

Psalm 35,1-10 *8. März*

1 *Von David.*
Streite für mich, HERR, gegen meine streitsüchtigen Feinde, bekämpfe du
alle, die Krieg gegen mich führen! 2 Greife zum kleinen und zum großen
Schild und steh auf, um mir zu helfen! 3 Nimm den Speer zur Hand und
versperre meinen Verfolgern den Weg! Sprich zu mir: „Ich bin deine Ret-
tung.“ 4 Alle, die mir nach dem Leben trachten, sollen in Schande geraten
und sich schämen. Gedemütigt sollen sich die zurückziehen, die unheilvolle
Pläne gegen mich schmieden. 5 Wie Spreu im Wind sollen sie werden, und der
Engel des HERRN stoße sie fort. 6 Ihr Weg soll finster und rutschig sein, und
der Engel des HERRN verfolge sie. 7 Denn ohne Grund haben sie mir eine
Falle gestellt, ohne Anlass eine Grube gegraben, um mich zu fangen. 8 Wenn
mein Feind nicht damit rechnet, soll das Unheil über ihn hereinbrechen! Die
Falle, die er gestellt hat, schnappe über ihm selbst zu, möge er ins Verderben
stürzen! 9 Dann werde ich von ganzem Herzen über den HERRN jubeln,
mich freuen über seine Rettung. 10 Mit Leib und Seele werde ich dich preisen:
HERR, wer ist wie du? Du rettest die Wehrlosen vor ihren übermächtigen
Feinden, die Hilflosen und Notleidenden bewahrst du vor ihren raubgierigen
Verfolgern.

OHNE GRUND. David klagt über unfaire Behandlung. „Ohne Grund“ greift man ihn an (V. 7). Und er ruft zu Gott, dass der eingreifen und sich den Feinden in den Weg stellen soll. Das ist kein Schrei nach Vergeltung. Es ist der Ruf danach, dass sich in seinem Reich Recht und Gerechtigkeit durchsetzen. Ein Psalm wie dieser sollte uns höchst sensibel für jede Art von Unrecht machen. Aber als Christen können wir uns noch auf einen anderen Grund stellen, als David das möglich war. Wir wissen, dass auch Jesus „ohne Grund … gehasst“ wurde (Joh 15,25). Wenn uns Ähnliches geschieht, ist das eine Gelegenheit für uns, in seiner Spur zu gehen (1Petr 2,19-24). Ja, wir dürfen das Unrecht beim Namen nennen, aber ohne Groll gegen den, der es begeht (Mt 5,44; 23,37). Wenn wir erleben, dass man uns verleumdet, unfair kritisiert oder bekämpft, sollten wir zu unserer Seele sagen: „Der Herr ist meine Rettung“ (V. 3).

Gebet: *Herr, viel zu oft ist es mir viel zu wichtig, was andere von mir denken. Und wenn sie mich angreifen oder zu Unrecht anklagen, dann brauche ich deinen Heiligen Geist, der zu meiner Seele spricht: „Ich – und nichts und niemand sonst –, ich bin deine Rettung.“ Amen.*

11 Aber noch treten verlogene Zeugen gegen mich auf. Sie stellen mir Fragen,
auf die ich keine Antwort weiß. 12 Diese Leute vergelten mir Gutes mit Bösem.
Ich bin einsam – von aller Welt verlassen. 13 Als es ihnen schlecht ging, zog ich
Trauerkleidung an, fastete aus echtem Mitgefühl und betete mit tief gesenk-
tem Kopf. 14 Ich nahm Anteil, als ginge es um einen Freund oder Bruder. Tief
gebeugt ging ich umher wie in Trauer um die eigene Mutter. 15 Doch jetzt, wo
das Unglück mich zu Fall bringen will, laufen sie zusammen, voller Schaden-
freude! Und unter sie mischt sich hergelaufenes Pack – Leute, die ich vorher
nicht kannte, schließen sich ihnen an. Sie zerreißen sich das Maul über mich
und hören nicht mehr auf. 16 Gehässig zeigen sie mir die Zähne, wie man das
von gottlosem Gesindel kennt. 17 Herr, wie lange willst du dir das ansehen?
Ich habe nun schon viel Schlimmes von ihnen hinnehmen müssen – rette mich
aus der Gewalt dieser gefährlichen Löwen! 18 Ich will dich preisen, wenn die
Gemeinde sich vor dir versammelt, umgeben von vielen Menschen will ich
dich loben.

WENN GOTT NICHT HÖRT. „Herr, wie lange willst du dir das ansehen?“ (V. 17). David erfährt anscheinend, dass Gott nicht eingreift, obwohl er ihn immer wieder darum bittet. Und dieses Schweigen Gottes treibt ihn nur umso mehr ins Gebet – er liegt ihm regelrecht mit seinem Anliegen in den Ohren. Er klagt, er trauert. Keine Spur von frömmelnder, gezwungener Fröhlichkeit nach dem Motto: „Oh, ich verlasse mich ganz auf den Herrn, danke, es geht mir bestens.“ Nur in V. 18 – mitten in der Klage über die Machenschaften seiner Feinde (V. 19-24) – ist der Ton bemerkenswert anders: David ist zuversichtlich, dass er doch wieder Anlass haben wird, Gott zu danken. Das ist ganz nah an dem, was Paulus uns empfiehlt: „Wendet euch … in jeder Lage mit Bitten und Flehen und voll Dankbarkeit an Gott und bringt eure Anliegen vor ihn“ (Phil 4,6).

Gebet: *Herr, manchmal habe ich das Gefühl, du tust nichts in dieser Welt, du siehst nur zu, was geschieht. Aber ich weiß: Letzten Endes gibt es kein Gebet, das du nicht erhörst. Du kennst die Sehnsucht meines Herzens und du stillst mein Verlangen auf deine Weise, die meine eigene Weisheit übersteigt. Darum warte ich auf dich, Gott, und bleibe im Gebet vor dir. Amen.*

[19] Lass nicht zu, dass meine Feinde sich noch länger über mich freuen! Sie, die
mich ohne Grund hassen, sollen nicht mehr hämisch die Augen verdrehen.
[20] Was sie reden, dient ja keineswegs dem Frieden; im Gegenteil, wer Ruhe im
Land liebt, gegen den gehen sie vor mit Verleumdung und Betrug. [21] Gegen
mich reißen sie ihren Mund auf und sagen: „Na also, da sehen wir dein Un-
glück doch mit eigenen Augen!" [22] Doch du, HERR, du selbst hast das alles
gesehen – schweige nicht dazu! Herr, bleib nicht fern von mir! [23] Wach auf,
mach dich auf und stell mein Recht wieder her, mein Gott und mein Herr,
setze dich für mein Anliegen ein! [24] Verhilf mir zu meinem Recht, HERR,
mein Gott, denn du bist gerecht! Lass nicht zu, dass meine Feinde über mich
triumphieren! [25] Sie sollen nicht selbstzufrieden sagen können: „Na bitte, ge-
nau wie wir's wollten!" Und auch nicht: „Wir haben ihn kleingekriegt!" [26] In
Grund und Boden schämen sollen sich alle, die sich über mein Unglück freu-
en. Schimpf und Schande über alle, die so hochmütig gegen mich auftreten!
[27] Alle aber, die wünschen, dass mir Gerechtigkeit zuteil wird, mögen jubeln
und sich freuen. Immer wieder sollen sie sagen können: „Hoch gelobt sei der
HERR, der seinem Diener Frieden schenken will." [28] Und ich will erzählen,
wie gerecht du bist, den ganzen Tag will ich dich loben.

SCHADENFREUDE. Wenn wir Unrecht erleiden, birgt das eine große geistliche Gefahr: Es kann uns selbstgerecht machen. Weil man Opfer von Unrecht ist, kann man sich dem Gegner überlegen fühlen. David bittet Gott, zu verhindern, dass seine Feinde sich hämisch an seinem Unglück freuen. Aber er zahlt nicht mit gleicher Münze zurück. Er stellt sich nicht in moralischer Überlegenheit über seine Feinde. Er verzichtet auf jegliche Schadenfreude. Stattdessen verlegt er sich darauf, Gottes Gerechtigkeit und Gnade zu preisen (V. 28). Heute beklagen viele den rauen Umgangston in den sozialen Medien, die durch ihre Anonymität geradezu dazu verleiten. Aber die eigentliche Quelle von Häme, Mobbing und Hetze liegt im menschlichen Herzen, das nur allzu gern zurückschlägt. Geben wir diesem Impuls nicht nach. Überlassen wir Gott das Urteil; nur er kann wirklich gerecht urteilen (V. 23.24).

Gebet: *Herr, es stimmt, Menschen verleumden mich und spielen mir übel mit. Das habe ich nicht verdient. Du aber kennst auch die Gedanken meines Herzens, die tatsächlich nicht in Ordnung sind, sondern selbstsüchtig, aufgebracht, hart und verurteilend. Bewahre mich davor, bitter oder stolz zu werden. Ich überlasse mich und mein Ansehen in den Augen anderer dir. Amen.*

1 *Für den Dirigenten. Von David, dem Diener des HERRN.*
2 Die Sünde sitzt tief im Herzen des Gottlosen und flüstert ihm zu, was er tun
soll. Sich Gott in Ehrfurcht zu unterstellen, käme ihm nie in den Sinn. 3 Er
gefällt sich darin, Schuld auf sich zu laden und andere zu hassen. 4 Über seine
Lippen kommt nichts als Lug und Trug; es liegt ihm nichts mehr daran, vernünftig zu handeln und Gutes zu tun. 5 Selbst wenn er im Bett liegt, schmiedet
er noch unheilvolle Pläne. Er hat den Weg betreten, der alles andere als gut ist. Das Böse verabscheut er nicht.

ANATOMIE DER SÜNDE. Unterordnung unter Gott (V. 2) ist nicht einfach ein Akt des Glaubens. „Sich Gott in Ehrfurcht zu unterstellen" meint, dass uns die Herrlichkeit Gottes mit einer solchen staunenden Freude erfüllt, dass wir nur zu gern von dem Vorrecht Gebrauch machen, ihn zu kennen und ihm dienen zu dürfen. Die Sünde tut Gott mit einem Achselzucken ab. Sünde besteht im Wesen nicht darin, dass man nicht glaubt, dass es Gott gibt; sie besteht darin, dass man nicht glaubt, dass er von Belang ist. Diese Haltung ist tödlich. Gottesfurcht und Selbsterkenntnis wachsen oder schwinden nur gemeinsam. Gleichgültigkeit gegen Gott ist eine Form von Selbstüberschätzung und Selbstbetrug (V. 3). Keinen Hunger nach Gott zu verspüren ist eine Form von Realitätsverlust – der Verzicht darauf, „vernünftig zu handeln" (V. 4). Was als bloße Selbstüberschätzung begonnen hat, kann sich zu Unlauterkeit und Bosheit auswachsen (V. 5). Sünde ist eine geistliche Krebsgeschwulst.

Gebet: *Herr, ich bekenne dir, wie töricht mein Denken sein kann. Vielleicht gelingt es mir sogar, allzu offensichtlichen Groll, Angst oder falsches Begehren zu vermeiden. Aber das heißt noch nicht, dass ich mich stattdessen auf das konzentriere, was meine ganze Hingabe wirklich verdient: auf dich. Lass mich deine Herrlichkeit erkennen, Herr, und neige du selbst mein Herz hin zu dir. Amen.*

[6] HERR, bis an den Himmel reicht deine Gnade, bis zu den Wolken deine
Treue. [7] Deine Gerechtigkeit ist so beständig wie die Berge, die du geschaffen
hast, deine Urteile gründen tief wie das Meer. Ja, du, HERR, hilfst Menschen
und Tieren. [8] Wie kostbar, o Gott, ist deine Gnade! Menschen suchen Zu-
flucht im Schatten deiner Flügel. [9] Sie dürfen den Reichtum deines Hauses
genießen, und aus einem Strom der Freude gibst du ihnen zu trinken. [10] Bei
dir ist die Quelle allen Lebens, in deinem Licht sehen wir das Licht. [11] Lass
deine Gnade für immer bei denen bleiben, die dich kennen, und deine Treue
bei denen, die von Herzen aufrichtig sind. [12] Bewahre mich vor den Fußtritten
hochmütiger Menschen; den Gottlosen soll es nicht gelingen, mich mit ihren
Händen wegzustoßen. [13] Der Augenblick wird kommen, an dem diese nieder-
trächtigen Leute zu Boden stürzen; sie werden niedergestoßen und können
nicht mehr aufstehen.

GRENZENLOSE LIEBE. Sünde ist selbstbezogen und schließt uns ein in uns selbst. Aber die Liebe Gottes reicht bis an den Himmel (V. 6); sie ist majestätisch und unerschütterlich wie die Berge und unerschöpflich wie das Meer (V. 7). Gottes Liebe ist wie ein Land voller Wonnen. Wer einmal vom Reichtum seines Hauses gekostet und aus dem Strom der Freude getrunken hat (V. 9), wird immer und immer wieder im Gebet, im Gottesdienst dorthin zurückkehren wollen. Gott ist gnädig und er ist gerecht (V. 6.7). Am Kreuz wird deutlich, wie das möglich ist. Wie eine Henne ihre Küken schützt, indem sie das eigene Gefieder dem Regen und dem Wind aussetzt, so hat Jesus unsere Strafe auf sich genommen. V. 9.10 lassen uns einen Blick werfen in das wiedergeöffnete Paradies. Licht, Freude, Klarheit, Wahrheit – das alles gehört uns, durch Jesus.

Gebet: *Herr, so oft lebe ich in meiner engen Welt aus Selbstmitleid, verletzten Gefühlen, Ärger über Leute, die mich schlecht behandeln. Hilf mir stattdessen, die zahllosen Facetten deiner Liebe zu betrachten, zu erforschen, zu kosten. Das ist besser als die beste Musik, schöner als das großartigste Gipfelpanorama, kostbarer als der kostbarste Edelstein. Deine Liebe, Gott, ist unbezahlbar! Amen.*

[1] *Von David.*
Entrüste dich nicht über die Menschen, die Böses tun; beneide nicht die Leu-
te, die Unrecht üben! [2] Denn sie verdorren so schnell wie das Gras, wie alle
grünen Pflanzen verwelken sie. [3] Du aber vertrau auf den HERRN und tu
Gutes. Bleib im Land, sei zuverlässig und treu. [4] Freu dich über den HERRN,
und er wird dir geben, was du dir von Herzen wünschst. [5] Lass den HERRN
deinen Weg bestimmen, vertrau auf ihn, und er wird handeln. [6] Er wird dei-
ne Rechtschaffenheit erstrahlen lassen wie das Morgenlicht und dein Recht
leuchten lassen wie die Mittagssonne.

ZEITVERTREIB UNSERER ZEIT. „Angefressensein" – diese Haltung ist heute epidemisch weit verbreitet. Es ist eine Mischung aus Sorge, Groll, Eifersucht, Selbstmitleid und Anspruchsdenken. Sie bestimmt den Ton in sozialen Netzwerken. Sie zerfrisst uns von innen, bewirkt ansonsten aber gar nichts. David gibt uns hier drei praktische Gegenmittel. 1. Weitsicht (V. 2) – wer sein letztes Glück von dieser Welt erwartet, lebt von geborgter Zeit. 2. Die richtige Blickrichtung – auf Gott (V. 3-5). Wir müssen Frustration weder unterdrücken noch an anderen auslassen; wir dürfen sie zu Gott bringen. Überlassen wir ihm, was uns belastet. Und lernen wir, in ihm selbst zu finden, „was du dir von Herzen wünschst" (V. 4). 3. Tun, was getan werden muss – „tu Gutes" (V. 3). Selbstmitleid kann uns dazu verleiten, unsere ethischen Maßstäbe aufzuweichen. Vorsicht! Dann haben wir neben einem schweren Herzen auch noch ein schlechtes Gewissen.

Gebet: *Vater, manchmal verstricke ich mich in dem Gefühl, allen anderen geht es besser als mir und mir viel schlechter, als ich es verdiene. Aber in deinem Sohn Jesus gönnst du mir ein weit besseres Leben, als ich verdiene. Er hat sein Blut vergossen, um mir dieses Leben zu sichern. Mach mich großherzig zu anderen, Herr, und lass mein Herz in deiner großen Liebe Frieden finden. Amen.*

[7] Überlass dich ruhig dem HERRN und warte, bis er eingreift. Gerate nicht
in Zorn über den, der auf seinem bösen Weg auch noch Erfolg hat, über einen
Menschen, der seine finsteren Pläne in die Tat umsetzt. [8] Sag dich los vom
Zorn, leg deine Wut ab! Lass dich von deiner Entrüstung nicht beherrschen;
es führt nur zum Bösen. [9] Denn die Übeltäter werden von Gott ausgerottet;
aber die ihre Hoffnung auf den HERRN setzen, werden das Land als Besitz
erhalten. [10] Nur noch kurze Zeit, dann ist der Gottlose nicht mehr da. Du
schaust dich nach ihm um, aber da ist niemand mehr. [11] Doch die Friedfertigen
werden das Land als Besitz erhalten, sie werden sich freuen an einer Fülle von
Frieden und Glück.

WER ERBT DAS LAND? Wer sind die Friedfertigen (V. 11)? Andere Übersetzungen lauten: Die Sanftmütigen. Die Demütigen. Und der Psalm beschreibt diese Haltung: Menschen, die Gottes Zeitplan trauen (V. 7). Menschen, die keine Rache üben und es Gott überlassen, Unrecht zu vergelten (V. 9). Jesus verheißt den Demütigen und Sanftmütigen „die ganze Erde als Besitz" (Mt 5,5). Als Christen bekennen wir, dass wir uns nicht selbst erlösen können, sondern ganz und gar auf die Gnade Gottes vertrauen. Aber wie wurde das möglich? Weil Jesus selbst demütig und sanftmütig geworden ist (Mt 11,29), wie ein Lamm vor seinem Scherer. Und wie wurde es möglich, dass Christen die ganze Erde besitzen können? Weil Jesus alles genommen wurde – selbst um seinen letzten irdischen Besitz, sein Gewand, wurde gelost. Seine staunenswerte, liebende Demut und Sanftmut ist es, die auch uns demütig, sanftmütig und friedfertig macht.

Gebet: *Herr, ich sehne mich nach dem Herzensfrieden, der eine Frucht der Demut ist. Ich wünsche mir diese Herzenshaltung, die gelassen auf deine weisen Ratschlüsse vertraut, diese Demut, die jede Bitterkeit unmöglich macht. Du bist „sanftmütig und von Herzen demütig", darum bitte ich dich: Lehre mich, auf diese Weise „Ruhe zu finden für meine Seele" (Mt 11,29; L). Amen.*

12 Der Gottlose schmiedet zwar seine Pläne gegen den, der nach Gottes Wil-
len lebt; gehässig fletscht er die Zähne gegen ihn. 13 Aber der Herr kann darü-
ber nur lachen, denn er sieht den Tag des Gerichts kommen. 14 Die gottlosen
Gewalttäter ziehen ihr Schwert und spannen den Bogen, um den Wehrlosen
und Armen umzubringen und um aufrichtige Menschen niederzumetzeln.
15 Aber ihr Schwert wird in ihr eigenes Herz dringen, und ihre Bogen werden
zerbrechen. 16 Der geringe Besitz eines Menschen, der nach Gottes Willen
lebt, hat größeren Wert als der Reichtum von vielen Gottlosen. 17 Denn die
Macht der Feinde Gottes wird zerbrochen; denen aber, die nach Gottes Wil-
len leben, ist der HERR Stütze und Halt. 18 Der HERR kennt die Zukunft der
rechtschaffenen Menschen, er gibt ihnen ein Erbe, das sie für immer besitzen
werden. 19 Selbst eine schlimme Zeit stürzt sie nicht ins Elend, auch während
einer Hungersnot werden sie noch satt. 20 Doch die Gott verachten, werden
umkommen, und die Feinde des HERRN sind so vergänglich wie die Pracht
der Wiesen. Ja, sie schwinden dahin, sie vergehen wie Rauch.

PARADOXIEN. Manchmal hat es den Anschein, wer an Gott glaubt, ist schwach. Aber letzten Endes sind die Christen stark. Wir „werden verfolgt und sind doch nicht verlassen“ (2Kor 4,9; V. 12-15). Wer nur für eigene Macht und Einfluss lebt, mag eine Zeit lang Erfolg haben. Aber die Sünde zersetzt das Gewebe des Lebens, bis es zerbricht. Es gibt vielfältige Weisen, wie „ihr Schwert … in ihr eigenes Herz dringen“ kann (V. 15). Oder: Wir „sind arm und machen doch viele reich“ (2Kor 6,10, V. 16-20). Rechtschaffenheit ist keine Garantie für Wohlstand. Man kann ehrlich leben und hart arbeiten und am Ende doch nur mit „geringem Besitz“ dastehen (V. 16). Aber Reichtümer können rasch wertlos werden und im nächsten Leben können sie uns nicht helfen. Nur Gott selbst und seine zuverlässige Liebe zu uns sind Investitionen, die nie an Wert verlieren.[24]

Gebet: *Herr, wie leicht ist es, sein Herz an Macht und Geld zu hängen. Wenn ich nur die richtigen Leute kenne, wenn mein Finanzpolster nur dick genug ist, dann bin ich sicher … was für eine Illusion! Durch dein Kreuz hast du meine große Schuld bezahlt. Durch deine Auferstehung hast du mir für die Zukunft großen Reichtum gesichert. In diesem Wissen will ich mein Herz jeden Tag neu zur Ruhe bringen. Amen.*

21 Während der Gottlose borgt und nicht zurückzahlt, ist der Mensch, der
nach Gottes Willen lebt, großzügig und gibt. 22 Denn die unter dem Segen
des Herrn stehen, erhalten das Land als Besitz. Aber die unter seinem Fluch
stehen, werden ausgerottet. 23 Es ist ein Geschenk des HERRN, wenn die
Schritte eines aufrichtigen Menschen fest und sicher werden. An seinem Weg
hat der HERR Gefallen. 24 Wenn ein solcher Mensch dann doch einmal hin-
fällt, bleibt er nicht hilflos liegen, denn der HERR hält ihn an der Hand. 25 Ob
damals, als ich jung war, oder heute im Alter: Niemals habe ich erlebt, dass
ein Mensch, der sich an Gottes Gebote hält, völlig verlassen gewesen wäre,
niemals mussten seine Kinder um Brot betteln. 26 Im Gegenteil! Den ganzen
Tag ist er barmherzig und leiht anderen. Noch seine Nachkommen werden
durch ihn gesegnet sein.

PARADOXIEN, TEIL 2. Wer glaubt, betrachtet sein Geld nicht als Besitz, sondern gibt und leiht gern, um mit dem Geld segensreich zu wirken (V. 26). Er vertraut darauf, dass Gott für ihn sorgt (V. 24.25). Seine Kinder müssen „niemals … um Brot betteln“, beteuert David (V. 25). Habakuk 3,17-19 malt ein anderes Bild, versichert aber sogleich: Selbst wenn es uns an äußeren Gütern mangelt, ist Gott dennoch bei uns als unser wahrer Reichtum. Es kann sein, „wir werden zu Boden geworfen“, aber wir „kommen … nicht um“ (2Kor 4,9). Wir können „hinfallen“ – wir sündigen, scheitern oder es trifft uns ein Unglück –, aber Gott verlässt uns nicht (V. 24). Wenn wir ihm vertrauen, nutzt er all solche Schwierigkeiten, um aus uns etwas Großes und Schönes zu formen (2Kor 4,17).

Gebet: *Herr, es fällt mir schwer, wirklich zu glauben, dass du für mich sorgst. Jedenfalls glaube ich es nicht so sehr, dass ich großzügig mit meinem Geld umgehe. Wenn Jesus so knauserig mit seinem eigenen Leben gewesen wäre wie ich mit meinem Geld, wo stünde ich dann jetzt? Bitte, lehre mich, gern und großzügig von dem zu geben, was du mir schenkst. Amen.*

[27] Also lass alles Böse, tu das Gute, so wirst du für immer im Land wohnen.
[28] Denn der HERR liebt das Recht und lässt alle, die ihm treu sind, niemals
im Stich. In Ewigkeit werden sie bewahrt. Aber die Nachkommen der Feinde
Gottes werden ausgerottet. [29] Die nach Gottes Willen leben, werden das Land
als Besitz erhalten, für immer werden sie darin wohnen. [30] Wer Gottes Willen
tut, redet weise, was er sagt, entspricht dem Recht. [31] Er trägt die Weisung
seines Gottes im Herzen, und deshalb stolpert er nicht. [32] Der Gottlose lauert
ihm zwar auf und sucht ihn umzubringen, [33] aber der HERR überlässt ihn
nicht den Händen dieses Verbrechers. Und im Gericht lässt er nicht zu, dass
er verurteilt wird. [34] Setz deine Hoffnung auf den HERRN und halte dich
an seinen Weg. Dann wird er dich zu Ehren bringen, indem er dir das Land
zum Besitz gibt. Du wirst es noch erleben, dass die Feinde Gottes ausgerottet
werden.

GOTT LIEBT DEN GERECHTEN. „Tu das Gute“, rät uns V. 27. V. 28 macht klar, was damit gemeint ist: ein Leben nach Gottes Recht und Gesetz, ein „gerechtes“ Leben. Im Hebräischen steht dafür das Wort mishpat. Das bedeutet: alle Menschen gleich zu behandeln; keinen Unterschied zu machen zwischen dem eigenen Volk, der eigenen Sippe und den „Fremden“ (3Mo 24,22). Für das Recht der Armen, Immigranten, Witwen und Waisen einzutreten und für sie zu sorgen (Sach 7,10-17). Viele Christen denken, Einsatz für soziale Gerechtigkeit sei etwas für die, „deren Sache das eben ist“. Psalm 37 zeigt: Soziale Gerechtigkeit ist ein Wesensmerkmal von Menschen, die Gott liebt. Jesus erwartet von seinen Jüngern, dass sie die Armen und Behinderten regelmäßig zu Gast haben (Lk 14,12.13). Hören wir auf diesen Aufruf, als Gerechte zu leben?

Gebet: *Herr, ich preise dich, dass du ein Gott bist, der für die Armen, Schwachen und Hilflosen sorgt – sonst wäre ich ja noch immer verloren. Ich bekenne dir meine Selbstgenügsamkeit, meinen Stolz, meine Gleichgültigkeit, die es mir schwer machen, die Armen zu lieben. Verändere mich, Herr, und gebrauche mich, damit andere Hilfe erfahren. Amen.*

35 Ich sah einen gewalttätigen gottlosen Menschen, der stand fest da wie ein
Baum mit ausladenden Ästen und in voller Blüte. 36 Ich kam ein anderes Mal
vorbei – da war nichts mehr von ihm zu sehen! Ich suchte ihn, doch er war
nicht mehr zu finden. 37 Achte auf den, der aufrichtig und ehrlich ist, denn
dieser Mensch hat eine Zukunft in Frieden. 38 Alle jedoch, die Gott verachten,
werden ausgerottet; sie haben keine Zukunft. 39 Aber denen, die nach seinem
Willen leben, hilft der HERR; auch in Zeiten der Not ist er ihre sichere Fes-
tung. 40 Der HERR selbst wird ihnen beistehen und sie befreien, er rettet sie
vor den Gottlosen und hilft ihnen, denn bei ihm haben sie Zuflucht gesucht.

ZUKUNFT HABEN. Wenn wir nur für uns selbst leben, werden wir vergehen (V. 35.36); wenn wir „gerecht" leben, haben wir „eine Zukunft" (V. 37). Das bedeutet nicht notwendig ein Leben im Wohlstand. Es bedeutet eine Zukunft, in der unsere Freude und unsere Liebe schon in dieser Welt stetig zunehmen und in der nächsten Welt noch vollkommener werden. Wir werden auferstehen (1Kor 15,35-58). Wir werden nicht spurlos verwehen. Wir lösen uns nicht in ein Weltbewusstsein auf. Wir werden nicht Teil einer unpersönlichen kosmischen Macht. Unsere Zukunft – das ist eine Welt der Liebe (1Kor 13,12.13). Wir werden gehen, essen, uns unterhalten, uns umarmen, singen, tanzen – und das alles in einem Maß an Freude, Erfüllung und Kraft, das wir uns jetzt kaum vorstellen können. „Für alle Zeit" (Ps 23,6) werden wir mit dem Sohn Gottes zu Tisch sitzen.

***Gebet:** O Herr, diese Zukunft übersteigt meine Vorstellungskraft. Aber schon meine Versuche, mir auszumalen, was du für mich bereithältst, schenken mir eine Hoffnung und eine Vorfreude, die ich nirgends anders finde: „Bis dahin künd' ich deine Lieb mit jedem Atemzug; dein Name und sein süßer Klang sei mir im Tod genug."*[25] *Amen.*

1 *Ein Psalm Davids, um sich bei Gott in Erinnerung zu bringen.*
2 HERR, bestrafe mich nicht in deinem Zorn und weise mich nicht zurecht,
solange du aufgebracht bist! 3 Denn deine Pfeile sind in mich eingedrungen,
und deine Hand liegt schwer auf mir. 4 Weil du zornig auf mich bist, gibt es
keine heile Stelle mehr an meinem Körper. Wegen meiner Sünden ist nichts
mehr an mir gesund. 5 Meine Schuld ist mir über den Kopf gewachsen, sie ist
eine drückende Last, zu schwer für mich zu tragen. 6 Meine Wunden eitern
und verbreiten einen üblen Geruch – dass es dahin kam, war meine eigene
Torheit. 7 Ich bin gekrümmt und gebeugt, in düsterer Trauer schleppe ich
mich durch den Tag. 8 In meinen Hüften brennt der Schmerz, keine heile
Stelle gibt es mehr an mir. 9 Ich bin zerschlagen, am Ende meiner Kräfte. Oft
lässt die Qual meines Herzens mich nur noch schreien.

VIELSCHICHTIGES LEID. Sünden (V. 5), Schuld und Krankheit (V. 6) plagen den Beter. Krankheit und Schuld scheinen in irgendeinem Zusammenhang zu stehen. Es können die physischen Auswirkungen eines belasteten Gewissens sein; die Folgen eines törichten Verhaltens oder auch eine Krankheit als Gottesbote, die den Psalmisten zur Besinnung und zur Umkehr bringen soll. Die Krankheit hat ihn seinen Freunden entfremdet und seinen Gegnern Gelegenheit gegeben, neue Schachzüge gegen ihn zu planen (unten V. 12.13). Und nun plagen ihn all diese Dinge: Schuld, Schmerzen, Unrecht. Nicht selten trifft uns das Leid auf mehreren Ebenen gleichzeitig und so schwer, dass es nur eine Lösung gibt: zu Gott zu schreien und ihn um Vergebung, Schutz und Heilung zu bitten.

Gebet: *Herr, manchmal kann ich nur noch zu dir schreien. Manchmal überwältigen mich die Schwierigkeiten und Probleme. Manchmal habe ich sie selbst verschuldet, manchmal nicht – aber alles zusammen macht mich zornig und ich fühle mich hilflos und schuldig. Dir bekenne ich meine Sünde. Dir bekenne ich meine Ohnmacht. Hilf mir! Amen.*

10 Herr, du weißt, wonach ich mich sehne, mein Seufzen bleibt dir nicht ver-
borgen. 11 Mein Herz pocht, meine Kraft hat mich verlassen, mein Augenlicht
ist fast erloschen. 12 Meine Freunde und Gefährten haben sich wegen meines
Unglücks von mir zurückgezogen; meine Verwandten halten sich von mir
fern. 13 Meine Feinde trachten mir nach dem Leben und stellen mir Fallen;
Menschen, die mein Unglück suchen, verwünschen mich und denken sich
den ganzen Tag hinterlistige Pläne aus. 14 Ich aber stelle mich taub und höre
nicht hin, ich bleibe stumm wie einer, der seinen Mund nicht aufmachen kann.
15 Ich verhalte mich wie jemand, der nichts hört, wie einer, der zu keiner Ent-
gegnung mehr fähig ist.

SEUFZEN. Mit bemerkenswerter und brutaler Offenheit zeichnen die Psalmen die Hilferufe von kranken und leidenden Menschen auf. Die Bibel kennt keine Verdrängungsparolen: „Leid ist eine Illusion." – „Du darfst dich nur nicht unterkriegen lassen." – „Wenn du wirklich von Herzen glauben würdest, wärst du schon längst geheilt." Bei all diesen Parolen hängt die Lösung vom Willen des Menschen ab. Aber hier geht es nicht darum, dass „Geist über Materie" siegt. Es geht darum, dass „Gott über Materie siegt". Gott allein kann uns die Gesundheit an Leib und Seele zurückgeben. Ohne dass Gottes Hand sie erhält, kann kein Molekül unseres Körpers, keine Fähigkeit unserer Seele ihre entsprechende Aufgabe erfüllen. Wenn Gott seine Hand zurückzieht, und sei es nur für einen Augenblick, geraten wir unmittelbar in die Gefahr, die wir so oft ignorieren. Ohne seine Hilfe vergehen wir.

***Gebet:** Herr, was bin ich für ein schwaches, zerbrechliches Geschöpf. Nicht nur mein Körper, auch meine Seele vergehen, wenn du sie nicht erhältst. Und deshalb bitte ich dich: Vergib mir. Und heile mich. „Dass unsre Sinnen wir noch brauchen können und Händ und Füße, Zung und Lippen regen, das haben wir zu danken seinem Segen. Lobet den Herren."[26] Amen.*

[16] Ja, allein auf dich, HERR, hoffe ich, du selbst wirst die Antwort geben,
Herr, mein Gott. [17] Mein Wunsch ist: Keiner von ihnen soll sich über mein
Unglück freuen, niemand soll überheblich auf mich herabblicken, wenn ich
den Halt verliere. [18] Es fehlt nicht mehr viel, und ich stürze. Von Schmerzen
bin ich ständig geplagt. [19] Ja! Ich bekenne meine Schuld. Meine Sünde tut
mir von ganzem Herzen leid. [20] Meine Feinde sind zahlreich und voller Kraft.
Und es sind so viele, die mich ohne Grund hassen! [21] Gutes vergelten sie mir
mit Bösem. Gerade weil ich mich für das Gute einsetze, begegnen sie mir mit
Feindschaft. [22] Verlass mich nicht, HERR! Sei mir doch jetzt nicht fern, mein
Gott! [23] Komm rasch herbei und hilf mir, Herr, denn du bist meine Rettung!

DAS DUNKEL HINTER UNS LASSEN. David bekennt nicht nur seine Sünde, sie tut ihm auch von Herzen leid (V. 19). Wenn wir unsere Sünde nur zugeben, aber nicht erkennen und empfinden, wie schrecklich sie ist – weil sie Gott betrübt, seine Ehre verletzt und weil sie anderen schadet –, wird die Sünde ihre Macht über uns behalten. Wir werden sie nicht ablegen können. David sucht nicht nur die juristische Tilgung seiner Sünde; ihm geht es um die Wiederherstellung einer liebenden Gemeinschaft mit Gott (V. 22.23). Das ist nur möglich, weil dieser Gott für ihn „mein Gott" ist (V. 16) – der Gott des Bundes, der sich ihm gegenüber zur Treue verpflichtet hat (2Mo 6,6.7). Wie tief diese Verpflichtung reicht, das wurde in seinem vollen Ausmaß erst an dem deutlich, der ebenfalls schrie „Mein Gott, mein Gott" – und tatsächlich verlassen war, damit unsere Schuld vergeben wird und wir Zugang zu Gott erlangen können.

Gebet: *„Wenn meine Sünd' mich kränken, o mein Herr Jesus Christ, so lass mich wohl bedenken, wie du gestorben bist und alle meine Schuldenlast am Stamm des heil'gen Kreuzes auf dich genommen hast."*[27] *Amen.*

1 *Ein Psalm Davids.*
2 Ich hatte mir vorgenommen, mich richtig zu verhalten und mich nicht durch
Worte zu versündigen, die rasch über die Lippen kommen. In der Nähe gott-
loser Menschen wollte ich meine Zunge im Zaum halten. 3 So schwieg ich
denn und blieb stumm – ohne dass es viel genützt hätte. Denn in mir bohrte
weiter der Schmerz. 4 Mein Herz brannte, mein Stöhnen brachte ein Feuer
zum Lodern. Schließlich konnte ich doch nicht mehr schweigen. 5 Lass mich
begreifen, HERR, dass mein Leben begrenzt ist und meine Erdentage kurz
bemessen sind! Lass mich erkennen, wie vergänglich ich bin! 6 Meine Lebens-
zeit gleicht in deinen Augen nur einer Handbreite, meine Zeit auf dieser Erde
ist vor dir wie ein Nichts. Der Mensch ist nur ein Hauch, selbst wenn er noch
so kraftvoll dazustehen scheint. 7 Wie ein Schatten geht der Mensch über die
Erde, um sinnlose Dinge machen die Leute viel Lärm. Sie häufen Besitz auf,
aber letztendlich weiß niemand, für wen. 8 Worauf soll ich denn nun meine
Hoffnung setzen, Herr? Mein Warten und Hoffen gilt allein dir! 9 Befreie
mich von all meiner Schuld, gib mich nicht dem Gespött von Dummköpfen
preis! 10 Ich will still sein und mache meinen Mund nicht mehr auf. Denn von
dir kommt alles, was geschehen ist. 11 Doch nun nimm das Leid, das du mir
auferlegt hast, von mir, damit ich unter deiner strafenden Hand nicht verge-
he. 12 Wenn du einen Menschen wegen seiner Schuld bestrafst, lässt du seine
Schönheit vergehen wie ein Kleid, das die Motten zerfressen. Ja, nichts weiter
als ein Hauch ist jeder Mensch. 13 Höre auf mein Gebet, HERR, und vernimm
mein Schreien! Schweige nicht zu meinen Tränen! Ich bin ja nur ein Gast bei
dir, ein Fremder wie alle meine Vorfahren. 14 Blicke nicht länger im Zorn auf
mich, damit ich wieder froh werde, bevor ich diese Erde verlassen muss und
nicht mehr bin.

VERZWEIFLUNG. Was ist das Leben? Letzten Endes eine dramatisch kurze Zeit, die wir vielleicht ein wenig genießen, bevor uns am Ende alles genommen wird (V. 5.6). Da kann die Seele schon in Trostlosigkeit verfallen. Der Psalm endet ohne den kleinsten Hoffnungsschimmer, und das ist aufschlussreich. Bemerkenswert ist, dass Gott seinen Geschöpfen nicht nur gestattet, sich bei ihm über Krankheit und Leid zu beklagen; er dokumentiert diese Klagen sogar in seinem Wort. „Dass es solche Gebete in der Bibel gibt, belegt, dass Gott uns versteht. Er weiß, wie Menschen reden, wenn sie verzweifelt sind.“[28] Gott ist sehr zuversichtlich, dass wir einmal darauf zurückschauen und ehrfurchtsvoll verstummen werden angesichts der unfassbaren Liebe, die selbst in unseren dunkelsten Momenten am Werk war.

Gebet: *Vater, manchmal verstehe ich so wenig, wie du handelst, dass ich aus Zorn fast auch sagen möchte: „Blick nicht länger auf mich.“ Aber weil dein Sohn am Kreuz deine Gegenwart verloren hat, bleibst du nun treu und ausdauernd an meiner Seite, selbst wenn ich das nicht verdiene. Ich preise dich, dass du ein Gott bist, der versteht. Amen.*

1 *Für den Dirigenten. Von David. Ein Psalm.*
2 Beharrlich habe ich auf den HERRN gehofft, da wendete er sich mir zu und
erhörte mein Schreien. 3 Er zog mich aus der Grube, die mein Ende bedeutet
hätte, aus Schlamm und Morast, er stellte meine Füße auf festen Grund und
gab meinen Schritten sicheren Halt. 4 Ein neues Lied hat er mir geschenkt,
lässt mich einen Lobgesang anstimmen auf ihn, unseren Gott. Viele Menschen
werden sehen, was er für mich getan hat. Dann werden sie dem HERRN voll
Ehrfurcht vertrauen. 5 Glücklich zu preisen ist, wer sein Vertrauen auf den
HERRN setzt und nicht hört auf die Stolzen, die vom richtigen Weg abwei-
chen und nur allzu leicht zum Lügen bereit sind. 6 HERR, mein Gott! Wie oft
hast du Wunder geschehen lassen, wie zahlreich sind deine Pläne, die du mit
uns hast! Keiner ist wie du! Wollte ich alles erzählen, was du getan hast – ich
könnte es gar nicht – dazu ist es viel zu viel!

WARTE, WARTE. „Beharrlich habe ich … gehofft" – so wird hier der hebräische Text wiedergegeben, der eigentlich lautet: „Ich wartete-wartete." Die Doppelung signalisiert Intensität und Dauer. Und das bedeutet nicht Passivität, sondern höchste Konzentration. Wer im Dienst eines hohen Herrn steht, sitzt nicht herum und dreht Däumchen; er achtet auf jeden Wink, jede Nuance im Verhalten, um den Willen des Herrn zu erahnen. Auf Gott zu warten bedeutet also ganzen Einsatz im Dienst für Gott und für andere, und das mit uneingeschränktem Vertrauen in seine Weisheit und seinen Zeitplan. Ein solches Warten kann in der Tat lang und qualvoll sein, wie Psalm 37 bis 39 bereits gezeigt haben. Aber am Ende werden wir voll Freude ein neues Loblied auf Gott anstimmen (V. 5.6).

Gebet: *Herr, wenn ich daran denke, aus wie vielen schlammigen Gruben du mich schon heraufgeholt hast, wie oft du mich wieder auf festen Boden gestellt hast, dann kann ich dir nur danken. Und das hilft mir, wenn es wieder Zeiten gibt, wo ich auf dich und dein Handeln sehnsüchtig warte. Amen.*

7 An Schlachtopfern und Speiseopfern hast du kein Gefallen, aber du gabst mir
Ohren, die offen sind für dich, Brandopfer und Sündopfer hast du nicht von
mir verlangt. 8 Da habe ich gesagt: „Hier bin ich! Im Buch des Gesetzes ist von
mir die Rede. 9 Es erfüllt mich mit Freude, zu tun, was dir, mein Gott, gefällt.
Deine Weisungen trage ich in meinem Herzen.“ 10 Vor der großen Versamm-
lung habe ich verkündet, wie treu und gerecht du bist. Nichts konnte mich
abhalten, davon zu reden, HERR, du weißt es. 11 Dass du uns Heil schenkst,
hielt ich nicht in meinem Herzen verborgen, von deiner Treue und deiner
Hilfe habe ich erzählt. Vor den Versammelten habe ich nicht verschwiegen,
was für ein gnädiger und zuverlässiger Gott du bist.

VON DER PFLICHT ZUR FREUDE. Beharrlich auf Gott und sein Handeln zu warten (vgl. gestern), das hat aus David einen anderen Menschen gemacht. Jetzt gehorcht er dem Gesetz Gottes nicht mehr aus Zwang, sondern aus Freude und von ganzem Herzen (V. 9). „Was einst getrennt war – unsere Freude, unsere Pflicht –, nun, da wir seine Schönheit sah’n, sind sie für immer eins.“[29] David scheint hier zu sagen, dass seine dankbare Selbsthingabe an Gott weitere Sündopfer überflüssig macht (V. 7). Das Neue Testament zitiert diesen Vers im Blick auf den, der größer ist als David. Jesus hat eingewilligt, in völligem Gehorsam gegenüber seinem Vater zu leben und das Leben zu leben, das wir eigentlich leben sollten. Er war bereit, den Tod zu sterben, den wir sterben sollten, um uns zu Gott zurückzubringen (Hebr 10,5-10). Lassen wir uns immer wieder ergreifen davon, was er für uns getan hat, bis unsere Pflicht uns zur reinen Freude wird.

Gebet: *Vater, in diesen Versen werden wir Zeugen des Gesprächs zwischen dir und deinem Sohn, das vor aller Zeit geschah. Wir dürfen erkennen, dass du uns von Ewigkeit her geliebt und unser Heil bereits geplant und dafür einen hohen Preis gezahlt hast. Vor dieser Ewigkeiten umspannenden Liebe, Vater, kann ich mich nur staunend und ehrfürchtig verneigen. Amen.*

[12] Du, HERR, wirst mir dein Erbarmen nicht entziehen, deine Gnade und
deine Treue werden mein ständiger Schutz sein. [13] Von allen Seiten dringt
Unheil auf mich ein, meine Sünden haben mich eingeholt – es sind so viele,
dass ich sie nicht mehr überblicken kann. Sie sind zahlreicher als die Haare auf
meinem Kopf – und mein Herz ist ganz verzagt. [14] HERR, mögest du Gefallen
daran haben, mich zu retten! Komm mir schnell zu Hilfe, HERR! [15] Hohn
und Spott sollen allesamt ernten, die mir nach dem Leben trachten und es
auslöschen wollen! Ja, alle, die mein Unglück herbeiwünschen, mögen abzie-
hen, beladen mit Schmach und Schande! [16] Über ihre eigene Schmach sollen
sie starr sein vor Entsetzen, sie, die mich verhöhnen: „Ha! Das geschieht dir
recht!“ [17] Doch alle, die dich suchen, sollen jubeln vor Freude über dich. Ja,
alle, die nach deiner Hilfe verlangen, sollen es immer wieder bezeugen: „Der
HERR ist groß!“ [18] Ich bin arm und vom Leid gebeugt, aber der HERR denkt
an mich. Du bist meine Hilfe und mein Befreier – mein Gott, zögere nicht
länger!

BETEN, DASS GOTT VERHERRLICHT WIRD. Der erste Teil von Psalm 40 ist ein einziger großer Dank an Gott für erfahrene Hilfe und ein eindrucksvolles Zeugnis dafür, wie geduldiges Warten und Hoffen auf ihn unseren Charakter verändert. Mit V. 12-17 wird nun aber deutlich, dass es immer wieder Situationen geben wird, in denen wir nur geduldig und beharrlich auf ihn hoffen können. Manchmal brechen sie sehr plötzlich über uns herein. David steht wieder unter Druck, aber er hat ein tieferes Verständnis für Gottes unverdiente Gnade gewonnen (V. 17.18). Diese letzten Verse enthalten außerdem ein bleibendes geistliches Prinzip: „Meinem ‚Ich bin‘ (V. 18) dein ‚Du bist‘ (V. 18) gegenüberzustellen, kann uns gelassen machen; aber darum zu beten, dass Gott verherrlicht wird [*Der HERR sei hoch gelobt!, V. 17 wörtl.*], das ist Befreiung, ein Weg, der zum Sieg führt, und, wie Joh 12,27f. zeigt, ist dies der Weg Jesu.“[30]

Gebet: *Ja, Herr, das stimmt: Darum zu beten, dass du verherrlicht wirst, das schenkt Freiheit. Darum bete ich: „Verherrliche du dich in dem, was ich brauche.“ Dann bin ich frei, alles anzunehmen, was du mir in deiner Weisheit schickst. Denn ich weiß: Deine Herrlichkeit schließt vor allem deine Liebe ein. Herr, verherrliche dich in meinem Leben. Amen.*

[1] *Für den Dirigenten. Ein Psalm Davids.*
[2] Glücklich zu preisen ist, wer anderen Menschen in Not zur Seite steht! Geht es ihm dann selbst einmal schlecht, wird der HERR seine Hilfe sein. [3] Ja, der
HERR wird ihn beschützen und am Leben erhalten, und so wird er im ganzen Land glücklich gepriesen. Du, HERR, lieferst ihn niemals der Willkür seiner Feinde aus. [4] Fesselt ihn ein schweres Leiden ans Bett, ist der HERR seine
Stütze. Ja, dem Verlauf seiner Krankheit gibst du, HERR, eine Wendung zum Guten! [5] Ich selbst bitte nach wie vor: „HERR, hab Erbarmen mit mir! Heile
mich, denn ich habe gegen dich gesündigt und trage nun die Folgen!"

GLÜCKLICH DIE BARMHERZIGEN. „Anderen Menschen in Not zur Seite stehen" (V. 2) bedeutet, dass man sich nachhaltig Gedanken um die Armen macht. Gründliche Gedanken. Das ist weit mehr als eine rasche Spende. Wir sind aufgerufen, nach den Gründen der Armut zu fragen, und alles zu tun, um zu helfen. Wer das tut, wird glücklich gepriesen – sein Glaube wird stark sein, er wird Gottes Gunst finden. Wenn er sündigt, wird er Erbarmen finden, weil er es anderen gegenüber auch hatte (V. 5). Das gilt auch umgekehrt. Weil wir Gottes maßlose Großzügigkeit an geistlichen Gütern erfahren, können wir auch großzügig gegenüber Menschen sein, die Not leiden (Mt 18,28-33; 2Kor 8,7-9). Ein Zeichen dafür, dass ich durch die Gnade erlöst bin, ist es, dass mir die Armen am Herzen liegen. Findet sich dieses Zeichen bei mir?

***Gebet:** Herr, meine Gesellschaft und mein eigenes Herz wollen mir weismachen, dass ich es mir selbst verdient habe, wenn es mir gut geht. Wenn ich diese Lüge glaube, werde ich knauserig. Ich preise dich, Gott, dass du ein Herz für die Armen hast. Gib auch mir ein solches Herz. Amen.*

6 Meine Feinde reden Böses über mich, sie fragen: „Wann stirbt er endlich?
Wann gerät sein Name in Vergessenheit?“ 7 Wenn einer von ihnen mich be-
sucht, um zu sehen, wie es mir geht, dann heuchelt er Anteilnahme. Er will
etwas erfahren, das er gegen mich verwenden kann. Kaum ist er wieder drau-
ßen, redet er schlecht über mich. 8 Alle, die mich hassen, stecken die Köpfe
zusammen und tuscheln über mich, sie hecken Böses gegen mich aus und
sagen: 9 „Den hat's schlimm erwischt. So wie der daliegt, wird er ganz sicher
nicht mehr aufstehen!“

RUFMORD. Gerede über andere ist Sünde. David geht es schlecht (vgl. V. 4). Menschen besuchen ihn mit dem einzigen Ziel, anschließend das Schlimmste über ihn zu berichten (V. 7). Üble Nachrede, Verleumdung beginnt nicht erst da, wo wir Unwahrheiten über andere verbreiten. Sie beginnt, wo wir vertrauliche Informationen öffentlich machen (Spr 11,13; 20,19), und wo wir über jemanden etwas – vielleicht durchaus Wahres – in der Absicht erzählen, ihn in den Augen des Gesprächspartners herabzusetzen. Allein der Tonfall oder ein vielsagender Blick können Rufmord sein. Wir halten ein bisschen Gerede und Tratsch für eine harmlose Freizeitbeschäftigung. Das Neue Testament stellt diese Dinge auf eine Ebene mit Neid, Mord, Streit und Verachtung gegenüber Gott (Röm 1,28-30).

Gebet: *Herr, ja, ich gebe Negativurteile von anderen über andere weiter, weil ich denke, dass ich selbst dann besser dastehe. Herr, du hast dein Ansehen verloren, damit ich für immer einen Namen bei dir habe. Wie kann ich den guten Namen von anderen beschädigen? Vergib mir, Herr, und hilf mir. Amen.*

[10] Selbst mein Vertrauter, auf den ich mich verließ, ja, mit dem ich mein Brot
geteilt habe, tritt mich nun mit Füßen. [11] Du aber, HERR, sei mir gnädig
und richte mich auf! Dann werde ich ihnen ihr Unrecht heimzahlen. [12] Wenn
meine Feinde nicht die Oberhand behalten, erkenne ich, dass du Gefallen an
mir hast. [13] Ja, ich weiß es: Weil ich aufrichtig bin, bist du meine Stütze und
mein Halt. Du stellst mich wieder auf die Füße und lässt mich nahe bei dir
bleiben für immer und ewig. [14] Gepriesen sei der HERR, der Gott Israels, von
Ewigkeit zu Ewigkeit. Amen! Ja, Amen!

VERRAT. Wenn David Gott um Hilfe bittet, „Unrecht heimzuzahlen" (V. 11), das Menschen aus seinem vertrautesten Umfeld begangen haben (einer, „mit dem ich mein Brot geteilt habe", V. 10), dann geht es nicht um einen persönlichen Racheakt. Als König muss David das Recht wahren und durchsetzen. Aber gibt es Schlimmeres als den Verrat eines Freundes? Wie soll man auf so etwas reagieren? Jahrhunderte später hat Jesus diesen Vers auf sich selbst gedeutet (Joh 13,18), als er Judas seinen Verrat ankündigte, um ihm Gelegenheit zu geben, umzukehren. Judas war natürlich nicht der Einzige, der Jesus in jener Nacht verraten und verlassen hat. Wir teilen als Christen zwar regelmäßig im Abendmahl das Brot mit Jesus, aber wir enttäuschen ihn immer wieder. Und doch vergibt er uns. Wir sollten es mit Menschen, die uns enttäuschen und verraten, genauso machen.

Gebet: *Vater, es gibt Menschen, die mich verletzt, die mir regelrecht geschadet haben, und denen ich noch immer nicht ganz verziehen habe. Innerlich werfe ich ihnen vor, was sie getan haben. Ich meide sie oder begegne ihnen kalt. Herr, ich halte dir mein hartes, eisiges Herz hin. Lass es in deiner Liebe und deiner Gnade, die dich so viel gekostet hat, auftauen, damit ich wirklich von Herzen vergeben kann. Amen.*

Psalm 42,1-6 *29. März*

[1] *Für den Dirigenten. Ein kunstvoll gestaltetes Lied. Von den Korachitern.*
[2] Wie der Hirsch nach frischem Wasser lechzt, so lechzt meine Seele nach
dir, o Gott. [3] Meine Seele dürstet nach Gott, ja, nach dem lebendigen Gott.
Wann endlich werde ich wieder zum Heiligtum kommen und dort vor Gottes
Angesicht stehen? [4] Tränen sind meine einzige Speise Tag und Nacht. Ständig
fragt man mich: „Wo ist denn nun dein Gott?“ [5] Ich erinnere mich an frühere
Zeiten, lasse meinen Gedanken und Gefühlen freien Lauf: Wie schön war
es doch, als ich mein Volk zu Gottes Heiligtum führte, begleitet von Jubel
und Dank, im feierlichen Festzug mit vielen Menschen! [6] Warum bist du so
bedrückt, meine Seele? Warum stöhnst du so verzweifelt? Warte nur zuver-
sichtlich auf Gott! Denn ganz gewiss werde ich ihm noch dafür danken, dass
er mir sein Angesicht wieder zuwendet und mir hilft.

GOTT VERLIEREN. Nein, der Psalmist hat seinen Glauben an Gott nicht verloren. Was er verloren hat, ist die Erfahrung der Begegnung mit dem „lebendigen Gott“ (V. 2). Gottes Gegenwart und Liebe zu spüren, das haben wir als Menschen so nötig wie unser Körper das Wasser (V. 2). Die erste Reaktion des Beters auf diesen Durst ist die, dass er sich selbst daran erinnert, dass diese Dürre nicht ewig dauern wird (V. 6). „Auch das geht vorüber“ – das gilt für so ziemlich jede denkbare Situation in dieser Welt des Wandels. Oft ist das eine schmerzliche Wahrheit. Aber man kann sie auch als Trost nehmen. Die guten Zeiten dauern nicht ewig, aber auch unsere Schwierigkeiten werden ganz sicher einmal enden. Erst im Himmel, wo wir sicher in einer unerschütterlichen Liebe ruhen, werden wir unsere Angst vor Veränderung verlieren. Warten wir also zuversichtlich auf Gott. Denn ganz gewiss werden wir ihm noch danken.

***Gebet:** Herr, ich preise dich, dass du keine nebulöse Kraft bist, sondern ein lebendiger, persönlicher Gott, den wir kennen dürfen. Ich brauche deine Gegenwart und deine Liebe, Herr. Ich brauche sie, damit du mein manchmal hartes Herz erweichst, mein verzagtes Herz stärkst und mein stolzes Herz demütigst. Amen.*

[7] Mein Gott, tiefe Trauer bedrückt meine Seele. In der Ferne des Jordanlandes
und des Hermongebirges denke ich an dich. Vom Berg Misar aus gehen meine
Gedanken zu dir. [8] Gewaltige Wassermassen brausen und tosen, so als riefe
eine Flut die andere herbei. Du hast sie geschickt; deine Wellen und Wogen
rollen über mich hinweg. [9] Und dennoch: Am Tag wird der HERR mir seine
Gnade schenken, und in der Nacht begleitet mich sein Lied, ein Gebet zu
dem Gott meines Lebens. [10] Zu Gott, meinem Fels, will ich sagen: „Warum
nur hast du mich vergessen? Warum muss ich so traurig meinen Weg gehen,
bedrängt von meinem Feind?" [11] Der Hohn meiner Feinde zerfrisst mich wie
eine tödliche Krankheit. Den ganzen Tag spotten sie: „Wo ist denn nun dein
Gott?" [12] Warum bist du so bedrückt, meine Seele? Warum stöhnst du so
verzweifelt? Warte nur zuversichtlich auf Gott! Denn ganz gewiss werde ich
ihm noch dafür danken, dass er mir sein Angesicht wieder zuwendet und mir
hilft. Ja, er ist mein Gott.

SELBSTGESPRÄCHE. „Denn ganz gewiss werde ich ihm noch danken …" Mehrfach finden wir diese Worte in diesem Psalm (V. 6.12; Ps 43,5). Die Wiederholung zeigt an, dass hier nicht einfach ausgesagt wird, dass die Dinge sich wieder ändern werden. Nein, es ist eine geistliche Übung. Wenn wir mutlos sind, lauschen wir den Angstfantasien unseres Herzens: „Was, wenn das und das passiert?" – „Vielleicht liegt es daran, dass …" Aber der Psalmbeter hört nicht einfach auf sein sorgenbeladenes Herz. Er veranlasst sein Herz, auf ihn zu hören. Er nimmt sich sozusagen seine Seele zur Brust und sagt: „Denk bitte daran, liebe Seele …". Er redet seinem Herzen zu, dass Gott auch die leidvollen Dinge für seine guten Zwecke nutzt – die Wasserwogen, die ihn wegzuschwemmen drohen, sind „deine Wogen" (V. 7). Selbstgespräche dieser Art sind in der Tat eine kraftvolle geistliche Übung.

Gebet: *Herr, ich möchte lernen, weniger auf das törichte oder panische Geplapper meines Herzens zu hören und stattdessen meinem Herzen deine Wahrheit vorzuhalten. Lass mich lernen, meiner widerspenstigen Innenwelt entschieden entgegenzutreten und zu sagen: Warte nur zuversichtlich auf Gott! Amen.*

Psalm 43 — 31. März

1 Verschaffe mir Recht, o Gott, und führe du meinen Rechtsstreit gegen ein
Volk, das keine Güte mehr kennt! Rette mich vor dem Mann, der betrügt und
Unrecht übt! 2 Du bist doch der Gott, bei dem ich Zuflucht finde. Warum
nur hast du mich verstoßen? Warum muss ich so traurig meinen Weg gehen,
bedrängt von meinem Feind? 3 Sende mir dein Licht und deine Treue, damit
sie mich leiten und mich zurückbringen zu deinem heiligen Berg, zu deiner
Wohnung! 4 Dann werde ich vor Gottes Altar treten, ja, ich will zu Gott kom-
men, der mich mit Jubel und Freude erfüllt. Dich will ich loben beim Spiel
auf der Harfe – dich, meinen Gott. 5 Warum bist du so bedrückt, meine Seele?
Warum stöhnst du so verzweifelt? Warte nur zuversichtlich auf Gott! Denn
ganz gewiss werde ich ihm noch dafür danken, dass er mir sein Angesicht
wieder zuwendet und mir hilft. Ja, er ist mein Gott.

GOTT FINDEN. Psalm 24 und 43 haben einen gemeinsamen Refrain: „Warum bist du so bedrückt, meine Seele? … Warte nur zuversichtlich auf Gott!“ (Ps 42,6.12; Ps 43,5). Veränderung und Hoffnung stellen sich ein, wenn wir entschieden mit uns selbst reden. Aber der Psalmist findet auch in Gott seine Zuflucht (V. 2). Wenn wir unser Vertrauen auf den lebendigen Gott setzen, können wir gewiss sein: An diesem Zufluchtsort wird uns nichts erreichen, das Gott nicht zugelassen, begrenzt oder bereits in seine Absichten eingeordnet hat. Auch sein eigenes Recht erwartet der Beter von Gott (V. 1). Er schielt nicht nach menschlichem Beifall, er trachtet nicht nach persönlicher Rache. Und indem er all das tut, gewinnt er langsam, aber sicher, wieder Zuversicht. Der Schlussrefrain (V. 4.5) hat einen auffallend zuversichtlichen Tonfall, der vorher fehlte.

***Gebet:** Herr, du verschaffst mir Recht; was du von mir denkst, zählt – egal, was die Leute über mich sagen. Du bist mein Zufluchtsort – nirgends sonst finde ich Schutz vor jeder Gefahr, selbst im Tod. Du bist meine Freude und mein Glück – alle anderen werden mich einmal im Stich lassen. Wenn du mein Gott bist, warum sollte ich bedrückt sein? Amen.*

1 *Für den Dirigenten. Von den Korachitern. Ein kunstvoll gestaltetes Lied.*
2 Gott, mit eigenen Ohren haben wir es vernommen, unsere Vorfahren haben
uns davon erzählt: Großes hast du zu ihrer Zeit vollbracht, in weit zurücklie-
genden Tagen. 3 Du allein, du hast mit deiner Hand ganze Völker aus dem
Land herausgerissen und an ihrer Stelle unsere Vorfahren eingepflanzt. Du
selbst hast Nationen vernichtet, damit unsere Väter sich ausbreiten konnten.
4 Nicht etwa durch ihr Schwert haben sie das Land in Besitz genommen, nicht
ihre eigene Kraft hat ihnen geholfen. Nein, deine Hand und dein starker Arm
stand ihnen bei; du hast ihnen dein Angesicht freundlich zugewandt, weil du
Gefallen an ihnen hattest. 5 Du bist mein König, o Gott! So gib doch erneut
Befehl zur Rettung Israels! 6 Durch deine Hilfe werden wir die Feinde, die uns
bedrängen, zu Boden stoßen. In deinem Namen wollen wir alle in den Staub
treten, die sich gegen uns erheben. 7 Nicht auf meinen Bogen will ich mich
verlassen, mein Schwert wird mir nicht den Sieg schenken. 8 Du allein wirst
uns retten vor unseren Feinden, und alle, die uns hassen, stürzt du in Schande.
9 Jeden Tag rühmen wir voller Stolz unseren Gott, ja, deinen Namen wollen
wir ewig preisen.

FRÜHERE ZEITEN. Der Psalmist denkt zurück an die Zeit seiner „Vorfahren“ (V. 2), eine Zeit, in der Israel als Nation aufblühte. Wir Christen stehen in direkter Verbindung zu den großen Taten der Vergangenheit, denn diese Taten waren nicht das Werk unserer Vorfahren, sondern das Werk Gottes, und dieser Gott ist noch immer mit uns. Christen sollten die Kirchengeschichte nicht so sehen, als habe es einmal einen großen Stamm von Glaubenshelden gegeben, der unwiederbringlich verschwunden ist. Ihr Gott ist unser Gott. Auch auf frühere Zeiten in unserem Leben und Dienst für Gott sollten wir nicht zurückschauen mit dem leisen Bedauern, dass wir so etwas wie damals nie mehr fertigbringen würden. Nein, auch damals haben nicht wir es fertiggebracht. Gott hat es fertiggebracht. Und dieser Gott ist noch immer bei uns.

Gebet: *„Du halfst uns, Herr, in früher Zeit“*[31] *– du bist noch heute bei mir. Ich danke dir, dass du ewig bist und unveränderlich. Du bist derselbe, dein Wesen und deine Eigenschaften ändern sich nicht. Lass mich das nicht vergessen. Lass mich gespannt sein, was du heute durch mich tun willst. Amen.*

10 Und doch hast du uns nun verstoßen und Schande über uns gebracht, du
bist nicht mit unseren Truppen gegen den Feind gezogen. 11 Du ließt uns vor
dem Gegner die Flucht ergreifen, und Menschen, die uns hassen, konnten uns
nach Belieben ausplündern. 12 Wie man Schlachtvieh weggibt, so hast du uns
unserem Schicksal überlassen, unter die anderen Völker hast du uns zerstreut.
13 Dein eigenes Volk hast du für einen Spottpreis verkauft, ja, du hast für uns
so gut wie nichts verlangt! 14 Du machtest uns zum Gespött unserer Nachbar-
völker, wir ernten nur Hohn und Schmach von allen rings um uns. 15 Für die
anderen Völker ist unser Unglück zum Sprichwort geworden – dafür hast du
gesorgt. Sie schütteln nur noch den Kopf über uns. 16 Tagaus, tagein habe ich
meine Schande vor Augen, die Scham ist mir ins Gesicht geschrieben. 17 Denn
ich höre die verletzenden Worte der Spötter, und ich sehe die rachsüchtigen
Feinde.

KLAGE. Wenn wir an die unterschiedlichen Gebetsformen denken, denken wir an Anbetung und Dank, an das Schuldbekenntnis und das Bittgebet. Dass wir lernen, all diese Gebetsweisen in unser Gebet einzubeziehen, und zwar gerade in Zeiten, in denen wir leiden – und im Blick auf das, was wir leiden –, ist so entscheidend für unser geistliches Wachstum (und unser geistliches Überleben), dass man darin eine eigene geistliche Kunst sehen sollte. Wenn es uns schlecht geht, hören wir meist rasch auf zu beten oder schicken ein kurzes Stoßgebet zum Himmel. Dieser Psalm ist geradezu ein Klageschrei, in dem der Beter seinen Schmerz, seine Enttäuschung, sogar seinen Zorn herausschreit. Aber das Entscheidende ist, dass er das vor Gott tut, dass er seinen Zorn im Gebet verarbeitet. Gott versteht uns so gut, dass er uns gestattet, ja, uns sogar dazu ermutigt, unzensiert auszusprechen, was unser Herz bewegt, wenn wir mit ihm reden.

Gebet: *Herr, ich preise dich, dass du ein Gott bist, der uns einlädt, unsere Klagelieder vor dir zu singen. Wie geduldig, wie liebevoll bist du zu allen deinen Kindern. Danke, dass ich mir im Gespräch mit dir alles von der Seele reden darf, was mich belastet, ohne erst die „richtigen Worte" dafür zu suchen. Amen.*

18 Dieses Unheil ist über uns gekommen, obwohl wir dich nicht vergessen ha-
ben. Auch haben wir den Bund nicht gebrochen, den du mit uns geschlossen
hast. 19 Unser Herz hat sich nicht von dir abgewendet, mit keinem Schritt sind
wir von deinem Weg abgewichen. 20 Das also kann nicht der Grund dafür sein,
dass du uns zerschlagen hast an einem wüsten Ort, wo die Schakale hausen,
dass du dunkle Schatten des Todes auf uns hast fallen lassen. 21 Hätten wir
nicht mehr an unseren Gott gedacht oder gar unsere Hände im Gebet zu
einem anderen Gott ausgestreckt, 22 hätte unser Gott das nicht längst durch-
schaut? Denn wer kennt die verborgenen Winkel unseres Herzens, wenn nicht
er? 23 Nein, deinetwegen sind wir ständig vom Tod bedroht; man behandelt
uns wie Schafe, die zum Schlachten bestimmt sind. 24 Wach auf, Herr, warum
schläfst du? Wach auf, verstoße uns nicht für immer! 25 Warum nur verbirgst
du dein Angesicht? Weshalb vergisst du unser Elend und die Bedrängnis, in
der wir leben müssen? 26 Denn wir sind gebeugt worden, bis wir im Staub
lagen, wir kriechen am Boden und kommen nicht mehr hoch. 27 Erhebe dich
und eile uns zu Hilfe, erlöse uns aus all unserer Not um deiner Güte willen!

WARUM SCHLÄFT GOTT? Israel war Gott und seinem Bund nicht untreu (V. 18-22). Trotzdem erlebt es bitteres Leid (V. 10-17). Gott scheint zu schlafen (V. 24). „Wach auf, Herr!“ Welch ein kühner, aber ehrlicher Aufschrei. Letzten Endes gilt aber: Wenn wir leiden, geschieht es immer nur unter dem liebenden Blick Gottes und im Rahmen seiner Güte (V. 27). In manchen Stürmen unseres Lebens kann es den Anschein haben, als schlafe Gott, so wie Jesus während des Sturms auf dem See (Mk 4,38: „Meister, macht es dir nichts aus, dass wir umkommen?“) Gott schläft ganz sicher nicht, aber er lässt sich nicht drängen. Er weiß, was er tut. Er hat einen Plan und dieser Plan ist ein Plan seiner Liebe.

Gebet: *Herr Jesus, während des Sturms auf dem See haben deine Jünger dir vorgeworfen, sie wären dir egal – aber du warst in jedem Moment Herr der Lage und hast sie gerettet. Ich bekenne dir, dass ich manchmal auch denke, dass ich dir egal bin, dass du nichts tust. Aber das ist falsch. Dein Kreuz beweist ein für alle Mal und unwiderlegbar, dass wir dir nicht egal sind. Ich preise dich. Und in diesem Wissen kann ich beruhigt sein, was immer auch geschieht. Amen.*

1 *Für den Dirigenten. Auf die gleiche Weise wie das Lied „Lilien" zu begleiten. Von*
den Korachitern. Ein kunstvoll gestaltetes Lied. Ein Liebeslied.
2 Mein Herz ist erfüllt von schönen Worten, dem König will ich meine Lieder
vortragen. Meine Zunge gleicht der Feder eines schreibgewandten Menschen.
3 Du bist weitaus schöner als alle anderen, über deine Lippen kommen Worte
voll Anmut. Denn Gott hat dich gesegnet für immer und ewig.
4 Gürte dein
Schwert um die Hüfte, du tapferer Held, umgib dich mit deiner Majestät und
Pracht!
5 Ja, in deiner Majestät sei stark und zieh aus für die Wahrheit, für Ge-
rechtigkeit und Güte! Verschaffe dir Achtung durch gewaltige Taten, die du mit
deinem mächtigen Arm vollbringst!
6 Deine Pfeile sind spitz und scharf – ganze
Völker werden dir unterliegen. Deine Geschosse treffen deine Feinde mitten
ins Herz.
7 Dein Thron, göttlicher Herrscher, hat für immer Bestand; das Zep-
ter in deiner Hand ist Zeichen für deine gerechte Herrschaft.
8 Du liebst das
Recht, und alle Gottlosigkeit ist dir verhasst. Deshalb hat Gott, dein Gott, das
Salböl der Freude in solcher Fülle über dich ausgegossen wie bei keinem deiner
Gefährten.
9 Deine Gewänder duften nach Myrrhe, Aloe und Kassia – so als
seien sie daraus gemacht. Aus Palästen, mit Elfenbein verziert, erfreuen dich die
Klänge von Saiteninstrumenten.
10 Königstöchter gehören zu deinem Hofstaat,
zu deiner Rechten steht die Königin, geschmückt mit feinstem Gold aus Ofir.

DER KÖNIG IN SEINER SCHÖNHEIT. Der Psalm beschreibt eine Königshochzeit. Er beginnt mit einer Huldigung des Königs (der folgende Teil für morgen beschreibt die Braut und die Hochzeitszeremonie). Der König ist zugleich bescheiden und majestätisch; huldvoll und schrecklich, aber die Sprache ist schockierend. V. 7 nennt den König sogar „göttlich". Der Hebräerbrief (1,8.9) deutet diesen Psalm auf Christus, den höchsten und ewigen König, der unendlich erhaben und niedrig zugleich ist. V. 8 wirft einen Blick voraus auf die Himmelfahrt Jesu und seine Rückkehr zum Vater, der ihm alle Macht im Himmel und auf Erden verleiht, bis alles Leid und alles Böse einmal überwunden sind (Eph 1,20-30; 1Kor 15,25). Wir sollten von seiner Schönheit ebenso hingerissen sein wie eine frisch angetraute Braut – denn genau das sind wir (Eph 5,25-32).

Gebet: *Herr, bei Jesaja heißt es: „Deine Augen werden den König schauen in seiner Schönheit" (33,17; ELB) – und in diesem Psalm sehe ich – mit den Augen des Glaubens – bereits deinen Sohn, der so schwach und niedrig erscheint und doch so mächtig und majestätisch ist. Weil er Gott war wie du und weil er Mensch war wie ich, darum konnte er mich retten. Und dafür bin ich dir ewig dankbar. Amen.*

11 Höre, Tochter, sieh her und schenk mir ein offenes Ohr! Denk nicht zu-
rück an dein Volk und an dein Elternhaus! 12 Wenn der König dich zu se-
hen wünscht, beeindruckt von deiner Schönheit, dann komm und verneige
dich vor ihm, er ist ja nun dein Herr. 13 Die Bewohner von Tyrus bringen dir
ihre Geschenke, deine Gunst suchen selbst die reichsten Völker. 14 Herrlich
geschmückt steht die Königstochter in ihren Gemächern bereit, mit Gold
durchwirkt ist ihr Kleid. 15 In Gewändern mit bunten Stickereien wird sie
zum König geleitet, Brautjungfern sind ihr Gefolge. Auch ihre Gefährtinnen
werden vor dich, den König, geführt. 16 Freude und Jubel begleiten den Hoch-
zeitszug, so ziehen sie ein in den Palast des Königs. 17 An die Stelle deiner Vä-
ter, o König, werden deine Söhne treten, auf der ganzen Erde wirst du sie zu
Herrschern einsetzen. 18 Deinen Namen will ich allen Generationen bekannt
machen, darum werden die Völker dich preisen für immer und ewig.

UNSERE SCHÖNHEIT. Die Braut wird dem König zugeführt (V. 11-16). Wenn Jesus der König ist (vgl. gestern), dann sind wir die Braut, die ihn bezaubert (V. 12). Aber Eph 5,25-27 sagt uns, dass er uns nicht liebt, weil wir so liebenswert sind; er liebt uns, damit wir durch seine Gnade liebenswert werden. Am jüngsten Tag werden wir, wie alle anderen, mit ihm in ewiger Liebe vereint werden. Eine christliche Ehe kann etwas von der Freude deutlich werden lassen, die uns im Himmel erwartet. Aber auch hier besteht die Gefahr falscher Prioritäten. Eine Ehe soll Christus offenbaren, sie soll nicht an seine Stelle treten. Und für alle, die nicht verheiratet sind, es aber gern wären: Vergessen Sie nicht, dass Sie bereits in der einzigen Form verbindlicher Liebe leben, die wirklich erfüllend ist.

Gebet: *Herr Jesus, du willst für uns Gemahl und Liebhaber sein, und so siehst du uns an: voll leidenschaftlicher Liebe und mit Wohlgefallen. Ich preise dich, dass ich dich so lieben darf, aber ich bekenne, dass ich nicht so lebe, als ob ich so sehr geliebt bin. Lass deine Liebe die Wahrheit werden, die alles, was ich an jedem Tag tue, bestimmt und prägt. Amen.*

Psalm 46,1-6 — *6. April*

1 *Für den Dirigenten. Von den Korachitern. In hoher Stimmlage vorzutragen. Ein
Lied.*
2 Gott ist für uns Zuflucht und Schutz, in Zeiten der Not schenkt er uns seine
Hilfe mehr als genug. 3 Darum fürchten wir uns nicht, wenn auch die Erde
bebt und wankt und die Berge mitten ins Meer sinken, 4 wenn auch seine
Wellen brausen und tosen und die Berge erbeben von seiner gewaltigen Kraft.
5 Ein Strom, von vielen Bächen gespeist, erfreut die Stadt Gottes, den heiligen
Ort, an dem der Höchste wohnt. 6 Ja, Gott wohnt in ihrer Mitte, darum wird
sie niemals ins Wanken geraten, Gott wird ihr Hilfe bringen, wenn sich die
Nacht zum Morgen wendet.

LETZTE ZUFLUCHT. Bis vor Kurzem konnte niemand sich vorstellen, dass wir die Welt zerstören könnten. Aber in jüngster Zeit sind unsere Filme voll mit Fantasien darüber, wie das geschehen kann. Aber selbst derartige Katastrophenszenarien müssen uns nicht in Angst und Schrecken versetzen, wenn der Gott, der hier besungen wird, unser Gott ist. Der Psalm sagt nicht: Gott hilft, wenn wir einen sicheren Zufluchtsort aufsuchen. Nein, *er ist* diese Zuflucht. Gott ist eine Zuflucht, ein Schutzraum, der weder zerbombt noch zerstört werden kann. Erdbeben und Tsunamis mögen diese Erde verwüsten, ganze Zivilisationen mögen in sich zusammenfallen – seine Herrschaft wird nicht erschüttert. Wenn Gott mit uns ist, dann ist selbst das Schlimmste, was uns geschehen kann – der Tod – nur der Durchgang in etwas unendlich Glücklicheres und Größeres als dieses Leben.

Gebet: *Herr, ich fühle mich so verletzlich – Krankheit und Unrecht, finanzielle Verluste, politische Entwicklungen, Scheitern im Beruf – all das könnte mich treffen. Aber dieser Psalm sagt mir, selbst wenn Berge versinken und die Erde bebt, kann mir das mein ewiges Erbe nicht zerstören: deine unendliche Liebe, meine Auferstehung, den neuen Himmel und die neue Erde. Ich preise dich für diese Zusage. Und darin schwindet meine Angst. Amen.*

7 Völker geraten in Aufruhr, Königreiche wanken – Gott lässt seine Stimme
nur einmal erschallen, und schon vergeht die ganze Welt! 8 Der allmächtige
HERR ist mit uns, der Gott Jakobs ist für uns eine sichere Burg. 9 Kommt und
führt euch vor Augen, welch große Taten der HERR vollbracht hat! In aller
Welt hat er vernichtende Schläge gegen seine Feinde geführt. 10 Er beendet
Kriege überall auf der Erde, Pfeil und Bogen bricht er entzwei, er zerschmet-
tert Speere und verbrennt Streitwagen im Feuer. 11 Lasst euren Aufruhr und
erkennt, dass ich allein Gott bin, hoch erhaben über alle Völker, geehrt in
aller Welt. 12 Der allmächtige HERR ist mit uns, der Gott Jakobs ist für uns
eine sichere Burg.

ANGEMESSENE ANTWORT. Nichts auf dieser Welt ist wirklich von Bestand, verlässlich und tragfähig. Nichts außer Gott. Nichts kann seine Pläne durchkreuzen. Selbst den Hass und den Aufstand von Menschen gegen ihn und gegen sein Volk nutzt Gott, um seinen Heilsplan zu verwirklichen (Apg 4,24-28). Die Zukunft mag noch so düster aussehen, der Widerstand noch so unbesiegbar erscheinen, aber die Stadt Gottes – die Wirklichkeit des Himmels und die himmlische Gemeinschaft (Ps 48,2; Gal 4,25-29; Hebr 12,18-24) – sind unverletzlich und können nur triumphieren. Warum? Weil diese Wirklichkeit und diese Gemeinschaft in Gott selbst liegen (V. 8). Es gibt nur eine angemessene Antwort, wenn wir Gott sehen, wie er wirklich ist – transzendent über jede Vorstellung hinaus –: Staunen und Anbetung.

Gebet: *Herr, zeig mir, wer du wirklich bist. Zeig mir, wie absolut deine Macht und wie grenzenlos deine Liebe zu mir ist. Lass mich dich schauen, bis ich nur noch staunen kann und dich anbeten. Amen.*

[1] *Für den Dirigenten. Von den Korachitern. Ein Psalm.*
[2] Ihr Völker auf der ganzen Welt, klatscht in die Hände! Lobt Gott und lasst
euren Jubel laut hören! [3] Denn der HERR, der Höchste, ist ehrfurchtgebie-
tend. Er ist ein mächtiger König über die ganze Welt. [4] Er hat andere Völker
unserer Herrschaft unterstellt, ganze Nationen legte er uns zu Füßen.

FREUDIGE UNTERWERFUNG. Gott ist der mächtige König der ganzen Erde. Ganze Nationen unterwirft er seiner Herrschaft. Aber weil er der rechtmäßige König ist – der König, den wir kennen, dem wir dienen, den wir lieben sollen, weil wir dazu geschaffen sind –, ist die Folge dieser Eroberung ihrer Herzen Freude. Die so Besiegten klatschen in die Hände, weil Gott über sie herrscht (V. 1). Wir sind so geschaffen, dass unsere Seele Gott als ihren Treibstoff braucht. Deswegen gilt: Je umfassender unsere Unterwerfung unter den wahren König ist, umso größer ist unsere Freude. Wir sollten als Christen nicht denken, wir sind nur noch eine bedrängte Minderheit oder gesellschaftliche Außenseiter. Wir sollten so übervoll sein von Freude über unsere Erlösung, dass wir es als Privileg empfinden, Gottes Lob gerade vor denen zu singen, die ihn noch nicht kennen.

Gebet: *Herr, oft empfinde ich deinen Auftrag, meinen Glauben zu bezeugen, als bedrohlich. Aber so sollte es nicht sein. Wenn ich Menschen dazu zu bewegen versuche, an dich zu glauben, dann ist das eine Einladung zur Freude. Ich sollte es also nicht mit verkniffener Miene tun. Öffne meine Lippen, damit mein Mund so von dir reden kann, dass es einladend ist. Amen.*

5 Das Land, in dem wir wohnen, hat er für uns ausgewählt als Erbbesitz. Es
erfüllt ganz Israel, dem Gottes Liebe gilt, mit Stolz. 6 Unter dem Jubel seines
Volkes ist Gott wieder in den Himmel emporgestiegen, der Schall der Posau-
nen begleitet ihn, den HERRN. 7 Singt, ja, singt Psalmen für unseren Gott!
Singt und musiziert für ihn, unseren König! 8 Denn Gott ist König der ganzen
Welt. So singt und spielt für ihn ein kunstvolles Lied! 9 Gott herrscht als Kö-
nig über alle Völker der Erde, er hat sich auf seinen heiligen Thron gesetzt.
10 Mächtige Herrscher aus anderen Völkern versammeln sich, sie alle vereinen
sich zu einem Volk, das zum Gott Abrahams gehört. Denn alle Könige auf der
Erde gehören Gott, er allein ist hoch erhaben.

DIE FREUDE DER GNADE. Das Lied, das die Völker der Erde einmal singen werden, wird bejubeln, wie Gott durch seine Gnade diese Welt gerettet hat. Er hat Israel erwählt und geliebt (V. 5). Und zwar nicht, weil die Israeliten weiser oder besser gewesen wären als andere, sondern nur weil er sie liebte (5Mo 7,8). Wenn wir also mit anderen über Gott reden, haben Überlegenheitsgefühle oder Herablassung dabei keinen Platz. Wir alle sind allein durch Gottes Gnade gerettet, und das gilt auch für jeden, der noch zu ihm finden wird. Der Schlussvers bietet eine erstaunliche Vision: Einmal wird das Volk Gottes Menschen aller Sprachen, Stämme, Völker und Nationen umfassen (V. 10). Bereits dem Abraham hatte Gott das versprochen (1Mo 12,3), aber erst in Jesus Christus und seiner ultimativen Erhöhung auf den höchsten Thron (Eph 1,20-23) wird es sich erfüllen (Offb 7,9).

Gebet: *Herr, manchmal sehe ich einen Menschen und denke: Das ist auch kein Typ für den Glauben. Aber dabei vergesse ich, dass niemand ein „Typ für den Glauben" ist. Wenn ich oder irgendjemand sonst glaubt, dann ist es ein Wunder deiner Gnade. Hilf mir deshalb, voll Vertrauen und Hoffnung dein Evangelium weiterzusagen. Amen.*

1 *Ein Lied. Ein Psalm. Von den Korachitern.*
2 Groß ist der HERR und sehr zu loben in der Stadt unseres Gottes. Dort
erhebt sich sein heiliger Berg, 3 schön ragt er empor, eine Freude für die ganze
Welt! Ja, der Berg Zion, der sich nach Norden erstreckt, gehört zur Stadt des
großen Königs. 4 Gott wohnt in ihren Palästen, und es ist überall bekannt: Er
schenkt Zuflucht. 5 Könige anderer Völker hatten sich verbündet und waren
gemeinsam gegen die Stadt gezogen. 6 Doch schon bei ihrem Anblick waren
sie starr vor Schreck, von Entsetzen gepackt ergriffen sie die Flucht. 7 Sie
zitterten und bebten wie eine Frau, die in den Wehen liegt. 8 Einst waren sie
wie mächtige Schiffe aus Tarsis, doch du hast einen Ostwind geschickt und
sie zerschellen lassen. 9 Vorher kannten wir es nur vom Hören, nun haben
wir selbst gesehen, was Gott getan hat dort in der Stadt, wo der allmächtige
HERR wohnt, in der Stadt unseres Gottes. Gott lässt sie für immer bestehen.

DIE SCHÖNHEIT DER GEMEINSCHAFT. Als dieser Psalm geschrieben wurde, war die „Stadt unseres Gottes“ Jerusalem, wo auf dem Zionsberg der Tempel stand, der Ort, wo Sünde gesühnt wurde. Aber seit Jesus, der der endgültige Tempel und das endgültige Opfer für die Sünden ist, besteht die „Stadt Gottes“ in der Gemeinschaft der Glaubenden im Himmel und auf Erden (Gal 4,25-29; Heb 12,18-24). Diese Gemeinschaft derer, die zu Gott gehören, soll „eine Freude für die ganze Welt“ sein (V. 3) – eine alternative Gesellschaft, die sich eher auf Liebe und Gerechtigkeit gründet als auf Macht und Ausbeutung. Das irdische Jerusalem hat nie andere Nationen angezogen; die verwandelte Gemeinschaft derer, die an Christus glauben, schon (Apg 2,41; 4,32-35). Und wie ist es heute in unseren Gemeinden?

***Gebet:** Herr, viel zu viele christliche Gemeinden drehen sich um sich selbst und sind unsichtbar (im besten Fall) oder geradezu abschreckend (im schlimmsten). Hilf mir, meinen kleinen, aber wichtigen Beitrag zu leisten, damit meine Gemeinde für ihre Umgebung schön und anziehend wird. Amen.*

10 Wir halten uns deine Gnade vor Augen, o Gott, wenn wir uns in deinem
Tempel versammeln. 11 Gott, so weit wie dein Name bekannt ist, so weit reicht
auch dein Ruhm – bis an die Enden der Erde. Deine starke Hand schafft uns
Gerechtigkeit, 12 darum soll Freude herrschen auf dem Berg Zion. Ja, alle
Städte in Juda haben Grund, laut zu jubeln über die gerechten Urteile, die
du vollstreckst. 13 Zieht rings um den Berg Zion, geht um die Stadt und zählt
ihre Festungstürme! 14 Bestaunt ihre Schutzwälle und richtet euren Blick auf
die Paläste! Dann könnt ihr späteren Generationen erzählen: 15 Ja, so ist Gott,
er bleibt unser Gott für immer und ewig! Er wird uns führen bis zum Tod.

DER TEMPEL GOTTES. Jesus ist der wahre Tempel (Joh 2,21). Wenn wir im Glauben mit ihm verbunden sind, empfangen wir seinen Geist und werden selbst zu einem Tempel, in dem Gott wohnt (Eph 2,19-22). Auch wir als Christen „zählen Festungstürme" (V. 13): Wir danken Gott, dass es die Kirche gibt, und staunen, wozu wir durch Christus geworden sind. Auch wir sind aufgefordert, „späteren Generationen zu erzählen": Wir zeigen Menschen, die nach Gott fragen, den Weg des Heils in Christus. Auch uns wird Gott „führen bis zum Tod" (V. 15). Bereits im Leben sterben wir viele kleine Tode. Aber auch das letzte Sterben mit seinem Geheimnis und Schrecken können wir bestehen, weil wir wissen: Jesus geht mit uns in den Tod und er führt uns auf der anderen Seite ins Leben hinaus.

***Gebet:** Herr, ergreife mich mehr und mehr und lass mich immer tiefer verstehen, wie groß und herrlich das ist, was wir durch dich sind. Wir sind deine Herde, dein Wohnort, dein Leib, dein Reich, dein Volk, deine Liebe. Lehre mich, deine Kirche zu lieben und mich mit ganzen Kräften in ihr einzubringen. Amen.*

[1] *Für den Dirigenten. Von den Korachitern. Ein Psalm.*
[2] Hört diese Botschaft, all ihr Völker, horcht auf, ihr Menschen dieser Welt,
[3] ihr Einfachen und ihr Vornehmen, ihr Reichen und ihr Armen gleicher-
maßen! [4] Mein Mund soll eine Fülle an Weisheit verkünden, und mein Herz
bemüht sich um Einsicht. [5] Ich selbst habe mein Ohr für Sprüche der Weisheit
geöffnet, und zum Klang der Zither will ich ihre Bedeutung enträtseln.

WEISHEIT. Alle Völker dieser Welt unabhängig von Rasse, Sozialstatus oder Glaubensüberzeugungen (V. 2.3) haben teil an der Menschlichkeit, die alle Menschen verbindet. Wenn man sie weise anspricht, können sie verstehen. Gott hat uns geschaffen; es gibt also so etwas wie eine „Struktur" oder „Laufrichtung" des Universums. Und es wäre töricht, sich der Grundstruktur zu widersetzen, die Gott dieser Welt gegeben hat. Wenn wir gierig, unfreundlich, ungerecht und unehrlich sind, verletzen wir nicht nur das Gesetz Gottes, wir ruinieren auch uns selbst und andere. Weisheit besteht nicht nur darin, sich an die Regeln zu halten, sondern zu erkennen, was Gott für unser Leben will. Weisheit betrifft nicht nur unser Verhalten, sondern unsere Haltung, damit wir weise Entscheidungen auch in Situationen treffen können, für die Gottes Wort uns keine direkten Anweisungen gibt. Dieser Psalm stellt heraus, wie töricht und vergeblich es ist, sich auf Reichtum zu verlassen.

***Gebet:** Herr, manchmal muss ich Entscheidungen treffen, in denen die verschiedenen Optionen alle ethisch vertretbar sind. Aber nicht jeder Weg ist gleich weise. Ich brauche deine Weisheit, um den besten Weg, die beste Wahl zu erkennen. Forme du mein Herz und meinen Verstand, damit ich weiser werde und verantwortlicher mit all den Fähigkeiten und Gütern umgehe, die du mir gegeben hast. Amen.*

6 Warum sollte ich mich fürchten in schweren Tagen? Warum sollte ich Angst
haben vor Menschen, deren Bosheit mich verfolgt? 7 Sie vertrauen auf ihr
Vermögen und brüsten sich mit ihrem großen Reichtum. 8 Doch kein Mensch
kann das Leben eines anderen mit Geld verlängern, niemand kann sich bei
Gott vom Tod freikaufen. 9 Aller Reichtum der Welt wäre nicht genug! Jeder
Mensch muss den Wunsch aufgeben, 10 für immer weiter zu leben und vom
Grab verschont zu bleiben. 11 Ja, es ist offensichtlich: So wie die Weisen ein-
mal sterben werden, müssen auch die Törichten und die Dummen ihr Leben
lassen, und all ihr Vermögen fällt anderen zu. 12 Sie bilden sich ein, ihre Häu-
ser seien für die Ewigkeit gebaut und ihre Wohnsitze blieben auch in allen
künftigen Generationen erhalten. Große Ländereien haben sie erworben und
nach sich selbst benannt. 13 Doch selbst ein Mensch im größten Prunk hat hier
keine Bleibe auf ewig. Am Ende unterscheidet er sich nicht vom Vieh, dem
irgendwann das Leben genommen wird.

KEINE SICHERHEIT. Der normale Weg, mit unserer Angst vor der Zukunft fertigzuwerden, ist der, dass wir „auf unser Vermögen vertrauen“ (V. 7). Aber damit verlassen wir uns auf etwas, das nicht trägt. Kein Vermögen und kein menschlicher Scharfsinn rettet uns vor Verlust, Krankheit, finanziellen Krisen oder dem Scheitern von Beziehungen – und nichts kann uns vor der Tatsache retten, dass wir sterblich sind. Es gibt kein „Lösegeld“, das uns vom Tod freikaufen könnte (V. 8-13). Er kommt auf uns zu, und er wird uns alles rauben, was uns lieb und teuer ist. Daher ist es der Gipfel der Dummheit, wenn wir so leben, als könnte wirtschaftliche Sicherheit uns wahre Sicherheit bieten oder als wären wir unsterblich. Die wahren Werte, die der Tod nicht raubt, sondern vermehrt, diese Werte finden wir nur bei Gott.

***Gebet:** Herr, immer wieder ertappe ich mich bei dem Gedanken, dass mein Leben doch besser wäre, wenn ich mehr hätte. Und wenn ich mir bestimmte Dinge leisten kann, dann „brüste“ ich mich schon mal innerlich damit. Bitte, Herr, befreie mein Herz von solcher Oberflächlichkeit und Dummheit. Amen.*

[14] Ja, so wird es all denen ergehen, die unerschütterlich auf sich selbst ver-
trauen. Und nicht anders sieht das Ende derer aus, die ihren Worten Beifall
spenden. [15] Wie ein Hirte seine Schafe weidet, so führt sie der Tod in das To-
tenreich, dann bricht der Tag an, an dem die aufrichtigen Menschen über sie
triumphieren. Ihr Körper verwest im Totenreich, und ihre prächtigen Häuser
auf Erden verfallen. [16] Mich aber wird Gott erlösen und den Klauen des Todes
entreißen, er wird mich zu sich holen und bei sich aufnehmen. [17] Sei nicht be-
unruhigt, wenn ein Mensch immer reicher und sein Haus immer prunkvoller
wird. [18] Denn nichts von allem kann er im Sterben mitnehmen, nichts von
seiner ganzen Pracht folgt ihm über die Schwelle des Todes. [19] Zu Lebzeiten
mag er sich selbst beglückwünschen – und von anderen wird man ja sowie-
so gefeiert, wenn man das Leben zu genießen versteht – [20] er wird dennoch
dorthin kommen, wo schon seine Vorfahren versammelt sind. Sie alle sehen
nie mehr das Licht. [21] Ja, ein Mensch im größten Prunk, der keine Einsicht
hat, unterscheidet sich am Ende nicht vom Vieh, dem irgendwann das Leben
genommen wird.

DAS ULTIMATIVE LÖSEGELD. In der Antike konnte es vorkommen, dass ein König im Krieg besiegt und gefangen genommen wurde. Wollte er die Freiheit wiedererlangen, musste „Lösegeld" (V. 8) gezahlt werden. Jeder Mensch schuldet Gott einen Tod. Unsere Sünde bedeutet: Wir gehören dem Tod (V. 15). Aber Gott fordert kein Lösegeld von uns; er zahlt es selbst (V. 16). Der Psalmbeter kann nicht wissen, wie das möglich ist, aber er vertraut darauf, dass es geschieht. Jesus hat durch seinen Tod den Tod getötet und uns befreit. Erst am Kreuz erkennen wir, wie viel es Gott gekostet hat, uns „den Klauen des Todes zu entreißen" (V. 16). Wir haben keinen Grund, zu murren oder neidisch auf die zu sein, die Reichtümer anhäufen (V. 17). Wir sollten lieber alle bedauern, die nicht mehr haben als ihren Reichtum.

Gebet: *Herr, auch die Reichen und Mächtigen dieser Erde sind es nur, weil du es zulässt. Präge du mir diese Sicht der Dinge ein (V. 21), damit ich weder aufgeblasen bin, wenn ich viel Geld habe, noch deprimiert, wenn wenig da ist. Schenk mir Frieden in dem Wissen, wo der wahre Reichtum zu finden ist. Amen.*

[1] *Ein Psalm Asafs.*
Gott, der HERR, er spricht; sein Ruf ergeht an alle, die auf der Erde wohnen,
vom Sonnenaufgang bis zum Sonnenuntergang. [2] Vom Zion aus, dem Berg
von vollendeter Schönheit, erscheint er in herrlichem Glanz. [3] Unser Gott
kommt, und er wird nicht schweigen! Verzehrendes Feuer geht ihm voran, ge-
waltige Stürme brausen rings um ihn. [4] Himmel und Erde ruft er als Zeugen,
wenn er über seinem Volk zu Gericht sitzen wird. [5] Er sagt: „Versammelt vor
mir alle, die mir treu ergeben sind, alle, die mir ihre Opfer dargebracht und
dabei den Bund mit mir geschlossen haben.“ [6] Der ganze Himmel verkündet,
dass Gott gerecht ist, er selbst hat den Platz des Richters eingenommen.

DAS GERICHT BEGINNT. Alle Völker werden zum Zion einberufen, weil Gott reden will (V. 1.2). Wir erwarten, dass nun das Gericht über die Heiden ergeht, aber dann müssen wir verblüfft erkennen: Gott macht die Völker zu Zeugen, wenn er mit seinem eigenen Volk ins Gericht geht (V. 5-7). Denn Gott „beginnt [mit dem Gericht] bei seinem eigenen Haus“ (1Petr 4,17). Wir müssen nicht mehr fürchten, dass unsere Sünden uns verdammen (Röm 8,1); für unser Heil hat Gott in Jesus gesorgt. Aber dieser große geistliche Reichtum bedeutet: Wir sind umso mehr gefordert, so zu leben, wie Gott es verlangt. Wem viel gegeben ist, von dem wird man viel fordern (Lk 12,48). Als Christen ist uns viel geschenkt – Gottes Liebe, Gottes Vergebung. Und es ist viel von uns gefordert – Gott legt an uns besonders hohe Maßstäbe an.

Gebet: *Herr, ich preise dich dafür, dass du ein guter Vater bist. Du liebst deine Kinder mehr als andere, und gerade deswegen legst du an sie hohe Maßstäbe an. Nur wenn ich diese beiden Seiten der Wahrheit verstehe, kann ich mich zum Besseren verändern und muss weder in Selbsthass noch in Genusssucht versinken. Schenk mir deinen Geist, damit er mich immer daran erinnert. Amen.*

7 „So höre doch, mein Volk, jetzt rede ich mit dir! Israel, ich muss dich ermah-
nen! Ich bin Gott, ja, dein Gott bin ich. 8 Nicht wegen deiner Schlachtopfer
klage ich dich an, auch deine Brandopfer bringst du mir ja regelmäßig dar.
9 Ich brauche keine Stiere aus deinem Stall und keine Böcke von deinen Wei-
den. 10 Denn alle Tiere in Wald und Flur gehören mir ohnehin, auch das Vieh
auf tausenden von Hügeln. 11 Ich kenne jeden Vogel in den Bergen, alles, was
sich in Feld und Wiese regt, ist mir vertraut. 12 Würde ich je Hunger verspü-
ren, ich bräuchte es dir nicht zu sagen, denn mir gehört der ganze Erdkreis
mit all seiner Fülle. 13 Esse ich etwa Fleisch von Stieren? Trinke ich denn Blut
von Böcken? 14 Zeige Gott deinen Dank – das ist das Opfer, das ihm gefällt!
Erfülle die Gelübde, die du vor ihm, dem Höchsten, abgelegt hast! 15 Rufe
zu mir in Tagen der Not. Dann werde ich dich retten, und du wirst mich
preisen."

OBERFLÄCHLICHE FRÖMMIGKEIT. Zwei Dinge wirft Gott seinem Volk vor. Zum einen eine äußerliche Frömmigkeit, die das Herz nicht verändert. Die Verse 8 bis 13 beschreiben Menschen, die meinen, sie würden Gott mit ihren Opfern irgendwie einen Gefallen tun. Das ist Moralismus – die Vorstellung, dass Gott uns etwas zu verdanken hätte, wenn wir ethisch einwandfrei leben und die fromme Form wahren. Dann folgt die Gegenposition (V. 14.15): Dankbarkeit und Freude über das Heil, das wir unverdient und umsonst geschenkt bekommen, sollte das Motiv in allem sein, was wir tun. Prüfen wir unser Herz: Gibt es da das Gefühl, dass Gott mir ein besseres Leben schuldig ist? Was motiviert mich, ihm zu gehorchen – der Gedanke, dass ich dann von ihm bekomme, was ich will, oder die staunende Freude über das, was er für mich getan hat?

Gebet: *Herr, nichts kann ich dir schenken. Denn ich weiß: Sowohl das, was ich zu geben habe, als auch der Wunsch, es dir zu schenken, kommen von dir! Niemals wirst du in meiner Schuld stehen. Denn ich gehöre nicht mehr mir selbst; ich bin um einen hohen Preis erkauft (1Kor 6,19-20). Stell mir immer wieder vor Augen, was Jesus für mich getan hat – dann kann ich aufhören, zu nörgeln und mich selbst zu bemitleiden. Amen.*

16 Zu dem aber, der ihn missachtet, spricht Gott: „Was sagst du überhaupt
meine Gebote auf? Warum nimmst du die Weisungen meines Bundes im-
mer wieder in den Mund? 17 Gleichzeitig verabscheust du selbst jede Zurecht-
weisung, ja, meine Worte wirfst du achtlos hinter dich! 18 Wenn du einen Dieb
siehst, freundest du dich mit ihm an, und mit Ehebrechern verbündest du
dich. 19 Aus deinem Mund sprudelt Bosheit hervor, und mit deiner Zunge
knüpfst du ein Lügennetz. 20 Wenn du mit anderen zusammensitzt, redest du
schlecht über deinen Nächsten, sogar deinen leiblichen Bruder bringst du in
Verruf. 21 Das alles hast du getan, und bisher habe ich dazu geschwiegen. Da
dachtest du, ich sei genau wie du. Aber ich werde dich zur Rede stellen und
dir dein Verhalten vor Augen führen. 22 Ihr, die ihr Gott vergesst, nehmt euch
diese Warnung doch zu Herzen! Denn sonst werde ich euch zerreißen wie ein
Löwe, und dann kann euch niemand mehr helfen! 23 Wer mir seinen Dank
zeigt, der bringt mir ein Opfer dar, das mich ehrt. So ebnet er den Weg, auf
dem ich ihm Gottes Rettung zeige. “

SCHEINHEILIGKEIT. Ein Zweites macht Gott seinem Volk zum Vorwurf: Lippenbekenntnisse, die das Leben nicht verändern (V. 16-21). Da geht man wöchentlich zum Gottesdienst und kennt sich in der „richtigen Lehre“ aus, aber im Rest der Woche beteiligt man sich an Diebstahl, Ehebruch, Verleumdung und Tratsch (V. 18-20), weil man viel zu klein von Gott denkt („du dachtest, ich sei genau wie du“, V. 21). Das Gericht ist schrecklich – aber Jesus hat es für uns auf sich genommen. Er wurde zerrissen (V. 22) – gegeißelt, durchbohrt, mit Dornen gekrönt. Wer ihm vertraut, antwortet mit Dank für die Gnade und mit einem Leben, das Gott ehrt und der Welt das Heil bezeugt (V. 23). Wer wirklich durch den Glauben und die Gnade Gottes das Heil gefunden hat, kann gar nicht anders als sein Leben zu ändern und es von der Liebe zu Gott und den Menschen bestimmen zu lassen (Jak 2,14-17).

Gebet: *Herr, ich bin vielleicht kein Dieb, aber ich rede über andere und das nicht immer wahrhaftig. Ich bekenne dir: Ich sage zwar, dass ich der Wahrheit des Evangeliums von ganzem Herzen glaube, aber mein Herz ist davon noch nicht genug ergriffen. Zeig mir, wo mein Glaube und mein Handeln auseinanderklaffen, und mach mich fähig, die Kluft zu schließen. Amen.*

1 Für den Dirigenten. Ein Psalm Davids. 2 Entstanden, nachdem der Prophet
Natan zu David gekommen war, weil David mit Batseba Ehebruch begangen
hatte.
3 Sei mir gnädig, o Gott – du bist doch reich an Gnade! In deiner großen
Barmherzigkeit lösche meine Vergehen aus! 4 Wasche meine Schuld ganz von
mir ab, und reinige mich von meiner Sünde! 5 Denn ich erkenne meine Ver-
gehen, und meine Sünde ist mir ständig vor Augen. 6 Gegen dich allein habe
ich gesündigt, ja, ich habe getan, was in deinen Augen böse ist. Das bekenne
ich, damit umso deutlicher wird: Du bist im Recht mit deinem Urteil, dein
Richterspruch ist wahr und angemessen.

SÜNDE ALS VERRAT. König David hatte eine ehebrecherische Affäre und griff zum Mord als letztem Mittel, um die Sache zu vertuschen (2Sam 11). Der Prophet Nathan erschien bei ihm und hielt eine gewaltige Predigt (2Sam 12), die David erschütterte. Sein Schuldbekenntnis war radikal und kam von Herzen: „Gegen dich allein[, Gott,] habe ich gesündigt“ (V. 6). Wie kann er das sagen, wo er doch jemanden getötet hat? Der Grund liegt darin: Sünde ist wie Verrat. Jemand, der Landesverrat begeht, kann dadurch auch andere verletzen oder töten, aber vor Gericht stellen wird man ihn wegen Verrat gegen sein Land. Jede Sünde ist ein kosmischer Verrat – eine Missachtung der Gesetze dessen, dem wir alles verdanken.

Gebet: *Herr, wenn ich gegen andere sündige – oder gegen mich selbst –, dann sündige ich letztlich gegen dich. Denn wir sind ja alle dein Besitz, und du liebst uns. Meine Sünde ist nicht nur eine Übertretung deines Gesetzes; sie ist eine Missachtung deines Herzens und sie bricht dir das Herz. Hilf mir, das wirklich zu begreifen. Nur dann werde ich meine Sünde nicht nur bekennen, sondern sie auch hinter mir lassen. Amen.*

7 Du weißt es: Von Geburt an lastet Schuld auf mir; auch meine Mutter war
nicht frei von Sünde, als sie mit mir schwanger war. 8 Du liebst es, wenn ein
Mensch durch und durch aufrichtig ist; so lehre mich doch im Tiefsten meines
Herzens Weisheit! 9 Reinige mich von meiner Sünde – so wie der Priester
dies mit einem Ysopbüschel tut –, dann bin ich wirklich wieder rein. Wasche
meine Schuld von mir ab, dann werde ich weißer sein als Schnee. 10 Lass mich
wieder etwas Wohltuendes hören und Freude erleben, damit ich aufblühe,
nachdem du mich so zerschlagen hast. 11 Schau nicht weiter auf die Sünden,
die ich begangen habe, sondern lösche meine ganze Schuld aus!

SÜNDENREGISTER. „Lösche meine Sünden, tilge sie", betet David (V. 3.11). Man könnte auch sagen: Streiche sie aus deinem Buch. Sünde erzeugt so etwas wie einen Registereintrag – einen Gesetzesbruch, eine Schuld –, der nach Strafe ruft. Wenn die Schuld eines Menschen bewiesen ist, kann der Richter den Eintrag nicht einfach ignorieren. Das Sündenregister eines Kriminellen wird nur dadurch getilgt, dass er die Strafe dafür zahlt. Wie also kann Gott Davids Sünde einfach tilgen, ohne ihn zu töten – was die gerechte Strafe wäre für das, was er getan hat? Erst im Neuen Testament erfahren wir, was es Jesus gekostet hat, „den Schuldschein gegen uns durchzustreichen und seine Forderungen, die uns anklagten, aufzuheben" (Kol 2,14; EÜ).

***Gebet:** Vater, du kannst deinen Blick von meinen Sünden abwenden, weil du dein Angesicht von Jesus abgewendet hast, als er am Kreuz hing. Ich verachte sein Opfer, wenn ich meine, ich müsse das, was er getan hat, noch ergänzen, und mich mit Selbstvorwürfen plage. Hilf mir, dich zu ehren, indem ich dir glaube, dass mir wirklich vergeben ist. Amen.*

12 Erschaffe in mir ein reines Herz, o Gott, und gib mir einen neuen, gefes-
tigten Geist. 13 Schick mich nicht weg aus deiner Nähe, und nimm deinen
heiligen Geist nicht von mir. 14 Lass mich wieder Freude erleben, wenn du
mich rettest. Hilf mir, indem du mich bereit machst, dir gerne zu gehorchen.
15 Dann will ich denen, die sich von dir abgewendet haben, deine Wege zeigen.
Ja, Menschen, die gegen dich sündigen, sollen so umkehren zu dir.

FREUDE IST UNVERZICHTBAR. „Lass mich wieder Freude erleben, wenn du mich rettest." Das ist ein Gebet, das wir oft beten sollten. Die Bibel gebietet uns geradezu, uns an Gott zu freuen (Phil 4,4). Damit ist nicht gemeint, dass wir irgendwie ein frohes Gefühl in uns erzeugen. Nein, wir sollen uns selbst immer wieder daran erinnern, was uns in Christus alles geschenkt ist. Beten wir darum, dass uns aufgeht, wie Großes uns damit gegeben ist und dass es uns ins Herz fällt. Es ist eine Sünde, wenn wir keine Freude darüber empfinden, was Gott in unserem Leben getan hat. Außerdem: Wie können wir anderen dienen, wenn wir es ohne Freude tun? Unsere Worte werden hart, barsch, gleichgültig oder gedankenlos sein, wenn sie nicht aus der Freude darüber sprudeln, dass wir Gottes kostbarer Besitz sind, für den er teuer bezahlt hat.

Gebet: *Herr, ich möchte nicht zulassen, dass Enttäuschungen und Verluste mir immer wieder das Herz schwer machen. Aber das ist nicht einfach. Sende mir deinen Geist. Lass ihn zu meinem Herzen sprechen und mir klarmachen, welche unermesslichen Schätze und Reichtümer ich in dir habe. Amen.*

16 Gott, durch mich wurde das Blut eines Menschen vergossen – befreie mich
von dieser Schuld, Gott, du mein Retter! Dann werde ich dich loben mit mei-
ner Stimme und jubeln über deine Treue. 17 Herr, öffne du meine Lippen,
damit mein Mund deinen Ruhm verkündet! 18 Dir liegt nichts daran, dass ich
dir Tiere als Schlachtopfer darbringe – ich würde es sonst bereitwillig tun.
Nein, nach Brandopfern hast du kein Verlangen. 19 Ein Opfer, das Gott gefällt,
ist tiefe Reue; ein zerbrochenes und verzweifeltes Herz wirst du, o Gott, nicht
zurückweisen. 20 In deiner Güte erweise auch der Stadt Zion Gutes, ja, festige
die Mauern Jerusalems! 21 Dann wirst du erneut Gefallen haben an den vor-
geschriebenen Opfern, an Brandopfern, die vollständig in Rauch aufgehen.
Dann werden auf deinem Altar wieder Stiere für dich dargebracht.

WES DAS HERZ VOLL IST. Was ist das zerbrochene Herz, das Gott nicht zurückweist (V. 19)? Es ist ein Herz, das weiß, wie wenig es verdient und wie viel es bekommen hat. Wenn wir nur das Erste sehen, werden wir uns selbst verachten; wenn wir das Zweite sehen, werden wir selbstzufrieden – und in beiden Fällen kreist unser Herz um uns selbst. David spricht hier von einem Herzen, das an der teuren, freien Gnade zerbrochen ist – und weiß, wie verloren und zugleich wie geliebt wir sind. Diese Erkenntnis löst uns aus der Spirale der Selbstbespiegelung, macht uns frei von uns selbst. Wenn wir dann unseren Mund aufmachen, reden wir nicht mehr über uns, sondern von den großen Taten Gottes (V. 17).

Gebet: *Herr, schenke mir die richtige Art von Zerbrochenheit – und nimm mir die falsche Art: Resignation, Bitterkeit, Selbstverachtung, Verzweiflung. Lass mich die Freiheit erfahren, mich nicht ständig selbst verteidigen zu müssen; nicht immer damit beschäftigt zu sein, wie ich ankomme, nicht gekränkt zu sein, wenn mich jemand übersieht. Gib mir den Frieden und die Gelassenheit eines zerbrochenen Herzens. Amen.*

1 Für den Dirigenten. Ein kunstvoll gestaltetes Lied. Von David. 2 Der Edomiter
Doëg hatte Saul aufgesucht und ihm verraten: „David ist gekommen und befindet
sich im Haus von Ahimelech."
3 Was prahlst du so mit deiner Bosheit, du großer Held? Gottes Gnade hat
Bestand für alle Zeit! 4 Alles, was du im Sinn hast, ist das Verderben ande-
rer, deine Zunge gleicht einem geschliffenen Schermesser, du Betrüger! 5 Du
liebst das Böse und nicht das Gute, die Lüge mehr als das ehrliche und hilf-
reiche Wort. 6 Mit deinen Worten Unheil anzurichten – das gefällt dir, du
betrügerisches Großmaul!

FEHLGELENKTE LIEBE. Doëg, der Edomiter, hatte sich König Saul angedient, indem er David an Saul verraten und eigenhändig 85 Priester des Herrn getötet hatte (1Sam 22,6-19). Nun konfrontiert David Doëg mit einer Kritik seines Charakters. „Prahlen" (V. 3) meint nicht unbedingt selbstgefälliges Reden, sondern Überheblichkeit, die andere als naive Trottel abstempelt. Arroganz führt immer zu Grausamkeit. Die Zunge gleicht einem geschliffenen Messer (V. 4), einer tödlichen Waffe. Aber die Quelle all dieses Übels ist die falsche Ausrichtung des Herzens. Dieses Herz liebt die falschen Dinge, das wird mehrfach wiederholt (V. 5.6). Was wir lieben, beschäftigt unsere Vorstellungskraft, wir genießen es, es zieht uns an. Und was liebt Doëgs Herz? Er liebt es, Menschen zu schaden und Macht an sich zu reißen. Prüfen wir einmal, womit wir uns in unseren Tagträumen beschäftigen. Sie zeigen uns, wofür wir wirklich leben, wer wir wirklich sind.

***Gebet:** Herr, hilf mir, mein eigenes Herz zu erkennen. Und wenn ich darin den Keim zu Selbstgefälligkeit oder Verachtung gegenüber anderen entdecke, hilf mir, ihn sofort zu ersticken. Lass mich in meinen freien Momenten zu dir beten, statt mich in Erfolgsfantasien zu ergehen. Vertreibe jeden Hang zur Prahlerei durch den Blick auf den Preis, den deine Liebe für mich gezahlt hat. Amen.*

7 So wird nun Gott dich für immer vernichten: Er wird dich packen und aus
deinem Zuhause herausreißen, dich entwurzeln aus der Welt der Lebenden.
8 Das werden die sehen, die nach Gottes Willen leben, und ehrfürchtiges Stau-
nen wird sie erfassen. Erleichtert werden sie dann lachen und sagen: 9 „Seht
ihr, so geht es dem, der seine Zuflucht nicht bei Gott gesucht hat. Lieber
vertraute er auf seinen großen Reichtum und baute auf List und Tücke.“ 10 Ich
aber gleiche einem Ölbaum, der beim Haus Gottes grünt und blüht, immer
und ewig vertraue ich auf Gottes Güte. 11 Ich werde dir, Herr, ewig danken für
das, was du getan hast. Voll Zuversicht hoffe ich auf dich, ja, dein Name steht
für einen gütigen Gott – das bezeuge ich vor allen, die dir treu sind.

VERGEHEN ODER BESTEHEN. Dass Leuten, die sich auf Reichtum verlassen oder die groß werden, indem sie andere vernichten (V. 9), der sichere Untergang droht, ist kein Drehbuch aus Hollywood und auch kein Wunschdenken. Wir tragen in uns eine tiefe Ahnung, dass es am Ende doch ein Gericht über die geben wird, die andere in den Ruin treiben, um selbst davon zu profitieren … Warum sonst sind Bücher und Filme, in denen der Schwache über den Bedränger siegt, so populär? Erfolg, der auf Stolz und Skrupellosigkeit aufgebaut ist, ist nie von Dauer. Aber wer beharrlich auf Gottes Güte vertraut (V. 10), wer im Gebet bei ihm Zuflucht sucht und in der Gemeinschaft der Glaubenden verwurzelt ist (V. 11), der gleicht einem Ölbaum (V. 10) – und Ölbäume gehören zu den langlebigsten Bäumen dieser Erde. Sie können mehrere Tausend Jahre alt werden.

Gebet: *Herr, nur bei dir gibt es Sicherheit und Schutz – wer auf seine eigenen Pläne und Machenschaften setzt, wird scheitern. Gib mir den Mut und dann auch die richtigen Worte, um meine Freunde, die leben, als bräuchten sie dich nicht, zu warnen. Hilf mir, so mit ihnen zu reden, dass deine Liebe erkennbar wird, die uns nie im Stich lässt. Amen.*

[1] *Für den Dirigenten. Mit gedämpfter Instrumentalbegleitung. Ein kunstvoll gestal-
tetes Lied. Von David.*
[2] Törichte Spötter reden sich ein: „Es gibt keinen Gott!" Sie richten Unheil
an, ihr ganzes Verhalten ist abscheuliches Unrecht. Keiner handelt so, wie
es gut wäre. [3] Gott schaut vom Himmel herab auf die Menschen. Er möch-
te sehen, ob es einen unter ihnen gibt, der verständig ist, einen, der nach
Gott fragt. [4] Doch alle sind vom richtigen Weg abgewichen, sie sind durch
und durch verdorben. Keiner handelt so, wie es gut wäre, nicht ein Einziger.
[5] Haben denn alle, die Unrecht tun, keine Einsicht mehr? Sie fressen mein
Volk auf, so als wäre es ein Stück Brot, und zu Gott rufen sie überhaupt nicht.
[6] Doch der Tag wird kommen, an dem sie von Schrecken gepackt werden,
obwohl es keinen Grund dafür gibt. Israel, Gott vernichtet deine Feinde und
Belagerer, ihre Leichen liegen verstreut auf den Feldern. Du, Israel, stürzt
deine Feinde in Schande, denn Gott selbst hat sie verstoßen. [7] Käme doch
endlich vom Berg Zion die Rettung für ganz Israel! Wenn Gott das Geschick
seines Volkes zum Guten wendet, dann wird ganz Israel in Jubel ausbrechen,
überall im Land wird Freude herrschen.

SIEG ÜBER DIE ANGST. Psalm 14 und Psalm 53 sind fast identisch, bis auf die Verse 6 und 7. Psalm 14 ist eine Mahnung an Ungläubige, dass sie Grund haben, sich zu fürchten, weil Gott tatsächlich existiert. Psalm 53 dagegen richtet sich an das Volk Gottes. Gott hat Israels Feinde vernichtet (V. 6), warum also sind sie starr vor Schrecken, obwohl es nichts zu fürchten gibt (V. 6)? Es gibt Zeiten in unserem Leben, wenn die Furcht uns überfällt – Angst um unsere Gesundheit, unsere Familie, unseren Job oder angesichts des allgemeinen Zustands der Welt. Schrecken, eigentlich Grauen, ist weniger spezifisch als Angst. Es ist die innere Überzeugung, dass bald etwas Schreckliches geschieht, falls es nicht schon passiert ist. Aber oft genug stimmt das nicht, wie der Psalm betont. Und es ist zudem eine Beleidigung unseres rettenden Gottes, der uns liebt und uns auch dann nicht verlässt, wenn tatsächlich das Schlimmste eintritt.

Gebet: *Herr, Angst und Sorge können mich nur packen, weil ich vergesse, was du in Jesus Christus für mich getan hast. Du hast die Sünde besiegt – sie kann mich nicht mehr verdammen; du hast den Tod besiegt – ich kann gewiss sein, dass er nur der Durchgang in ein neues Leben ist. Und bis dahin müssen mir alle Dinge zum Besten dienen, weil du es so fügst. Erinnere mich daran, immer wieder, Herr, damit ich in dir Frieden finde. Amen.*

1 Für den Dirigenten. Mit Saiteninstrumenten zu begleiten. Ein kunstvoll gestaltetes
Lied. Von David. Er schrieb es, 2 nachdem Leute aus Sif zu Saul gegangen waren und
ihn gefragt hatten: „Weißt du schon, dass sich David bei uns versteckt hält?“
3 Gott, durch die Kraft deines Namens rette mich! Erweise deine Macht und
verschaffe mir Recht! 4 Gott, höre auf mein Gebet, schenke den Worten, die
über meine Lippen kommen, ein offenes Ohr! 5 Denn fremde Menschen tre-
ten mir als Feinde entgegen, sie sind gewalttätig und trachten mir nach dem
Leben. Gott ist ihnen dabei völlig gleichgültig. 6 Ich weiß: Gott ist mein Hel-
fer! Ja, der Herr gibt meinem Leben Halt! 7 Er wird die Bosheit meiner Feinde
auf sie selbst zurückfallen lassen. Ja, HERR, erweise deine Treue und bring
sie zum Schweigen! 8 Dann will ich dir mit Freude Opfer darbringen und
dankbar bekennen, HERR, dass dein Name für einen gütigen Gott steht. 9 Ja,
aus aller Not hat er mich gerettet, und mit Genugtuung blicke ich auf meine
besiegten Feinde.

SELBSTZERSTÖRUNG DES BÖSEN. „Gott, rette mich!“ (V. 3). Das ist das grundlegendste Gebet. David überlässt es Gott, ihm Recht zu verschaffen (V. 3). Und er rechnet damit, dass das Böse sich selbst zugrunde richten wird (V. 7). Nirgendwo wird diese Selbstzerstörung des Bösen besser dargestellt als im zweiten Buch von C. S. Lewis’ Perelandra-Trilogie. Die Figur, die vom Teufel besessen ist, freut sich hämisch über den Tod des Sohnes Gottes, bis Ransom, ein Christ, ihn fragt: „Und wie hat sich das auf dich ausgewirkt?“ Der Dämon heult auf, denn er erinnert sich: Indem er Christus tötete, hat er sich selbst besiegt und dem Tod ein Ende gemacht. Das Böse steht nicht in einem unentschiedenen Kampf mit dem Guten. Das Gute hat bereits gesiegt und das Böse zerstört sich letzten Endes selbst.[32]

Gebet: *Herr, das Böse zerstört sich selbst, weil dies deine Welt ist, in der du allein herrschst. Aber mein Herz glaubt das nicht wirklich, deshalb bin ich immer wieder versucht, selbst böse zu handeln, oder zornig oder mutlos zu werden, wenn andere „damit davonkommen“. Ich preise dich, denn weil du bist, der du bist, wird das Böse sich nicht durchsetzen. Amen.*

Psalm 55,1-9 — 26. April

[1] *Für den Dirigenten. Mit Saiteninstrumenten zu begleiten. Ein kunstvoll gestaltetes
Lied. Von David.*
[2] Höre mein Gebet, o Gott, und verschließe dich meinem Flehen nicht!
[3] Schenk mir ein offenes Ohr und antworte mir. Vor Kummer finde ich keine
Ruhe, stöhnend irre ich umher. [4] Denn ich höre, was meine Feinde erzählen,
dem Druck dieser gottlosen Menschen bin ich ausgesetzt. Sie fügen mir Böses
zu, voller Zorn feinden sie mich an. [5] Mein Herz bebt, Todesangst überfällt
mich. [6] Furcht und Zittern setzt mir zu, das Grauen droht mich zu ersticken.
[7] Darum rufe ich: Ach hätte ich doch Flügel wie eine Taube! Ich würde davon-
fliegen und mich in Sicherheit bringen. [8] Ja, weit weg würde ich fliehen und in
der Wüste einen Ort zum Ausruhen suchen. [9] Schnellstens würde ich Zuflucht
finden vor heftigem Wind und vor Sturm.

NUR RAUS AUS DIESER SITUATION. Davids Feinde setzen ihm so sehr zu, dass er versucht ist, aus der Situation zu fliehen – egal, wohin (V. 7-9). In seinem Fall würde das bedeuten, als König abzudanken und einem anderen die schwierige Führungsaufgabe zu überlassen. In anderen Fällen kann es bedeuten, einer Versuchung nachzugeben – indem man den Weg des geringsten Widerstands geht, lügt, andere beschädigt, um sich selbst zu retten. Oder den Schmerz durch irgendeine Sucht zu betäuben. Aber es gibt keinen Schutz außer Gott. Wir müssen einfach unser Vertrauen auf ihn setzen, denn jede andere „Zuflucht" wird sich ebenfalls als gefährdeter Ort erweisen. Es gibt keinen sichereren Ort als ihn. Er hat Worte ewigen Lebens.

Gebet: *Herr, manchmal möchte ich mich einfach aus allem rausziehen. Manchmal wird mir alles zu schwer – alle Anforderungen an mich als Freund, als Familienmitglied, als Christ. Aber in deiner Gegenwart wird mir klar: Ja, manchmal ist es schwer, in alldem der zu sein, der ich sein sollte. Aber alle Alternativen sind noch viel schwerer, unendlich schwerer. Sei du bei mir und leite mich auf dem Weg, der zum Leben führt. Amen.*

10 Entzweie meine Feinde, o Herr, mache sie uneins im Denken und Reden!
Ich sehe doch, was von ihnen ausgeht: In der Stadt regieren Gewalt und Streit
wie Wächter, 11 die auf den Mauern Tag und Nacht ihre Runden drehen. Leid
und Unglück herrschen mitten in der Stadt, 12 in ihrem Innern greift Zerstö-
rung um sich. Auf ihrem Marktplatz nehmen Unterdrückung und Betrug kein
Ende. 13 Es ist ja nicht mein Feind, der mich verhöhnt – das könnte ich noch
ertragen! Nicht jemand, der mich schon immer gehasst hat, spielt sich gegen
mich auf – vor einem solchen könnte ich mich noch verbergen. 14 Aber nein,
du bist es, ein Mann, der mir nahestand, mein Freund und Vertrauter! 15 Wie
schön war es, als wir noch zusammen waren und unsere Gedanken austau-
schen konnten! Gemeinsam gingen wir den Weg hinauf zum Haus Gottes,
inmitten einer fröhlichen Menge. 16 Der Tod soll meine Feinde wegraffen!
Lebendig sollen sie ins Totenreich hinabfahren! Denn Bosheit herrscht in ih-
ren Häusern und in ihren Herzen. 17 Ich aber, ich rufe zu Gott, und der HERR
wird mir Rettung schenken. 18 Am Abend, am Morgen und am Mittag klage
und stöhne ich – so lange, bis Gott meine Stimme hört. 19 Er befreit mich und
lässt meine Seele Frieden finden. Darum können mir die nichts anhaben, die
jetzt scharenweise gegen mich stehen. 20 Ja, Gott wird mich hören und meinen
Feinden die Antwort geben, die sie verdienen – er sitzt schließlich immer noch
auf dem Thron und regiert. Sie wollen sich ja nicht ändern, und vor Gott
haben sie keine Ehrfurcht.

GOTT HÖRT GEBET. David wurde verraten, und zwar nicht von irgendwem, sondern von einem engen Freund (V. 13-15). Wie können wir Erfahrungen bewältigen, die ähnlich schmerzhaft und verletzend sind? David betet – dreimal am Tag, morgens, mittags, abends. Viele Christen und viele Gemeinden folgen diesem Gebetsrhythmus. Und zwar aus einem Grund: Weil Gott ein Gott ist, der Gebet hört (V. 19.20). Je mehr wir bitten, umso mehr werden wir empfangen (Jak 4,3).

***Gebet:** Herr, es gibt so viel Gutes, das du mir schenken möchtest. Aber geistlich gesund ist das nur für mich, wenn ich darum gebeten habe. Bitte, leite mich, stärke mich, damit ich öfter zu dir komme, wenn mir etwas fehlt. Ich preise dich, dass du mich einlädst, dir alle meine Bedürfnisse und Nöte zu sagen – um Jesu willen. Amen.*

[21] Der früher mein Vertrauter war, hat seine Hand erhoben gegen seine Ge-
fährten, den Bund der Freundschaft hat er gebrochen. [22] Seine Worte sind
butterweich, sein Herz jedoch sinnt auf Krieg! Seine Reden sind glatter als
Öl, doch sie verwunden wie gezückte Schwerter! [23] Wirf all deine Last auf den
HERRN! Er wird dich sicher halten. Niemals lässt er den zu Fall kommen,
der nach Gottes Willen lebt. [24] Ja, du selbst, Gott, wirst die Bösen hinabstür-
zen in die tiefste Grube. Blutgierige Mörder und Betrüger werden sterben,
noch bevor die Hälfte ihrer Lebenszeit vergangen ist. Ich aber vertraue auf
dich!

WIRF DEINE LAST AUF DEN HERRN! Wir müssen „unsere Last auf den Herrn werfen“ (V. 23). Das heißt nicht, dass Gott alle Probleme beseitigt, sondern dass er uns stärkt, uns die Fähigkeiten gibt, sie zu lösen. Wenn wir in einem Sturm stecken und ihn um Hilfe anrufen, stillt er vielleicht den Sturm (Mk 4,39); oder er hilft uns wie damals dem Petrus, durch Wind und Wellen hindurchzugehen, ohne zu versinken (Mt 14,27-31). Aber Petrus musste seinen Blick auf Jesus richten (Mt 14,30). Das gilt auch für uns: Schauen wir auf unseren Erlöser, der Verrat und Ablehnung geduldig ertrug, um uns zu retten. Weil er das für uns getan hat, können wir es auch ertragen, wenn uns ein Verrat trifft.

Gebet: *Herr, so viele Sorgen, die mich quälen, stammen daher, dass ich insgeheim so stolz bin zu glauben, ich wüsste besser als du, was gut für mich ist. Lehre mich, meine Last auf dich zu werfen – sie deiner Macht und deiner Weisheit zu überlassen. Amen.*

1 *Für den Dirigenten. Nach derselben Melodie zu begleiten wie „Stumm gewordene
Taube im fernen, fremden Land". Von David. Ein Lehrpsalm. Er schrieb ihn über
die Philister, die ihn einst in Gat festgenommen hatten.*
2 Sei mir gnädig, o Gott, denn Menschen verfolgen mich. Den ganzen Tag
stellen sie mir nach und suchen den Streit. 3 Tag für Tag bedrängen mich mei-
ne Feinde, ja, viele sind es, die mich in ihrem Hochmut bekämpfen. 4 Doch
gerade an Tagen, an denen ich mich fürchte, vertraue ich auf dich. 5 Mit Got-
tes Hilfe rühme ich seine Zusagen! Auf Gott vertraue ich und fürchte mich
nicht. Was können vergängliche Menschen mir schon antun? 6 Tagaus, tagein
verdrehen sie meine Worte, sie haben nur eines im Sinn: mir zu schaden. 7 Sie
rotten sich zusammen und lauern mir auf, ja, sie beobachten mich auf Schritt
und Tritt, denn sie trachten mir nach dem Leben. 8 Sollten sie bei so viel Bos-
heit ungeschoren davonkommen? Lass deinen Zorn sichtbar werden, o Gott,
mit dem du ganze Völker zu Boden schmetterst!

WAS KÖNNEN MENSCHEN MIR ANTUN? Furcht und Glaube können Seite an Seite in uns wohnen, selbst dann noch, wenn das Vertrauen langsam die Oberhand bekommt. Glaube ist keine vage Ahnung, dass „Gott es schon richtig macht". Glaube erwächst daraus, dass wir uns in sein Wort, die Bibel, vertiefen und es durchbeten (V. 4.5). Jesus beantwortet die Frage Davids: „Was können … Menschen mir schon antun?" (V. 5) in Mt 10,28: Wir sollten uns selbst vor Menschen, die uns nach dem Leben trachten, nicht fürchten. Denn wenn wir unser Vertrauen auf Jesus setzen, der unser Todesurteil bereits auf sich genommen hat, dann ist uns unser wahres, ewiges Leben sicher. David bittet dennoch weiterhin um Befreiung von seinen Feinden, und das können und sollten wir auch tun, egal, was uns zu schaffen macht – niederträchtige Menschen oder heimtückische Krankheiten. Aber letzten Endes kann uns nichts geschehen. In Jesus sind wir sicher.

Gebet: *Herr, ich will dein Wort nicht nur lesen, ich will es feiern – ich möchte es genießen, ich möchte Freude daran finden, dass es mir so viel über deine Herrlichkeit und deine Gnade sagt. Hilf mir, mein furchtsames Herz mit den Verheißungen und Zusagen deines Wortes zu beruhigen. Amen.*

Psalm 56,9-14 *30. April*

9 Du hast dir genau gemerkt, wie oft ich nun schon auf der Flucht war. Du
kennst jede meiner Tränen. Ist nicht die kleinste Einzelheit in deinem Buch
festgehalten? 10 Es kommt der Tag, an dem meine Feinde weichen müssen –
auch dies wird ein Tag sein, an dem ich zu dir rufe. Eines weiß ich jetzt schon:
Gott ist auf meiner Seite! 11 Mit Gottes Hilfe rühme ich seine Zusagen. Ja, mit
der Hilfe des HERRN rühme ich seine Zusagen! 12 Auf Gott vertraue ich und
fürchte mich nicht. Was können Menschen mir schon antun? 13 Gern erfülle
ich die Gelübde, die ich vor dir, Gott, abgelegt habe. Ich will dir Dankopfer
bringen. 14 Denn du rettest mich vor dem Tod; du bewahrst meine Füße vor
dem Ausgleiten, damit ich nicht falle. So kann ich meinen Weg gehen in dei-
ner Nähe, im Licht des Lebens.

WENN GOTT FÜR MICH IST. „Was können Menschen mir schon antun?“, fragt David noch einmal. Aber diesmal geht dem etwas Wichtiges voraus: Er weiß, dass Gott auf seiner Seite ist (V. 10). Gottes Sorge um uns ist so mitfühlend, so liebevoll, dass er jede unserer Tränen verzeichnet (V. 9). Wie können wir sicher sein, dass es so ist? Paulus hat dieselbe Frage gestellt: „Gott ist für uns, wer kann uns da noch etwas anhaben?“ (Röm 8,31). Und er begründet diese Gewissheit mit dem, was Jesus Christus für uns getan hat (Röm 8,37-39). Als Christen überwinden wir Ängste, indem wir auf Gottes geschriebenes Wort schauen, in die Bibel. Und indem wir auf sein Mensch gewordenes Wort schauen, auf Jesus Christus. Gott ist souverän und verfügt über schöpferische Kraft. Durch sein rettendes Wort – menschlich und göttlich, niedergeschrieben und am Kreuz im Tod verkrümmt – kann er uns aus und in jeder Lage retten und von Angst befreien.

Gebet: *Herr, du hast mich bereits vom Tod errettet durch dein Kreuz und mir Auferstehung und ewiges Leben geschenkt. Wenn du mich tatsächlich so liebst, dass du jede Träne bemerkst und notierst – wie kann ich mich da noch vor irgendetwas fürchten? Senke mir diese Wahrheit tief ins Herz, bis ich keine Angst mehr vor Menschen habe. Amen.*

Psalm 57, 1-7 — 1. Mai

1 *Für den Dirigenten. Nach derselben Melodie zu begleiten wie „Verschone und er-*
halte!“. Von David. Ein Lehrpsalm. Er schrieb ihn in Erinnerung daran, dass er sich
auf der Flucht vor Saul in einer Höhle versteckt hatte.
2 Sei mir gnädig, o Gott, sei mir gnädig! Denn bei dir ist meine Seele gebor-
gen, im Schatten deiner Flügel will ich mich bergen, bis die tödliche Gefahr
vorüber ist. 3 Ich rufe zu Gott, dem Höchsten, zu dem Gott, der alles für mich
zu einem guten Ende bringt. 4 Er wird vom Himmel aus Hilfe schicken und
mich retten, selbst wenn man mich noch so bedrängt und verhöhnt! Gott
schickt mir seine Gnade und Treue. 5 Von Feinden bin ich umzingelt, sie sind
wie Löwen, die Menschen verschlingen. Ihre Zähne sind spitz wie Speere und
Pfeile, und ihre Zunge gebrauchen sie wie ein scharfes Schwert. 6 Zeige dich,
o Gott, in deiner Macht, lass sie den Himmel überstrahlen, und auch auf der
ganzen Erde lass deine Herrlichkeit sichtbar werden. 7 Ein Fangnetz haben sie
mir in den Weg gelegt, jeden Lebensmut wollten sie mir nehmen. Eine Fall-
grube haben sie für mich gegraben, doch sie selbst sind mitten hineingestürzt!

UNTER LÖWEN. Von allen Seiten ist David von Gefahr umgeben wie von brüllenden Raubtieren (V. 5). Mitten in seinem lauten Schrei nach Hilfe (V. 2.3) ändert sich die Blickrichtung. Er betet Gott an: „Erhebe dich, Gott, über den Himmel und deine Ehre über alle Welt“ (so V. 6 wörtlicher, nach L). Tiefer als Unheil, Gefahr und Leid ist sein Wunsch, dass Gott verherrlicht wird. Wenn dieses Ziel erreicht wird, indem Gott uns aus der bedrängenden Lage rettet, dann wollen wir ihm danken! Aber wenn es besser dadurch erreicht wird, dass die Lage sich nicht ändert, wir aber vor den Augen der Welt weiterhin unser Vertrauen auf Gott setzen, nun, dann wollen wir ihm ebenfalls danken und ihn preisen. So oder so – wenn es unser Herzensanliegen ist, Gott zu ehren, wird Gott seine Absichten mit uns zum Ziel führen.

Gebet: *Vater, dein Sohn hat uns gelehrt zu beten: „Geheiligt werde dein Name“ und erst dann: „Unser tägliches Brot gib uns heute.“ Hilf mir, nicht zu beten: „Gott, du musst das aber tun!“, sondern: „Verherrliche dich in meinem Leben.“ Das ist anfangs hart. Am Ende ist es die wahre Freiheit. Amen.*

8 Ich habe wieder neuen Mut bekommen, o Gott, ja, mein Herz ist zuver-
sichtlich. Ich will singen und auf der Harfe spielen. 9 Wach auf, meine Seele!
Harfe und Zither, wacht auf! Ich will aufstehen noch vor der Morgenröte und
sie wecken durch unser Spiel. 10 Vor den Völkern will ich dich loben, Herr. Ja,
vor ihnen soll mein Lied für dich erklingen. 11 Denn deine Gnade ist so groß
und weit wie der Himmel, und deine Treue reicht bis zu den Wolken. 12 Zeige
dich, o Gott, in deiner Macht, lass sie den Himmel überstrahlen, und auch auf
der ganzen Erde lass deine Herrlichkeit sichtbar werden.

LIEDER IN DER NACHT. Wie können wir Zeiten durchstehen, in denen wir von Gefahren umgeben sind wie von räuberischen Horden (s. V. 2-5)? David hört nicht auf, auch mitten im tiefsten Dunkel Gottes Lob zu singen, und er tut es mit kraftvoller Entschlossenheit und mit Freude (V. 8.9). Der Himmel und die Wolken malen ihm Gottes Größe vor Augen (V. 10-12): Licht und erhabene Schönheit, die dem Schatten des Bösen in dieser Welt für immer entzogen sind. [33] Das ist nicht bloß stoische Standhaftigkeit („Ich lasse mich nicht unterkriegen."), es ist die Hoffnung des Glaubens. Das Universum ist ein endloser Ozean der Freude und Herrlichkeit Gottes. Hier auf Erden mögen wir für kurze Zeit in einem Tropfen Traurigkeit gefangen sein. Aber der wird vergehen. Was immer einem Menschen, der auf Gott vertraut, hier gerade passiert – letzten Endes wird alles in bester Ordnung sein.

***Gebet:** Herr, hilf mir, die Dinge in der richtigen Perspektive zu sehen. Einmal wird deine Herrlichkeit erscheinen, der letzte Morgen, der jede Nacht und alle Dunkelheit beendet. Du wirst mich auferwecken und ich werde mit dir leben und deine endlose Liebe genießen, wie ich es mir nicht vorstellen kann. Öffne die Augen meines Herzens, damit sie diesen weiten Horizont sehen, Herr. Amen.*

1 *Für den Dirigenten. Nach derselben Melodie zu begleiten wie „Verschone und erhal-
te!“. Von David. Ein Lehrpsalm.*
2 Ihr Mächtigen, seid ihr wirklich gerecht, wenn ihr eure Urteile fällt? Rich-
tet ihr die Menschen unparteiisch? 3 Ganz und gar nicht! In euren Herzen
schmiedet ihr heimtückische Pläne; das Land ist erfüllt von der Gewalt, die
von euren Händen ausgeht! 4 Diese Gottlosen sind von Geburt an auf dem fal-
schen Weg, auf Irrwegen gehen diese Lügenmäuler von Mutterleib an! 5 Gif-
tig sind sie wie Schlangen, ja, sie gleichen einer Otter, die ihr Ohr verschließt
6 und nicht auf die Stimme des Schlangenbeschwörers hört, auf den erfahre-
nen Zauberer, der Schlangen mit Worten zähmen kann.

DAS BÖSE IN DEN KORRIDOREN DER MACHT. Politische Korruptheit ist kein neues Phänomen. Als Menschen haben wir den Auftrag, über die Erde zu herrschen und ihre Reichtümer zu bewahren wie gute Haushalter, die wissen, dass alles, was wir haben, Gottes Eigentum ist. Aber unter der Macht der Sünde regiert das Eigeninteresse und Menschen beuten andere aus, um den eigenen Besitz und die eigene Macht zu steigern. David prangert diese Übel unverhohlen an. Seine Beschreibung der Bösen in V. 4 lässt aufhorchen, denn in Ps 51,7 bekennt er ja auch von sich selbst: „Von Geburt an lastet Schuld auf mir.“ Immer, wenn wir einen anderen mit seinem Unrecht konfrontieren, egal, wie schwerwiegend oder relativ belanglos es ist, blicken wir in einen Spiegel. Wenn Gott uns, anders als den Menschen, die wir sehen, „die Umkehr zu ihm ermöglicht“ (Apg 11,18) oder uns geschenkt hat, „die Wahrheit zu erkennen“ (2Tim 2,25), dann haben wir das ja nur ihm zu verdanken.

Gebet: *Herr, ich bitte dich um Politiker und Menschen in Verantwortung, die ehrlich, weise und großherzig sind. Und wenn ich Menschen sehe, die das alles nicht sind, lass mich nicht den Fehler machen zu glauben, ich an ihrer Stelle wäre unempfänglich für die Versuchungen der Macht. Schaffe und erhalte Recht und Gerechtigkeit in unserem Land. Amen.*

7 Gott, brich diesen Leuten die Zähne aus! HERR, zerschlage diesen reißen-
den Löwen das Gebiss! 8 Lass sie verschwinden wie versickerndes Wasser. Und
wenn sie ihre Pfeile schießen, dann brich diesen die Spitze ab! 9 Ihr Leben soll
so kurz sein wie das einer Schnecke, die sich auflöst und verendet, wie das ei-
ner Fehlgeburt, die nie das Licht der Sonne sieht. 10 Ja, ihr Mächtigen werdet
es noch merken: Ehe eure Kochtöpfe vom Holzfeuer heiß werden – egal, ob
das Fleisch noch roh ist oder schon gart – Gott fegt durch einen Sturm alles
hinweg! 11 Wenn Gott Vergeltung übt, wird sich jeder freuen, der nach Gottes
Willen lebt. Ja, er wird seine Füße baden im Blut dieser gottlosen Verbre-
cher! 12 Dann werden die Menschen sagen: „Seht ihr – wer Gottes Willen tut,
bekommt doch noch seinen Lohn! Ja, es gibt noch einen Gott, der gerecht
richtet auf dieser Erde!"

SCHREI NACH GERECHTIGKEIT. Die Reichen und Mächtigen dieser Welt mögen angesichts von V. 7-11 erschrecken. Aber die Psalmen erlauben uns nicht, „uns an den Skandal des Bösen in den Händen der Macht zu gewöhnen"[34]. Sie verleihen dem Zorn der Unterdrückten eine Stimme. Die Bitte lautet jedoch nicht: „Hilf mir, diesen reißenden Löwen das Gebiss zu zerschlagen!" – das bleibt Gott überlassen (V. 7). Auch das Neue Testament kennt drastische Bilder, wenn es um den Tag des Gerichts geht (Offb 19,11-15). In der Zwischenzeit widerstehen wir dem Bösen nicht mit dem Schwert, sondern mit dem Evangelium (Offb 12,11). Wenn wir wirklich mit dem Bösen konfrontiert werden, werden wir uns einen göttlichen Richter wünschen, der mit dem Schwert in der Hand Recht schafft – sodass wir nicht zum Schwert greifen müssen.

Gebet: *Herr, mach mich zu einem Werkzeug deines Friedens, dass ich Liebe übe, wo man sich hasst. Dass ich verzeihe, wo man sich beleidigt. Dass ich von Herzen jedem vergebe, der an mir schuldig wird, ihn aber auch zur Verantwortung ziehe und deine Wahrheit bezeuge. So kann dein Kreuz mein Leben formen, indem es beides verbindet: Barmherzigkeit und Gerechtigkeit. Amen.*

1 *Für den Dirigenten. Nach der Melodie von „Verschone und erhalte!". Von David.
Ein Lehrpsalm. Er schrieb ihn in Erinnerung daran, dass Saul David töten wollte
und Männer losgeschickt hatte, um Davids Haus zu bewachen.*
2 Befreie mich von meinen Feinden, mein Gott, bring mich in Sicherheit vor
denen, die sich gegen mich stellen! 3 Ja, befreie mich von Menschen, die Ver-
brechen begehen, rette mich vor skrupellosen Mördern! 4 Sieh doch, wie sie
mir auflauern und mir nach dem Leben trachten! Diese Gewalttäter rotten
sich gegen mich zusammen. Dabei habe ich gar kein Unrecht begangen, keine
Sünde trennt mich von dir, HERR. 5 Obwohl ich schuldlos bin, kommen sie
angelaufen und gehen gegen mich in Stellung. HERR, wach auf, komm mir
zu Hilfe und sieh, was hier geschieht! 6 Allmächtiger HERR und Gott, du
Gott Israels, mach dich auf und halte Gericht über alle anderen Völker! Zeig
bei keinem Gnade, der Unheil stiftet und betrügt! 7 Jeden Abend kommen
meine Verfolger wieder, knurren wie bissige Hunde und streifen umher in der
Stadt. 8 Sieh nur, der Geifer läuft ihnen schon aus dem Maul! Jedes Wort, das
über ihre Lippen kommt, verwundet wie ein scharfes Schwert. Sie sind sich
ihrer Sache sicher: „Wer hört uns schon?"

TÖDLICHE WORTE. Die heutigen Medien machen es leichter als je zuvor, mit Worten zu verwunden „wie mit einem scharfen Schwert" (V. 8). Anders als beim Briefeschreiben schießen wir in Mails und Posts heute Worte ab, ohne sie abzuwägen. Anders als in Gesprächen, bei denen man sich in die Augen sieht, geben wir unsere Ansichten von uns, ohne dass wir den Zorn oder die Verletzung in den Augen des anderen sehen. In der Anonymität des Netzes, glauben wir, kann uns niemand identifizieren. Mehr noch als zur Zeit Davids werden in unserer Zeit Worte zu Waffen. Aber jedes Wort – selbst ein sorglos dahingeworfenes (Mt 12,36) – zeigt an, wie es um unser Herz steht (Mt 12,34) und wir werden uns vor Gott dafür verantworten müssen. „Ich hab es ja nicht so gemeint", sagen wir. Aber wir haben es gesagt. Achten wir gut auf unsere Worte, damit wir unser Herz erkennen und hüten (Jak 3,1-12).

Gebet: *Herr, bewahre mich vor den Sünden meiner Zunge und rette mich vor den Charaktermängeln, die sie verursachen. Nimm mir meine Angst, dann werden meine Worte aufrichtig sein. Nimm mir meine Selbstherrlichkeit – dann werde ich weniger reden. Nimm mir meine Gedankenlosigkeit, dann werden meine Worte weise sein. Nimm mir meine Gereiztheit und Gleichgültigkeit, dann werden meine Worte freundlich sein. Amen.*

9 Aber du, HERR, du lachst sie aus! Du spottest über sie wie über alle fremden
Völker. 10 Du meine Stärke, auf dich will ich schauen und auf deine Hilfe war-
ten. Ja, Gott ist meine sichere Burg! 11 Mein Gott wird mir voll Güte entge-
genkommen, er lässt mich als Sieger herabsehen auf alle meine Feinde. 12 Töte
sie nicht auf der Stelle, damit mein Volk ihre Strafe nicht zu schnell vergisst!
Erweise deine Macht an ihnen, lass sie umherirren und bring sie zu Fall, du,
Herr, bist doch unser Schild, der uns schützt! 13 Sie sündigen, sobald sie den
Mund aufmachen, darum lass sie sich verstricken in ihrem Stolz. Das ist der
Lohn für die Flüche und Lügen, die sie von sich geben! 14 Mach ein Ende mit
ihnen in deinem Zorn, vernichte sie, dass nichts mehr von ihnen übrigbleibt!
Daran wird man erkennen, dass Gott herrscht über ganz Israel und bis in die
entferntesten Winkel der Erde.

WENN GOTT LACHT. Wie oft macht diese Welt uns Angst! Gott macht sie keine Angst. Er lacht über jeden, der sich ihm widersetzt (V. 9). Aber dieses Lachen ist noch nicht alles. Sünde und Rebellion beeindrucken Gott nicht; aber sie sind ihm ganz und gar nicht egal. Unsere Sünde betrübt Gott. Als Gott all das Übel in der Welt betrachtete, „tat [es] seinem Herzen weh“ (1Mo 6,6, EÜ). Weil wir ihm so sehr am Herzen liegen, schmerzt es ihn, wenn wir sündigen. Am Kreuz Jesu erkennen wir, wie groß Gottes Schmerz ist. Jesus hat Sünde nicht nur beim Namen genannt (Lk 19,45-47); er hat auch darüber geweint (Lk 19,41-44). So wie er sollen auch wir uns vom Bösen nicht übermäßig beeindrucken lassen, aber auch unser Herz nicht vor dem Menschen verschließen, der Böses tut.

Gebet: *Herr, lass mich immer neu verstehen, wie unverdient deine Gnade ist und wie sehr ich darauf angewiesen bin. Wenn ich dann Menschen treffe, die dich ablehnen, werde ich sie nicht verachten, sie aber auch nicht fürchten oder ignorieren. Lehre mich, wie ich so reden kann, dass Liebe und Wahrheit aus meinen Worten sprechen. Amen.*

15 Jeden Abend kommen meine Verfolger wieder, knurren wie bissige Hunde
und streifen umher in der Stadt. 16 Sie streunen auf der Suche nach Fraß, und
wenn sie nicht satt werden, dann knurren sie. 17 Ich aber will deine Stärke
besingen, und am Morgen will ich jubeln über deine Gnade. Denn du wurdest
für mich zur sicheren Burg, zur Zuflucht am Tag meiner Not. 18 Du bist meine
Stärke, dir will ich Psalmen singen! Ja, Gott ist meine sichere Burg, ein Gott,
der mir seine Gnade schenkt.

KNURRT NUR – ICH SINGE. Der Psalm beschreibt einen krassen Gegensatz: Dort die knurrenden Hunde – hier der singende Psalmist, der Gott lobt. Der Beter steht noch unter Beschuss (die Hunde streunen noch umher); aber in seinem Herzen lobt er Gott, der seine Burg und seine Zuflucht ist. „Fels der Ewigkeit, in dich möchte ich allzeit bergen mich!“, dichtet Augustus Toplady. Jesus ist der Ort, an den wir uns flüchten, wenn wir unter Beschuss stehen. In ihm sind wir vor aller Gefahr geborgen. Der Beter nennt Gott den „Gott, der mir seine Gnade schenkt“ (V. 18) oder an anderer Stelle wörtlich: „meine bedingungslose Liebe“ (Ps 144,2). Christen wissen, dass Gottes Liebe bedingungslos ist, dass sie sich nicht nach unserem Wert bemisst. Denn Jesus hat sich schutzlos und wehrlos gemacht, um uns Schutz und Zuflucht zu werden.

Gebet: *Herr, lass mich lernen, immer wieder deine Liebe zu besingen. Nicht nur an dich zu denken, über dich nachzudenken, sondern über dich zu jubeln und dich zu preisen, mitten im Alltag – mit jedem Atemzug, in meinen Gedanken. „Ach wär ein jeder Puls ein Dank und jeder Odem ein Gesang.“*[35] *Ja, Herr, schenke mir diesen inneren Jubel über dich, du bedingungslos liebender Gott. Amen.*

1 Für den Dirigenten. Nach derselben Melodie zu begleiten wie das Lied „Lilie des
Zeugnisses“. Ein Lehrpsalm Davids für den Unterricht. 2 David schrieb ihn zur
Erinnerung an den Krieg gegen die Aramäer von Mesopotamien und gegen die
Aramäer von Zoba. Sein Feldherr Joab musste umkehren, um gegen die Edomiter
zu kämpfen. Im Salztal schlug er 12.000 von ihnen.
3 Gott, du hast uns verstoßen und unsere Truppen in alle Richtungen zer-
streut, zornig bist du auf uns gewesen, richte uns nun wieder auf! 4 Du hast un-
ser Land erbeben lassen und ihm tiefe Wunden geschlagen, heile seine Risse,
denn es bricht auseinander! 5 Du hast dein Volk Schweres erleben lassen. Wein
gabst du uns zu trinken, der uns betäubte und uns taumeln ließ. 6 Doch denen,
die Ehrfurcht vor dir haben, hast du ein Signal gegeben, dass sie fliehen kön-
nen vor den Bogenschützen des Feindes. 7 Damit alle gerettet werden, die du
liebst, hilf uns mit deinem starken Arm und erhöre mein Gebet!

BETEN NACH DER KATASTROPHE. Israel war angegriffen worden.[36] David erkennt, dass die eigentliche Bedrohung seines Volkes nicht militärische Gewalt ist, sondern das Gericht Gottes (V. 3-5). Gott hatte Israel „verstoßen“ (V. 3), aber David erkennt, dass die Israeliten noch immer die Menschen sind, „die du liebst“ (V. 7). Gottes Zorn ist der Zorn eines Vaters, der seine Kinder unbedingt liebt, aber gerade deswegen über ihre Sünde zürnt. Nichts kann uns so nachhaltig verändern wie das Missfallen eines anderen, den wir lieben und verehren. Gottes Zorn ist eine Antriebskraft zur Veränderung. Wenn wir verstehen, dass der väterliche Zorn Gottes nur ein Ausdruck seiner unerschöpflichen Liebe zu uns ist, kann uns das bereit und fähig machen, uns zu ändern.

Gebet: *Herr, wenn du nur heilig und vollkommen wärest, könnte ich mich nie ändern, so überwältigend wäre dann das Bewusstsein, wie unzureichend ich bin. Aber du bist der heilige Gott, der die Liebe ist – hilf mir, umzukehren und so auf deine Liebe zu antworten. Amen.*

8 Darauf hat Gott in seinem Heiligtum geantwortet: „Als Sieger will ich tri-
umphieren, die Stadt Sichem werde ich meinem Volk zurückgeben und das
Tal von Sukkot als mein Eigentum vermessen. 9 Mir gehört das Gebiet von
Gilead und von Manasse, Efraïm ist mein starker, schützender Helm, und
Juda ist mein Herrscherstab. 10 Moab aber ist mein Waschbecken, von Edom
ergreife ich Besitz, indem ich meinen Schuh darauf werfe. Und auch du, Land
der Philister, musst mir zujubeln! “ 11 Aber wer bringt mich in jene Stadt, die
gut befestigt ist? Ja, wer geleitet mich nach Edom? 12 Hast nicht du, o Gott,
uns verstoßen? Weigerst du dich nicht bis jetzt, mit unseren Heeren in den
Kampf zu ziehen? 13 Hilf uns doch gegen unsere Feinde! Was können Men-
schen alleine schon ausrichten? 14 Aber mit Gott werden wir den Sieg errin-
gen, er wird alle, die uns jetzt bedrängen, schließlich zertreten.

GEISTLICHER KAMPF. Israel hat den Zorn Gottes mit Waffengewalt über die heidnischen Völker gebracht. Jesus hat den Zorn Gottes über die Sünde am Kreuz auf sich genommen (Röm 3,24-26), und er wird wiederkommen und allem Bösen ein Ende machen (Offb 19,11-13). Bis dahin stehen Christen im Kampf: nicht gegen Feinde aus Fleisch und Blut, sondern gegen geistliche Mächte (Eph 6,1-20)[37] – gegen Verzagtheit, Zweifel, Leid, Versuchung, unkontrollierbare Gefühle, Stolz, Schuld, Scham, Einsamkeit, Verfolgung, falsche Lehre, geistliche Trockenheit und Dunkelheit. Für diesen Kampf brauchen wir die geistliche Waffenrüstung, die Waffen des Evangeliums, des Glaubens. Wie David sollen wir uns im Gebet daran erinnern, wer wir durch Christus sind – Menschen, denen Gott vergeben und die er in seine Familie aufgenommen hat, denen er seinen Geist geschenkt hat, denen er im Gebet Zugang zu sich selbst gewährt, Menschen, die gewiss sein können, dass er uns auferwecken wird. All das sind Weisen, wie Gott uns „gegen unsere Feinde hilft“ (V. 13). Und so werden wir „den Sieg erringen“ (V. 14).

***Gebet:** Herr, das Leben ist ein Kampf gegen Mächte, die dir widerstehen, gegen die Sünde in uns und gegen die Rebellion meines Herzens, ja, gegen den Teufel selbst. Lass mich von David lernen, mich auf deine Verheißungen zu verlassen. Lass mich deine Gegenwart spüren, damit ich meinen geistlichen Feinden siegesgewiss entgegentreten kann. Amen.*

Psalm 61 — 10. Mai

1 *Für den Dirigenten. Mit Saiteninstrumenten zu begleiten. Von David.*
2 Höre, o Gott, mein lautes Flehen, achte auf mein Gebet! 3 Aus weiter Ferne,
wie vom Ende der Erde, rufe ich zu dir, denn mein Herz ist mutlos geworden.
Ach führe mich doch auf jenen Felsen, der für mich zu hoch ist! 4 Denn du bist
für mich zu einer Zuflucht geworden, zum starken Turm, der mich schützt
vor dem Feind. 5 Ich möchte in deinem Heiligtum wohnen für alle Ewigkeit,
mich bergen unter deinen schützenden Flügeln. 6 Denn du, o Gott, hast auf
meine Gelübde gehört. Du hast mir das Erbe gegeben, das denen zusteht, die
Ehrfurcht vor deinem großen Namen haben. 7 So füge den Lebenstagen des
Königs weitere hinzu, seine Jahre sollen einander folgen wie eine Generati-
on der anderen. 8 Möge er für immer seine Herrschaft vor Gottes Angesicht
ausüben! O Gott, sende deine Gnade und deine Treue, damit sie sein Schutz
sind. 9 Dann will ich für alle Zeiten zur Ehre deines Namens Psalmen singen
und so meine Gelübde erfüllen Tag für Tag.

SICHERER SCHUTZ. David reiht in diesem Psalm ein Bild an das andere: Gott ist sein Fels, ein sicherer Ort, von dem aus er die Dinge aus Gottes Perspektive sehen kann. Gott ist sein starker Turm, der ihm Zuflucht vor den Angriffen der Feinde bietet. Gott wohnt im Heiligtum, dort kann man ihm im Gottesdienst begegnen. Gott ist wie eine Henne, die ihre Küken unter den schützenden Flügeln birgt. Jesus hat mit denselben Bildern von sich gesprochen: Er ist der neue Tempel (Joh 2,12-21); hier können wir Gott von Angesicht zu Angesicht begegnen. Er ist die Henne, die selbst Gefahr und Schmerz erträgt, um die Küken unter ihren Flügeln zu schützen (Lk 13,34.35). Er ist der geistliche Fels (1Kor 10,4), aus dem wir trinken. In Jesus sind wir sicher vor allen Feinden, selbst vor dem Tod.

Gebet: *Herr, ich preise dich, dass ich wirklich endgültig sicher bin in dir und nur in dir. Du fügst alle Dinge zu meinem Besten und zu deiner Ehre. Du hast in Christus meine Sünde getilgt und mir eine ewige Zukunft geschenkt. Du hörst mein Gebet und sorgst für mich. Ich danke dir, dass du der Felsen bist, der höher ist als ich. Amen.*

[1] *Für den Dirigenten. Für Jedutun. Ein Psalm Davids.*
[2] Bei Gott allein findet meine Seele Ruhe, von ihm kommt meine Hilfe. [3] Er
allein ist mein Fels und meine Rettung, ja, er ist meine sichere Festung. Dank
seiner Hilfe werde ich nicht zu Fall kommen. [4] Wie lange wollt ihr noch an-
stürmen gegen einen einzigen Mann, wollt ihr allesamt ihn niederschlagen, so
als wäre er eine Wand, die sich schon bedenklich neigt, eine Mauer, die kurz
vor dem Einsturz steht? [5] Sie planen, ihn aus seiner führenden Stellung zu
stoßen, und dabei ist ihnen jede Lüge recht. Über ihre Lippen kommen zwar
Segenswünsche, im Herzen jedoch verfluchen sie einen.

LEKTION GELERNT. Dies ist ein Psalm für Menschen unter starkem Druck. Und Vers 2 ist der Schlüssel, wie man dem standhält. Wörtlich heißt er: „Nur zu Gott hin ist meine Seele Schweigen." Wenn wir unter Stress stehen, plappert unsere Seele uns unaufhörlich etwas vor: „Du brauchst unbedingt dies oder das, sonst schaffst du's nicht. Das muss passieren, sonst geht alles schief." Dahinter steckt die Überzeugung, Gott allein genügt nicht; wenn wir glücklich sein und uns sicher fühlen wollen, brauchen wir noch irgendetwas anderes – eine bestimmte Situation oder bestimmte Bedingungen – außer ihm. David dagegen hat gelernt, seiner Seele zu sagen: „Es gibt nur eines, was ich brauche, um zu überleben und damit es mir gut geht – und dieses eine habe ich. Ich brauche nichts weiter als Gott und seine allmächtige Vaterliebe und Fürsorge – alles andere ist entbehrlich." Wenn diese Erkenntnis sich uns tief einprägt, dann werden wir „nicht zu Fall kommen" (V. 3).

Gebet: *Herr, ich preise dich dafür, dass du alles bist, was ich brauche – du bist genug für mein Herz, für mein Leben, für meine Freude. Vergib mir, dass ich dich nicht preise, dass ich dich und dein Heil nicht über alles schätze, wenn mein Leben in Unruhe und Druck gerät. Hilf mir, das zu ändern, Herr, jetzt. Amen.*

[6] Bei Gott allein soll meine Seele Ruhe finden, von ihm kommt meine Hoff-
nung. [7] Er allein ist mein Fels und meine Rettung, ja, er ist meine sichere
Festung. Dank seiner Hilfe werde ich nicht zu Fall kommen. [8] Meine Rettung
gründet sich auf Gott allein, auch meine Ehre verdanke ich nur ihm. Er ist der
Fels, der mir Halt gibt, meine Zuflucht finde ich bei Gott. [9] Vertraut auf ihn
zu jeder Zeit, ihr alle aus meinem Volk! Schüttet ihm euer Herz aus! Gott ist
unsere Zuflucht.

WIEDERHOLUNGSLEKTION. In Vers 6 wiederholt David für sich selbst die Lektion aus Vers 2. Die Schlacht, in der wir unser Herz durch die Wahrheit formen lassen, die unser Verstand kennt, ist nie vorbei. Und das ist in der Tat vielleicht die große Wahrheit der Bibel und des Evangeliums: Heil kommt allein von Gott, nicht aus uns selbst oder irgendeinem Bemühen, das wir zustande brächten (Jona 2,9). „Dem … der keine Werke tut, sondern an den glaubt, der den Gottlosen gerecht macht, dem wird sein Glaube als Gerechtigkeit angerechnet“ (Röm 4,5; EÜ). David redet hier nicht nur sich selbst gut zu; er redet zu seinem Volk (V. 8). Wir können anderen Menschen in ihren Ängsten und Problemen am besten helfen, wenn wir selbst Angst und Not durchgestanden und erlebt haben, dass Gott uns nicht verlässt, dass er unser Fels und unsere Zuflucht ist.

Gebet: *Herr, immer noch steckt in meinem Herzen der Impuls, dass ich etwas tun muss, um deinen Segen zu verdienen. Ich finde nicht wirklich meinen Frieden in dem, was Christus für mich getan hat. Und deshalb mache ich mir Sorgen. Oder ich werde unsicher oder selbstgerecht. Lehre mich, Herr, mein tödliches „Machenwollen“ an deinem Kreuz abzulegen und dann in dir allein vollkommen und gerecht vor dir zu stehen. Amen.*

10 Nur ein Hauch dagegen sind die Menschen, die Einfachen und auch die
Vornehmen. Legte man sie auf eine Waage, so würde diese Seite immer in die
Höhe schnellen, denn sie sind allesamt leichter als ein Hauch. 11 Verlasst euch
nicht auf Besitz, den ihr von anderen erpresst habt! Setzt nicht eure Hoffnung
auf geraubtes Gut. Wenn euer Reichtum wächst, dann hängt euer Herz nicht
daran! 12 Eines hat Gott betont, und mehrmals habe ich es vernommen: Alle
Macht liegt allein in Gottes Händen – 13 ja, Herr, und auch die Gnade kommt
von dir! Du gibst jedem das, was er für sein Tun verdient.

GESUNDE SKEPSIS. Wenn wir uns allein auf Gott verlassen, vertrauen wir allem anderen nicht mehr vollständig. Wir verlassen uns nicht mehr auf Menschen, egal, wie einflussreich sie sind (V. 10). Weder Sozialismus noch Kapitalismus werden uns eine bessere Welt bescheren. Wir finden unsere Erfüllung nicht allein in unserem Beruf – sei er nun hoch angesehen oder auch nicht. Was ist das eine, auf das wir uns wirklich verlassen können? Dass Gott mächtig ist (V. 12) und dass er uns liebt. Aber wie kann ein Herrscher beides sein: gerecht und liebevoll zugleich? Schließlich erfordert die Gerechtigkeit Strafe. Gott hat das notwendige Todesurteil über unsere Sünde gesprochen, und dann hat er die Strafe am Kreuz selbst auf sich genommen. Wie können wir bezweifeln, dass in jeder Lebenssituation seine Liebe und Weisheit am Werk sind, wenn wir sehen, wie weit er gegangen ist, um uns beides zu beweisen: seine Gerechtigkeit und seine Liebe?

Gebet: *Herr, lass mich in meiner Arbeit Erfolg haben und schenke mir Gelingen. Aber lass nicht zu, dass die Aufs und Abs meiner Karriere Macht über mich gewinnen. Gib mir finanziell das, was ich zum Leben brauche, aber lass nicht zu, dass das Geld und der Wohlstand mich beherrschen. Ich brauche all diese guten Dinge nicht weniger zu lieben; aber ich muss dich weit mehr lieben als alles Gute dieser Welt. Schenke mir die Freiheit, die nur daraus erwächst, dass ich dich liebe „von ganzem Herzen, von ganzer Seele, mit allen Kräften". Amen.*

Psalm 63,1-5 — 14. Mai

1 *Ein Psalm Davids aus der Zeit, als er sich in der Wüste von Juda aufhielt.*
2 Gott, mein Gott bist du, dich suche ich. Wie ein Durstiger, der nach Wasser
lechzt, so verlangt meine Seele nach dir. Mit meinem ganzen Körper spüre
ich, wie groß meine Sehnsucht nach dir ist in einem dürren, ausgetrockneten
Land, wo es kein Wasser mehr gibt. 3 Mit dem gleichen Verlangen hielt ich
im Heiligtum Ausschau nach dir, um deine Macht und Herrlichkeit zu sehen.
4 Denn deine Güte ist besser als das Leben, mit meinem Mund will ich dich
loben. 5 Ja, so will ich dich preisen mein Leben lang, im Gebet will ich meine
Hände zu dir erheben und deinen Namen rühmen.

GEISTLICHE SEHNSUCHT. David schreibt diesen Psalm buchstäblich in der Wüste, wohin er vor seinem Sohn Absalom geflohen ist. Körperlich leidet er Durst, seelisch leidet er am Verrat und an der verlorenen Liebe seines Sohnes. Aber David weiß: Seine tiefste Sehnsucht ist das Verlangen nach Gott (V. 2) – und dieses Verlangen wird nur gestillt durch die Gegenwart Gottes und durch die Erfahrung seiner Liebe, die besser ist als die glücklichsten Lebensumstände, ja, „besser als das Leben" (V. 4). In jedem von uns gibt es diesen geistlichen Durst, auch wenn Menschen, die Gott nicht kennen, vielleicht gar nicht erkennen, dass es Gott ist, den sie suchen (Joh 4,7-21). Gottes Macht und Herrlichkeit zu schauen und anzubeten sollte deshalb unser vordringlichstes Anliegen sein. Nicht nur, weil das so sein soll, sondern weil nur die Beziehung zu Gott „mein Leben lang" andauert (V. 5) – und weit darüber hinaus. Und weil nur sie unser tiefstes Verlangen stillt.

***Gebet:** Jesus, der Frau am Jakobsbrunnen hast du gesagt, dass das, was sie in Männerbeziehungen suchte, nur bei dir und in dem Leben, das du gibst, zu finden ist. Lass mich erkennen, dass dasselbe auch für meine Sehnsucht nach beruflichem Erfolg, gesellschaftlicher Anerkennung und sogar nach der Liebe meiner Familie gilt. Schenke mir die Liebe, die „besser ist als das Leben". Amen.*

6 Deine Nähe sättigt den Hunger meiner Seele wie ein Festmahl, mit meinem Mund will ich dich loben, ja, über meine Lippen kommt großer Jubel.
7 Nachts auf meinem Lager denke ich an dich, stundenlang sinne ich über
dich nach: 8 So viele Male hast du mir geholfen, und im Schutz deiner Flügel
kann ich jubeln. 9 Von ganzem Herzen hänge ich an dir, und deine Hand hält
mich fest.

SCHLAFLOSE NÄCHTE. Nächte, in denen man sich im Bett hin und her wälzt und die Gedanken sich sorgenvoll und ängstlich im Kreis drehen – wer kennt das nicht? David macht guten Gebrauch von seiner Schlaflosigkeit – er singt seinem Gott Lieder, Lob- und Danklieder für seine Liebe, seine Güte und vor allem für seinen Schutz. „Stundenlang" liegt David wach, also hätte er Zeit, seine Gedanken wandern zu lassen. Aber David klammert sich an Gott, er bleibt so nah bei ihm, dass er seine Gegenwart und Hilfe spürt, so nah wie ein Küken unter den Flügeln der Henne. Trainieren wir unser Herz, unsere schlaflosen Nächte in Gottes Nähe zu verbringen und ihm Loblieder zu singen. Dann werden sie uns nicht mehr zermürben, sondern sie werden zu kostbaren Zeiten inniger Gemeinschaft mit unserem Gott.

***Gebet:** Herr, ich preise dich, dass du ein Gott bist, bei dem meine Seele satt wird. Lehre mich, wie ich dich mit solcher Freude, solchem Staunen und solcher Liebe preisen kann, dass meine Seele daran satt wird wie von einem Festmahl. Und lehre mich, mich im Gebet so eng an dich zu klammern, dass ich völlig geborgen bin. Amen.*

[10] Meine Feinde wollen mir Böses und trachten mir nach dem Leben. Im tiefs-
ten Totenreich werden sie noch enden! [11] Dem tödlichen Schwert werden sie
ausgeliefert, den Schakalen werden sie zur Beute. [12] Doch der König wird sich
freuen, weil Gott zu ihm hält. Glücklich schätzen kann sich jeder, der sich bei
einem Eid auf Gott beruft. Der Mund der Lügner aber wird gestopft.

GEISTLICHE ERFAHRUNG. David möchte nicht nur an Gott glauben. Er sehnt sich danach, ihn zu erfahren. Und es ist tatsächlich möglich, Gott zu „schauen" – nicht mit unseren Augen, sondern im Glauben (V. 2; 1Kor 13,12; 2Kor 3,18; 5,7). Dann freuen wir uns nicht vorrangig über das, was Gott uns schenkt, sondern wir lieben ihn, weil er der ist, der er ist (vgl. V. 4). Die Folge von Davids Gotteserfahrung ist eine Vergewisserung seiner Identität. „Doch [ich] der König wird sich freuen, weil Gott zu ihm hält" (V. 4). Wörtlich heißt es: „Der König wird sich freuen in Gott." Jede echte geistliche Erfahrung führt zu einem solchen vertieften und freudigen Gegründet-Sein in Gott (Röm 8,16). Als Christen sind wir ja ebenfalls alle Könige und Priester (Offb 1,6). „Davids Vertrauen auf sein Königsamt war gut begründet; um wie viel mehr gilt das für uns Christen."[38]

Gebet: *Herr, ich preise dich, dass du nicht nur mein König bist, sondern mein Vater – und dass ich als Kind eines Königs ebenfalls königliche Würde besitze. Ich soll mit dir herrschen und regieren – das sind Worte, die mich schwindelig machen. Hilf mir, zu verstehen, was damit gemeint ist. Dann werde ich nicht mehr so leicht gekränkt sein, wenn andere mich missachten. Dann werde ich nicht mehr so abhängig sein davon, was andere von mir denken. Amen.*

1 *Für den Dirigenten. Ein Psalm Davids.*
2 Höre, Gott, auf meine Stimme, auf mein Klagen! Beschütze mein Leben
vor dem Schrecken, den meine Feinde verbreiten! 3 Sei mein Schutz vor der
Verschwörung dieser Übeltäter, vor der lärmenden Horde derer, die Un-
heil anrichten! 4 Ihre Zunge gebrauchen sie wie ein scharfes Schwert; giftige
Worte – das sind die Pfeile, die sie anlegen, 5 um aus dem Hinterhalt unschul-
dige Menschen zu treffen. Plötzlich und ohne jede Scheu schießen sie auf
ihre Opfer! 6 Sie ermutigen sich gegenseitig zu bösen Plänen und verabre-
den, heimlich Fallen auszulegen. Dabei sagen sie: „Wer kann unsere Hand-
langer dabei schon ertappen?" 7 Die übelsten Machenschaften hecken sie aus
und brüsten sich: „Wir sind bereit! Unser Plan ist schlau erdacht!" Wie un-
ergründlich ist doch, was im Inneren eines Menschen vorgeht, in der Tiefe
seines Herzens!

KLAGELIED. David klagt – und zwar laut. Er klagt Gott sein Leid. Große Firmen beschäftigen extra Mitarbeiter, die sich um Beschwerden oder Klagen von Kunden kümmern. Sie sind nur dazu da, zuzuhören und dann weiterzuhelfen. Gott ist sozusagen die höchste Adresse für unsere Klagen und Beschwerden – er lädt uns geradezu ein, mit unseren Klagen zu ihm zu kommen, damit er für uns tätig werden kann (V. 2). Das ist nicht nur ein Trost für die Opfer von Unrecht und Gewalt. Es ist auch eine ernste Warnung an alle, die Übles im Schilde führen. Niemand soll glauben, man werde ihn schon nicht „ertappen" (V. 6). Wörtlich heißt es „sehen". Hagar, die unter der Feindseligkeit von Sara zu leiden hatte, nennt Gott einen „Gott, der sieht" (1Mo 16,13). Würden Sie anders leben, reden, handeln, wenn Sie sich vor Augen halten, dass Gott Sie sieht?

Gebet: *O Gott, lass mich nicht vergessen, dass du alles siehst, alles hörst. Lass dieses Wissen tief in mich einsinken. Es ist ein Trost – und es hilft mir, verantwortlich zu leben. Erinnere mich daran, dass du alles siehst, wenn Menschen anscheinend mit ihrem bösen Tun davonkommen. Erinnere mich vor allem dann, wenn ich selbst versucht bin, nicht ganz bei der Wahrheit zu bleiben. Amen.*

[8] Doch dann schießt Gott seine Pfeile auf sie ab, ganz plötzlich sind sie schwer
verwundet! [9] Und so werden sie selbst zu Fall gebracht – was sie mit ihrer bö-
sen Zunge anderen zufügen wollten, das kommt nun über sie. Alle, die sie se-
hen, schütteln entsetzt den Kopf. [10] Ehrfurcht vor Gott erfüllt alle Menschen.
Sie bekennen, was Gott getan hat, und verstehen nun: So handelt Gott! [11] Wer
nach dem Willen des HERRN lebt, der wird sich über ihn freuen und bei ihm
Zuflucht suchen. Und alle Menschen, die von Herzen aufrichtig sind, werden
sich glücklich schätzen.

TROST IM GERICHT GOTTES. David nimmt Zuflucht zu der Tatsache, dass das Böse sich selbst zugrunde richtet und dass Gott die Welt so eingerichtet hat, dass Sünde natürliche Konsequenzen hat. Wir verfangen uns in unseren eigenen Lügen; unsere Verleumdungen fallen auf uns selbst zurück. (V. 8.9). Gott hat das Gesetz von Saat und Ernte in die Welt geschrieben (Gal 6,7; Lk 6,38). Schon in diesem Leben wird der Geldgierige mindestens geistlich arm sein, aber der Großzügige erwirbt Reichtümer, ob er nun wohlhabend ist oder nicht. Am Ende werden alle staunen, wenn Gott über die Sünde Gericht hält (V. 10.11). David wusste noch nicht, was wir wissen: Ja, es werden tatsächlich „alle Enden der Erde" jubeln und staunen, wie Gott in Jesus Christus über unsere Sünde Gericht gehalten hat – so, dass er am Ende der Zeit dem Bösen ein Ende machen kann – und nicht uns.

Gebet: *Herr, einen Gott, der richtet, wollen viele Menschen nicht. Aber ich könnte nicht in dieser Welt, wie sie ist, leben, wenn ich nicht wüsste, dass du einmal alle Dinge deinem weisen und gerechten Urteil unterziehen wirst. Und ich könnte keine Hoffnung haben, wenn ich nicht wüsste, dass dein Sohn aus Liebe zu mir bereits das Urteil auf sich genommen hat, das mir gelten müsste. Amen.*

[1] *Für den Dirigenten. Ein Psalm Davids. Ein Lied.*
[2] Bei dir zur Ruhe kommen – damit preist man dich, du Gott, der auf dem Berg Zion wohnt. Jeder soll die Gelübde erfüllen, die er vor dir abgelegt hat.
[3] Zu dir, der Gebete erhört, werden alle Menschen kommen. [4] Erdrückt mich auch die Last meiner Sünden – du vergibst unsere Vergehen. [5] Glücklich ist der zu nennen, den du erwählt hast und in deine Nähe kommen lässt! Er darf zuhause sein in den Vorhöfen deines Heiligtums. Wir wollen uns sättigen an all dem Guten, das dein Haus uns bietet, dein heiliger Tempel.

AUS GNADE ERWÄHLT. Gott hört uns und er vergibt uns, obwohl wir es nicht verdienen (V. 2-4). Und wer sich für Gott entscheidet, wird bald erkennen, dass eigentlich Gott es war, der sich für ihn entschieden und ihn zu sich gezogen hat (V. 5; Joh 6,44; 15,16). Erst im Neuen Testament sehen wir, wie radikal diese Gnade war. Gott lässt uns in den „Vorhöfen [s]eines Heiligtums" wohnen (V. 5) – nicht als Gäste, sondern als Kinder und Erben. Das aufrichtigste Lob erhält Gott von denen, die wissen, dass Jesus, der wahre Sohn Gottes, gestorben ist, damit wir seine Brüder und Schwestern werden können (Heb 2,10-18). Das Heil wird uns geschenkt – umsonst. Gott ist es, der einen unendlich hohen Preis dafür bezahlt hat. Über eine solche Gnade kann man nur staunen – „amazing grace".

***Gebet:** Herr, deine Gnade ist unverdient. Das sollte mich demütig machen. Deine Gnade hat dich alles gekostet. Das sollte mich heilig und liebevoll machen. Deine Gnade ist bedingungslos. Das sollte meinem Herzen Frieden schenken. Bitte, Herr, wirke mit deiner sanften, liebenden Gnade so an mir, dass all die sündhaften, verkehrten Muster meines Herzens verschwinden. Schenk mir Freude an dir und deiner Gnade. Amen.*

6 Du bist treu und gerecht und antwortest uns durch ehrfurchtgebietende Ta-
ten, du Gott, der uns Rettung schenkt, du Zuversicht aller, die auf der Erde
wohnen, von den abgelegensten Enden bis zu den fernsten Meeresküsten.
7 Du bist es, der die Berge gründet in seiner Kraft, Stärke umgibt dich. 8 Das
Tosen der Meere bringst du zur Ruhe, das Brausen ihrer Wogen genauso wie
den Aufruhr der Völker. 9 Selbst in den fernen Gegenden der Erde haben die
Menschen große Ehrfurcht vor deinen Wundern, im Osten, wo die Sonne
aufgeht, und im Westen, wo sie untergeht, lässt du Jubel ausbrechen.

DIE ENDEN DER ERDE. David spricht prophetisch von einer Zeit, in der „alle Menschen“ (V. 3) zu Gott kommen und der „Aufruhr der Völker“ (V. 8) – Kriege, Streit, Konflikte, Unterdrückung – beendet wird. Gott ist der Retter und die Hoffnung auch für die, die in den „abgelegensten Enden“ der Welt leben (V. 6.). Gott hat seinen Heilsplan mit Abraham begonnen. Aus seiner Familie wurde das Volk Israel. Und jetzt hat sein Heil alle Grenzen gesprengt und gilt allen Völkern, Rassen, Sprachen, Ethnien. Wir sollten uns schon einmal auf die reiche Vielfalt vorbereiten, die im Himmel herrschen wird (Offb 7,9). Wir können das tun, indem wir die verschiedensten Menschen lieben, besonders diejenigen auf Gottes Erdboden, die am weitesten von uns entfernt sind – sozial, wirtschaftlich, politisch oder anderweitig.

Gebet: *Herr, oft bin ich so verstrickt in meine eigenen Sorgen und Probleme, dass ich keinen Blick mehr dafür habe, was du an allen Ecken und Enden dieser Welt tust. Hilf mir, meinen Überlegenheitswahn gegenüber anderen Völkern und Rassen zu überwinden; er ist ja nur ein Schutzmechanismus. Mach mich fähig, meine Brüder und Schwestern über alle Grenzen von Rasse, Klasse und Nation hinweg zu lieben, von ihnen zu lernen und mich an ihnen zu freuen. Amen.*

10 Du hast dich unserem Land zugewandt und es mit deinen Gaben über-
schüttet. Mehr als reiches Wachstum hast du geschenkt – ja, der Segensstrom
Gottes führt Wasser im Übermaß! Das Getreide lässt du gut gedeihen, weil
du das Land entsprechend vorbereitest: 11 Du wässerst die Furchen des Ackers
und lockerst seine Schollen. Durch Regen machst du den Boden weich und
segnest sein Gewächs. 12 Du hast das Jahr gekrönt mit Gaben deiner Güte. Die
Spuren, die du hinterlassen hast, zeugen von Wohlstand und Fülle. 13 Selbst
auf den Grünflächen der Steppe steht üppiges Gras, und mit Jubel bekleiden
sich die Hügel. 14 Die Weiden schmücken sich mit Herden, und die Täler sind
bedeckt mit Korn. Alles bricht in Jubel aus, alles singt!

GOTT DER FÜLLE. Gott sorgt für die Welt, die er geschaffen hat (V. 10). Er schenkt Regen, er macht sie fruchtbar – der Kreislauf von Wachsen und Fruchtbarkeit gründet in seinem eigenen Wesen, das stets Leben hervorbringt. Er ist der Urheber allen Lebens – von der kleinsten Blume bis zu der neuen Geburt, die uns in Ewigkeit rettet (1Tim 6,13). Gottes Geist predigt unseren Herzen (Joh 16,8-10), und er kultiviert den Boden (Ps 104,30). Deshalb kommt der Arbeit des Predigers und der des Landwirts göttliche Würde zu. Gottes Volk sollte vorangehen, wenn es darum geht, die Schöpfung zu bewahren. Die Schlussverse malen uns einen großen Frühling vor Augen, in dem die ganze Erde durch Christus nicht nur den Winter, sondern Sünde und Tod abschüttelt (Ps 96,11-13).

Gebet: *Herr, hilf mir, in der Schönheit und im Reichtum der Natur eine Spur deiner Fülle und Lebenskraft zu sehen. Lass mich lernen, mich so daran zu freuen, dass ich dir nicht vorenthalte, was dir zusteht, und mir nicht die Freude raube. Amen.*

[1] *Für den Dirigenten. Ein Lied. Ein Psalm.*
Jubelt Gott zu, all ihr Länder, [2] singt Psalmen zur Ehre seines Namens, lasst
sein Lob auf herrliche Weise erklingen! [3] Sagt zu Gott: „Wie ehrfurchtgebie-
tend sind doch deine Taten! Wegen deiner großen Macht müssen selbst deine
Feinde unterwürfig vor dich kommen. [4] Alle Länder werden sich anbetend vor
dir beugen und dir Psalmen singen, ja, deinen Namen werden sie besingen."
[5] Kommt und seht, welch große Taten Gott vollbracht hat! Erhaben und er-
schreckend zugleich ist sein Handeln an den Menschen.

LASST SEIN LOB ERKLINGEN. Die ganze Welt wird aufgerufen, Gott zu preisen (V. 1). Der Inhalt des Jubels ist Gottes Name (V. 2) – alles, was er ist und was er tut. Und das Lob soll „herrlich" sein (V. 2). Was ist denn ein herrliches Lob? Im Begriff „Herrlichkeit" schwingt etwas mit von Gewichtigkeit, Würde, Pracht und Schönheit. Das herrliche Lob kommt aus übervollem Herzen; es ist nie halbherzig. Es ist einladend, nicht abschreckend. Es ist erfüllt von ehrfürchtigem Staunen, niemals sentimental. Es ist erstklassig, nicht mittelmäßig. Es weist auf Gott, nicht auf die, die ihm das Lob bringen. Es entspricht seinem großen Gegenstand – es will so herrlich sein wie der, den es bejubelt. Unser Gottesdienst, unsere Anbetung sollte daher „niemals trivial, niemals pompös"[39] sein. Es gibt keine bessere Verkündigung des Evangeliums, nichts, das die Welt so sehr zu gewinnen vermag, wie das Lob Gottes „auf herrliche Weise erklingen" zu lassen (V. 2; Ps 100; 105,1-2).

Gebet: *Herr, so viele Gottesdienste in unseren Kirchen sind in der Tat trivial oder pompös. Lehre uns, lehre meine Gemeinde und viele Gemeinden in der ganzen Welt, wie wir dich „im Geist und in der Wahrheit" anbeten und preisen können (Joh 4,24). Schenke uns Gottesdienstformen, auf denen dein Segen liegt – die so schön sind, dass sie selbst Menschen ansprechen, die ihr Herz vor dir verschließen. Amen.*

6 Er verwandelte das Meer in trockenes Land. Trockenen Fußes konnte un-
ser Volk auch den Jordan durchqueren. Dabei freuten wir uns über unseren
Gott! 7 In seiner Macht herrscht er für immer und ewig. Seine Augen blicken
wachsam auf die Völker – widerspenstige Menschen sollen es nicht wagen,
sich gegen ihn zu erheben! 8 Preist, ihr Völker, unseren Gott! Lasst mit lauter
Stimme sein Lob erklingen! 9 Er belebt unsere Seele und bewahrt unsere Füße
vor dem Stolpern. 10 Ja, Gott, du hast uns Prüfungen ausgesetzt, du hast uns
geläutert wie Silber im Schmelzofen. 11 Du hast uns ins Fangnetz geraten las-
sen, hast drückende Lasten auf unseren Rücken gelegt. 12 Du hast nichtswür-
dige Menschen über uns hinwegtrampeln lassen wie über besiegte Feinde. Ins
Feuer sind wir geraten, ins Wasser ebenso – aber du hast uns herausgeführt
und mit Überfluss beschenkt.

RAUE WEGE. Der Psalm irritiert. Der Beter selbst und das ganze Volk haben leidvolle Erfahrungen hinter sich (V. 10-12). Aber in all den Widrigkeiten, die hier beschrieben werden, erkennt der Beter die Hand Gottes. Er „belebt unsere Seele und bewahrt unsere Füße vor dem Stolpern“ (V. 9), und das mitten im Unheil. Er steht hinter den Erfahrungen von Gefangenschaft, Unterdrückung und Belastung, die der Beter zusammenfasst mit den Worten: „Ins Feuer sind wir geraten“ (V. 12). Aber Gott nutzt die Widrigkeiten, indem er zulässt, dass sie uns „veredeln“, dass sie uns „läutern wie Silber“ (V. 10), dass sie aus uns etwas Kostbares, etwas Großes und Schönes machen. Wie bei Josef, der seine Brüder schroff behandelte – um so das Eis in ihren Herzen zu brechen und sie zu retten (1Mo 42) –, so ist es auch bei Gott immer eine Gnade, wenn er uns raue Wege führt.

Gebet: *Herr, lass mich immer gewiss sein, wenn ich leide oder schwierige Zeiten erlebe: Du hast dieses Leid zugelassen, auch wenn es dir das Herz bricht, mich so zu sehen. Aber deine unendliche Weisheit und Liebe haben es zugelassen, weil es mir dienlich sein muss. Amen.*

13 Ich will zu deinem Haus kommen mit Tieren für das Brandopfer, ich will
dir meine Gelübde erfüllen, 14 die über meine Lippen kamen, die mein Mund
ausgesprochen hat, als ich in Not war. 15 Masttiere will ich dir zum Brandopfer
bringen, Fettstücke von Widdern für das Rauchopfer. Rinder und Ziegen-
böcke will ich für das Opfer zubereiten. 16 Kommt und hört mir zu, ihr alle,
die ihr Ehrfurcht vor Gott habt! Ich will erzählen, was er für mich getan hat.

ERINNERUNGSKULTUR. Im ersten Teil dieses Psalms hat der Beter die großen Taten Gottes in der Vergangenheit aufgezählt. Nun erfüllen ihn Dank und Zuversicht. Es liegt an uns, ob wir uns an alles erinnern, was Gott getan hat, und ihn dafür preisen, damit unser Herz in jeder Lebenslage dankbar und zuversichtlich bleibt. Paul Gerhard hat seine „Erinnerungskultur“ in Worte gegossen: „Hat er dich nicht von Jugend auf versorget und ernährt? Wie manchen schweren Unglücks Lauf hat er zurückgekehrt. Er hat noch niemals was verseh’n in seinem Regiment. Nein, was er tut und lässt gescheh’n, das nimmt ein gutes End.“[40] Und dabei geht es nicht nur um unsere persönlichen Erfahrungen des Handelns Gottes. Vor allem geht es um die Erinnerung daran, dass Jesus sein Leben hingegeben hat – für mich. Sich an diese „großen Taten Gottes“ in der Vergangenheit zu erinnern, ist der einzige Weg, den Widrigkeiten der Gegenwart mit Zuversicht und Rückgrat zu begegnen.

Gebet: „Weg hast du allerwegen, an Mitteln fehlt dir’s nicht; dein Tun ist lauter Segen, dein Gang ist lauter Licht; dein Werk kann niemand hindern, dein Arbeit darf nicht ruhn, wenn du, was deinen Kindern ersprießlich ist, willst tun.“[41] Amen.

17 Zu ihm rief ich mit lauter Stimme, mein Mund war voll seines Lobes. 18 Hätte ich dabei böse Absichten im Herzen gehabt, dann hätte der Herr erst gar nicht auf mich gehört. 19 Aber Gott hat mich wirklich erhört, mein Gebet hat er vernommen. 20 Gelobt sei Gott, der mein Gebet nicht abgewiesen und mir seine Gnade nicht entzogen hat!

ZWEI GRUNDSÄTZE FÜR DAS GEBET. Unsere Fürbitte sollte von Lobpreis begleitet sein. Der Beter nennt beides in einem Atemzug (V. 17): Er ruft „mit lauter Stimme" zu Gott, „als ich in Not war" (V. 14); und dabei ist sein Mund „voll seines Lobes" (V. 17). Wenn wir Gott sagen, was uns fehlt, sollten wir immer zugleich seine Größe preisen und ihm im Voraus für alles danken, was er in seiner Weisheit und zu seiner Zeit tun wird. Dann findet unser Herz Frieden, noch bevor und egal wie Gott unser Gebet beantwortet. Die zweite Voraussetzung für das Gebet ist nicht, dass wir vollkommen heilig sind, sondern dass wir ernsthaft entschlossen sind, uns von der Sünde abzuwenden (V. 18). „Die Reinheit des Herzens besteht darin, nur eines zu wollen."[42] Wie Josua lernen musste (Jos 7,12.13), hat es keinen Sinn, Gott um etwas zu bitten, wenn man ihm nicht gehorsam ist.

Gebet: *Herr, zeig mir, welche Sünden ich liebe – die Dinge, die ich zwar bekenne, aber immer wieder tue. Und zwar, weil ich sie wohl aufgeben will und zugleich auch nicht aufgeben will. Lass nicht zu, dass ich deine Ehre raube, weil ich ein geteiltes Herz habe. Amen.*

Psalm 67 — 26. Mai

1 *Für den Dirigenten. Mit Saiteninstrumenten zu begleiten. Ein Psalm. Ein Lied.*
2 Gott schenke uns seine Gnade und seinen Segen. Er wende sich uns freund-
lich zu und begleite uns mit strahlendem Angesicht. 3 Denn so erkennt man
auf der ganzen Erde dein Wirken, o Gott, und alle Völker werden sehen, was
du zur Rettung der Menschen tust. 4 Die Völker sollen dir danken, o Gott,
ja, alle Völker mögen dich preisen! 5 Die Nationen sollen sich freuen und dir
zujubeln, denn du richtest alle Völker aufrichtig und gerecht. Ja, du leitest alle
Nationen auf Erden. 6 Die Völker sollen dir danken, o Gott, ja, alle Völker
mögen dich preisen! 7 Der Erdboden bringt seine Frucht hervor – Gott, unser
Gott, wird uns mit einer reichen Ernte segnen. 8 Ja, segnen wird uns Gott,
und bis in die fernen Gegenden der Erde werden Menschen Ehrfurcht vor
ihm haben.

GESEGNET, UM EIN SEGEN ZU SEIN. Ebenso wie Abraham (1Mo 12,2.3) empfangen auch wir den Segen Gottes, damit wir allen anderen Völkern auf dieser Welt zum Segen werden (V. 2.3). Wenn man sich wirklich an etwas freut, möchte man instinktiv, dass andere diese Freude teilen. Ja, etwas zu loben oder zu rühmen, „vervollständigt"[43] unsere Freude geradezu. Echte Freude an Gott muss daher notwendig zu Mission werden – wir helfen anderen, die Schönheit zu sehen, die wir sehen. Gott zieht uns nie zu sich, ohne uns dann wieder auszusenden, damit wir andere erreichen. Wir wünschen uns eine multiethnische, internationale Gemeinde von Menschen, die Jesus anbeten, und eine Welt, in der Gerechtigkeit herrscht (V. 4.5). Wir dürfen uns nichts auf den Segen einbilden, den wir empfangen, sondern sollen andere auf den Gott hinweisen, von dem aller Segen kommt.

Gebet: *Herr, „das Lob der Lobenswerten ist höchster Lohn."*[44] *Du bist hoch erhaben und strahlend schön, Herr, und dennoch hast du deine Freude an uns und schenkst uns deine Gnade. Das sollte uns von aller Angst und Trägheit befreien und fähig machen, von deiner Herrlichkeit und Güte zu reden. Mach mich zu einem Zeugen für dich. Amen.*

1 *Für den Dirigenten. Von David. Ein Psalm. Ein Lied.*
2 Ach, möge Gott sich doch erheben, damit seine Feinde sich in alle Richtungen zerstreuen! Alle, die ihn hassen, sollen vor ihm die Flucht ergreifen.
3 Wie Rauch vom Wind vertrieben wird, so vertreibe sie, o Gott! Wie Wachs durch Feuer schmilzt, so sollen die Gottlosen umkommen in Gottes Nähe.
4 Doch alle, die nach Gottes Willen leben, werden sich freuen und jubeln in Gottes Gegenwart. Ja, sie sollen jauchzen vor lauter Freude!
5 Singt Gott ein Lied, lasst einen Psalm erklingen zur Ehre seines Namens! Bereitet den Weg für ihn, der durch die Steppen herbeireitet – „HERR" wird er genannt. Empfangt ihn mit Jubel!
6 Ein Vater für die Waisen, ein Anwalt für die Witwen ist Gott in seinem Heiligtum.
7 Gott schenkt vereinsamten Menschen ein Zuhause, Gefangene führt er in Freiheit und Wohlergehen. Doch wer sich ihm widersetzt, der muss bleiben in dürrem Land.

HEIMAT FÜR DIE EINSAMEN. In dieser Welt „fressen die Starken die Schwachen", wie das Sprichwort sagt. Aber Gottes Stärke besteht gerade darin, dass er für die Schwachen sorgt (V. 6). Deswegen sollten wir als Christen für unseren Einsatz für und unsere hingebungsvolle Liebe zu den Armen und Ausgegrenzten bekannt sein. Das wäre ein angemessenes Zeugnis für das Evangelium. Denn Gott ruft niemanden dazu, sich das Heil durch seine eigene Stärke zu verdienen. Er kam in diese Welt, wurde schwach für uns, starb für uns, um so die zu retten, die ihre geistliche Ohnmacht eingestehen. Gott hat außerdem die Menschen so geschaffen, dass sie am besten in einer Familie gedeihen (1Mo 2,21-25). Aber für die, die keinen Ehepartner, keine Eltern oder Kinder haben, gibt es die Gemeinde als Familie Gottes (Mk 3,31-35), die durch das „Blutsband" des Geistes verbunden ist (Gal 4,4-6) und den Einsamen Väter und Mütter, Brüder, Schwestern und Kinder schenkt (1Tim 5,1-2).

Gebet: *Herr, ich preise dich, dass du uns in deinem Ebenbild geschaffen hast – für tiefe, liebevolle Beziehungen. Danke für deine Gemeinde, dein großes Geschenk, deine Familie. Lass mich dazu beitragen, dass meine Gemeinde nicht nur eine Interessengemeinschaft oder eine zufällig zusammengewürfelter Klub ist, sondern eine Familie aus Brüdern und Schwestern, die ganz besonders für die da ist, die keine eigene Familie haben. Amen.*

8 Gott, als du auszogst an der Spitze deines Volkes, als du einhergeschritten
bist durch die Wüste, 9 da bebte die Erde, da spendete der Himmel Wasser
vor dir, Gott, vor dem Gott, der am Sinai gesprochen hat, dem Gott Isra-
els! 10 Regen in Fülle ließt du strömen, o Gott, und so oft dein eigenes Land
auch ermattet war – du hast es wieder gestärkt und aufgerichtet. 11 Dein Volk
wurde darin sesshaft. In deiner Güte hast du, Gott, für die Armen gesorgt.
12 Der Herr hat ein Machtwort gesprochen, und eine große Schar von Frauen
hat dann den Sieg verkündet. 13 Die Könige der feindlichen Heere fliehen, ja
sie ergreifen die Flucht. Und die Frauen zu Hause können nun reiche Beute
austeilen. 14 Wollt ihr da noch bei euren Herden lagern? Eure Pracht gleicht
der einer Taube, deren schillernde Flügel wie mit Silber überzogen sind, und
ihre Schwungfedern wie mit feinstem Gelbgold. 15 Als der allmächtige Gott
die feindlichen Könige auseinandertrieb, da fiel Schnee auf dem Berg Zalmon.
16 Ein wahrhaft majestätischer Berg ist der Baschan, ein Höhenzug mit vielen
Gipfeln. 17 Doch warum blickt ihr gipfelreichen Berge so voller Neid? Warum
schaut ihr auf jenen anderen Berg, den Gott sich als Wohnsitz auserkoren hat?
Kein Zweifel, der HERR wird dort für immer wohnen! 18 Gottes Streitwagen
sind unzählbar, tausendmal Tausende. Der Herr selbst ist mitten unter ihnen,
erhaben und heilig wie der Berg Sinai. 19 Du bist im Triumphzug zur Höhe
hinaufgefahren, hast Gefangene mit dir geführt. Geschenke hast du entgegen-
genommen von den Menschen, auch von den Widerspenstigen. Gewiss, Gott,
der HERR, wird hier wohnen bleiben!

GOTT STREITET FÜR UNS. Der Psalm ruft uns den Auszug aus Ägypten und die Wanderung ins verheißene Land in Erinnerung (V. 11). Gott hat für sein Volk gekämpft (V. 13-17) und seinen Thron eingenommen (V. 18), als die Bundeslade ins Heiligtum auf dem Zionsberg gebracht wurde (2Sam 6,12.17). Paulus sieht darin ein Bild für eine größere Thronbesteigung, in der Christus uns von Sünde und Tod befreit und die Gaben seines Geistes mitteilt (Eph 4,8-16; Apg 2,33).[45] Wir aktivieren diese Gaben, wenn wir die Bibel als Waffe in unserem Kampf mit Zweifel und Versuchung einsetzen (Eph 6,10-20). Wenn wir das tun, werden wir erfahren, dass Gott noch immer auf unserer Seite kämpft.

***Gebet:** Herr, manchmal fühle ich mich so schwach, dass ich nur noch bitten kann: Streite du für mich. Amen.*

20 Gepriesen sei der Herr! Tag für Tag trägt er unsere Last; ja, er, Gott, ist un-
sere Rettung. 21 Gott schenkt uns Rettung auf vielfältige Weise. Der HERR,
ja, er, der Herr hat Auswege selbst da, wo man dem Tod preisgegeben ist!
22 Gewiss, Gott wird seinen Feinden den Kopf zerschmettern, das stolz er-
hobene Haupt eines jeden, der sich von seiner Sünde nicht abbringen lässt.
23 Der Herr hat gesagt: „Deine Feinde bringe ich zurück aus Baschan, selbst
aus den Tiefen des Meeres hole ich sie wieder hervor. 24 Denn du sollst deine
Füße baden im Blut deiner Feinde, und auch deine Hunde sollen es auflecken
mit ihrer Zunge."

DIE GROSSE RETTUNG. Hier begegnet uns ein Gott, von dem wir mehr erfahren wollen. Ein Gott, der „Tag für Tag … unsere Last trägt" (V. 20) und uns selbst angesichts des Todes einen Ausweg aufzeigt (V. 21). Die Last eines anderen zu tragen bedeutet, sich an die Stelle des anderen zu versetzen, sein Leben zu teilen, damit er das, was ihn beschwert, nicht allein schultern muss. In Christus ist Gott buchstäblich an unsere Stelle getreten, ist Mensch geworden und hat nicht nur die normalen Leiden der Sterblichkeit getragen, sondern auch die Strafe, die wir für unsere Sünden verdienen (und die V. 22-24 drastisch beschreiben). Unter dieser Last ist er zerbrochen (Jes 53,4-5; Lk 22,41-44). Der Tod war einmal ein gerechter Henker; aber für alle, die in Christus sind, ist er zum Gärtner geworden, „ein Pförtner, der unsere Seele weit hinter die entferntesten Sterne und Pole hinausführt".[46]

Gebet: *Herr, du hast die Last von mir genommen, unter der ich zerbrechen könnte – mein Bemühen, mich selbst zu erlösen, den Versuch, Sinn und Sicherheit in mir selbst zu finden. Danke, dass du mich gefunden hast, als ich diese schwere Last trug, und dass du mir so tiefen Frieden geschenkt hast (Mt 11,28-30).*

25 Gott, alle sehen deinen Triumphzug, wie du, mein König und mein Gott,
einziehst ins Heiligtum. 26 Ganz vorne schreiten die Sänger, dann folgen die
Musiker mit ihren Saiteninstrumenten, sie alle sind umringt von Mädchen mit
Handpauken. 27 Preist Gott in euren Chören! Preist alle den HERRN, die ihr
vom Stammvater Israels herkommt wie Wasser von einer Quelle! 28 Die nächs-
te Abteilung führt Benjamin an, der kleinste der Stämme, die Fürsten von
Juda folgen in großer Schar, dahinter die Fürsten von Sebulon, dann die von
Naftali. 29 Du sollst mächtig sein, Israel, das ist der Wille deines Gottes! Alles,
was du, o Gott, für uns vollbracht hast, das erhalte in deiner Kraft! 30 Dort in
deinem Heiligtum über Jerusalem werden Könige dir ihre Gaben bringen.
31 Weise das Tier im Schilf in seine Schranken, ebenso die Gewaltherrscher
und ihre Völker, die einer Horde Stiere mit ihren Kälbern gleichen! Sie sollen
sich dir unterwerfen und dir Tribut aus Silber zollen! Ja, Gott zerstreut die
Völker, die am Krieg Gefallen haben. 32 Aus Ägypten kommen die Würden-
träger herbei, Äthiopien bringt Gott mit vollen Händen Geschenke dar.

GEBET DER VÖLKER. Einmal werden Menschen aus allen Völkern der Erde unseren Gott anbeten (V. 28.32). Und zwar nicht, weil wir sie unterworfen hätten, sondern weil Gott ihre rebellischen Herzen besiegt hat. Einen solchen „Triumphzug" der Völker zum Tempel in Jerusalem hat es nie gegeben (V. 25). Erst in Jesus – dem endgültigen Tempel, der durch sein letztgültiges Opfer den heiligen Gott und eine sündhafte Menschheit verbindet (Joh 2,18-22) – werden Menschen aus allen Völkern eins in einer neuen Gemeinschaft. Jesus sagt, das Gebet im Haus Gottes solle alle Völker verbinden (Mk 11,17). Und tatsächlich verbindet nichts Menschen quer über alle Grenzen von Rasse und Kultur hinweg so sehr wie gemeinsames Gebet und Gotteslob, wie dieser Psalm es auch schildert. In einer solchen Gemeinde werden selbst Sprachbarrieren überwunden. Die Anbetung Gottes ist der Schlüssel zur Überwindung der Spaltungen unter den Menschen.

Gebet: *Herr, lass nicht zu, dass sich deine Kirche nur einer bestimmten Kultur verbunden sieht. Mach deine Gemeinde immer bunter, internationaler, ethnisch, kulturell und sprachlich vielfältig. Lehre uns, die Einheit zu erkennen und zu stärken, die wir in dir haben, und sie der Welt zu zeigen, indem wir dir ein herrliches Lob singen und dich anbeten. Amen.*

33 Ihr Königreiche der Erde, preist Gott mit Gesang! Singt und spielt Psal-
men für ihn, den Herrn, 34 der durch die Himmel reitet, die seit Urzeiten
bestehen. Hört! Er lässt seine Stimme erschallen, gewaltig wie ein Donner!
35 Erkennt Gottes Herrschaft an! Über Israel erstreckt sich seine Majestät und
seine Macht über alle Wolken hinaus. 36 Ehrfurchtgebietend bist du, o Gott, in
deinem Heiligtum. Der Gott Israels verleiht Macht und Stärke seinem Volk.

EHRFURCHT UND INTIMITÄT. Dieser Lobpreis, der Psalm 68 abschließt, bordet förmlich über vor Ergriffenheit und Begeisterung. Das ist immer ein Zeichen echten Gotteslobs, wahrer Anbetung. Aber daneben finden wir hier auch die beiden Pole, zwischen denen das biblische Gotteslob sich immer bewegt – Ehrfurcht und innige Nähe. „Der Psalm bekräftigt die kosmische Macht Gottes (V. 34.35), nennt ihn aber noch immer den Gott Israels (V. 36), nicht eine diffuse, konturlose Gottheit. Der Psalm … beweist zugleich ein eigenes Verständnis dieser Wirklichkeit, dieser Verbindung von ungeheurer Macht und intensiver Sorge in dem Gott, dessen Majestät sich über Israel erstreckt und dessen Macht über alle Wolken hinausreicht.“[47] Wenn wir nur zu einem erhabenen, weit entfernten Gott beten, wird unser Gebet kalt und ängstlich sein – wenn wir nur zu einem Geist der Liebe beten, wird es sentimental.

Gebet: *Herr, du bist unermesslich hoch erhaben, furchterregend in deiner Größe und jenseits dessen, was mein Verstand fassen kann. Und doch bist du Mensch geworden, ein kleiner Säugling, und bietest mir in Jesus Christus deine Freundschaft an. Ich kann nur staunen über deine Herrlichkeit und Gnade! Bitte, schenk mir, dass mein Leben geprägt ist von heiliger Ehrfurcht vor dir und großer Freude über deine Nähe und Vertrautheit. Amen.*

Psalm 69,1-7 — 1. Juni

[1] *Für den Dirigenten. Auf die gleiche Weise wie das Lied „Lilien“ zu begleiten. Von*
David.
[2] Rette mich, Gott, denn das Wasser steht mir bis zum Hals! [3] Ich versinke in
tiefem Schlamm und finde keinen Halt. Das Wasser reißt mich in die Tiefe,
die Flut überschwemmt mich. [4] Erschöpft bin ich durch mein ständiges Rufen,
meine Kehle brennt, meine Augen erlöschen – ich aber warte weiter sehn-
süchtig auf meinen Gott. [5] So viele Menschen hassen mich ohne Grund, sie
sind zahlreicher als die Haare auf meinem Kopf. Ihre Macht ist groß, und sie
wollen mich zum Schweigen bringen, verlogene Feinde sind sie allesamt. Ich
soll ihnen ersetzen, was ich gar nicht gestohlen habe. [6] Du allein, mein Gott,
weißt, wo ich unverständig bin; meine Schuld ist dir nicht verborgen. [7] Lass es
mit mir nicht so weit kommen, allmächtiger Herr, du HERR über alles, dass
sich nun alle, die auf dich hoffen, meinetwegen schämen müssen! Lass nicht
zu, dass durch mich Schimpf und Schande die trifft, die deine Nähe suchen,
du Gott Israels!

GRUNDLOS GEHASST. Hier spricht ein Mensch, der verleumdet wurde und tief verletzt ist (V. 2-4). Falsche Anschuldigungen (V. 5) führen zu Selbstanklage (V. 6), denn er weiß um seine tatsächlichen Sünden. Aber er denkt nicht nur an seinen eigenen Ruf. Was ihm Sorge macht, ist, dass andere seinetwegen auch in Schimpf und Schande geraten (V. 7). Einem Menschen, der selbstbezogener und verhärteter wäre, käme dieser Gedanke wohl erst gar nicht. Je heiliger wir sind, umso mehr Raum haben andere und hat Gott in unserem Herzen und umso schmerzlicher spüren wir die Traurigkeit der Welt. Jesus ist der vollkommene Mensch, und er war „ein Mann der Schmerzen“. Die Nähe zu Gott macht uns zugleich viel glücklicher und viel trauriger. Aber der Schlusston ist Freude – in jedem Fall (Ps 30,6).

***Gebet:** Herr, wenn andere großes Leid trifft, halte ich mich manchmal heraus aus Angst, dass ihre Trauer mich auch verschlingt. Aber du hast mich geliebt und dich nicht aus meinem Leben herausgehalten – und das hat dir unendlich großen Schmerz bereitet. Stärke mich durch deine Gnade, damit ich offen bin, zu erkennen und zu geben, was andere von mir brauchen. Amen.*

8 Denn weil ich zu dir gehöre, werde ich mit Hohn und Spott überschüttet, die
Scham ist mir ins Gesicht geschrieben. 9 Selbst meinen Brüdern bin ich fremd
geworden, meine eigenen Geschwister begegnen mir, als gehörte ich nicht
zum selben Volk wie sie. 10 Denn die Leidenschaft für dein Haus hat meine
ganze Kraft verzehrt, gegen mich richten sich die Beschimpfungen derer, die
sonst dich beschimpfen. 11 Als ich weinte und fastete, selbst dann haben sie
mich noch verhöhnt. 12 Legte ich in Trauer ein Gewand aus Sackleinen an,
so dichteten sie Spottverse auf mich. 13 Beim Stadttor, wo die Leute sich tref-
fen, ziehen sie über mich her, und die Betrunkenen verhöhnen mich in ihren
Saufliedern.

MISSVERSTANDEN. David dient seinem Gott von Herzen und mit Leidenschaft, und man verachtet ihn dafür (V. 10). Er betet, er fastet, er bereut seine Sünden – und man spottet über ihn (V. 11.12). Seine Welt ist gar nicht so viel anders als unsere. Selbst als das Christentum im Westen noch selbstverständlich war, wurden Menschen, die es mit dem Glauben sehr ernst nahmen, belächelt. Heute werden sie eher verachtet. Die Welt versteht das Evangelium der Gnade nicht, in der ein gottgemäßes Leben die Frucht einer demütigen und dankbaren Freude ist und nicht ein Weg, sich den Himmel zu verdienen. Und deshalb versteht sie einen Lebensstil, der sich an Gott und seinen Ordnungen orientiert, als Selbstgerechtigkeit oder Bigotterie. Das sollte uns nicht überraschen (2Tim 3,12). Allerdings sollten wir dieser Fehleinschätzung den Boden entziehen durch ein Leben, das von Bescheidenheit, Vergebungsbereitschaft und Hingabe für andere geprägt ist.

Gebet: *Herr, du hast gesagt, dass wir mit Verfolgung rechnen müssen, wenn wir deinen Willen tun. Lass mich nicht so furchtsam sein, dass ich für meinen Glauben nicht auch etwas in Kauf nehme. Aber lass auch nicht zu, dass ich tatsächlich selbstgerecht und scheinheilig werde und andere mit Recht über mich spotten. Amen.*

14 Ich aber bete zu dir, HERR, jetzt zur gelegenen Zeit. Gott, antworte mir
doch in deiner großen Gnade, rette mich, so wie du es in deiner Treue schon
immer getan hast! 15 Zieh mich heraus aus dem Schlamm, damit ich nicht ver-
sinke! Rette mich vor dem Zugriff meiner Feinde, die mich hassen, lass mich
dem tiefen Wasser entkommen! 16 Sorge dafür, dass die Flut mich nicht über-
schwemmt und die tiefen Strudel mich nicht verschlingen, möge der Brunnen
mich nicht für immer in seinem Schlund begraben! 17 Antworte mir, HERR,
denn deine Gnade ist wohltuend! Wende dich mir zu in der ganzen Fülle
deines Erbarmens. 18 Verbirg dein Gesicht nicht vor mir, deinem Diener, denn
mir ist angst und bange. Antworte mir doch rasch! 19 Schenk meiner Seele
deine Nähe und erlöse mich, befreie mich meinen Feinden zum Trotz!

GOTTES ZEITPLANUNG. David betet weiter. Er bestürmt Gott, ihn zu erhören, und zwar nicht, weil er das verdient hätte, sondern weil Gottes Wesen Gnade und Erbarmen ist (V. 17). Er bedrängt Gott, ihn rasch zu erhören (V. 18); und das in sehr emotionalen Worten („dass die Flut mich nicht überschwemmt und die tiefen Strudel mich nicht verschlingen“; V. 16). Aber er weiß auch, dass Gott „zur gelegenen Zeit“ (V. 14) antworten wird. Wenn wir beten, dürfen wir leidenschaftlich sein und auch verzweifelt. Aber wir müssen auch bereit sein, auf Gottes Zeitpunkt zu warten. Nichts wirft uns so sehr zurück auf Gottes souveräne Liebe und Weisheit, als wenn wir lange Zeit im Gebet „dranbleiben“ und auf seine „gelegene Zeit“ warten müssen. „Der Unglaube redet hier von Verzögerung; der Glaube weiß, dass es so etwas nicht wirklich geben kann.“[48]

***Gebet:** Herr, Abraham, Josef und David haben Jahrzehnte darauf gewartet, dass du ihre Gebete erhörst oder deine Verheißungen erfüllst. Aber sie waren weise genug, deinen Zeitplan für perfekt zu halten. Hilf mir, wenn es mir zugegebenermaßen schwerfällt, deinem Urteil und deinem Zeitplan zu vertrauen und alles, was mich belastet, in deine Hände zu legen. Amen.*

[20] Du weißt, wie viel Spott und Verachtung ich ernte, welche Schande ich er-
tragen muss. Alle meine Widersacher sind dir vor Augen. [21] Der Hohn hat mir
das Herz gebrochen, ich verzweifle. Ich hoffte auf Mitleid – es gab keins. Ich
sah mich um nach Tröstern – es waren keine zu finden. [22] Man gab mir Galle
zur Speise, und Essig reichte man mir zu trinken, als ich durstig war.

UNERHÖRTE GEBETE. David betet inständig, aber er erfährt Gottes Hilfe nicht. Plötzlich werden wir an Jesus erinnert – daran, dass er am Kreuz Spott und Verachtung preisgegeben war, dass er ohnmächtig und verlassen war und man ihm Essig zu trinken gab (V. 22; Joh 19,28.29). Jesus kannte die Qual unerhörten Gebets – er kennt sie noch. Er hat Gott gebeten, einen anderen Weg zu unserem Heil zu finden und ihm die Qual des Kreuzes zu ersparen (Lk 22,42). Aber Gott hat ihm geantwortet: „Es *gibt* keinen anderen Weg, um sie zu retten … Wenn ich sie retten will, kann ich dich nicht verschonen." Das beantwortet nicht nur die Frage: Gibt es wirklich keinen anderen Weg zum Heil als Jesus? (Nein.) Es ist auch unser tiefster Trost, wenn wir erleben, dass Gott unser Gebet nicht erhört.

Gebet: *Herr, du hast den Schmerz auf dich genommen, dass dein Gebet nicht erhört wurde. Und du hast es für mich getan. Das hilft mir, Geduld zu haben, wenn ich denke, dass du mein Gebet nicht hörst. Dein Kreuz beweist, wie sehr du mich liebst. Deshalb kann ich sicher sein, dass du mich hörst und dass du meine Bitte genauso erhörst, wie ich es mir wünschen würde, wenn ich deine Weisheit besäße. Amen.*

23 Dafür sollen ihnen ihre Opferfeste zur Falle werden, ja, zum Fangnetz für
diese gleichgültig dahinlebenden Menschen! 24 Lass es finster werden vor
ihren Augen, sodass sie nichts mehr sehen können! Ihre Hüften sollen so
schwach sein, dass sie nie mehr sicher auf den Beinen sind! 25 Überschütte sie
mit deinem Grimm, ja, dein glühender Zorn soll sie treffen. 26 Ihr Wohngebiet
soll öde und verlassen sein, und in ihren Zelten soll niemand mehr wohnen.
27 Denn eigenmächtig verfolgen sie den, der von dir bereits gestraft wurde;
und leichtfertig erzählen sie vom Schmerz derer, die du verwundet hast.
28 Füge ihrer Schuld neue Schuld hinzu, und lass sie nicht teilhaben an deinem
Heil. 29 Ihre Namen sollen aus dem Buch des Lebens gestrichen werden, damit
sie nicht darin stehen zusammen mit denen, die nach deinem Willen leben.

FÜGE IHRER SCHULD NEUE SCHULD HINZU. Hier betet ein Mensch darum, dass seine Feinde verflucht werden, verdammt (V. 23-29). Wie sollen wir das verstehen? Zunächst einmal „schreckt uns das auf, sodass wir ein wenig nachempfinden können, wie groß die Verzweiflung sein muss, die so beten lässt"; und das hält uns davon ab, uns einfach mit der Ungerechtigkeit der Welt abzufinden.[49] Zugleich klingt hier schon etwas an vom Leiden Jesu (V. 5.8.22) und erinnert uns daran, dass wir nicht an derselben Stelle stehen wie der Beter. Wir stehen auf der anderen Seite des Kreuzes. Stephanus hat seine Rehabilitation von Jesus erhofft, nicht die Vergeltung für die Feinde, und wie Jesus (Lk 23,24) hat er für seine Feinde gebetet, während sie in steinigten (Apg 7,54-60). Der Beter ist im Recht, wenn er ein Urteil über das Unrecht verlangt. Aber diese Vergeltung hat Jesus getroffen. Das verändert unsere Perspektive darauf, worauf wir ein Anrecht haben und wie wir für unser Recht kämpfen, für immer.

Gebet: *Herr, dieser Psalm erinnert mich daran, dass ich es nicht aufgeben darf, Gerechtigkeit zu suchen. Aber ich soll das nicht im Geist der Rachsucht oder Feindseligkeit tun. Hilf mir, zu vergeben, wenn mir Unrecht geschieht. Erinnere mich daran, dass du mir in Jesus vergibst – völlig unverdient. Aber schenk mir auch den Mut und die Leidenschaft, die nötig sind, um Unrecht gutzumachen, wo ich kann. Amen.*

30 Ich aber bin vom Leid gebeugt und voller Schmerzen, greif ein, o Gott, und
bring mich in Sicherheit! 31 Rühmen will ich den Namen Gottes mit einem
Lied, voller Dank will ich ihn preisen. 32 Das gefällt dem HERRN viel bes-
ser als ein Opferstier, besser als das vorzüglichste Jungtier mit Hörnern und
gespaltenen Hufen. 33 Alle, die wie ich Unrecht geduldig ertragen, werden es
sehen und sich freuen. Ihr alle, die ihr Gottes Nähe sucht – euer Herz lebe
auf! 34 Denn der HERR gibt acht auf Menschen, die seine Hilfe brauchen. Er
verachtet keinen, der gefangen ist und zu ihm gehört.

LEID ALS KAPITAL. Was tun wir, wenn Leid und Schmerz uns treffen? Nicht selten überlassen wir uns Gefühlen wie Selbstmitleid, Bitterkeit, Angst oder Neid. Und zwar, weil „alles, was schwierig ist, auf etwas verweist, das in unserer Theorie vom Leben noch keinen Platz gefunden hat".[50] David allerdings verfällt nicht in diese selbstfixierten Haltungen, denn sein Verständnis des Lebens bietet auch Raum für das Leid – und er nutzt es, um Gott zu rühmen (V. 30.31). Das Lob Gottes ist ein Gegengift gegen die Beschäftigung mit uns selbst, in die wir versinken können, wenn wir leiden. Das Lob Gottes ehrt Gott, und darüber hinaus ermutigt es andere (V. 33). Wenn uns also Leid trifft, wollen wir nicht grüblerisch um uns selbst kreisen; wir wollen uns Gott zuwenden und ihn rühmen und wir wollen uns anderen zuwenden und ihnen dienen.

***Gebet:** Herr, lehre mich, Schwierigkeiten und Leid nicht nur als etwas zu sehen, was man eben ertragen muss, sondern als ein Kapital, das ich investieren kann. Dir und anderen zu dienen, wenn ich das überhaupt nicht will, das ist der größte Liebesbeweis, der sich denken lässt. Hilf mir, das zu sehen, und lehre mich, dir für das Vorrecht zu danken, in leidvollen Zeiten geduldig auf dich und deine Hilfe zu warten. Amen.*

35 Himmel und Erde sollen ihn loben, auch die Meere und alle Lebewesen
darin! 36 Denn Gott wird die Stadt Zion retten und die Städte in Juda wieder
aufbauen, damit sein Volk in ihnen wohnt und das Land besitzt. 37 Ja, die
Nachkommen derer, die ihm dienen, werden es als Erbe erhalten. Alle, die
seinen Namen lieben, werden dort wohnen.

HEUTE SCHON AUS DER ZUKUNFT LEBEN. Es gibt keinen Hinweis darauf, dass Davids äußere Situation sich geändert hätte. Daher verwundert es, dass er sein Gebet mit diesem Lobpreis beendet. David sieht eine Zeit kommen, in der es Krankheit, Unrecht und Unterdrückung nicht mehr geben wird, eine Zeit, in der alle Dinge in Ordnung gebracht sind. Paulus spricht davon, dass das, was wir jetzt erleiden, auf eine unbegreifliche, wunderbare Weise bewirkt, dass jene kommende Herrlichkeit nur noch strahlender und schöner wird (2Kor 4,16-18). Wenn wir an Christus glauben, dann ist uns dieses Erbe sicher, das nicht von Motten gefressen oder von der Zeit geraubt werden kann (Mt 6,19-25). Wenn wir schon heute Heilung und Befreiung erleben, dann sind das nur kleine Fenster auf die großen Dinge, die noch kommen. Lernen wir es, durch diese Fenster zu sehnen, klammern wir uns an das verheißene Heil und loben wir Gott.

Gebet: *Herr, ich muss lernen, dich zu loben – denn das ist das Einzige, was dir die Ehre gibt, die dir zukommt, und was meine Seele erfüllt. So „sing ich dir mit Herz und Mund, Herr, meines Herzens Lust. Ich sing und mach auf Erden kund, was mir von dir bewusst.“*[51] *Amen.*

[1] *Für den Dirigenten. Ein Psalm Davids, um sich bei Gott in Erinnerung zu bringen.*
[2] Eile herbei, Gott, mich zu retten; HERR, komm mir schnell zu Hilfe!
[3] Hohn und Spott sollen alle ernten, die mir nach dem Leben trachten! Ja, alle,
die mein Unglück herbeiwünschen, mögen abziehen, beladen mit Schmach
und Schande! [4] Über ihre eigene Schmach beschämt sollen sie zurückweichen,
sie, die mich verhöhnen: „Ha! Das geschieht dir recht!" [5] Doch alle, die dich
suchen, sollen jubeln vor Freude über dich. Ja, alle, die nach deiner Rettung
verlangen, mögen es immer wieder bezeugen: „Gott ist groß!" [6] Ich aber bin
arm und vom Leid gebeugt – Gott, eile herbei! Du bist meine Hilfe und mein
Befreier, HERR, zögere nicht länger!

DAS GEHEIMNIS. Es gibt eine Art heiliger Zudringlichkeit beim Beten. Jesus selbst heißt diese „Unverschämtheit" (Lk 11,8; ELB) gut, dieses unnachgiebige Drängen, mit dem wir Gott mit unseren Bitten in den Ohren liegen. Aber auch noch in diesem so drängenden Gebet nimmt David seine große Not zum Anreiz, Gott zu loben (V. 5). Die Umstände können uns dazu bringen, Gott zu bestürmen; aber noch bevor sie sich verändern (V. 6), können wir schon sagen: „Gott ist groß!", wenn wir erkennen, dass Gott selbst und seine Rettung (V. 5) ausreichen. Elisabeth Elliot hat es auf den Punkt gebracht: „Das Geheimnis ist Christus in mir, nicht ich in anderen äußeren Umständen."[52]

***Gebet:** Herr, mein Gebet ist oft so kläglich. Ich bete vage und halbherzig oder erregt und vorwurfsvoll und sage dir genau, was du zu tun hast. Lehre mich, mit Disziplin und Leidenschaft zu beten und zugleich gelassen und zufrieden anzunehmen, was deine Liebe und dein Wille tut oder geschehen lässt. Denn durch meine Gebete willst du viel Gutes tun – in der Welt und an meinem Herzen. Amen.*

[1] Bei dir, HERR, habe ich Zuflucht gefunden – lass mich nie in Schande ge-
raten! [2] Erweise mir deine Treue, hilf mir und befreie mich, neige dich zu mir
herab und schenke meinem Rufen ein offenes Ohr! Rette mich doch! [3] Sei
für mich ein Fels, ein sicheres Zuhause, zu dem ich immer fliehen kann. Du
hast ja fest beschlossen, mich zu retten. Denn mein Fels und meine Burg, das
bist nur du! [4] Mein Gott, befreie mich aus den Fängen der Gottlosen, rette
mich aus den Klauen verbrecherischer und gewalttätiger Menschen! [5] Denn
du allein bist meine Hoffnung, Herr, ja, HERR, du bist meine Zuversicht von
meiner Jugend an. [6] Seit mein Leben begann, bist du mein Halt, aus dem Mut-
terleib hast du mich ans Licht gezogen. Dich will ich loben allezeit.

ERWEISE MIR DEINE TREUE. Der Beter erfleht Gottes Hilfe, weil Gott treu ist (V. 2). Wörtlich heißt es hier: weil Gott „gerecht“ ist. Aber sollte er uns dann nicht eher strafen als uns zu Hilfe zu kommen? „Wenn du, Herr, die Sünden anrechnen willst – wer kann dann noch vor dir bestehen?“ (Ps 130,3). Wie kann Gott uns lieben und gleichzeitig seiner Gerechtigkeit treu bleiben? Die Bibel ist eine einzige ausführliche Antwort auf diese Frage. Nur durch Jesus ist das möglich. Wer außer ihm hat sich vom Moment seiner Geburt an so ausschließlich auf Gott verlassen (V. 6)? Er hat das Heil erworben, das wir nicht verdienen, und den Fluch der Sünde getragen, der uns treffen sollte (Gal 3,10-14). In Christus können wir Davids Zuversicht teilen (V. 5) – aus reiner Gnade.

***Gebet:** O Herr, du bist viel eher bereit, mich zu hören, als ich bereit bin zu beten. Du willst mir viel mehr schenken als ich wünsche oder verdiene. Ich nehme meine Zuflucht zu Jesus und zu dem, was er für mich getan hat, denn sonst wäre es anmaßend, dich um das zu bitten, worum ich dich jetzt bitte: Schenk mir deinen Schutz und die Freude an dir. Amen.*

7 Für viele bin ich zu einem abschreckenden Beispiel geworden, du aber bist
meine sichere Zuflucht. 8 Mein Mund ist voll deines Lobes, lässt deinen Ruhm
erklingen den ganzen Tag. 9 Stoße mich auch jetzt nicht von dir, wo ich alt ge-
worden bin; wenn meine Kräfte mehr und mehr schwinden – auch da verlass
mich nicht! 10 Denn meine Feinde reden schon das Schlimmste über mich,
und die mir nach dem Leben trachten, beraten sich. 11 Sie sagen: „Gott hat ihn
verlassen! Verfolgt und ergreift ihn, denn keiner ist da, der ihm hilft!" 12 Gott,
zieh dich nicht von mir zurück, eile schnell herbei, um mir zu helfen! 13 Schei-
tern und umkommen sollen alle, die mich bis aufs Äußerste bekämpfen, mit
Schimpf und Schande beladen seien alle, die mich ins Unglück stürzen wollen!
14 Ich aber werde stets auf dich hoffen und noch mehr dazu beitragen, dass
man dich überall rühmt. 15 Aus meinem Mund wird man hören, wie du deine
Treue erweist, den ganzen Tag will ich davon reden, dass du Rettung schenkst.
Ich kann gar nicht mehr zählen, wie oft du schon geholfen hast! 16 Ich will
zum Heiligtum kommen, um die mächtigen Taten Gottes, des HERRN, zu
verkünden. Deine Treue will ich preisen, dich allein will ich rühmen. 17 Gott,
schon von meiner Jugend an hast du mich unterwiesen, und bis zum heutigen
Tag verkünde ich deine Wunder. 18 Verlass mich nicht im Alter, mein Gott,
auch nicht, wenn ich ein Greis mit weißen Haaren bin. Denn noch der Ge-
neration nach mir möchte ich verkünden, wie du eingreifst; allen, die noch
kommen, will ich von deiner Macht erzählen.

ALT WERDEN. Im Alter schwinden die Kräfte (V. 9) und wir schaffen nicht mehr, was uns früher gelang (V. 10.11). Aber unser Wert hängt nicht von unserem gesellschaftlichen Status ab, sondern von Gottes Sichtweise (V. 7.) Als der anglikanische Prediger Charles Simeon († 1836) sich nach 54 Jahren aus dem aktiven Dienst zurückzog, bemerkte ein Freund, dass er noch immer jeden Tag um 4.00 Uhr morgens aufstand, um zu beten und die Bibel zu studieren. Der Freund legte ihm nahe, es doch etwas ruhiger angehen zu lassen, und erhielt zur Antwort: „Sollte ich jetzt etwa nicht mit voller Kraft weiterlaufen, wo das Ziel schon in Sicht ist?"[53]

***Gebet:** Herr, hilf mir, mich schon jetzt auf mein Alter vorzubereiten. Zeig mir durch deinen Geist, dass mein Wert nicht davon abhängt, wie viel ich verdiene oder leiste oder wie beliebt ich bin. Ich bin wertvoll, weil ich zum Volk und zur Familie Gottes gehöre. Amen.*

19 Gott, deine Treue ist so groß, dass sie bis an den Himmel reicht! Du hast
große Wunder getan – Gott, wer ist dir gleich? 20 Du hast uns Nöte und bit-
teres Leid erfahren lassen, du wirst uns auch wieder neues Leben schenken
und uns aus den tiefsten Abgründen der Erde emporführen. 21 Du wirst mein
Ansehen vor den Menschen wiederherstellen, du wendest dich mir erneut zu
und tröstest mich. 22 So will ich dich nun preisen zum Spiel auf der Harfe, dich
loben für deine Treue, mein Gott. Ich will dir Psalmen singen zur Zither, du
heiliger Gott Israels. 23 Jubel soll über meine Lippen kommen, wenn ich ein
Lied für dich anstimme. Auch meine Seele, die du erlöst hast, jubelt dir zu.
24 Mit meinem Mund will ich den ganzen Tag verkünden, dass du deine Treue
erweist. Denn gescheitert und mit Schande bedeckt stehen alle da, die mich
ins Unglück stürzen wollen.

DU WIRST UNS NEUES LEBEN SCHENKEN. Mitten in diesem Psalm steht ein Satz, den man leicht überlesen kann, der uns aber nachdenklich machen sollte: „Du hast uns Nöte und bitteres Leid erfahren lassen, du wirst uns auch wieder neues Leben schenken“ (V. 20). Der Beter vertraut auf Gottes unübertreffliche Weisheit und Liebe, obwohl Gott auch bitteres Leid in seinem Leben zugelassen hat. Er weiß, dass letzten Endes alles, was geschieht, dem Ziel dienen muss, uns neues Leben zu schenken – in uns Liebe, Weisheit und geistliche Freude wachsen zu lassen und einmal unseren Leib zu einem neuen Leben auferstehen zu lassen, in dem es keinen Tod und kein Dunkel mehr gibt (Röm 8,18-25). Ja, es stimmt wirklich: „Alles, was er schickt, ist nötig; nichts, was er vorenthält, kann nötig sein.“[54]

***Gebet:** Herr, bewahre mich davor, dass mit wachsendem Alter auch Stolz oder Sorge in mir wachsen. Lass stattdessen meine Demut zunehmen, ich erkenne ja immer besser, wie viele Sünden du mir vergeben, vor wie vielen du mich bewahrt hast. Lass meine Geduld zunehmen, wenn ich immer besser begreife, wie viel Geduld du mit mir hast. Amen.*

Psalm 72,1-7 — *12. Juni*

1 *Von Salomo.*
Gott, gib dem König Vollmacht, in deinem Namen Recht zu sprechen, er-
mögliche es ihm, dem Königssohn, Gerechtigkeit in deinem Sinne auszu-
üben! 2 Er regiere als gerechter Herrscher über dein Volk und lasse die Armen
und Unterdrückten zu ihrem Recht kommen. 3 Möge der Friede sich über das
Volk ausbreiten und selbst die Berge bedecken, mögen die Hügel des Landes
bekleidet sein mit Gerechtigkeit! 4 Der König schaffe Recht den Armen und
Gebeugten im Land, er rette die Kinder der Bedürftigen und zerschmettere
ihre Unterdrücker. 5 Möge dir Ehrfurcht entgegengebracht werden, solange
die Sonne scheint und der Mond für uns leuchtet, jetzt und in allen künftigen
Generationen! 6 Der König sei für unser Land so wohltuend wie Regen, der
auf frisch gemähte Wiesen niederfällt, wie lang ersehnte Schauer, die dem
Erdboden Wasser geben! 7 In seinen Tagen sollen alle aufblühen, die nach
Gottes Willen leben. Friede in Fülle breite sich solange aus, bis der Mond
nicht mehr leuchtet.

GEORDNETE VERHÄLTNISSE. Nur wer das Leben in einem Land kennt, in dem der Staat korrupt ist und das Gesetz einen nicht schützt, kann ermessen, welch ein Segen stabile und gerechte politische Verhältnisse sind. Dieser Psalm beschreibt einen idealen Herrscher: Der König sorgt für soziale Gerechtigkeit für die Armen und Ausgegrenzten (V. 2-4). Die Wirtschaft blüht, weil er klug mit den vorhandenen Gütern umgeht und das Vertrauen des Volkes genießt, das nötig ist, um Handel zu treiben (V. 3.6.7). Und all diese Dinge liegen Gott durchaus am Herzen. V. 1 sagt, dies sei ein Psalm „von Salomo", einem Sohn Davids. Und selbst dieser große König wurde zum Unterdrücker seines Volkes (1Kön 12,4). Grund genug, in uns die Sehnsucht zu wecken nach einem besseren König, als ihn selbst die beste Regierung je gehabt hat.

***Gebet:** Gewähre uns, o Herr, dass der Lauf dieser Welt unter deiner Herrschaft friedlich geordnet sein möge, damit dein Volk dir in Freude und Ruhe dienen kann.*[55] *Amen.*

8 Der König herrsche über alle Länder von einem Meer zum anderen, vom
Euphratstrom bis zu den fernsten Winkeln der Erde. 9 Vor ihm werden die
Bewohner der Steppengebiete niederknien, und alle seine Feinde werden im
Staub liegen. 10 Die Könige von Tarsis und von allen Inseln werden Geschen-
ke bringen, die Herrscher von Saba und Seba ihren Tribut entrichten. 11 Alle
Könige werden sich vor ihm niederwerfen, alle Völker ihm dienen. 12 Denn
er wird zum Retter für die Bedürftigen, die um Hilfe rufen, für Menschen,
die leiden und keinen Beistand haben. 13 Er wird sich über Schwache und Be-
dürftige erbarmen und zum Lebensretter werden für Menschen in Not. 14 Aus
Unterdrückung und Gewalt wird er sie erlösen, denn ihr Leben ist kostbar in
seinen Augen.

HEILUNG FÜR DIE VÖLKER. Die Nationen und Völker der Welt – stets im Krieg gegeneinander – stellen sich in den Dienst des Königs (V. 10.11). Nicht, weil er sie unterworfen hätte, sondern vielmehr, weil die vollkommene Gerechtigkeit und das Erbarmen dieses Königs (V. 12-14) sie angezogen haben wie ein Magnet. Einen solchen König hat es nie gegeben. Die Überwindung von Streit zwischen Völkern und Rassen, das Ende von Armut und Ungerechtigkeit sind Zeichen des Reiches Gottes. Auch die beste irdische Regierung erreicht diese Zustände nicht einmal annähernd. Aber als Jesus geboren wird, bringen Könige „von den Enden der Erde" ihm ihre Gaben (Mt 2,1-12); als die Kirche entsteht, versöhnen sich Menschen unterschiedlicher Nationen (Eph 2,11-22) und den Bedürftigen wird geholfen (Apg 2,44.45; 4,32-36). Das Reich Gottes ist auf der Bühne der Weltgeschichte erschienen.

Gebet: *Herr, mach deine Gemeinde fähig, die Welt zu gewinnen, indem wir dein Wort nicht nur predigen, sondern indem wir dein Reich verkörpern. Mach unsere Gemeinden zu Orten, an denen Menschen verschiedener Nationen, Rassen, Klassen versöhnt miteinander leben, wie das nirgendwo sonst auf dieser Erde möglich ist. Amen.*

15 Lang lebe der König! Möge er beschenkt werden mit feinstem Gold aus
Saba, möge man beständig für ihn beten und ihn segnen allezeit! 16 Getreide
wachse im Land in Hülle und Fülle, dass es woge selbst auf den Gipfeln der
Berge, so üppig wie der Wald des Libanon. Möge es Städte voller Leben ge-
ben, blühend wie fruchtbare Wiesen! 17 Der Name des Königs sei für immer
bekannt, sein Ruhm bleibe bestehen, solange es die Sonne gibt. Mögen alle
Menschen sich auf seinen Namen berufen, wenn sie sich Segen wünschen!
Ja, alle Völker sollen ihn glücklich preisen! Amen! Ja, Amen! 18 Gepriesen sei
Gott, der HERR, der Gott Israels, er vollbringt Wunder – er allein! 19 Geprie-
sen sei sein herrlicher Name in alle Ewigkeit, seine Herrlichkeit erfülle die
ganze Erde! 20 Hier enden die Gebete Davids, des Sohnes von Isai.

DER WAHRE KÖNIG. Der König, den der Psalm besingt, herrscht ewig (V. 5) und über alle Länder der Erde (V. 8). Sind diese Aussagen nur antike Übertreibungen? Nein. Diese Ansprüche kann kein irdischer König erheben. Das Bild üppiger Getreidefelder auf den Gipfeln der Berge, wo es ja keinen fruchtbaren Boden gibt, auf dem Getreide gedeihen könnte (V. 16), deutet hin auf eine neue Welt, die einen übernatürlichen Ursprung hat. Dieser König kann nur Jesus sein. Sich seiner Herrschaft zu unterstellen bringt uns schon jetzt göttliches Leben und Wachstum (Gal 5,22-26). Wir sind so geschaffen, dass wir es nötig haben, ihm zu gehorchen, wie das Gras den Regen nötig hat (V. 6). Christus wird einmal alle Dinge heilen und versöhnen (Kol 1,15-20). All die alten Legenden über die Rückkehr des großen Königs, der allem Unrecht ein Ende macht, sind in ihm erfüllt.

Gebet: *Herr, ich lebe in einer Gesellschaft, die verlangt, dass ich niemals einem anderen Autorität über mich zugestehe. Aber es würde deine Herrlichkeit und meine eigene Natur verletzen, wenn ich dich nicht Herr meines Lebens sein lasse. Ich möchte lernen, bereitwillig alles zu tun, was du sagst, alles anzunehmen, was du mir schickst, ob ich es nun verstehe oder nicht. Amen.*

Psalm 73,1-3 — *15. Juni*

[1] *Ein Psalm Asafs.*
Ganz sicher: Gott ist voller Güte gegenüber Israel, gegenüber all denen, de-
ren Herz frei von Schuld ist. [2] Ich aber wäre fast gestrauchelt, nur wenig fehlte
noch, und meine Füße wären ausgeglitten. [3] Denn ich beneidete die Überheb-
lichen; es machte mir zu schaffen, als ich sah, wie gut es den Gottlosen geht.

DIE MACHT DES NEIDS. Der Psalmist bekennt, dass der Neid ihn im Griff hat (V. 3). Neid bedeutet: Ich wünsche mir das Leben eines anderen. Ich habe das Gefühl, andere verdienen das gute Leben gar nicht, das sie haben, ich dagegen würde es verdienen, aber Gott ist eben nicht fair. Diese Art von geistlichem Selbstmitleid – in dem wir unsere Sünde vergessen und nicht mehr sehen, was wir wirklich von Gott verdienen – saugt alle Freude aus unserem Leben und macht es uns unmöglich, das zu genießen, was wir haben. Neid hat eine solche Macht, dass selbst der Garten Eden dem nicht genügt, der vom Neid beherrscht wird. Kein Wunder, dass der Beter „fast gestrauchelt" wäre und sich von Gott abgewandt hätte (V. 2). Hüten wir uns gut vor jedem Anflug von Neid. Sonst zerstören wir selbst jede Freude in unserem Leben.

Gebet: *Herr, die Güter dieser Welt sind so ungleich verteilt! Aber ich muss dir bekennen, wenn ich selbst wohlhabender wäre, dann würde mich diese ungleiche Verteilung gar nicht so aufregen. Mein Neid ist voller Selbstgerechtigkeit und raubt mir den Frieden des Herzens. Vergib mir, Herr, und verändere mich. Amen.*

4 Bis zu ihrem Tod leiden sie keine Qualen, und wohlgenährt ist ihr Bauch.
5 Die Mühen des täglichen Lebens kennen sie nicht, und von menschlichen
Sorgen werden sie nicht geplagt. 6 Darum tragen sie ihren Stolz zur Schau wie
eine Halskette, Gewalt umgibt sie wie ein Gewand. 7 Ihre Augen blicken aus
einem fetten und feisten Gesicht, aus ihren Herzen quellen böse Pläne hervor.
8 Sie verhöhnen und unterdrücken andere durch die Bosheit ihrer Worte, von
oben herab reden sie stolz daher. 9 Ihr Maul reißen sie weit auf, weder Himmel
noch Erde bleiben von ihren Lästereien verschont.

SELBSTSICHERHEIT. Der Psalmist beschreibt die Eliten seiner Zeit, aber seine Beschreibung gilt wohl für alle Zeiten. Er beschreibt sie als wohlgenährt und gesund (V. 4); heute würden wir sie vielleicht „die Reichen und die Schönen" nennen. Sie haben die nötigen Mittel, um den lästigen Alltagsgeschäften zu entkommen, mit denen sich die meisten Menschen herumplagen (V. 5.12). Sie hatten vielleicht einfach Glück, aber sie schreiben sich ihr Glück als eigenes Verdienst zu und sehen auf alle anderen herab (V. 6.8). Diese Haltung erwächst daraus, dass sie glauben, sie brauchen Gott nicht. Wenn es einen Himmel gibt, denken sie, dann haben sie ihn sich verdient (V. 9.11). Als Christen sollten wir nicht vergessen, dass es diese Selbstsicherheit auch in uns gibt. Warum beten wir weniger, wenn das Leben in erfreulichen Bahnen läuft? Und warum haben wir insgeheim das Gefühl, dass uns doch auch ein solches Leben zusteht, wie die Reichen und Schönen es führen?

Gebet: *Herr, es hat noch nie eine Gesellschaftsform ohne anmaßenden Stolz oben und bitteren Neid unten gegeben. Und das würde sich auch nicht ändern, wenn die Habenichtse von heute an die Stelle derjenigen treten würden, denen es an nichts fehlt. Vater, erbarme dich über unsere Gesellschaft. Lehre uns wieder, demütig zu sein, ob wir nun oben oder unten auf der sozialen Leiter stehen. Schenk uns deinen Frieden, in dem das Herz zur Ruhe kommt. Amen.*

10 Darum laufen ihnen auch so viele Leute nach und nehmen ihre Worte gierig
auf wie Wasser. 11 Und dabei sagen sie auch noch: „Wie sollte Gott von unse-
rem Tun etwas wissen? Er, der Höchste, bekommt doch gar nichts mit!“ 12 Ja,
sie verachten Gott, haben aber keine Sorgen und häufen auch noch Reichtum
an! 13 Ach – so habe ich wohl ganz umsonst mein Herz und meine Hände frei
von Schuld gehalten! 14 Ich werde ja doch den ganzen Tag vom Unglück ge-
plagt, jeder Morgen ist bereits eine Strafe für mich!

WAS HABE ICH DAVON? Der Beter kommt zu dem Schluss, dass sein untadeliges Leben vor Gott sich nicht lohnt: Es hat ihm weder Wohlstand noch ein sorgenfreies Leben eingebracht (V. 12) und war deshalb „ganz umsonst“ (V. 13). Aber damit verrät er, was sein Herz bewegt. Sein „gottgefälliges“ Leben hatte gar nicht das Ziel, Gott zu gefallen; es sollte Gott vielmehr dazu bewegen, ihm seinen Willen zu erfüllen. Wenn wir zu Gott sagen: „Ich diene dir, wenn dies oder das geschieht“, dann lieben wir „dies oder das“ mehr als Gott und machen Gott zum Handlanger unserer Wünsche und Vorstellungen. Der Schock über dieses Eingeständnis verhilft dem Beter wieder zu klarerem Verstand. In jeder schwierigen Situation können wir Gott sagen hören: „Jetzt werden wir sehen, ob du zu mir kommst, damit ich dir diene oder weil du wirklich mir dienen willst.“

***Gebet:** Herr, wenn das Leben nicht so läuft, wie ich es gern hätte, dann habe ich auch keine Freude daran, dir zu dienen. Ich liebe dich nicht so sehr wie die Dinge, die ich von dir zu bekommen hoffe. Herr, erleuchte mein Herz und meinen Verstand, dass ich deine Schönheit sehe und dich liebe, weil du bist, der du bist. Denn so sollte es sein. Und ich finde wahre Freude erst dann, wenn ich dich so lieben kann. Amen.*

15 Hätte ich jemals gesagt: „Ich will genauso daherreden wie jene Gottlosen!“,
dann hätte ich treulos gehandelt gegenüber denen, die zu deinen Kindern ge-
hören. 16 So dachte ich nach, um all dies zu begreifen, doch es war zu schwer
für mich – 17 so lange, bis ich endlich in Gottes Heiligtum ging. Dort begriff
ich, welches Ende auf jene Menschen wartet: 18 Ganz sicher, du stellst sie auf
rutschigen Boden, du lässt sie stürzen und in Trümmern liegen bleiben. 19 Im
Nu werden sie vernichtet, ein schreckliches Ende finden sie! 20 Wie man einen
Traum gleich nach dem Erwachen vergisst, so lässt du, Herr, ihren Anblick
verschwinden, sobald du dich zum Gericht erhebst.

DER TRAUM DER WELT. Der erste Schritt heraus aus dem Morast von Bitterkeit und Neid ist das Gotteslob, die Anbetung. Der Psalmist betritt den Tempel und dort, in der Gegenwart des wahren Gottes, klärt sich seine Sicht, und er sieht die Dinge wieder in der richtigen, langfristigen Perspektive (V. 16.17). Er erkennt: Die Reichen ohne Gott sind auf dem Weg dahin, in Ewigkeit arm zu sein; die Berühmten und Gefeierten ohne Gott werden in Ewigkeit vergessen sein (V. 18.19). In einem Traum können irgendwelche Mächte uns in Angst versetzen, aber sobald wir aufwachen, lachen wir darüber, denn sie können uns im wirklichen Leben ja nichts anhaben. Alle Macht und aller Reichtum dieser Welt sind wie ein Traum. Unsere eigentliche Identität als Christen, unser tiefstes Glück und unser ewiges Erbe können sie weder aufbessern noch ruinieren.

Gebet: *Herr, ich preise dich, dass du wirklicher bist als die Berge und dass ich in dir größeren Reichtum habe, als wenn ich alle Juwelen besäße, die in der Erde verborgen sind. Herr, heile meine Augen, damit „der Welt Schätze verblassen im Licht deiner Gnade und Huld“.[56] Amen.*

21 Als mein Herz verbittert war und ich mich tief verletzt fühlte, 22 da war
ich töricht und ohne Einsicht, verständnislos wie ein Tier stand ich vor dir.
23 Aber nun bleibe ich für immer bei dir, und du hast mich bei meiner rechten
Hand gefasst.

ELEKTRISIERENDE GNADE. Das Gegengift gegen Neid und Selbstmitleid ist Demut. Der Beter hat im Verlauf des Psalms erkannt, dass seine Sünde ihm selbst (V. 2) und auch anderen (V. 15) geschadet hat, aber nun erst sieht er, dass er Gott gegenüber ebenso arrogant war wie die, die er verachtet. Es gibt im Menschen einen grimmigen, instinktiven Eigenwillen, der unverständig und unmenschlich ist wie ein wildes Tier (V. 22). Augustinus berichtet, er habe Birnen gestohlen, nur weil es verboten war.[57] Tief in uns knurrt jemand: „Mir hat niemand etwas vorzuschreiben." Nur weil der Beter diese Dunkelheit in seiner Seele erkennt und bekennt, kann das wunderbare Wort der Gnade – „aber" (V. 23) – ihm aufgehen. Gott hat ihn nie verlassen. Nur wenn wir erkennen, wie groß unsere Sünde ist, wird das Wunder seiner Gnade uns elektrisieren.

***Gebet:** Herr, je dunkler es ist, umso heller leuchten die Sterne. Und je mehr ich meine Sünde erkenne und bekenne, umso wirklicher wird deine Gnade für mich. Nur dann bleibt sie kein abstrakter Gedanke. Und nur dann kann sie mich bescheiden machen, aufrichten, reinigen und formen. Herr, lass mein Herz immer neu staunen über deine Gnade. Amen.*

24 Du leitest mich nach deinem weisen Plan und nimmst mich am Ende in
Ehren auf. 25 Wen habe ich im Himmel außer dir? Und auch auf der Erde habe
ich nach nichts Verlangen, wenn ich nur dich bei mir weiß! 26 Wenn auch mei-
ne Kräfte schwinden und mein Körper mehr und mehr verfällt, so gibt doch
Gott meiner Seele Halt. Er ist alles, was ich brauche – und das für immer!
27 Ganz sicher: Wer sich von dir lossagt, der wird umkommen. Du vernichtest
alle, die dir treulos den Rücken kehren. 28 Für mich aber ist Gottes Nähe be-
glückend! Mein Vertrauen setze ich auf den Herrn, ja, auf den HERRN. Alle
deine Taten will ich weitererzählen.

NICHTS AUSSER DIR. Jetzt ist der Durchbruch geschafft. „Wen habe ich im Himmel außer dir?" (V. 25) – das meint: „Wenn ich dich nicht habe, habe ich gar nichts – denn nichts anderes wird mich sättigen, nichts anderes hat Bestand." Es ist verständlich, dass wir uns wünschen, im Himmel unsere Lieben wiederzutreffen. Aber was den Himmel zum Himmel macht, das ist die Gegenwart Gottes. Die, die uns vorausgegangen sind, sitzen nicht oben und schauen liebevoll zu uns herunter. Sie sind ganz aufgenommen in einen endlosen Strom der Freude, der Wonne, der Anbetung. Augustinus schreibt: Nur in Gott „ist die Stätte ungetrübter Ruhe, wo Liebe nicht verlassen wird, es sei denn, sie verließe sich selbst".[58] Bei Gott „in Ehren aufgenommen zu werden" (V. 24), das wird all unsere Wunden heilen, alle Fragen beantworten. Das hat Jesus versprochen.

***Gebet:** Herr, ich danke dir, dass Leid und Not mich nur tiefer in die Arme deiner Liebe treiben. Nicht Freude und Glück, sondern mein Kummer und mein Leid zeigen mir, dass deine Gnade wirklich genug ist. „Ich bin ein Zeugnis deiner Macht, du Gott, der meine Freuden zum Weinen brachte und der jetzt meine Trauer singen lässt."[59] Amen.*

1 *Ein kunstvoll gestaltetes Lied. Von Asaf.*
Warum, o Gott, hast du uns für immer verstoßen? Warum trifft uns dein glü-
hender Zorn? Wir sind doch deine Herde, und du bist unser Hirte, der uns
auf seine Weide führt! 2 Denk an deine Gemeinde, die du dir vor langer Zeit
als Eigentum erworben hast, die du erlöst und zu dem Volk gemacht hast,
das dir allein gehört! Denk an den Berg Zion, auf dem du Wohnung nahmst.
3 Mach dich schnellen Schrittes auf zu den Trümmern, die schon seit ewigen
Zeiten dort liegen! Alles im Heiligtum haben unsere Feinde verwüstet! 4 Laut
brüllen die Feinde dort, wo du deinem Volk begegnet bist, überall haben sie
ihre Feldzeichen errichtet. 5 Wie man mit der Axt zum Schlag ausholt gegen
das dichte Geäst im Wald, 6 so zerschlugen sie das Gebälk und seine Schnit-
zereien mit Beilen und mit Brechstangen. 7 Dein gesamtes Heiligtum haben
sie in Brand gesteckt. Entweiht und dem Erdboden gleichgemacht haben sie
deine Wohnung, in der man deinen Namen anrief. 8 Ihr Plan stand fest: „Wir
wollen sie allesamt niederzwingen!“, so sagten sie. Sie verbrannten alle Stätten
im Land, wo man sich zum Gottesdienst versammelt.

IM ANGESICHT DER KATASTROPHE. Der Psalm schildert die vollständige Zerstörung Jerusalems und des Tempels (V. 3.7) durch die babylonische Armee. Viele Menschen glauben, Gott mute uns zwar die eine oder andere Schwierigkeit in unserem Leben zu, aber er würde niemals zulassen, dass Menschen, die auf ihn vertrauen, etwas wirklich Entsetzliches, Katastrophales trifft. Die Bibel zeigt uns: Große Katastrophen passieren. Aber selbst dieses große Unheil war nicht endgültig und total. Gott hat sein Volk dennoch nicht verlassen. Andererseits: Den einen Menschen, der mehr als jeder andere, der je auf Erden lebte, auf Gott vertraut hat, hat eine entsetzliche Katastrophe getroffen und er hat sie erlitten, um uns zu retten. Erinnern wir uns also immer wieder: „Gott ist Gott. Wenn er Gott ist, schulde ich ihm Anbetung und Dienst. Ich finde nirgend anders meine Ruhe als in seinem Willen, und dieser Wille ist unendlich, unermesslich, unaussprechlich jenseits meiner noch so großen Vorstellung davon, was er beabsichtigt.“[60]

***Gebet:** Herr, ich preise dich. Du verwandelst Dunkelheit in Herrlichkeit, Schwäche in Stärke, Kummer in Freude. Und oftmals wird all das Gute durch das Schlimme geradezu intensiver und mächtiger. Herr, lass mein Herz und meinen Verstand in diesem Wissen zum Frieden finden. Amen.*

[9] Wir haben kein Zeichen mehr dafür, dass du noch einmal eingreifen wirst.
Auch kein Prophet ist mehr da, und niemand unter uns weiß, wie lange dies
noch so weitergehen soll. [10] Wie lange, o Gott, dürfen unsere Bedränger noch
lästern, wie lange dürfen die Feinde deinen Namen immer wieder verhöhnen?
[11] Warum greifst du nicht ein mit deiner starken Hand? Zieh sie doch aus dei-
nem Gewand hervor und bereite ihnen allen ein Ende! [12] Und doch ist Gott
mein König schon seit frühester Zeit, er vollbringt rettende Taten überall auf
der Erde. [13] Du selbst hast durch deine große Macht das Meer geteilt, und die
Köpfe der Drachen, die sich aus dem Wasser erhoben, hast du zerschlagen.
[14] Dem Ungeheuer Leviatan hast du die Köpfe zerschmettert, und dann gabst
du es den wilden Tieren in der Wüste zum Fraß. [15] Du selbst hast Quellen
und Bäche hervorsprudeln lassen, und Ströme, die nie versiegten, hast du aus-
getrocknet. [16] Dir gehört der Tag und auch die Nacht, dem Mond und der
Sonne hast du ihren Platz zugewiesen. [17] Du selbst hast alle Grenzen der Erde
bestimmt, Sommer und Winter hast du geschaffen.

BETEN NACH DER KATASTROPHE. Jetzt beginnt der Psalmist, die geschehene Katastrophe betend zu verarbeiten. Zwei Dinge tut er nicht: Er ergibt sich nicht passiv und resigniert in die furchtbare Situation. Und er wendet sich auch nicht zornig von Gott ab in der Annahme, er wisse besser, was richtig gewesen wäre. Stattdessen gibt er seinem Schmerz und Kummer Ausdruck, und er tut es im Gespräch mit Gott. Er erinnert sich an Gottes Macht (V. 13-17). Er sagt: „Herr, wohin sollen wir gehen? Du hast Worte des ewigen Lebens“ (Joh 6,68). Wenn wir Gott nur dann vertrauen, wenn er großartige Dinge für uns tut, dann dienen wir ihm nicht wirklich; wir benutzen ihn nur.

***Gebet:** Herr, in dunklen Zeiten habe ich das Gefühl, es bringt mir wenig, wenn ich im Gebet zu dir komme, zum Thron deiner Gnade. Aber bitte gib mir trotzdem die Kraft, zu dir zu kommen und vor dir zu bleiben. „Auf ihn will ich vertrauen in meiner schweren Zeit; es kann mich nicht gereuen, er wendet alles Leid.“[61] Amen.*

[18] Denk daran: Die Feinde verhöhnen dich, den HERRN! Sie sind ein gott-
loses Volk und lästern über deinen Namen! [19] Gib uns nicht wie eine wehrlose
Taube in die Gewalt dieser Raubtiere! Das Leben deines unterdrückten Vol-
kes steht auf dem Spiel – vergiss es nicht für immer! [20] Blick wieder auf den
Bund, den du mit uns geschlossen hast. Denn in den dunklen Schlupfwinkeln
des Landes herrscht rohe Gewalt. [21] Setz dich dafür ein, dass die Unterdrück-
ten nicht beschämt davonschleichen müssen, lass die Armen und Gebeugten
wieder deinen Namen preisen! [22] Erhebe dich, Gott, und kämpfe für dein An-
liegen! Denk daran, dass törichte Menschen dich den ganzen Tag verhöhnen.
[23] Vergiss nicht das Geschrei derer, die sich dir widersetzen! Sie lehnen sich
gegen dich auf, und ihr lautes Toben nimmt kein Ende.

BLICK WIEDER AUF DEN BUND. Der zerstörte Tempel war der Ort, an dem Opfer und Sühne vollzogen wurden, an dem Menschen trotz ihrer Sünde dem heiligen Gott begegnen konnten. Das Heiligtum und die Opfer waren Teil des Bundes, den Gott durch Mose mit seinem Volk geschlossen und in dem er zugesagt hatte, dass er ihr Gott sein würde. In dieser Zusage findet der Beter schließlich Frieden (V. 20). Auch wir können unsere Ängste loslassen. Wir wissen, dass Gott in Jesus Christus seinen Bund bekräftigt hat. In seinem Opfer für unsere Sünden und seinem Mittlerdienst besteht der neue, endgültige Tempel.[62] Jetzt wissen wir: Gottes Bundeszusage „Ich will euer Gott sein“ bedeutet: „egal, was passiert; unter allen Umständen“. Denn in Christus sehen wir, wie weit er in seiner Liebe zu uns geht.

***Gebet:** Herr, unser Leben besteht aus Licht und Dunkel, Sünde und Gnade. Und auf beides darf ich im Gebet reagieren – mit Klage und Dank, mit Bitte und Lobpreis. Danke, dass ich wissen darf: Einmal werden Freude und Jubel sich endgültig durchsetzen. Amen.*

1 *Für den Dirigenten. Nach derselben Melodie zu begleiten wie „Verschone und erhal-*
te!" Ein Psalm Asafs. Ein Lied.
2 Wir danken dir, Gott, wir danken dir. Du bist uns nahe – dein Name ist unter
uns bekannt. Von den Wundern, die du vollbringst, erzählt man überall. 3 Du
sagst ja: „Ich wähle den richtigen Zeitpunkt – und dann werde ich unparteiisch
Gericht halten. 4 Mag auch die Erde wanken, mögen ihre Bewohner beben vor
Angst – ich selbst habe ihre Grundpfeiler unverrückbar befestigt. 5 Ich rufe
den Stolzen zu: Schluss mit eurer Überheblichkeit! Und zu den Gottlosen
sage ich: Brüstet euch nicht mit eurer vermeintlichen Stärke! 6 Tragt sie nicht
zur Schau, so als reiche sie bis an den Himmel! Redet nicht herausfordernd
mit stolz gerecktem Hals!"

DIE STOLZEN IN DIE SCHRANKEN WEISEN. Der öffentliche Diskurs unserer Tage dreht sich oft um die Frage, wie Technologien oder politische Strategien oder Ideen „unsere Welt verändern" werden. Und wir glauben, es sind die Klügsten, Mächtigsten und Reichsten, die den Lauf der Dinge bestimmen. Aber Gott ist anderer Meinung. Er sagt uns: Ich bin es, der die „Grundpfeiler [der Erde] befestigt" (V. 4), der die Welt zusammenhält (Apg 17,28; Hebr 1, 3). Alle menschliche Begabung (Jak 1,17), Weisheit (Röm 2,14.15) und aller Erfolg sind Geschenk von ihm. Alles, was auf dieser Welt und in der Geschichte der Menschheit geschieht, unterliegt seiner Kontrolle, und selbst die Mächtigsten dieser Erde müssen letztlich Gottes Zielen dienen (V. 3; vgl. Joh 19,11). Deshalb sollten wir nicht meinen, wir seien in der Lage, unser Leben selbst in die Hand zu nehmen. Das wäre arrogant. Wir sind es nicht.

Gebet: *Herr, ich preise dich, dass du alle Dinge in deiner Hand hältst. Das macht mir Angst – denn es bedeutet, dass ich nicht Herr meines Lebens bin. Aber es gibt mir auch Hoffnung – es hängt nicht von mir ab, ob mein Leben gelingt; ich darf mich ganz auf dich verlassen. Gib mir den klaren Blick dafür, dass es so ist. Erinnere mich jeden Tag daran. Amen.*

7 Denn weder von Osten, wo die Sonne aufgeht, noch von Westen, wo sie
untergeht, auch nicht von der Steppe her ist Hilfe zu erwarten. 8 Nein, Gott
selbst sorgt für Recht: den einen erniedrigt er, den anderen bringt er zu gro-
ßem Ansehen. 9 Der HERR hält einen Kelch in seiner Hand, gefüllt mit dem
Wein seines Zorns – schäumend und von betäubender Wirkung. Und Gott
schenkt allen auf dieser Erde, die ihn verachten, davon ein: Bis zum letzten
bitteren Tropfen müssen sie ihn austrinken! 10 Ich aber will für alle Zeiten
Gottes Taten verkünden, für den Gott Jakobs will ich Psalmen singen. 11 Er
spricht: „Alle Macht der Gottlosen werde ich brechen, doch zunehmen wird
die Macht all derer, die nach Gottes Willen leben."

DER KELCH. In der Bildwelt der Bibel steht der Kelch für das Gericht. Der Kelch voll schäumenden Weins ist der Kelch des göttlichen Zorns über alle, die Gott verachten (V. 9), das letzte Gericht und die endgültige Strafe, vor denen selbst der Sohn Gottes zurückschauderte (Mt 26,42). Aber Jesus hat seinen eigenen Willen dem Willen des Vaters untergeordnet und diesen Kelch des Zorns für uns geleert. Er wusste, dass ihn jenseits des furchtbaren Gerichts die Freude erwartete, uns für Gott zurückgewonnen zu haben. Wir sind sein Lohn (Jes 40,10). Wenn der Wille Gottes uns auf einen Weg stellt, vor dem wir zurückschrecken, müssen wir uns ganz eng an Jesus halten und mit ihm beten: „Vater, dein Wille geschehe." Dann erwartet uns die Freude, in seiner Nähe zu sein.

Gebet: *Vater, ich kann dich gar nicht genug loben und dir danken für das unschätzbare Geschenk, das du mir in Jesus machst. Er hat den Kelch deines Zorns für mich getrunken, damit ich jetzt aus dem Freudenkelch der Gemeinschaft mit ihm trinken kann. Amen.*

1 *Für den Dirigenten. Mit Saiteninstrumenten zu begleiten. Ein Psalm Asafs. Ein
Lied.*
2 Wohl bekannt ist Gott in Juda, groß ist sein Name in ganz Israel. 3 In Salem
wurde sein heiliges Zelt errichtet, auf dem Berg Zion hat er Wohnung ge-
nommen. 4 Dort zerbrach er die Brandpfeile, die Schilde, Schwerter und alle
Kriegswaffen der Feinde. 5 In Licht bist du gehüllt, o Gott, erhabener als die
Berge, von denen die Raubzüge der Feinde ausgingen. 6 Selbst die mutigsten
Helden wurden ihrer Waffen beraubt, nun schlafen sie den Todesschlaf, und
keiner der sonst so starken Krieger vermag die Hände zum Kampf zu erheben.
7 Dein Drohen, du Gott Jakobs, genügte – und schon fielen die Pferde vor den
Streitwagen in einen betäubenden Schlaf.

DER GOTT, DER FÜR UNS STREITET. Pferd und Streitwagen – das war damals die modernste militärische Ausstattung. Kein Fußsoldat konnte dagegen gewinnen. Aber Gott ist unvergleichlich mächtiger als jede menschliche Armee (V. 6). Es ist eines der großen Themen der Bibel, dass Gott für uns gegen unsere Feinde streitet. „Dein Drohen … genügt“ (V. 7) – der Vers lässt uns an Jesus denken, der mit einem einzigen Wort einen Sturm stillt (Mk 4,39). Als Christen wissen wir, dass Jesus kam, um unsere größten Feinde zu besiegen – Sünde und Tod –, indem er das Kreuz auf sich nahm. Er schützt uns in jeder Gefahr: Entweder wird er bei uns sein oder wir werden bei ihm sein. Also wird es in jedem Fall gut für uns ausgehen.

Gebet: *Herr, ich preise dich für deine Majestät und Größe. Du allein bist wichtig, alles andere ist dagegen nebensächlich; du allein bist ewig, alles andere vergeht. Lass nicht zu, Herr, dass ich mich von der Macht und Schönheit von Menschen blenden lasse. Amen.*

8 Du, ja, du bist Schrecken erregend! Wer kann vor dir bestehen, wenn du
deinem Zorn freien Lauf lässt? 9 Vom Himmel her lässt du dein Gerichtsurteil
hören, Furcht ergreift die Erde, und sie wird ganz still. 10 Ja, das geschieht,
wenn Gott aufsteht, um Recht zu sprechen, um den Unterdrückten im Land
Rettung zu bringen. 11 Selbst das schlimmste Wüten von Menschen trägt noch
bei zu deinem Lob; du schmückst dich mit allen, die diesem Toben entgehen,
wie mit einem schönen Gürtel. 12 Legt vor dem HERRN, eurem Gott, eure
Gelübde ab und erfüllt sie auch, ihr alle, die ihr euch um ihn versammelt.
Ihm, dem Ehrfurchtgebietenden, bringt eure Gaben dar! 13 Dem Hochmut
der Gewaltherrscher bereitet er ein Ende, als furchterregend erweist er sich
gegenüber allen Königen der Erde.

ALLES MUSS DEINEN ABSICHTEN DIENEN. „Selbst das schlimmste Wüten von Menschen trägt noch bei zu deinem Lob" (V. 11) – ein kühner Vers. Nicht nur, dass jeder Aufstand gegen Gott am Ende nur seinem Plan dienen muss (1Mo 50,20; Apg 4,27.28). Nein, der Aufstand gegen Gott wird letztlich die Freude und Herrlichkeit der Welt und des Volkes Gottes noch vergrößern. Das ist die endgültige Niederlage des Bösen. Der Tod von Jesus ist dafür das beste Beispiel. „Diesen Mann, der durch Gottes Ratschluss und Vorsehung dahingegeben war, habt ihr durch die Hand der Heiden ans Kreuz geschlagen und umgebracht" (Apg 2,23). Das sollte uns in der Tat erschrecken lassen und dazu bringen, seine Größe zu bestaunen und uns seiner Herrschaft zu unterstellen (V. 8).

Gebet: *Herr, erwecke in uns die Ehrfurcht und Liebe zu deinem heiligen Namen; denn du lässt es nie an Hilfe und Leitung für die fehlen, die du in deiner unerschütterlichen Liebe erziehst.*[63] *Das bitte ich im Namen deines Sohnes Jesus Christus. Amen.*

[1] *Für den Dirigenten. Für Jedutun. Von Asaf. Ein Psalm.*
[2] Mit lauter Stimme rufe ich zu Gott, ja, ich schreie zu ihm! Mit lauter Stimme
rufe ich, damit er mir ein offenes Ohr schenkt. [3] In meiner Not suche ich den
Herrn; nachts strecke ich im Gebet meine Hände zu ihm aus und lasse sie
nicht sinken. Doch im tiefsten Herzen finde ich keinen Trost. [4] Denke ich an
Gott, dann seufze ich. Grüble ich über alles nach, so verlässt mich der Mut.
[5] Du lässt mich die ganze Nacht keinen Schlaf finden. Ich bin so aufgewühlt,
dass mir die Worte fehlen.

CHRISTLICHE MEDITATION. Irgendeine nicht näher beschriebene Not plagt den Beter (V. 3). Er sucht Hilfe in der Meditation (V. 4.7.12.13). „Meditieren" kann man auch übersetzen mit „in sich gehen". Wenn wir meditieren, verleiben wir uns die Wahrheit ein, wir „kauen sie wieder", bis sie unser Herz berührt. Und darin liegt der Schlüssel, wie man mit Schwierigkeiten fertig wird. Der Beter beißt nicht einfach stoisch die Zähne zusammen, bis der Sturm vorübergeht. Er lässt auch nicht einfach seinen Gefühlen freien Lauf. Er lenkt seine Gedanken vielmehr ganz bewusst auf Gott und er richtet seine Gefühle an der Wahrheit aus. Der erste Versuch hier, V. 2-5, scheint noch nicht zum Erfolg zu führen. Meditation ist keine Augenblickssache; es braucht ein ganzes Leben, sie zu erlernen.

Gebet: *Herr, deine Jünger wollten von dir lernen, wie man betet. Ich bitte dich heute: Lehre mich, dein Wort zu meditieren, es mir einzuverleiben, bis ich es inwendig kenne. Gib mir die Geduld dazu, die richtige Geisteshaltung, damit ich dein Wort beachte und kenne, genieße und verkoste und ganz in mich aufnehme. Lass dein Wort reichlich in mir wohnen. Amen.*

6 So denke ich nach über vergangene Zeiten, über Jahre, die schon ewig lange
zurückliegen. 7 Ich erinnere mich an mein Saitenspiel in der Nacht. Tief in
meinem Herzen sinne ich nach, ich versuche eine Antwort auf meine Fragen
zu finden: 8 Wird der Herr sein Volk für immer verstoßen? Will er uns in
Zukunft keine Gnade mehr erweisen? 9 Ist es denn mit seiner Güte für immer
und ewig vorbei? Finden seine Zusagen keine Erfüllung mehr in künftigen
Generationen? 10 Hat Gott denn vergessen, barmherzig und gnädig zu sein?
Hat er uns im Zorn sein Erbarmen entzogen?

FRAGEN. Eine andere Übersetzung für „meditieren“ ist „nachsinnen“ oder „Antwort suchen“ (V. 7). Meditation besteht zum großen Teil darin, die richtigen Fragen zu stellen. Fragen im Blick auf das Wort der Wahrheit: „Ändert es etwas, wenn das stimmt? Was? Will ich das ernst nehmen? Wenn ich das vergesse, welche Folgen hat das? Habe ich das bereits vergessen? Lebe ich danach?“ Der Beter sucht Antwort auf die Frage, was es mit Gottes „Güte für immer und ewig“ (V. 9) auf sich hat, und er beginnt, sich eine Antwort zu geben. Uns erscheint jede Minute, in der wir leiden, wie eine Ewigkeit. Aber Gottes Güte ist an jedem Morgen, an dem wir gesund aufwachen, neu für uns da. Er wird eben nicht „vergessen, barmherzig und gnädig zu sein“ (V. 10). Wir mögen uns verlassen fühlen, aber er wird uns nie verlassen.

Gebet: *Herr, danke, dass du ein Gott bist, der unsere Fragen ernst nimmt. Ich will dir meine Fragen stellen, Gott, denn ehrliche Fragen an dich, den heiligen Gott, können nur zu einem tieferen Vertrauen in dich führen. Wem könnte ich mehr vertrauen als dir? Mir etwa? Das wäre allerdings der Gipfel der Torheit. Amen.*

[11] Ja, das ist es, was mich so sehr quält: dass der Höchste nicht mehr so eingreift
wie früher. [12] Doch ich will mir die Taten des HERRN in Erinnerung rufen.
Ja, ich will an deine Wunder aus längst vergangener Zeit denken. [13] Ich sinne
über all dein Wirken nach, dein Handeln erfüllt meine Gedanken. [14] Gott,
heilig ist alles, was du tust. Wer sonst ist ein so großer Gott wie du? [15] Du bist
der Gott, der Wunder vollbringt! Den Völkern hast du deine Macht gezeigt.
[16] Dein Volk hast du mit starker Hand erlöst, die Nachkommen Jakobs und
Josefs.

SICH SELBST ZU HERZEN REDEN. Schließlich entschließt sich der Beter zu einer vertieften Meditation (V. 13). Er ruft sich in Erinnerung, wie viele Wunder Gott für Israel getan hat, als sie auf dem Weg ins verheißene Land waren. Er redet seinem eigenen Herzen, das schon jede Hoffnung verloren hatte, gut zu: „Wenn ein Gott wie unser Gott – ein Gott, der Wunder vollbringt (V. 15) – uns liebt, wovor muss ich mich dann fürchten?“ Er „sinnt nach“ über die Macht und die Liebe Gottes, die sich in der Vergangenheit ja schon deutlich gezeigt haben, und so besiegt er seine Angst in der Gegenwart.

***Gebet:** Herr, ich preise dich dafür, dass du immer wieder in der Geschichte deine Macht erwiesen hast, dass du Erbarmen und rettende Liebe erzeigt hast. Öffne jetzt meine Augen und tröste mein Herz, damit ich mich auf alle deine Verheißungen verlasse. Dann kann ich in dem Frieden leben, den du jedem verheißt, der dich kennt. Amen.*

[17] Die Wasser des Meeres sahen dich, Gott; die Wassermassen sahen dich und
kamen in Bewegung. Auch die Meerestiefen erbebten. [18] Die Wolken gossen
Regenfluten aus, sie ließen Donnerschläge hören, und wie Brandpfeile schos-
sen Blitze hin und her. [19] Laut erschallte dein Donner im Wirbelwind, Blitze
erleuchteten den Erdkreis, die Erde zitterte und bebte. [20] Dein Weg führte
mitten durch das Meer, deine Pfade verliefen durch die Wassermassen. Doch
Fußspuren von dir sah man nicht. [21] Du hast dein Volk geleitet wie ein Hirte
seine Herde unter der Führung von Mose und Aaron.

ENDGÜLTIGE BEFREIUNG. Dieser und der vorige Abschnitt des Psalms sind ein Beispiel für eine gelungene Meditation. Der Beter predigt seinem eigenen Herzen und malt sich vor Augen, wie Gottes Gnade sich in der Geschichte Israels und nach dem Auszug aus Ägypten gezeigt hat. Das Ergebnis ist: Sein Herz kann wieder auf Gott vertrauen, und er kann sich seinen Problemen wieder stellen. Für uns Christen gibt es einen noch besseren Weg, uns zu versichern, dass Gott uns nie verlassen wird. Jesus hat eine endgültige Befreiung für uns erwirkt, einen letzten Exodus. Er hat uns nicht nur von sozialer oder politischer Sklaverei befreit, sondern aus der Sklaverei von Sünde und Tod (Lk 9,31). Sein Tod am Kreuz ist außerdem ein Beispiel dafür, wie Gott seine Absichten für unser Heil oft gerade durch Dinge oder Ereignisse verwirklicht, die aussehen wie Niederlagen. Wenn wir diese Tatsache meditieren, wird uns das in die Lage versetzen, jede nur denkbare schwierige Situation zu bestehen.

Gebet: *Herr, ich danke dir, dass du ein Gott grenzenloser Macht bist und dass selbst Meer und Sturm dir gehorchen müssen. Und doch begegnest du uns mit der Liebe und Fürsorge eines Hirten. Wenn die größte Macht im Universum sich wie ein Hirte um uns kümmert, dann können wir wirklich ohne Angst und Sorge leben. Amen.*

Psalm 78,1-8 — *2. Juli*

[1] *Ein kunstvoll gestaltetes Lied. Von Asaf.*
Höre, mein Volk, auf meine Weisung, habt ein offenes Ohr für meine Worte. [2] Sprüche der Weisheit will ich vortragen, ich will verkünden, was seit grauer Vorzeit verborgen war. [3] Was wir gehört und erfahren haben und was unsere Väter uns erzählt haben, [4] das wollen wir auch unseren Kindern nicht vorenthalten. Denen, die nach uns kommen, wollen wir von den großartigen Taten des HERRN erzählen, von seiner Macht und den Wundern, die er vollbracht hat. [5] Für die Nachkommen Jakobs hat er Verordnungen erlassen, die seinen Willen bezeugen, ja, für ganz Israel hat er Gesetze aufgestellt. Unseren Vorfahren befahl er, sie ihren Kindern weiterzugeben. [6] Denn die ganze Nachwelt sollte gut Bescheid darüber wissen, alle, die später geboren würden, sollten immer wieder bereit sein, es ihren Kindern zu erzählen. [7] So würden sie alle ihr Vertrauen auf Gott setzen und seine großen Taten nicht vergessen. Ja, dann würden sie nach seinen Geboten leben. [8] Auf keinen Fall sollten sie wie ihre Vorfahren werden, die sich immer wieder voller Trotz gegen Gott auflehnten – eine Generation, deren Herz nie ganz Gott gehörte und die ihm nie treu war.

HERZENSRELIGION. Dieser Psalm erzählt die Geschichte Israels von der Befreiung aus Ägypten bis zur Herrschaft Davids. Seine negative Lektion ist die Warnung, dass sich die Geschichte im Leben der Zuhörer nicht wiederholen soll (V. 8). Die positive Botschaft ist der Aufruf zum Vertrauen auf Gott (V. 7). Wir sollten nicht nur wissen, wer Gott ist, sondern ihm auch von Herzen vertrauen (V. 7.8) und diesen Glauben dadurch beweisen, dass wir unser Leben ändern und nach seinen Geboten leben (V. 7). Immer wieder haben Menschen ihr Leben an Gottes Geboten ausgerichtet, aber doch ihr Herz ihm nicht zugewandt (Jes 29,13; Jer 4,4). Wie steht es um uns? Halte ich mich äußerlich an einen bestimmten Verhaltenskodex oder gehört mein Herz wirklich Gott?

Gebet: *Herr, ich kann deine Gebote halten, aber damit bist du nicht zufrieden. Du möchtest mein Herz. Wie Paulus stelle ich fest, dass es in mir Regungen gibt, die dir widerstehen. Nimm das versteinerte Herz von mir und schenk mir ein lebendiges Herz, das empfänglich ist für dein Wort. Hilf mir, dich zu lieben und nach dir zu verlangen. Amen.*

9 Die Männer vom Stamm Efraïm, gut gerüstete Bogenschützen, sind am
entscheidenden Kampftag zurückgewichen. 10 Sie hielten sich nicht an Got-
tes Bund, den er mit seinem Volk geschlossen hatte, sie weigerten sich, sein
Gesetz zu befolgen. 11 Seine großartigen Taten vergaßen sie, auch die Wun-
der, die er sie erleben ließ. 12 Dabei hatte er vor den Augen ihrer Vorfahren
Wunder vollbracht, in Ägypten, im Gebiet der Stadt Zoan. 13 Er teilte das
Meer und ließ sie hindurchziehen, zu beiden Seiten staute er das Wasser auf
wie einen Damm. 14 Er leitete das Volk am Tag durch eine Wolke und in der
Nacht durch einen leuchtenden Feuerschein. 15 In der Wüste spaltete er Fel-
sen, Wasser in Fülle ließ er hervorströmen wie Meeresfluten und gab ihnen
reichlich zu trinken. 16 Bäche ließ er hervorbrechen aus dem Gestein, und das
Wasser schoss herunter wie ein reißender Fluss.

VERGISS NICHT. Die „Männer vom Stamm Efraïm“, das sind die nördlichen Stämme Israels (V. 9.10). Sie waren von Gott abgefallen (1Kön 12) und deportiert worden (2Kön 17). Damit verliert sich ihre Spur in der Geschichte. Die Wurzel ihres Problems war geistliche Vergesslichkeit (V. 11). Auch als Christen können wir geistlich auf der Stelle treten, weil wir „vergessen, dass [wir] vom Schmutz unserer früheren Sünden gereinigt“ wurden“ (2Petr 1,9). Wenn wir das vermeiden wollen, brauchen wir ein Herz, das ständig durch die bewusste Erinnerung an die kostspielige Lebenshingabe von Jesus revitalisiert wird. Wir müssen uns daran erinnern, dass Jesus für unsere Sünden sozusagen „vergessen“ wurde („Warum hast du mich verlassen?“; Mt 27,46), damit Gott uns jetzt noch weniger vergessen kann als eine Mutter ihren Säugling (Jes 49,14-16). Uns daran immer wieder zu erinnern, das macht unser Herz weit und großzügig.

***Gebet:** Herr, ich sorge mich um so viele Dinge, weil ich vergesse, wie groß deine Weisheit ist. Ich bin nachtragend, weil ich vergesse, wie groß deine Gnade ist. Ich sehne mich nach allem Möglichen, weil ich vergesse, wie überwältigend deine Schönheit ist. Ich sündige, weil ich vergesse, dass du heilig bist. Ich fürchte mich, weil ich vergesse, wie groß deine Macht ist. Aber du vergisst mich nie, nicht einen Augenblick. Hilf mir, dich immer vor Augen zu haben. Amen.*

17 Sie aber sündigten weiter gegen ihn und lehnten sich dort in der Wüste
gegen ihn, den Höchsten, auf. 18 Ganz bewusst stellten sie Gott auf die Pro-
be und forderten von ihm die Speise, nach der sie Verlangen hatten. 19 Sie
beleidigten Gott und fragten: „Ist Gott wohl in der Lage, uns auch in der
Wüste einen gedeckten Tisch vorzusetzen? 20 Nun gut, er schlug auf den Fel-
sen, das Wasser floss heraus, sogar ganze Bäche strömten hervor. Aber kann
er seinem Volk auch Brot geben oder gar Fleisch verschaffen?“ 21 Der HERR
hörte es und wurde so zornig, dass er ein Feuer um sich greifen ließ bei den
Nachkommen Jakobs, sein Zorn entbrannte gegen Israel. 22 Denn sie glaubten
Gott nicht, und sie vertrauten nicht auf seine Hilfe. 23 Und trotzdem gab er
den Wolken über ihnen einen Befehl, ja, er öffnete die Türen des Himmels.
24 Er ließ Manna auf sie regnen, damit sie zu essen hatten, Getreide aus dem
Himmel gab er ihnen. 25 Jeder von ihnen aß das Brot der Engel, und Gott gab
ihnen Speise in Fülle.

GOTT AUF DIE PROBE STELLEN. Israel ist in der Wüste. Und hier verlangen die Menschen Zeichen und Beweise dafür, dass Gott sie tatsächlich liebt – als sei die Befreiung aus Ägypten nicht Beweis genug gewesen. Gott „auf die Probe [zu stellen]“ (V. 18) ist ein natürlicher Impuls des menschlichen Herzens. Gott kann noch so viel für uns getan haben, unser Herz sagt immer noch: „Aber was hast du in jüngster Zeit für mich getan?“ Das Schlimme daran ist, dass wir uns damit an Gottes Stelle setzen. Wir stellen ihn auf die Probe und machen unsere Beziehung zu ihm davon abhängig, wie gut er „liefert“. Aber Gott ist der, der mit einem einzigen Machtwort das Universum erschaffen hat, der, vor dem alle Galaxien des Alls nur Staub sind. Ist dieser Gott jemand, den man fragt, ob er der persönliche Assistent in meinem Leben sein möchte?

***Gebet:** Herr Jesus, du hast mich bedingungslos geliebt. Wie kann ich da Bedingungen an deine Liebe stellen? Du hast vom Kreuz auf uns geschaut und gesehen, wie wir dich verraten, verleugnen, verlassen – und du hast dich nicht aus dem Staub gemacht. Hilf mir, an dir festzuhalten und dir zu gehorchen – unter allen Umständen. Amen.*

26 Den Ostwind ließ er am Himmel aufkommen, und auch den Südwind trieb
er mit Macht herbei. 27 Auf sein Volk ließ er Fleisch regnen, unzählbar wie
Staubkörner, Geflügel gab es wie Sand am Meer. 28 Über den Lagerplatz sei-
nes Volkes ließ er die Vögel fallen, mitten hinein, rings um ihre Zelte. 29 Sie
aßen davon und wurden reichlich satt, alles, was sie so gierig verlangten, gab
er ihnen. 30 Doch noch war ihre Gier nicht gestillt, noch war die Speise in ih-
rem Mund, 31 da brach Gottes Zorn gegen sie los. Er tötete viele ihrer starken,
gesunden Leute, ja, zahlreiche junge Männer Israels streckte er nieder.

SÜNDE ALS ÜBERDRUSS. Dieser Psalm bezieht sich auf 4Mo 11. Dort wird berichtet, dass die Israeliten es satt hatten, jeden Tag das ewig gleiche Manna zu essen. Sie verlangten nach Fleisch. Gott sandte einen Schwarm Wachteln, kündigte aber an, dass es sie schon bald vor dem ekeln würde, wonach sie jetzt so sehr verlangten (4Mo 11,20). Es gehört zu den Kennzeichen einer Sucht, dass die „Toleranzschwelle" sich immer weiter erhöht. Der Suchtkranke braucht immer mehr von seinem Suchtmittel, um dieselbe Wirkung zu erzielen. Etwas Ähnliches tritt auf, wenn wir den Sinn unseres Lebens oder den Grund unserer Hoffnung irgendwo anders suchen als bei Gott: Nach einem anfänglichen High werden diese „Ersatzgötter" uns zunehmend langweilen. Gott und seine Liebe sind das Einzige, das uns mit der Dauer der Zeit immer mehr anzieht, fasziniert und für immer sättigt.

Gebet: *Herr, ich bekenne, dass ich Beten oft langweilig finde, dass mich dafür aber die Sünde fasziniert. Aber das liegt daran, dass mein Geist durch die Sünde entstellt ist. Du allein kannst das tiefste Verlangen meiner Seele stillen. Nur du bist interessant genug für eine ganze Ewigkeit. Hilf mir, dass ich dir neu begegnen kann, im Gebet und in deinem Wort. Ich will dich ganz neu darin suchen. Amen.*

32 Doch trotz allem sündigten sie weiter und weiter und schenkten seinen
Wundern keinen Glauben. 33 Da ließ er ihre Lebenstage wie nichts zerrinnen
und ihre Jahre schwinden in Angst und Schrecken. 34 Wenn er viele von ihnen
umkommen ließ, fragten die Übrigen wieder nach ihm. Ja, sie kehrten um von
ihren falschen Wegen und suchten Gott. 35 Sie besannen sich darauf, dass Gott
ihr Fels ist, und er, der Höchste, ihr Erlöser. 36 Doch wieder betrogen sie ihn
mit ihren Worten, sie belogen ihn mit allem, was über ihre Lippen kam. 37 Sie
blieben nicht von ganzem Herzen bei ihm und hielten sich nicht treu an den
Bund, den er mit ihnen geschlossen hatte.

LEBEN AUS DER ANGST UM SICH SELBST. Manche Menschen machen den Eindruck, als seien sie ganz begeistert von Gott. Sie reden wortreich über ihren Glauben (Hos 6,1-3), und man merkt ihnen ihre Freude über den Glauben deutlich an (Mt 13,20.21). Aber ihr Glaube ist nicht von Dauer. Sie wenden sich nur dann Gott zu, wenn ihre Sünde schmerzhafte Konsequenzen hat („Wenn er dreinschlug, fragten sie nach Gott"; V. 34 EÜ). Sie mögen ehrlich sein, sind es aber nur aus Angst, sie könnten entdeckt werden, oder aus dem Wunsch, in den Augen der anderen moralisch einwandfrei dazustehen. Ironischerweise ist das Motiv für diese Anständigkeit ein tief sitzender Egoismus. Sie kommen zu Gott, um leidvolle Konsequenzen für sich selbst zu vermeiden, nicht um ihn zu ehren und ihm Freude zu machen. Sie schmeicheln ihm, aber sie lieben ihn nicht (V. 36). Prüfen wir uns selbst. Leben wir anständig und moralisch einwandfrei? Warum?

***Gebet:** Herr, dein Wort sagt mir, dass unser Herz „trügerisch" und „unheilbar" ist (Jer 17,9; ELB). Ohne die Hilfe deines Geistes ist das wohl wahr. Schenk mir diese Hilfe jetzt. Lass mich erkennen, was meine tiefsten Beweggründe für mein Handeln sind. Lass mich im Gebet deine Liebe und Herrlichkeit erfahren, damit mein Gehorsam immer mehr aus Dankbarkeit und Hingabe erwächst und nicht aus Berechnung. Amen.*

38 Doch er war barmherzig, er vergab ihre Schuld und tötete sie nicht. Immer
wieder hielt er seinen Zorn zurück und ließ seinem Unwillen keinen freien
Lauf. 39 Er dachte daran, dass sie Menschen aus Fleisch und Blut sind – ein
Windhauch, der kurz aufkommt und nicht mehr wiederkehrt. 40 Doch wie
oft lehnten sie sich in der Wüste gegen ihn auf und bereiteten ihm Kummer
dort in der Steppe! 41 Wieder und wieder stellten sie ihn auf die Probe und
beleidigten ihn, den heiligen Gott Israels. 42 Sie dachten nicht mehr daran, wie
er mit starker Hand eingegriffen und sie aus der Gewalt ihrer Unterdrücker
befreit hatte. 43 Damals vollbrachte er Zeichen und Wunder in Ägypten, im
Gebiet der Stadt Zoan.

DIE GEDULD GOTTES. Die Geschichte, die dieser Psalm erzählt, zeigt, wie geduldig Gott ist (V. 38.39). Er ist „langsam zum Zorn“ (2Mo 34,6; Ps 86,15; ELB). Er sagt: „Ich habe doch kein Gefallen am Tod dessen, der sterben muss … Kehrt um, damit ihr am Leben bleibt“ (Hes 18,32; EÜ; vgl. Röm 2,4). Nur weil er immer Geduld mit uns hat und niemandem das gibt, was er wirklich verdient, wird überhaupt jemand gerettet (2Petr 3,15). „Er dachte daran, dass sie nichts sind als Fleisch“, lautet Vers 39 in einer anderen Übersetzung (EÜ). Wir hören Jesus, als er in Gethsemane zu den Jüngern kommt und sie schlafend findet: „Der Geist ist willig, aber die menschliche Natur ist schwach!“ (Mt 26,41). In anderen Worten: „Ich weiß, ihr habt euch bemüht.“ Wie geduldig unser Erlöser ist!

***Gebet:** Herr Jesus, Geduld hat es mit „dulden“ zu tun. Die alte Bedeutung des Wortes ist „lange erleiden“. Du hast in der Tat eher selbst viel erlitten, als mir die Strafe zukommen zu lassen, die meine Sünden verdienen. Du bist unendlich geduldig mit mir gewesen. Herr, hilf mir, auch selbst geduldig mit meinen Mitmenschen zu sein, mit meinen Lebensumständen, mit allem, was du in deiner Weisheit über mich verfügst. Amen.*

44 Er ließ dort Flüsse und Bäche zu Blut werden, so dass man nicht mehr aus
ihnen trinken konnte. 45 Er schickte den Ägyptern Schwärme von Ungeziefer,
die sie zerfraßen, und Frösche, die ihnen Verderben brachten. 46 Die Frucht
ihres Feldes gab er den Insekten preis; die Ernte, für die sie so mühsam ge-
arbeitet hatten, überließ er den Heuschrecken. 47 Ihre Weinstöcke schlug er
durch Hagel nieder, und ihre Maulbeerbäume durch Brocken von Eis. 48 Dem
Hagel ließ er auch ihr Vieh zum Opfer fallen, ihre Herden dem Blitzschlag.
49 Sein glühender Zorn brach gegen sie los, mit Wut und Grimm stürzte er sie
ins Unglück. Er sandte eine Schar von Engeln, die Unheil über sie bringen
sollten. 50 Seinem Zorn ließ er freien Lauf, selbst vor dem Tod verschonte er
sie nicht, sondern ließ sie durch die Pest umkommen. 51 Alle Erstgeborenen
in Ägypten streckte er nieder, ja, er tötete die ältesten Söhne, die kräftigsten
im Land der Nachkommen Hams. 52 Dann führte er sein Volk heraus wie ein
Hirte seine Schafe, und in der Wüste leitete er sie wie eine Herde. 53 Er führte
sie sicher, darum hatten sie keine Angst. Ihre Feinde jedoch begrub das Meer.

DIE SCHLIMMSTE PLAGE. Die Plagen, die Gott über die Ägypter kommen ließ, waren Naturkatastrophen. Das Wasser des Nils wurde ungenießbar. Das trieb die Frösche auf die Flusswiesen, wo sie starben und ihre Kadaver verwesten. Das führte zur Ungezieferplage und die wiederum zu Seuchen. Die Natur geriet aus ihrem Gleichgewicht. Das weist uns auf etwas Wichtiges hin: Gott hat die Welt so geschaffen, dass unser Ungehorsam Mächte von Chaos und Unnatur freisetzt. Wir sind dazu geschaffen, für Gott zu leben. Wenn wir stattdessen für uns selbst leben, verfehlen wir unsere Wesensbestimmung. Sünde ist die schlimmste Plage. Sie zersetzt uns, wenn wir das Gegenmittel nicht haben – Gottes Gnade in Jesus Christus.

***Gebet:** Herr, die Plage der Sünde hat mich infiziert, durch und durch. Sie macht mich unglücklich und grausam selbstverliebt. Sie macht mich geistlich ohnmächtig – ich kann mich nicht ändern, wenn du nicht eingreifst und mir deine Gnade schenkst. Schenk mir diese Hilfe jetzt: Zeig mir, wer ich wirklich bin, befreie mich von den Sünden, die mich immer wieder bedrängen, und lass mich erfahren, wie gut es ist, dir zu gehorchen. Amen.*

[54] Er brachte sie in sein heiliges Land und führte sie zu dem Berg, den er mit
eigener Hand zu seinem Eigentum gemacht hatte. [55] Die anderen Völker ver-
trieb er vor ihnen aus dem Land und verteilte es als Erbbesitz an die Stämme
Israels. So konnten sie in den Zelten dieser Völker wohnen. [56] Doch wieder
forderten sie Gott heraus; sie lehnten sich gegen ihn, den Höchsten, auf und
hielten sich nicht an seine Mahnungen. [57] Sie sagten sich von ihm los und
brachen ihm die Treue wie schon zuvor ihre Väter. Unzuverlässig waren sie
wie ein Bogen, dessen Pfeile in die falsche Richtung schnellen. [58] Sie bereite-
ten ihm Kummer durch ihre heidnischen Altäre auf den Anhöhen, mit ihren
Götterbildern reizten sie ihn zur Eifersucht.

FALSCHE GÖTTER. Der Gipfel von Israels Versagen als Volk Gottes ist darin erreicht, dass das Volk sich vom lebendigen Gott abwendet, um anderen Göttern zu dienen (V. 58). Falsche Götter anzubeten, das ist der Kern dessen, was mit dem Menschen nicht stimmt (Röm 1,21-25). Alles, was uns wichtiger ist als Gott, ist ein Götze. Alles, was wir mehr lieben als Gott – auch etwas so Gutes wie der Ehepartner, unsere Kinder oder ein soziales Engagement –, ist ein falscher Gott. Weil wir die falschen Dinge so sehr lieben, überfallen uns unbeherrschbare Angst oder Zorn, wenn diese Dinge bedroht sind, oder wir versinken in untröstlicher Verzweiflung, wenn sie uns genommen werden. Wer wir wirklich sind, wissen wir erst, wenn wir unsere falschen Götter benennen können. Und erst, wenn wir die hinter uns lassen, können wir Gott erkennen und mit ihm leben.

***Gebet:** Herr, immer wieder werden die guten Dinge in meinem Leben mir zu Götzen. Ich erwarte Zufriedenheit und Sicherheit, die nur du mir geben kannst, von Dingen, die ich einfach dankbar von dir empfangen sollte. Hilf mir, die Menschen oder Dinge, die ich wie Götter verehre, von ihrem falschen Thron zu stürzen, und allein dich anzubeten und von dir alles Glück und alle Sicherheit zu erwarten. Amen.*

59 Als Gott hörte, wie sie zu anderen Göttern beteten, entbrannte sein Zorn;
voll Abscheu wandte er sich von Israel ab. 60 Er gab sein Heiligtum in Silo auf,
das Zelt, in dem er unter den Menschen gewohnt hatte. 61 Die Bundeslade,
das Sinnbild seiner Macht, ließ er zur Beute werden, ja, seinen Ruhm gab er
in die Hand des Feindes. 62 Er lieferte sein Volk dem Schwert aus, sein Zorn
traf die Nation, die ihm gehörte. 63 Die jungen Männer wurden vom Feuer
verzehrt, und den jungen Frauen sang man keine Hochzeitslieder mehr. 64 Die
Priester kamen durch das Schwert um, und die Witwen konnten nicht einmal
die Totenklage halten.

IKABOD. Israel war so sehr von Gottes Wegen abgewichen, dass er es zuließ, dass die Bundeslade – das Zeichen seiner Gegenwart bei seinem Volk – von den Philistern geraubt wurde (V. 61). Ein Kind, das an diesem Tag geboren wurde, erhielt den Namen Ikabod – „die Herrlichkeit ist von Israel gewichen" (1Sam 4,21; ELB). Weil Gott heilig ist, trennt die Sünde uns von seiner Gegenwart (Jes 59,2). Auch in uns Christen, denen Gott ja die Sünde vergeben hat, findet Jesus geistliche Halbherzigkeit, vor der es ihn ekelt wie vor ungekochter Speise: „Weil du weder warm noch kalt bist … werde ich dich … ausspucken" (Offb 3,16). Sind wir abgestumpft gegenüber der Sünde in unserem Leben, weil doch „Gott die Liebe ist"? Ja, Gott ist die Liebe – und genau deswegen wird er nicht dulden, dass wir ohne ihn leben oder weit weg von ihm.

Gebet: *Herr, ich lasse mich von jedem Windhauch wegtreiben von dir. „Ich lief verirrt und war verblendet, ich suchte dich und fand dich nicht; ich hatte mich von dir gewendet und liebte das geschaff'ne Licht. Nun aber ist's durch dich gescheh'n, dass ich dich hab erseh'n."*[64] *Amen.*

65 Da aber machte sich der Herr auf wie einer, der vom Schlaf erwacht, wie ein
Held, der gestärkt durch Wein nur noch mutiger wird. 66 Nun schlug er seine
Feinde zurück, in ewige Schande stürzte er sie. 67 Er entzog den Nachkommen
Josefs die Führung seines Volkes, seine Wahl fiel nicht mehr auf den Stamm
Efraïm. 68 Vielmehr erwählte Gott nun den Stamm Juda und damit den Berg
Zion, dem seine Liebe gilt. 69 Dort errichtete er sein Heiligtum, majestätisch
wie die hohen Berge, unverrückbar wie die Erde, deren Fundament er für
immer befestigt hat. 70 Er erwählte David, seinen Diener, und holte ihn weg
von den Schafpferchen: 71 Von den Muttertieren nahm er ihn fort, damit er in
Zukunft der Hirte sei für die Nachkommen Jakobs, für Gottes eigenes Volk
Israel. 72 Und David leitete sie wie ein Hirte mit aufrichtigem Herzen, ja, er
führte sie mit Weisheit und geschickter Hand.

ER ERWÄHLTE DAVID. Der Psalm endet hochgestimmt. Er erzählt, wie Gott trotz des Ungehorsams seines Volkes den Tempel errichten ließ (V. 68.69) und David erwählte, damit er der Hirte und König seines Volkes sei (V. 70.71). Wir wissen allerdings, dass sich die Hoffnung des Beters nicht erfüllte: Die Geschichte hat sich wiederholt und die späteren Könige aus dem Haus Davids sind ebenso von Gott abgefallen wie frühere Generationen. Die Menschheit hatte einen größeren König nötig, den Nachkommen Davids, der prophezeit worden war (1Sam 7,11-18), den Retter, der der endgültige Tempel und das endgültige Opfer zugleich war (Joh 2,19-21; Hebr 9,11-14). Jesus ist unser wahrer König und unser wahrer Hirte. Er allein ist weise und erfahren genug, um unser Leben zu lenken. Wir sollten es niemand anderem anvertrauen, nicht einmal uns selbst. Überlassen wir uns seinen Händen, und es wird uns an nichts fehlen.

***Gebet:** Herr, ich bekenne dir, dass ich mir selbst viel zu viel zutraue. Ich fühle mich nicht wie ein Schaf, das einen Hirten braucht, der absolut alles für mich tut. Aber ich bin ein solches Schaf. Ich verlasse mich auf meine eigene Weisheit, meine Karriere, mein Bankkonto, meine einflussreichen Freunde statt auf dich. Aber du, mein guter Hirte, bist meine einzige Sicherheit. Ich lege mein Leben in deine Hände. Amen.*

1 *Ein Psalm Asafs.*
Gott, fremde Völker sind in deinen Besitz eingedrungen, deinen heiligen
Tempel haben sie entweiht und Jerusalem zu einem Trümmerhaufen gemacht.
2 Sie haben deine Diener getötet und deren Leichen den Vögeln zum Fraß
überlassen. Menschen, die dir zu Lebzeiten treu ergeben waren, haben sie den
wilden Tieren vorgeworfen. 3 Ihr Blut haben sie rings um Jerusalem vergos-
sen, als wäre es Wasser, und niemand ist da, der die Toten begräbt. 4 Wir wur-
den zum Gespött unserer Nachbarvölker, wir ernten nur Hohn und Schmach
von allen ringsum. 5 Wie lange noch bekommen wir deinen Unwillen zu spü-
ren, HERR? Doch nicht für immer? Wie lange soll dein Zorn wüten wie ein
verzehrendes Feuer? 6 Lass ihn an den anderen Völkern aus, die nichts von
dir wissen wollen, an den Königreichen, in denen man deinen Namen nicht
anruft! 7 Denn ganz Israel haben sie sich einverleibt und sein gesamtes Wohn-
gebiet verwüstet. 8 Rechne uns doch die Schuld unserer Vorfahren nicht an!
Komm uns rasch mit deinem reichen Erbarmen entgegen! Denn wir sind sehr
schwach geworden.

GOTTES EIFERSUCHT. Gott hat es zugelassen, dass Jerusalem von der babylonischen Armee in Schutt und Asche gelegt wurde. Der Grund dafür ist Gottes „Eifer“ oder seine „Eifersucht“ (so V. 5 wörtlich). Paulus schreibt den Korinthern: „Ich liebe euch mit der Eifersucht Gottes“ (2Kor 11,2; EÜ). Es ist eine Liebe, die zornig wird, wenn der Geliebte durch irgendetwas beschädigt oder zerstört wird. Eltern sind mit Eifer auf Erfolg und Glück ihres Kindes bedacht und räumen bereitwillig alle Sünden aus dem Weg, die beides verhindern. Hätte Gott einfach tatenlos zugesehen, wie Israel sich falschen Göttern zuwandte, dann wäre sein Volk für ihn verloren gewesen. Als Christen wissen wir, dass unsere Sünden uns nicht mehr verdammen können (Röm 8,1). Aber gerade weil wir so geliebt sind, wird Gott uns zur Rechenschaft ziehen, wenn wir seinen Weg verlassen (Hebr 12,4-11).

***Gebet:** Herr, du liebst mich wie ein Vater. Und wenn ich leide, leidest du mit. Wie ein Vater liebst du mich zu sehr, um mich mir selbst zu überlassen, wenn ich falsche Wege einschlage. Wenn Schwierigkeiten auftauchen, Herr, dann hilf mir, mich nicht zu beklagen, das sei unfair. Lass mich lieber fragen: „Versuchst du mir gerade etwas klarzumachen?“ Und dann zeig mir, ob es so und was es ist. Amen.*

9 Hilf uns, du Gott, der uns Rettung schenkt, damit dein Name überall geehrt
wird! Befreie uns, vergib uns unsere Sünden – es geht doch um das Ansehen
deines Namens! 10 Warum sollen die anderen Völker sagen: „Wo ist er denn
nun, der Gott Israels?“? Zeig ihnen vor unseren Augen, dass du das achtlos
vergossene Blut deiner Diener rächst. 11 Lass das Stöhnen der Gefangenen zu
dir dringen, zeig, wie weit dein mächtiger Arm reicht, und erhalte die Todge-
weihten am Leben! 12 Lass den Hohn unserer Nachbarvölker siebenfach auf
sie selbst zurückfallen – letztlich haben sie doch dich, Herr, damit verspottet!
13 Wir aber sind dein Volk, die Schafe auf deiner Weide; wir wollen dir für
immer und ewig danken, deinen Ruhm weitertragen von Generation zu Ge-
neration.

WENN BLUT SCHREIT. Der Beter hört, wie das Blut der Opfer von Krieg und Gewalt förmlich danach schreit, gerächt zu werden (V. 10). Immer wieder spricht die Bibel davon, dass Unrecht geradezu „zum Himmel schreit“, wie das Blut Abels, den Kain getötet hatte (1Mo 4,10.11). Der Beter kann noch nicht wissen, dass einmal in Jerusalem Jesus sein Blut vergießen würde und dass sein Blut „noch viel nachdrücklicher redet als das Blut Abels“ (Hebr 12,24). Es schreit nicht nach Rache, sondern es spricht von der Vergebung für jeden, der glaubt. Als Christen können wir Gott immer danken, auch dann, wenn uns übel mitgespielt wird (V. 13). Und darüber hinaus können wir unsere Feinde lieben und dafür beten, dass auch sie zu Gott finden (Mt 5,43-48).

Gebet: *Herr, ich lebe allein aus deiner Gnade und Vergebung. Wie könnte ich dasselbe also anderen verweigern? Danke, dass du mir die große Last abnimmst, zu glauben, ich wüsste, was Menschen verdient haben, die mich verletzen. Hilf mir, das Urteil darüber dir zu überlassen. Amen.*

1 *Für den Dirigenten. Auf die gleiche Weise wie das Lied „Lilien“ zu begleiten. Ein*
feierliches Bekenntnis von Asaf. Ein Psalm.
2 Du Hirte Israels, der du die Nachkommen Josefs führst wie ein Hirte seine
Herde, höre uns doch! Du, der du thronst über den Kerub-Engeln, erscheine
in deinem herrlichen Glanz! 3 Vor den Augen der Stämme Efraïm, Benjamin
und Manasse lass deine Kraft wirksam werden und komm uns zu Hilfe! 4 Gott,
richte uns wieder auf! Wende uns dein Angesicht freundlich zu, damit wir
gerettet werden! 5 HERR, du allmächtiger Gott, wie lange hüllst du dich noch
in Zorn, während dein Volk zu dir betet? 6 Du gibst ihnen immer noch Brot
zu essen, das von ihren Tränen benetzt ist. Und voller Tränen ist auch der
Becher, den du ihnen zum Trinken reichst. 7 Du hast uns zum Zankapfel für
unsere Nachbarvölker gemacht, und unsere Feinde spotten über uns. 8 All-
mächtiger Gott, richte uns wieder auf! Wende uns dein Angesicht freundlich
zu, damit wir gerettet werden!

RÜCKFALL. Wenn wir im Glanz des freundlichen Angesichts Gottes leben (V. 4.8), dann ist Gott für uns nicht einfach eine Tatsache, die wir zur Kenntnis nehmen, sondern er ist für uns erfahrbare Gegenwart. Dann spiegelt sich in unserem Leben etwas von seinem Wesen, und das nicht nur aus Zwang oder Pflichtgefühl, sondern weil es uns ein inneres Bedürfnis ist, nachdem wir selbst von seiner Schönheit erfasst sind. Die meisten Christen leben aber in der Grauzone zwischen diesen beiden Polen. Wenn wir merken, dass wir in Richtung religiöser Pflichterfüllung abrutschen, brauchen wir eine geistliche Erneuerung, eine Rückkehr von unseren „Abwegen“ (Hes 37,23; L). Und in jeder geistlichen Erneuerung gibt es ein konstantes Element: anhaltendes, treues Gebet. Dreimal erfolgt die Bitte, Gott möge seinem Volk sein Angesicht wieder freundlich zuwenden (4.8.20), damit es eine geistliche Erneuerung erfährt.

Gebet: *Herr, der Gemeinde in Ephesus wirfst du vor, dass sie „ihre erste Liebe verlassen“ hat (Offb 2,4). Manchmal habe ich das Gefühl, dass es mir genauso geht. Wie kann es sein, dass das herrlichste Antlitz im ganzen Universum mich nicht mehr völlig fasziniert? Belebe meine Seele, Herr, und öffne meine Augen, damit sie deine Herrlichkeit und Gnade sehen. Amen.*

9 Einen Weinstock hast du aus Ägypten herausgeholt, fremde Völker hast du aus Israel vertrieben und ihn an ihrer Stelle eingepflanzt. 10 Du gabst ihm weiten Raum, er schlug Wurzeln und breitete sich aus im ganzen Land. 11 Sein Schatten bedeckte die Berge, seine Ranken die mächtigen Zedern des Libanon. 12 Er streckte seine Zweige aus bis ans Meer und seine jungen Triebe bis hin zum Eufrat. 13 Warum aber hast du seine schützende Mauer niedergerissen, so dass nun alle, die vorbeikommen, seine Früchte und Zweige abreißen können? 14 Die Wildschweine aus dem Wald fressen ihn kahl, und die Tiere des Feldes weiden ihn ab.

GOTTES WEINBERG. Das Volk Gottes gleicht einem Weinstock. Ein Weinstock ist nicht das Produkt menschlichen Erfindungsreichtums; er hat sein eigenes Leben (V. 9.10). Als Christen sind wir aus Gottes Geist neu geschaffen, und dieser Geist lebt in uns (Röm 8,9-10) und bringt geistliche Früchte hervor: Liebe, Freude, Frieden und Geduld (Gal 5,22-25). Ein Weinstock wird normalerweise kein hoher Baum; sein Schatten wird kaum Berge bedecken und seine Zweige nicht bis ans Meer reichen (V. 11.12). Aber das Bild besagt: Als Christen sind wir Geschöpfe der übernatürlichen Gnade Gottes. Aus uns heraus sind wir töricht, schwach und unbedeutend (1Kor 1,26-31). Aber durch Christus können wir die Welt verändern (Apg 17,6). Und wie sieht es bei mir aus? Bin ich einfach ein netter Mensch oder bin ich durch den Geist neu geboren? Verändere ich mich? Trägt mein Leben geistliche Früchte?

Gebet: *Herr, es sollte so sein, dass ich mit jedem Jahr meines Lebens liebevoller werde, mutiger, selbstloser. Aber ich muss dir bekennen: So ist es nicht. Hilf mir zu sehen, wo es mir an Frucht fehlt. Danke, dass du ein Gott bist, der Leben schenkt! Lehre mich, mich immer tiefer in dir zu verwurzeln, damit ich dir immer ähnlicher werde. Amen.*

15 Du allmächtiger Gott, kehr doch zu uns zurück; schau vom Himmel herab
und sieh dir alles an! Kümmere dich doch wieder liebevoll um diesen Wein-
stock! 16 Umhege und schütze ihn, den du selbst gepflanzt hast, den jungen
Spross, den du für dich hast stark werden lassen! 17 Teile deines Weinstocks
sind verbrannt, andere wurden abgeschnitten – dein Volk geht zugrunde, so-
lange du deinen Blick voller Zorn auf sie richtest. 18 Halte doch deine mäch-
tige Hand schützend über den König, der an deiner rechten Seite sitzt, über
den Menschen, den du für dich hast stark werden lassen. 19 Dann werden wir
uns nicht mehr von dir abwenden. Schenk uns neues Leben, und wir werden
deinen Namen wieder anrufen. 20 HERR, du allmächtiger Gott, richte uns
wieder auf! Wende uns dein Angesicht freundlich zu, damit wir gerettet wer-
den!

ERNEUERUNG. Wie geschieht geistliche Erneuerung? Mit jedem neuen Anruf Gottes (V. 4.8.20) wird der Name Gottes erweitert; das Gebet steigert sich wie in einem Crescendo. Erneuerung verlangt Umkehr, eine Hinwendung zu Gott (V. 19.20). Und schließlich verlangt Erneuerung nach einem Anführer oder „König, der an deiner rechten Seite sitzt“ (V. 18). In der Geschichte der Erneuerungsbewegungen der Kirche hat Gott oft durch dynamische, vollmächtige Menschen gehandelt. Der eigentliche „Mensch, den du für dich hast stark werden lassen“ (V. 18) ist Jesus. Er schenkt uns freien Zugang zur Gegenwart Gottes (Eph 2,18). Jesus ist der wahre Weinstock (Joh 15,1-6). Nur wenn wir im Glauben mit ihm verbunden sind, können wir Reben an diesem Weinstock sein; nur dann kann sein Leben uns durchströmen. Und so geschieht geistliche Erneuerung.

Gebet: *„Bei dir, Jesu, will ich bleiben, stets in deinem Dienste stehn. Nichts soll mich von dir vertreiben, will auf deinen Wegen gehn. Du bist meines Lebens Leben, meiner Seele Trieb und Kraft, wie der Weinstock seinen Reben zuströmt Kraft und Lebenssaft.“*[65] *Amen.*

Psalm 81,1-5 — 17. Juli

1 *Für den Dirigenten. Auf beschwingte Weise zu begleiten. Von Asaf.*
2 Jubelt Gott zu, der unsere Stärke ist! Brecht in Freudenrufe aus ihm zu Eh-
ren, dem Gott der Nachkommen Jakobs! 3 Stimmt an den Gesang, lasst die
Pauke ertönen, die wohlklingende Zither mitsamt der Harfe. 4 Bei Neumond
blast das Widderhorn und auch an unserem Festtag bei Vollmond! 5 Denn dies
ist eine Ordnung für Israel, eine Weisung vom Gott der Nachkommen Jakobs.

JUBEL AUF BEFEHL? Der Psalm ruft uns auf, und das sehr nachdrücklich, über Gott in Jubel auszubrechen. Wir sind nicht nur freundlich dazu eingeladen, nein, Jubel über Gott ist „eine Ordnung für Israel, eine Weisung vom Gott der Nachkommen Jakobs" (V. 5). Kann man auf Befehl jubeln und frohlocken? Ja, auf zweifache Weise. Als Christen haben wir gute Gründe, uns zu freuen, deshalb gibt es auch „wirksame Mittel, diese Freude in uns zu wecken und zu behalten".[66] „Lasst Psalmen, Hymnen und Lieder erklingen", empfiehlt Paulus (Eph 5,19). Vertiefen wir uns in die Psalmen, lernen wir, mitten im Alltag immer wieder unser Herz dankbar Gott zuzuwenden. Wichtig ist auch der regelmäßige gemeinsame Gottesdienst (Hebr 10,25). Den sollten wir nicht vernachlässigen. Wie steht es um unsere Freude an Gott?

Gebet: *Herr, meine Gedanken kreisen nicht um dich, das höchste Gut, nicht um deinen Glanz, deine Güte, deine Schönheit. Sie kreisen um höchst vorläufige Dinge. Hilf mir, sie immer wieder auf dich zu richten, bis mir das so zur Gewohnheit wird, dass ich jederzeit „aus tiefstem Herzen zu deiner Ehre jubeln" kann (Eph 5,19). Amen.*

6 Damals tat er den Nachkommen Josefs seinen Willen kund, als er sich auf-
machte, um über Ägypten Gericht zu halten. Ich höre Worte, die ich bisher
noch nicht vernommen habe: 7 „Ich habe seine Schulter von der drückenden
Last befreit, seine Hände müssen den schweren Korb nicht mehr tragen. 8 In
deiner Not hast du zu mir geschrien, und ich habe dir herausgeholfen. Ver-
hüllt durch Gewitterwolken antwortete ich dir; und in Meriba, wo ich dir
später Wasser gab, stellte ich dich auf die Probe. 9 Höre nun, mein Volk, ich
will dich ermahnen! Israel, würdest du doch auf mich hören! 10 Kein fremder
Gott soll bei dir sein; vor keinem Gott, den andere Völker verehren, sollst du
dich niederwerfen. 11 Ich allein bin der HERR, dein Gott, der dich aus Ägyp-
ten herausgeführt hat. Öffne deinen Mund weit, damit ich ihn mit Gutem
füllen kann!

DIE FREUDE DES GEHORSAMS. In V. 9-11 klingt 2Mo 20,2 durch: „Ich bin der HERR, dein Gott, der ich dich aus dem Land Ägypten, aus dem Sklavenhaus, herausgeführt habe“ (ELB). Unmittelbar im Anschluss an diese Worte gibt Gott Israel die Zehn Gebote – bete keine anderen Götter an, töte nicht, verleumde nicht (2Mo 20,2-17). Aber in dem Psalm folgt gerade keine Liste von Geboten, sondern ein reines Versprechen: „Öffne deinen Mund weit, damit ich ihn mit Gutem füllen kann!“ (V. 11). Gottes Gebote sind nicht dazu da, damit wir Punkte auf unserem Verdienste-Konto sammeln. Sie sind dazu da, dass unser Leben gelingt und es uns gut geht (5Mo 6,24); es sind Worte der Weisheit; sie helfen uns, so zu leben, wie es unserem Wesen am besten entspricht. Dieser Psalm bezeugt: Der letzte Sinn des Gehorsams ist Freude. Es ist die Erfüllung, die wir finden, wenn wir den Gott kennen, den zu lieben wir geschaffen sind.

Gebet: *Herr, ich preise dich für dein heiliges Gesetz. Es ist wirklich eine „Weisung zum Leben“. Und je mehr ich mich daran halte, umso lebendiger wird meine Seele, umso mehr werde ich zu dem Menschen, zu dem du mich geschaffen hast. Hilf mir, Herr, dir immer besser und immer freudiger zu gehorchen. Amen.*

12 Aber mein Volk hörte nicht auf meine Stimme, Israel hat mir nicht ge-
horcht. 13 Da überließ ich sie den Folgen ihres Starrsinns; sie lebten so, wie
sie es selbst für richtig hielten. 14 Ach, würde mein Volk doch auf mich hören,
würde Israel doch auf meinen Wegen gehen! 15 Wie schnell würde ich ihre
Feinde in die Knie zwingen und meine strafende Hand erheben gegen alle, die
sie bedrängen." 16 Ja, alle, die den HERRN hassen, müssten ihm Ergebenheit
zeigen, und ihre Strafe würde ewig dauern. 17 Israel aber würde er mit dem
besten Weizen speisen und mit wildem Honig aus den Bergen sättigen.

HONIG AUS DEN BERGEN. Wenn wir über Gott jubeln (V. 2-6) und seinen Geboten gehorchen (V. 7-11), dann gilt uns eine bemerkenswerte Verheißung: Auch schwierige und harte Zeiten (die uns erscheinen können wie unbezwingbare „Berge“; V. 17) werden uns geistlich wachsen lassen und dazu dienen, dass unsere Gemeinschaft mit Gott, die „süß“ ist wie „Honig“ (V. 17), sich vertieft. Dieser Grundsatz findet sich verschiedentlich in der Bibel. „Vom Fresser kommt Speise, vom Starken kommt Süßes“ (Ri 14,14). „Wenn ich schwach bin, bin ich stark“ (2Kor 12,10). Gott nutzt unsere Anfechtungen und Probleme, um uns zu zeigen, wo die wahre Freude zu finden ist. „Er gibt uns das Beste und macht süß, was hart, bedrohlich und aussichtslos ist.“[67] Das Kreuz ist das unübertroffene Beispiel dafür, dass aus Niederlage Sieg wird, dass Hartes süß wird wie Honig.

***Gebet:** Geliebter Jesus, ich kenne dich lange genug und weiß, wie gütig, treu und liebevoll du bist. So oft habe ich schon erlebt, dass du harte und schwierige Dinge auf eine Weise genutzt hast, die sie süß und fruchtbar gemacht hat. Und doch setzt mir schon wieder der Zweifel zu, wenn ich an das denke, was mich gerade belastet. Vergib mir, Herr. Ich will dir vertrauen. Amen.*

1 *Ein Psalm Asafs.*
Gott steht da in der Gottesversammlung, inmitten der Götter hält er Ge-
richt: 2 „Wie lange noch wollt ihr ungerechte Urteile fällen und die gottlosen
Verbrecher begünstigen? 3 Schafft Recht den Schutzlosen und Waisen; sorgt
dafür, dass den Unterdrückten und Armen Gerechtigkeit zuteil wird! 4 Befreit
die Schutzlosen und Bedürftigen, entreißt sie der Gewalt der gottlosen Ver-
brecher! 5 Aber es fehlt ihnen an Einsicht und Erkenntnis, in Finsternis gehen
sie ihren Weg. Da geraten sogar die Fundamente der Erde ins Wanken! 6 Ich
selbst hatte zwar gesagt: Ihr seid Götter, Söhne des Höchsten seid ihr alle.
7 Aber ihr werdet sterben wie ganz gewöhnliche Menschen, und ihr werdet
stürzen wie irgendein Machthaber!“ 8 Mache dich auf, Gott! Halte Gericht
über die Welt! Denn alle Völker gehören dir als Erbbesitz.

DER GOTT ÜBER ALLEN GÖTTERN. Wer sind die „Götter“, von denen V. 1 spricht? Es könnten die Mächtigen der Welt sein (V. 6.7); es könnten auch die geistlichen Mächte des Bösen sein (Eph 6,12). Gott liegen die Schwachen, die Waisen, die Armen und die Machtlosen unbedingt am Herzen (V. 3.4). Wenn unser Glaube echt ist, dann werden wir uns für die Armen und Bedürftigen einsetzen (Jak 2,14-17; 1Joh 3,16-18). Gott steht auf der Seite des Rechts, denn er identifiziert sich, bemerkenswerterweise, mit den Schwachen. Wer den Armen bedrängt, verhöhnt Gott (Spr 14,31). An Jesus sehen wir, wie weit Gott in dieser Identifizierung mit den Armen und Bedrängten gegangen ist. Er wurde Mensch, starb an einem Kreuz und wurde ein Opfer menschlicher Ungerechtigkeit.

Gebet: *Herr, ich lebe in einem relativ sicheren Teil dieser Welt und in einer Gesellschaft des Wohlstands. Deshalb bin ich nicht so wach für die Bedürfnisse der Schwachen, wie du es bist. Lehre mich, mit deinen Augen zu sehen. Lass mich das Unrecht hassen, wie du es hasst, und lehre mich, die Armen und Bedürftigen zu lieben, wie du sie liebst. Amen.*

Psalm 83,1-9 *21. Juli*

1 *Ein Lied. Ein Psalm Asafs.*
2 Gott, bleibe nicht untätig! Schweige nicht und sieh nicht tatenlos zu, o Gott!
3 Sieh doch, wie deine Feinde in Aufruhr geraten! Menschen, die dich has-
sen, lehnen sich auf mit hoch erhobenem Haupt. 4 Sie planen eine Verschwö-
rung gegen dein Volk, sie rotten sich zusammen gegen die, die bei dir Schutz
finden. 5 „Kommt!“, sagen sie, „wir wollen dieses ganze Volk auslöschen! In
Zukunft soll sich niemand mehr an den Namen Israel erinnern!“ 6 Bei ihren
Beratungen sind sie sich völlig einig, gegen dich, Gott, richtet sich ihr Bünd-
nis! 7 Es sind die Edomiter und die Ismaëliter, die alle in Zelten wohnen,
die Moabiter und Hagariter, 8 dann die von Gebal, Ammon und Amalek, die
Philister samt denen, die in Tyrus wohnen. 9 Auch die Assyrer haben sich
ihnen angeschlossen und unterstützen die Moabiter und die Ammoniter, die
Nachkommen Lots.

EIN NEUES LICHT AUF DIE FEINDE. Wie sollten wir reagieren, wenn Menschen uns feindselig begegnen? „Sieh doch, wie deine Feinde in Aufruhr geraten“, ruft der Beter Gott zu; er spricht von „Menschen, die dich hassen“ (V. 3). Die Perspektive ist entscheidend. Sünde ist immer Aufruhr gegen Gott, ist Anmaßung seiner Autorität, der Mensch will Gott sein. Auch als glaubende Menschen müssen wir anerkennen, dass wir uns mit jeder Sünde zu Feinden Gottes machen. („Gegen dich allein habe ich gesündigt“; Ps 51,6). Wenn uns also Unrecht geschieht, sollten wir in dem, der es ausübt, vor allem einen Menschen sehen, der mit Gott im Kampf liegt. Dann werden wir uns nicht mehr so allein gegen unsere Feinde fühlen. Und wir können uns damit trösten, dass es letzten Endes Gottes Sache ist, wie er mit unseren Feinden verfährt.

Gebet: *Herr Jesus, ja, es gibt Menschen, die mich verletzen, die mir Unrecht tun oder mich schlecht behandeln. Aber mich hat noch niemand gekreuzigt, wie es deine Feinde mit dir getan haben. Du hast trotzdem für sie um Vergebung gebeten und deinen Geist in Gottes Hände befohlen. Hilf mir, Herr, es ebenso zu machen. Amen.*

10 Geh mit ihnen um wie damals mit den Midianitern, wie mit Sisera und Jabin
am Fluss Kischon! 11 Bei En-Dor wurden sie vernichtend geschlagen, und ihre
Leichen wurden zum Dünger für den Erdboden. 12 Lass es ihren Fürsten er-
gehen wie damals Oreb und Seëb, lass all ihre Anführer enden wie Sebach und
Zalmunna! 13 Auch sie sagten sich: „Wir wollen das ganze Herrschaftsgebiet
Gottes für uns erobern!“ 14 Mein Gott, mach sie ausgedörrten Disteln gleich,
die der Sturm umherwirbelt, zerstreue sie wie Spreu im Wind!

DIE FEINDE UMSIEDELN. Wie sollen wir die Stellen in den Psalmen verstehen, in denen Tod und Vernichtung für die Feinde erbeten wird und nicht Vergebung? Zunächst sollten wir etwas Wichtiges zur Kenntnis nehmen. Auch mit den drastischen Worten, die wir im heutigen Textabschnitt finden, nimmt der Beter die Rache nicht selbst in die Hand. Texte wie dieser „erlauben uns, unseren Zorn bei Gott abzugeben, damit er handelt, wie er es für richtig hält“; wir können uns am Rat des Paulus orientieren: „Rächt euch nicht selbst, liebe Freunde, sondern überlasst die Rache dem Zorn Gottes“ (Röm 12,19).[68] Damit siedeln wir die Feinde um – wir entlassen sie aus unseren Händen und legen sie in die Hände Gottes. Haben wir das erst einmal getan, entwickeln wir vielleicht sogar Mitgefühl. Letzten Endes kommt niemand mit seiner Bosheit davon (V. 9–13).

Gebet: *Herr, lehre mich, nicht mit Rachegedanken zu reagieren, wenn Menschen mir schaden, sondern mit Mitleid. Sie haben sich auf einen Kampf mit dir eingelassen, und du bist ein gerechter Richter, der Unrecht nicht einfach übersieht. Ich überlasse sie dir, Gott, und auch mich selbst lege ich in deine Hände. Amen.*

15 Wie ein Feuer, das den Wald verbrennt, und wie sengende Flammen, die
Bergkuppen kahlfressen, 16 so komme du über sie und jage sie im Unwetter da-
von, sprenge sie auseinander wie durch einen Wirbelsturm. 17 Lass ihnen die
Schamröte ins Gesicht steigen, damit sie dich suchen und nach deinem Na-
men fragen, o HERR. 18 Schmach und Schrecken soll sie für immer zeichnen,
mögen sie in Schande zugrunde gehen. 19 Denn sie sollen endlich erkennen,
dass du allein, der du HERR genannt wirst, der höchste Herrscher über die
ganze Erde bist.

DIE FEINDE BEKEHREN. Es schien, als wünschte der Beter seinen Feinden nichts als den Tod. Aber im letzten Abschnitt ändert sich diese Perspektive überraschend. Nun betet er darum, dass sie die Wahrheit erkennen, nach Gott fragen und ihn erkennen (V. 17.19). In biblischer Zeit wäre das für die Nachbarvölker Israels nur eine sehr entfernte Möglichkeit gewesen. Und der Beter ist immer noch mehr an der göttlichen Vergeltung interessiert als an der Rettung der Feinde. Aber im Licht des Kreuzes sehen wir, dass dies der eigentliche Weg ist, das Böse zu besiegen. Christus eröffnet uns effektive Wege, aus unseren Feinden Gottes Freunde zu machen. Er starb für uns, als wir noch Gottes Feinde waren (Röm 5,10). Wir haben allen Grund, Böses mit Gutem zu überwinden (Röm 12,14-21).

Gebet: *Herr, ich preise dich. Du hast mich aus Liebe zu dir gezogen, als ich noch dein Feind war. Sollte ich nun denen, die mir das Leben schwer machen, anders begegnen? Hilf mir, von ganzem Herzen zu vergeben, wenn jemand an mir schuldig wird, und dann das Beste für ihn zu suchen. Auch wenn das bedeutet, dass ich Dinge sagen muss, die er nicht hören will. Amen.*

1 *Für den Dirigenten. Auf beschwingte Weise zu begleiten. Von den Korachitern. Ein*
Psalm.
2 Wie schön sind doch deine Wohnungen, allmächtiger HERR! 3 Ich sehne
mich von ganzem Herzen, ja, ich verzehre mich vor Verlangen nach den Vor-
höfen am Heiligtum des HERRN. Mit Leib und Seele juble ich dem leben-
digen Gott zu. 4 Selbst der Spatz hat ein Zuhause gefunden, die Schwalbe ein
Nest für sich, wo sie ihre Jungen versteckt hat – nämlich bei deinen Altären,
du allmächtiger HERR, mein König und mein Gott. 5 Glücklich zu nennen
sind alle, die in deinem Haus wohnen dürfen, sie werden dich für immer prei-
sen.

LIEBESLIED. Dieser Psalm redet in der innigen Sprache der Liebeslyrik. Selbst die Vorhöfe des Tempels erscheinen dem Beter strahlend schön (V. 2.3), und zwar nicht, weil sie ihn architektonisch beeindrucken, sondern weil dies Gottes Wohnung ist (V. 2). Der Psalmist ist sich durchaus darüber im Klaren, dass die tiefste Sehnsucht seines Herzens nicht durch den Glauben an eine entfernte unpersönliche göttliche Kraft gestillt wird, sondern nur durch den lebendigen Gott – einen Gott, der uns als persönliche, lebendige Gegenwart begegnet (V. 3). Diese nahe und innige Begegnung mit Gott sollten wir zu einer Priorität in unserem Leben machen. Hören wir auf, herumzuflattern wie Vögel ohne Nistplatz; lernen wir lieber, unser „Nest bei Gott zu bauen“, in seiner Nähe zu ruhen (V. 4).

Gebet: *Herr, manchmal suche ich deine Nähe, manchmal vergesse ich dich. Meine Nähe zu dir nimmt zu und ab wie die Phasen des Mondes. Heute fasse ich den Entschluss, dass ich deine Nähe entschiedener suchen will, dass ich mir an deinen Altären ein Nest bauen will. Zeig mir, was das heißt, und gib mir genug von deiner Gnade und Liebe, damit es gelingt. Amen.*

[6] Glücklich zu nennen ist, wer seine Stärke in dir gefunden hat, alle die, deren
Herz erfüllt ist von dem Wunsch, zu deinem Heiligtum zu pilgern. [7] Durch-
queren sie das Tal der Dürre, so wird es durch sie zu einem Ort mit Quellen,
und auch der Herbstregen schenkt dem Tal wieder Fruchtbarkeit. [8] Sie emp-
fangen auf Schritt und Tritt neue Kraft, bis sie dann vor Gott auf dem Berg
Zion stehen. [9] HERR, du allmächtiger Gott, höre mein Gebet, schenk mir ein
offenes Ohr, du Gott der Nachkommen Jakobs!

GEISTLICHE PILGERFAHRT. Unsere Sehnsucht danach, in Gottes Nähe zu leben (V. 2-5), wird nicht mit einem Schlag erfüllt. Wer Gott finden möchte, muss sich auf einen Weg machen (V. 6). Auf diesem Weg wächst uns immer wieder neue Kraft zu (V. 8). Paulus sagt, indem wir Christus in seinem Wort kennenlernen und durch den Glauben immer besser verstehen, wer er wirklich ist, werden wir „immer mehr Anteil an seiner Herrlichkeit bekommen“ (2Kor 3,18). Ja, wir sollten auch damit rechnen, dass es das „Tal der Dürre“ zu durchqueren gilt (V. 7), Zeiten der geistlichen Trockenheit, Zeiten mit Gegenwind. Aber diese Zeiten sind entscheidend für unser Vorwärtskommen (V. 7.8). Gott schenkt uns weiteres Wachstum gerade durch harte Zeiten und Schwierigkeiten. Wie schon gesagt, er gibt uns „Honig aus den Bergen“ (Ps 81,16).

Gebet: *Herr, meine Geschichte mit dir ist lang genug, dass ich erkennen kann: Meine armseligsten und dürrsten Zeiten waren auch meine geistlich ertragreichsten. Immer noch fürchte ich mich vor solchen Wegstrecken, und das darf auch so sein. Hilf mir, nicht aufzugeben, wenn wieder ein dürres Tal kommt. Lass mich nicht vergessen, dass du in den dürren Tälern deine größten Wunder wirkst. Amen.*

10 Achte doch auf unseren König, der uns Schutz bietet, o Gott, ja, blicke
wohlwollend auf den, der von dir gesalbt wurde! 11 Ein Tag in deinen Vorhö-
fen ist besser als tausend andere sonst. Ich will lieber an der Schwelle stehen
im Haus meines Gottes als dort zu wohnen, wo die Gottlosigkeit herrscht!
12 Denn Gott, der HERR, ist unsere Sonne, er beschützt uns wie ein Schild.
Gnade schenkt der HERR, und er lässt uns zu Ehren kommen. Denen, die
aufrichtig ihren Weg gehen, enthält er nichts Gutes vor. 13 Allmächtiger
HERR, glücklich zu nennen ist der Mensch, der auf dich vertraut!

TAUSENDMAL BESSER. Ein Tag in der Nähe Gottes ist besser als tausend andere, was immer wir an denen auch erleben könnten (V. 11). Und das ist keine übertriebene Umschreibung für: „Denen, die aufrichtig ihren Weg gehen, enthält er nichts Gutes vor" (V. 12). Das Neue Testament wird deutlich machen, wie unvorstellbar groß dieses „Gute" ist. Wenn er uns seinen eigenen Sohn nicht missgönnt, „wie sollte er uns mit ihm nicht alles schenken?" (Röm 8,32; EÜ). Er tut es um dessen willen, „der von dir gesalbt wurde" (V. 10). Christen wissen: Dieser Gesalbte ist Jesus.

Gebet: *Herr, die Gemeinschaft mit dir ist die eine kostbare Perle (Mt 13,45.46), der eine Schatz, gegen den alles andere nur wertloser Plunder ist. Hilf mir, das deutlich zu sehen. Präge und forme mein Herz, damit es dich ersehnt. Anders werde ich das Ziel meiner Pilgerschaft zu dir nicht erreichen. Amen.*

1 *Für den Dirigenten. Von den Korachitern. Ein Psalm.*
2 HERR, du hattest Gefallen an deinem Land, die Nachkommen Jakobs hast
du aus der Gefangenschaft befreit. 3 Du hast die Schuld deines Volkes verge-
ben und alle ihre Sünden zugedeckt. 4 Deinen Groll hast du beendet, hast ab-
gelassen von deinem glühenden Zorn. 5 Richte uns nun wieder auf, Gott, der
uns Rettung schenkt! Setz deinem Unwillen gegen uns doch ein Ende! 6 Oder
willst du ewig aufgebracht sein über uns? Willst du zornig auf uns sein – jetzt
und in allen künftigen Generationen? 7 Willst du uns nicht wieder neues Le-
ben schenken, damit dein Volk sich über dich freuen kann? 8 Lass uns deine
Gnade erfahren, HERR, und schenke uns Rettung. 9 Ich will hören, was Gott,
der HERR, sagt. Frieden verspricht er seinem Volk, all denen, die ihm treu
sind. Nur sollen sie nicht wieder in ihre verhängnisvollen Fehler zurückfallen!

KONZEPT FÜR ERWECKUNG. Dieser Psalm bietet geradezu ein Konzept, wie wir reagieren können, wenn unsere Gemeinde geistlich abbaut. Schauen wir uns an, wie frühere Erweckungen oder Reformzeiten vonstattengingen (V. 2). Die Kirchengeschichte ist entlarvend und entmutigend zugleich; sie zeigt uns, wie tief wir gefallen sind, aber auch, was Gott tun kann. Als Nächstes sollten wir umkehren und eingestehen, dass unser hartes Herz und unsere Sünde uns von Gott getrennt haben (V. 5.6). Wir dürfen Gott bestürmen: „Lass uns deine Gnade erfahren, Herr!“ (V. 8) Jede Erweckung lebt davon, dass wir das Evangelium ganz neu entdecken – dass wir es theologisch verstehen und aus Erfahrung kennen. Und schließlich geht es darum, uns Gott zur Verfügung zu stellen und genau zu hören, was sein Wort uns sagt (V. 9).

***Gebet:** Herr, mein Glaube ist vertrocknet; belebe mich durch das lebendige Wasser deines Geistes. Du hast mich geschaffen, damit ich mich „für immer an dir erfreue“[69]. Aber das tue ich so oft nicht. „Willst du uns nicht wieder neues Leben schenken, damit dein Volk sich über dich freuen kann?“ Amen.*

10 Ja, nahe ist seine Rettung denen, die in Ehrfurcht vor ihm leben. Seine
Herrlichkeit soll wieder Wohnung nehmen in unserem Land. 11 Dann be-
gegnen einander Gnade und Wahrheit, dann küssen sich Gerechtigkeit und
Friede. 12 Treue wird aus der Erde sprießen und Gerechtigkeit herabschauen
vom Himmel. 13 Der HERR wird uns mit allem Guten beschenken, und unser
Land wird seinen Ertrag bringen. 14 Gerechtigkeit wird vor unserem Gott
hergehen, und er wird sie Schritt um Schritt zu seinem Weg für uns machen.

WAHRE EINTRACHT. Gnade und Wahrheit (die eigentliche Bedeutung von „Treue“) müssen sich begegnen (V. 11). Aber wie kann Gott in seiner Wahrheit die Sünde strafen und den Sünder zugleich in seiner Gnade an sich ziehen? Christus hat „alles im Himmel und auf der Erde … mit Gott … versöhnt … als er am Kreuz sein Blut vergoss“ (Kol 1,20; Hfa). Als Jesus am Kreuz unsere Strafe auf sich nahm, haben sich Liebe und Heiligkeit „geküsst“ – beidem wurde Genüge getan. Liebe ohne Heiligkeit ist reine Sentimentalität; Gerechtigkeit und Gesetz ohne Gnade ist Pharisäertum. Von Natur aus neigen wir dem einen oder dem anderen zu, aber das Evangelium hält Gnade und Gerechtigkeit, Liebe und Wahrheit zusammen. Und je mehr beides in uns in Einklang kommt, umso enger wird unsere Gemeinschaft mit Menschen, die auch aus dem Evangelium leben.

Gebet: *Herr, dein versöhnendes Sterben und Auferstehen bringt alle Dinge zusammen. Und doch enthalte ich oft genug anderen meine Freundschaft oder Gemeinschaft vor. Ich bin zu vorsichtig, um mich zu öffnen. Heile meine Furcht durch deine Liebe. Verbinde mich enger mit deinen Kindern, damit ich alles genieße, was du mir schenken willst. Amen.*

1 *Ein Gebet von David.*
HERR, schenke mir ein offenes Ohr, erhöre mich, denn ich bin arm und vom
Leid gebeugt. 2 Schütze mein Leben, ich gehöre ja zu dir! Hilf mir, deinem
Diener, der auf dich vertraut – du bist doch mein Gott! 3 Hab Erbarmen mit
mir, Herr; zu dir rufe ich den ganzen Tag. 4 Erfreue das Herz deines Dieners,
denn nach dir, Herr, sehnt sich meine Seele. 5 Du, Herr, bist doch gütig und
gern bereit zu vergeben, reich an Gnade gegenüber allen, die zu dir rufen.
6 Höre auf mein Gebet, HERR, und achte auf mein lautes Flehen! 7 In meiner
Not rufe ich zu dir, denn du wirst mir antworten.

GOTT HAT DIE MACHT. Dies ist ein Gebet von König David. Er ist umgeben von Feinden, die sein Leben bedrohen (V. 14). Wieder einmal bietet uns ein Psalm eine Therapie für Zeiten, wenn uns die Kontrolle über unser Leben entgleitet. David fühlt sich einsam und schutzlos. Seine Reaktion darauf ist: Er ruft sich ein ums andere Mal in Erinnerung, wer Gott ist. Immer wieder ruft er zum HERRN – im Hebräischen steht hier adonai – „Herrscher“. David prägt es seinem Herzen ein, dass Gott alles unter Kontrolle hat. Fragen wir uns einmal, wie viele unserer unerwünschten Gefühle, ungesunden inneren Haltungen und unklugen Handlungen darin wurzeln, dass wir in jenem Moment vergessen hatten, wer Gott ist.

***Gebet:** Herr, immer wieder bitte ich dich, dass deine Kraft mich verändert und heilt. Aber nichts verändert mein Leben nachhaltiger, als wenn ich dich einfach anbete, mich an dir freue und mich in deine Größe versenke. Präge mir die Wahrheit deiner Liebe, deiner Weisheit, deiner Heiligkeit und Macht ganz tief ins Herz ein, bis sie mein Herz entflammt und einen neuen Menschen aus mir macht. Amen.*

8 Keiner ist wie du, kein anderer Gott gleicht dir, Herr! Und nichts reicht heran an die Werke, die du vollbracht hast. 9 Alle Völker, die du geschaffen hast, werden kommen und sich vor dir niederwerfen, Herr. Deinem Namen werden sie Ehre erweisen. 10 Denn du bist groß und vollbringst Wunder. Du bist Gott, du allein! 11 Weise mir deinen Weg, HERR! Ich möchte in Treue zu dir mein Leben führen. Richte mein Herz auf eines aus: deinem Namen in Ehrfurcht zu begegnen. 12 Ich will dir, Herr, mein Gott, von ganzem Herzen danken, deinen Namen möchte ich ehren für alle Zeit. 13 Denn du hast mir deine Gnade so reich erwiesen und mein Leben den Tiefen des Totenreiches entrissen.

EIN UNGETEILTES HERZ. Darum bittet David in V. 11: um ein Herz, das nur auf eines ausgerichtet ist. Ein geteiltes Herz kann viele Gestalten annehmen. Da gibt es das unaufrichtige Herz des Menschen, dessen innere Haltung dem, was er nach außen sagt, nicht entspricht (Ps 12,1). Es gibt das unentschlossene Herz, das sich nicht voll und ganz einlassen kann (Jak 1,6-8). Selbst in einem Herzen, das von Gottes Geist erfüllt ist, sodass es Gott liebt, kann noch etwas von dem früheren Protest gegen Gott und seine Herrschaft stecken (Röm 7,15-25).[70] David geht es nicht um ein psychologisches Gesunden allein. Er bittet darum, Gott „in Ehrfurcht" begegnen zu können (V. 11) – ihm von ganzem Herzen freudige und ehrerbietige Liebe entgegenbringen zu können. Der Weg zu diesem neuen Herzen führt nicht über die psychologische Nabelschau, sondern über den Entschluss, Gott anzubeten (V. 12). „Ich will dir, Herr, mein Gott, von ganzem Herzen danken", bekennt David.

Gebet: *Herr, ich preise dich: Dich zu loben ist das Beste für meine Seele. Ich gebe mich dir aufs Neue ganz hin, so aufrichtig ich es nur kann. „Liebe, die mich überwunden und mein Herz hat ganz dahin: Liebe, dir ergeb ich mich, dein zu bleiben ewiglich."*[71]

[14] Gott, vermessene Menschen treten mir als Feinde entgegen, eine Rotte ge-
walttätiger Leute trachtet mir nach dem Leben. Du bist ihnen völlig gleich-
gültig. [15] Aber du, Herr, bist ein barmherziger und gnädiger Gott, du gerätst
nicht schnell in Zorn, sondern bist reich an Gnade und Treue. [16] Wende dich
mir wieder zu und sei mir gnädig! Verleih deinem Diener deine Kraft, und hilf
dem Sohn deiner Dienerin! [17] Gib mir ein Zeichen dafür, dass du es gut mit
mir meinst. Alle, die mich hassen, sollen es sehen und sich schämen, weil du,
HERR, mir geholfen und mich getröstet hast.

VON DEN KRITIKERN LERNEN. Stolze, vermessene Menschen, denen Gott „völlig gleichgültig" ist (V. 14), machen David das Leben schwer, und er klagt Gott sein Leid. In diesem Zusammenhang überrascht die Wendung in V. 15.16. David appelliert nicht an Gottes Gerechtigkeit und bittet nicht darum, dass Gott seine Feinde vernichtet. Stattdessen richtet er den Scheinwerfer auf sich selbst. Er appelliert an Gottes Erbarmen und dankt ihm für seine Geduld. David ist offen für Korrektur, bereit, sich selbst zu prüfen, ob es vielleicht auch in ihm und nicht nur in seinen Feinden Dinge gibt, die Kritik verdienen und geändert werden sollten. Wenn uns eine unfaire Kritik trifft, die größtenteils nicht stimmt, sollten wir die zwanzig Prozent Wahrheit, die darin stecken, ernst nehmen. Schauen wir uns bereitwillig dieses Körnchen Wahrheit an. Der stärkste Glaube wächst in Menschen, die bereit sind, von ihren Fehlern und Sünden umzukehren.

***Gebet:** Herr, durch dein Wort und durch unsere Freunde zeigst du uns, wer wir sind. Aber auch unsere Kritiker und Gegner haben uns etwas zu sagen. Lass mich in deiner Liebe so sicher und geborgen sein, dass ich auch von denen lernen kann, dich mich unberechtigt kritisieren. Amen.*

[1] *Von den Korachitern. Ein Psalm. Ein Lied.*
Auf heiligen Berghöhen hat er sie gegründet – [2] der HERR liebt die Stadt
Zion mit ihren Toren, mehr als alle anderen Wohnstätten Jakobs. [3] Herrli-
ches ist über dich verheißen, du Stadt Gottes! [4] Gott sagt zu dir: Ich erkläre
feierlich, dass Ägypten und Babel einmal zu denen gehören werden, die sich
zu mir bekennen; das gilt auch für das Philisterland, Tyrus und Äthiopien. In
all diesen Ländern wird es Menschen geben, von denen es heißen wird: Diese
sind dort, in Zion, geboren. [5] Und von der Stadt Zion selbst wird man einst
sagen: Ein Mensch nach dem anderen wurde dort geboren. Er, der Höchste,
verleiht ihr sicheren Bestand. [6] Wenn der HERR Menschen aus allen Völkern
in sein Buch einträgt, wird er sagen: „Diese wurden in Zion geboren." [7] Sie
alle werden tanzen und singen: „Alle Quellen, von denen ich lebe, sind in dir!"

ALLE MEINE QUELLEN. Der Psalm malt uns eine Vision der Zukunft vor Augen: die neue Weltstadt mit Bürgern aus allen Sprachen, Stämmen, Völkern und Nationen. Ein Ort, an dem selbst frühere Feinde versöhnt miteinander leben (V. 4-6). Durch den Glauben an Christus sind auch wir, früher Feinde Gottes, im Buch des Lebens verzeichnet (Phil 4,3). Wir sind bereits Bürger dieser Zukunftsstadt mit ihren Quellen nie endender Freude (V. 6; Phil 3,20). Kann es eine Quelle oder einen Brunnen geben, die nicht schön sind? Die Musik von herabströmendem Wasser, das Glitzern des tanzenden Lichts auf den Wellen sind immer auf ganz eigene, besondere Weise schön. Wen Gott zu seinem Volk zählt, der weiß, dass alle Freude ihren Ursprung in Gott hat und dass sie hochquillt, tanzt, herabströmt und wieder aufquillt wie eine Wasserquelle.

***Gebet:** Herr Jesus, nur bei dir finde ich das „lebendige Wasser", das mir Freude und tiefe Erfüllung schenkt – deine Gnade und Leben in Ewigkeit. Bewahre mich davor, mein Glück irgendwo anders zu suchen. „Wer kann trauern an der Quelle, die den Durst auf ewig stillt? Gnade, die aus Gott, dem Geber, durch die Zeit ins Ewge quillt."[72] Amen.*

Psalm 88,1-10 — 2. August

1 *Ein Lied. Ein Psalm der Korachiter. Für den Dirigenten. Mit gedämpfter Instru-
mentalbegleitung. Ein kunstvoll gestaltetes Lied. Von Heman, dem Esrachiter.*
2 HERR, mein Gott und Retter, Tag und Nacht komme ich vor dich und
schreie zu dir. 3 Lass mein Gebet zu dir dringen! Schenk meinem Flehen ein
offenes Ohr! 4 Denn meine Seele hat schon mehr als genug Leid erfahren.
Ich bin an der Schwelle des Todes angelangt. 5 Man hält mich für einen, der
dem Grab schon nahe ist, ich bin ein Mensch ohne jede Lebenskraft. 6 Dem
Tod bin ich ausgeliefert wie einer der Gefallenen, die im Grab liegen, an die
du schon nicht mehr denkst. Deine helfende Hand ist nicht mehr für sie da.
7 Du hast mich in eine abgrundtiefe Grube gelegt, in die tiefsten Tiefen des
Meeres, wo finstere Nacht herrscht. 8 Dein Zorn lastet schwer auf mir, mit
all deinen Wellen und Wogen drückst du mich nieder. 9 Meinen vertrauten
Freunden hast du mich entfremdet, du hast mich zu jemandem gemacht, den
sie verabscheuen. Ich bin gefangen und weiß keinen Ausweg mehr. 10 Vor lau-
ter Elend werden meine Augen schwächer, tagtäglich rufe ich zu dir, HERR,
und strecke meine Hände zu dir aus.

FINSTERE NACHT. Der Beter ist in einer tiefen Krise; er fühlt sich von aller Welt verlassen und vergessen. Und der Psalm endet auch auf diesem hoffnungslosen Ton. In Vers 1 erfahren wir, wer hier so betet: Heman, der Leiter des Tempelchors, dem wir viele Psalmen verdanken, von denen einige zur großartigsten Literatur der Welt zählen. Die Dunkelheit, die er erlebte, hat aus ihm einen Künstler gemacht, der zahllose Menschen aller Zeiten beschenkt hat. Ja, der Beter ist verzweifelt, weil er überzeugt ist, dass auch Gott ihn vergessen hat. Aber darin irrt er sich. Als Christen wissen wir, dass Jesus die äußerste Finsternis des göttlichen Zorns auf sich genommen hat (Mt 27,45). Er hat sich von Gott „verwerfen" lassen, damit wir wissen können: Gott wird uns niemals verlassen oder vergessen (Hebr 13,5). Auch im tiefsten Dunkel ist Christus an unserer Seite, auch dann, wenn wir davon nicht das Geringste spüren.

Gebet: *Herr, aus diesen Psalmen kann ich lernen, dass ich zu dir unzensiert so reden darf, wie ich bin – voller Zorn, Angst, Verzweiflung. Du verstehst mich. Und ich schütte jetzt mein Herz vor dir aus, das besetzt ist von all diesen dunklen Gefühlen. Zugleich bitte ich aber: Lass mein Herz wieder deine Gegenwart, deine Wirklichkeit spüren. Lass alle dunklen Gefühle im Lichtglanz deiner Gegenwart vergehen wie Morgennebel in der Sonne. Amen.*

11 Willst du denn an den Toten Wunder tun? Oder werden die Gestorbenen
aufstehen, um dich zu preisen? 12 Erzählt man sich etwa im Grab von deiner
Gnade, in der Totenwelt von deiner Treue? 13 Werden im Reich der Finsternis
deine Wunder bekannt gemacht und deine Gerechtigkeit in jenem Land, wo
alles vergessen ist? 14 Ich aber – ich schreie zu dir, HERR, und schon am Mor-
gen kommt mein Gebet vor dich. 15 Warum, HERR, hast du mich verstoßen?
Warum verbirgst du dein Angesicht vor mir? 16 Von Jugend auf bin ich vom
Leid gebeugt und dem Tode nah. Ich trage schwer an den Schrecken, die du
über mich kommen lässt; ich bin völlig verzweifelt. 17 Dein Zorn überrollte
mich wie ein Flammenmeer, deine schrecklichen Angriffe haben mich ver-
nichtet. 18 Wie gefährliche Wellen schlagen sie über mir zusammen – den gan-
zen Tag, sie bedrängen mich von allen Seiten. 19 Meinen Freunden und Nach-
barn hast du mich entfremdet, mein einziger Vertrauter ist die Finsternis.

SATAN WIRD WIDERLEGT. Wie kaum ein anderer ist dieser Psalm beherrscht von Klage und Verzweiflung; nicht der kleinste Hoffnungsschimmer dringt in dieses Dunkel. Warum steht ein solcher Text in der Heiligen Schrift, die über Jahrtausende von Menschen gebetet und gesungen wurde und wird? Zunächst einmal, damit wir lernen: Zeiten geistlicher Dunkelheit können sehr lange dauern. Und dann, damit wir wissen, wie wir solche Zeiten bestehen können: indem wir unsere ganze Hoffnungslosigkeit vor Gott ausschütten. Selbst in der tiefsten Verzweiflung können wir Gott anbeten. Und solche Gebete aus dem Dunkel heraus sind an sich schon ein Triumph, auch wenn sie uns ganz und gar nicht so vorkommen. Der Satan hatte behauptet, kein Mensch diene Gott, ohne dass er einen Nutzen davon hätte. Aber hier haben wir das Gebet eines Menschen, der weiter an Gott festhält und ihm dient – umsonst (Hiob 1,9). Der Satan ist widerlegt, weil es dieses Gebet gibt.

Gebet: *Herr, ich preise dich, dass du ein Gott bist, der auch weiß, was es heißt, ein Mensch zu sein, und der Verzweiflung und Finsternis kennt. Danke, dass du in jeder Hinsicht versucht wurdest wie wir. Wenn ich darum ringe, dir treu zu bleiben, Herr, kann ich immer zu dir kommen. In jeder Not bist du mein wunderbarer Ratgeber. Amen.*

[1] *Ein kunstvoll gestaltetes Lied. Von Etan, dem Esrachiter.*
[2] Ewig will ich die Gnade besingen, die der HERR erwiesen hat. Auch den künftigen Generationen will ich verkünden, wie treu du bist. [3] Ja, ich weiß:
Deine Gnade erweist du immer wieder neu, deine Treue steht fest wie der Himmel. [4] Du hast gesagt: „Ich habe einen Bund geschlossen mit dem Mann,
den ich erwählt habe, meinem Diener David habe ich geschworen: [5] Ich will
deinem Königsgeschlecht für immer Bestand geben, deinen Thron festige ich jetzt und in allen künftigen Generationen.“ [6] Der Himmel preist deine Wun-
der, HERR, alle versammelten heiligen Engel loben deine Treue. [7] Denn wer
dort über den Wolken hält einem Vergleich mit dem HERRN stand? Welches himmlische Wesen steht auf derselben Stufe mit dem HERRN? [8] Ehrfurcht-
gebietend ist Gott im Kreis der heiligen Engel, herrlich und erschreckend zugleich ist er für alle rings um ihn her. [9] HERR, allmächtiger Gott, wer ist
wie du? Stark bist du, HERR! Du bist die Treue in Person.

PLÄDOYER IN EIGENER SACHE. In diesem Psalm werden wir eingeladen, vor Gott unsere Sache zu vertreten, wie ein Anwalt vor Gericht einen Fall vertritt. Der Beter bringt nicht einfach seine Bitten vor; er legt Gott auch ausführlich dar, warum es Gottes Wesen und seinen Absichten entspräche, ihn zu erhören. Er beruft sich auf Gottes Bundestreue (V. 2-4) und seine Zusage, dem Thron Davids „für immer Bestand [zu] geben“ (V. 5). Nehmen wir das doch zum Vorbild für unser eigenes Beten. Wir dürfen Gott begründen, warum wir mit unseren Bitten zu ihm kommen; wir dürfen ihm unterbreiten, inwiefern sie seinem Wesen, seinem Heil und seinen Absichten mit dieser Welt entsprechen. Auf diese Weise vertiefen wir zum einen unser Verständnis dafür, wie Gott in und mit dieser Welt handelt. Und zugleich vertieft eine solche Art zu beten in uns die Gewissheit, dass wir wirklich unsere Last auf ihn geworfen haben.

***Gebet:** Herr, mein Gebetsleben ist oft so dürftig und unbeständig. Bewege du selbst mein Herz, dass ich dir meine Nöte und Bitten immer wieder vorlege, dass ich mich dabei auf deine Verheißungen berufe, auf dein zuverlässiges Wort. Wenn ich so bete, gebe ich dir die Ehre; mein Glaube vertieft sich, mein Herz wird getröstet und die Welt verändert. Amen.*

10 Du bändigst das tobende Meer, auch wenn sich seine Wogen auftürmen –
du bringst sie wieder zur Ruhe. 11 Du hast Ägypten zu Boden getreten, dass
es dalag wie ein Gefallener. Mit deinem starken Arm hast du deine Feinde in
alle Winde zerstreut. 12 Dir gehört der Himmel und dir gehört die Erde, ja,
die Welt mit allem, was auf ihr lebt – du hast sie geschaffen. 13 Norden und
Süden – du warst ihr Schöpfer; der Berg Tabor wie auch der Hermon, sie rüh-
men deinen Namen. 14 Dein Arm ist kraftvoll, stark ist deine Hand, siegreich
erhoben deine Rechte. 15 Gerechtigkeit und Recht – darauf gründet sich dein
Thron, Gnade und Treue gehen wie deine Boten vor dir her. 16 Glücklich zu
preisen ist das Volk, dem es vertraut ist, dich zu loben. HERR, du wendest ih-
nen dein Angesicht freundlich zu, und so gehen sie ihren Weg. 17 Den ganzen
Tag freuen sie sich über deinen großen Namen; dass du ihnen deine Treue
erweist, verschafft ihnen hohes Ansehen. 18 Durch dich allein gelangen sie zu
Ehre und Macht. Weil du Gefallen an uns hast, sind wir ein mächtiges Volk.
19 Denn unser Herrscher, der uns Schutz bietet, gehört dem HERRN, ja, un-
ser König ist in der Hand von Israels heiligem Gott.

MACHT UND RECHT. Zwei Eigenschaften Gottes werden uns hier vor Augen geführt: Gott ist allmächtig (V. 10-14) und er ist vollkommen gerecht (V. 15-19). Wer auf seine eigene Erkenntnis baut, dem wird jede Erfahrung von Leid einen solchen Gott fraglich werden lassen. Ein guter Gott, so sagt man dann, würde doch dem Leid ein Ende machen wollen. Ein allmächtiger Gott könnte das ja auch. Und da es das Böse weiterhin gibt, schließen sie, kann Gott nicht beides zugleich sein: gut und allmächtig. Aber unsere Erkenntnis ist begrenzt. Ein unendlicher Gott könnte sehr wohl Gründe haben, Leid zuzulassen, die unser Verstand nicht zu erfassen vermag. Wenn wir diesen bescheideneren Standpunkt einnehmen, dann werden wir tiefen Trost daraus schöpfen, dass Gott allmächtig und gerecht ist. Wenn er allmächtig ist, dann kann nichts außer Kontrolle geraten. Wenn er gerecht ist, muss am Ende doch alles seinen guten Absichten dienen (1Mo 50,20).

Gebet: *Herr, wie oft bezweifle ich deine Macht und erkenne deine Gerechtigkeit nicht. Aber wenn ich dann meine, ich wüsste es besser als du, versinke ich in Sorge und Angst. Ja, es stimmt: „Glücklich zu preisen ist das Volk, dem es vertraut ist, dich zu loben" (V. 16)! Wenn ich deiner Güte und deiner Macht und Herrschaft vertraue, findet meine Seele zur Ruhe. Amen.*

[20] Damals sprachst du in einer Vision zu denen, die dir treu sind: „Ich brin-
ge Hilfe durch einen mutigen Mann; ja, einen Mann aus dem Volk habe ich
erwählt und zu Ehren gebracht. [21] Es ist mein Diener David, ihn habe ich
gefunden, mit meinem heiligen Öl habe ich ihn zum König gesalbt. [22] Ständig
will ich ihn mit starker Hand begleiten, mein Arm soll ihn stützen und stär-
ken. [23] Kein Feind soll ihn überwältigen, und gewalttätige Menschen sollen
ihn nicht bezwingen. [24] Vielmehr will ich seine Gegner vor seinen Augen zer-
schmettern, und alle, die ihn hassen, will ich niederschlagen. [25] Meine Treue
und Gnade sollen ihn stets begleiten, und durch meinen Namen soll er mäch-
tig und siegreich sein. [26] Ich will seine Macht ausdehnen bis ans Meer und
seinen Herrschaftsbereich bis an die Ströme. [27] Er wird zu mir rufen: ‚Du bist
mein Vater! Du bist mein Gott, mein Fels und meine sichere Rettung!'"

BLICK INS HERZ. Der Psalm erzählt, wie David zum König wurde (1Sam 16-17). Saul und auch Davids Bruder Eliab waren stattliche Gestalten. Aber Gott erwählte den jungen David. Sogar der Prophet Samuel ließ sich täuschen, bis Gott ihn zurechtwies: „Der Mensch sieht, was vor den Augen ist, der Herr aber sieht das Herz" (1Sam 16,7; EÜ). Nur Gott sieht die Dinge, wie sie wirklich sind. Und wahre Schönheit und Größe sind eine Frage des Charakters (1Petr 3,3.4). Unsere Kultur vergöttert den Körper und die äußere Erscheinung. Wie unser Herz beschaffen ist, das ist unendlich viel wichtiger als äußere Schönheit. Charakter ist wichtiger als Begabung oder Brillanz; denn das alles kann nicht verhindern, dass unser Leben Schiffbruch erleidet. Fragen wir uns lieber: Werde ich mit wachsendem Alter auch weniger selbstsüchtig, weniger selbstmitleidig, weniger eitel und weniger empfindlich? Wachse ich dagegen in der Liebe, Freude und Weisheit? Denn das ist es, was letztlich zählt.

Gebet: *Herr, David war nicht von Ehrgeiz getrieben. Er war von dir berufen. Er war kein machtbesessener Gründer eines Weltreichs; er wollte einfach deinen Willen tun, und du hast ihn gebraucht. Mach mich diesem David ähnlich durch deine Gnade, die ich nur durch den Glauben an den größeren Sohn Davids, an Jesus, empfange. Amen.*

28 Und ich will ihn zu meinem erstgeborenen Sohn ernennen, zum höchsten
unter allen Königen der Erde. 29 Für immer will ich ihm meine Gnade erwei-
sen, und mein Bund mit ihm soll für alle Zeiten Bestand haben. 30 Sein Königs-
geschlecht will ich für immer erhalten und seinen Thron, solange der Himmel
besteht. 31 Wenn aber seine Nachkommen meinem Gesetz den Rücken kehren
und sich nicht nach meinen Rechtsbestimmungen richten, 32 wenn sie meine
Ordnungen mit Füßen treten und sich nicht an meine Gebote halten, 33 dann
werde ich ihr Vergehen mit dem Stock bestrafen und ihre Schuld mit Schlä-
gen ahnden. 34 Meine Gnade jedoch will ich David nicht entziehen und mei-
nen Zusagen nicht untreu werden. 35 Ich werde meinen Bund nicht mit Füßen
treten und die Worte, die über meine Lippen kamen, nicht abändern. 36 Eines
habe ich bei meiner Heiligkeit geschworen – und niemals werde ich David
gegenüber zum Lügner werden: 37 Sein Königsgeschlecht soll für immer Be-
stand haben und sein Thron, solange es die Sonne gibt. 38 Ja, seine Herrschaft
ist beständig wie der Mond, der ein zuverlässiger Zeuge in den Wolken ist.“

HOHE ERWARTUNGEN. Wenn man Ihnen sagt: „Sie betreten gleich eine Gefängniszelle“, könnten Sie nach dem Betreten des Raumes positiv überrascht sein: „Gar nicht so übel.“ Hat man ihnen stattdessen eine Suite für die Flitterwochen in Aussicht gestellt, könnte die Reaktion auf denselben Raum lauten: „Was für ein Loch!“ Unsere Erwartungen bestimmen, wie wir unsere Erfahrungen interpretieren. Gott hatte gesagt, Davids Königtum würde für immer Bestand haben (V. 30; 2Sam 7,4-17) und er würde einmal über allen Herrschern der Erde stehen (V. 28). Für den Psalmisten war das eine Zusage dauerhafter Größe und Macht an Israel als Nation. Wir machen es wie er: Wir hören Gottes Verheißungen und dann schmücken wir sie mit unseren eigenen Erwartungen aus. Wir sollten uns nicht wundern, wenn wir dann von Gott enttäuscht sind.

***Gebet:** Herr, ich habe immer wieder eigene Vorstellungen davon, wie du deine Verheißungen wahr machst – mich zu segnen, für mich zu sorgen, mir zu geben, was ich brauche. Und wenn du dann nicht so „lieferst“, wie ich es mir gedacht habe, mache ich dir innerlich Vorwürfe. Aber damit mache ich mich zum Herrn und dich zum Diener. Dabei ist es umgekehrt. Vergib mir, Herr. Amen.*

39 Doch dann hast du den König verstoßen und verschmäht, hast deinem Zorn
freien Lauf gelassen gegen ihn, den du gesalbt hast! 40 Du wolltest vom Bund
mit deinem Diener nichts mehr wissen, hast seine Krone zu Boden geworfen
und entweiht. 41 Du hast seine Mauern durchbrochen, seine Befestigungsan-
lagen in Trümmer gelegt. 42 Alle, die vorbeikommen, dürfen sein Land plün-
dern, und seine Nachbarvölker verhöhnen ihn. 43 Denen, die ihn bedrängen,
hast du zum Sieg verholfen, all seinen Feinden hast du Freude bereitet. 44 Sein
scharfes Schwert ließt du stumpf werden, und im Krieg gabst du ihm nicht die
Oberhand. 45 All seinen Glanz hast du schwinden lassen, seinen Thron hast du
umgestürzt. 46 Du hast die Jahre seiner Jugend vorschnell enden lassen und ihn
mit Schande überhäuft.

ENTTÄUSCHTE ERWARTUNGEN. Jetzt beschwert sich der Beter bei Gott, er habe seinen Bund mit David gebrochen (V. 40). Israel wurde erobert, ausgeplündert und ins Exil weggeführt (V. 41-46). Wie passt ein solches Desaster zu der Verheißung, die David gegeben worden war? Enttäuschte Erwartungen gab es auch bei vielen, die Jesus als Messias bejubelten. Er ließ sich nicht zum König machen. Als er schmachvoll am Kreuz starb, konnten sie sich nicht vorstellen, wie Gott seine Heilsverheißungen wahr machen könnte, indem er eine derartige Tragödie zuließ. Aber das babylonische Exil und der Horror des Kreuzes sind Ereignisse, die die Verwirklichung unserer Rettung vorangebracht haben. Wir sollten lernen: Gott erfüllt seine Verheißungen in jedem Fall. Aber er tut es auf einer viel höheren Ebene und in viel komplexerer Weise, als wir ohne Mühe erkennen könnten.

Gebet: *Herr, in der Geschichte verbirgst du dich. Aber in deinem Wort verbirgst du dich nicht. Wenn ich mein Leben anschaue, kann ich oft nicht entdecken, ob und wie du darin am Werk bist. Aber wenn ich lese, wie du mit Josef, mit Hiob, David und mit Jesus selbst deine Heilsabsichten ans Ziel gebracht hast, erkenne ich, dass du nie versagst, wenn es darum geht, uns zu helfen, uns zu retten. Ich danke dir für dein Wort. Hilf mir, darauf zu vertrauen. Amen.*

47 Wie lange noch willst du dich verbergen, HERR? Doch nicht für immer?
Wie lange soll dein Zorn wüten wie ein verzehrendes Feuer? 48 Denke an
mich! Wie kurz ist mein Leben! Wie vergänglich hast du doch alle Menschen
erschaffen! 49 Gibt es denn auch nur einen Menschen, der niemals sterben
muss? Wer kann sein Leben schon vor der Macht des Totenreichs retten?
50 Wo sind die früheren Erweise deiner Gnade geblieben, Herr? Du hast sie
doch deinem Diener David mit einem Treueschwur zugesagt! 51 Denke doch
daran, welche Schande deine Diener ertragen müssen, Herr! Mein Herz ist
schwer durch den Hohn der Nachbarvölker! 52 Letztlich verhöhnen deine
Feinde doch dich damit, HERR! Sie verspotten auch alles, was dein gesalbter
König unternimmt. 53 Gepriesen sei der HERR in Ewigkeit. Amen, ja, Amen.

ERFÜLLTE ERWARTUNGEN. Der Beter steht im Konflikt zwischen Gottes vermeintlichem Angebot und der fehlenden Umsetzung. Und er scheut sich nicht, seiner Enttäuschung Ausdruck zu verleihen. Er tut es mehr verwundert als verbittert. Wir wissen, dass Gott seine Verheißung an David sehr wohl erfüllt hat, auch wenn es für den Beter anders aussehen muss. Die Erfüllung in Jesus Christus hat sogar alle Erwartungen unvorstellbar weit übertroffen. Jesus ist der Nachkomme Davids, der wirklich Gottes erstgeborener Sohn ist, der alle Völker zu sich zieht und der tatsächlich ewig regieren wird (V. 26-30). Nehmen wir uns den Psalm zum Vorbild. Sagen wir Gott unsere Enttäuschung – und dann lassen wir sie bei ihm. Wir sehen nicht weit genug. Und wenn er dann antwortet, wird seine Antwort viel besser und wunderbarer sein als alles, was wir hätten erbitten können.

Gebet: *Herr, ich preise dich, weil du deine Verheißungen immer viel reicher und größer erfüllst, als wir uns auszumalen wagen. Und dass ich das auch oft erfahren habe. Du hast viel umfassendere, weisere, bessere Wege gefunden, mir zu helfen, als ich mir zu Anfang meines Lebens als Christ vorstellen konnte. Schenke mir immer wieder den Grundton der Freude und die Erwartung großer Dinge für meine ewige Zukunft mit dir. Amen.*

Psalm 90,1-4 *10. August*

1 *Ein Gebet von Mose, dem Mann Gottes.*
Herr, eine Zuflucht bist du uns gewesen, wo man sicher wohnen kann, du
warst es für uns durch alle Generationen. 2 Ehe die Berge geboren wurden,
ehe du die Erde mit ihren Lebensräumen hervorbrachtest – da warst du, Gott,
schon da von Ewigkeit zu Ewigkeit. 3 Die sterblichen Menschen lässt du zu
Staub werden und sprichst: „Kehrt zum Staub zurück, ihr Menschenkinder!"
4 Denn tausend Jahre sind in deinen Augen so kurz wie ein gerade vergangener
Tag – sie sind nicht länger als ein paar Stunden in der Nacht.

VERGÄNGLICHES LEBEN. Vers 4 dieses Psalms gehört zu den meist zitierten Psalmworten, denn in Zeiten, wenn wir mit Gottes Zeitplan hadern, kann er uns Trost spenden. Für uns dehnt sich die Zeit, kriecht von einem Moment zum anderen langsam voran. Für Gott, der in der Ewigkeit wohnt, fällt die gesamte Geschichte dieser Erde in einem einzigen Moment zusammen. Verständlich, wenn sein Zeitplan sich nicht mit unserem deckt. Der Psalmist, Mose, scheint diesen Psalm im hohen Alter verfasst zu haben, zu einem Zeitpunkt, an dem er allmählich erkennt, was Gott lange weiß: dass unser Leben hier kurz ist. Lassen Sie uns die Weisheit dieses Psalms lernen, bevor wir alt werden (s. V. 12). Fassen wir den Entschluss, das Leben nicht mit Unwichtigem zu vergeuden. Dafür ist es nie zu früh.

***Gebet:** Herr, das Leben vergeht so schnell! Das erschreckt mich, wenn ich deine Ewigkeit aus dem Blick verliere. Wir sind so vergänglich wie Steppengras und jeder Wind kann uns hierhin und dorthin wehen, wenn wir nicht in dir selbst verwurzelt sind. In dir sind wir wahrhaft zu Hause. Was ich in dir habe, kann mir nichts und niemand nehmen; es gehört mir für immer. Ich preise dich für den tiefen Trost, der in diesem Wissen liegt. Amen.*

5 Du reißt die Menschen aus dem Leben, sie entschlafen, sie sind so vergäng-
lich wie frisch emporgewachsenes Gras, 6 das am Morgen sprießt und blüht
und am Abend welkt und verdorrt. 7 Ja, wir vergehen durch deinen Grimm,
wir erschrecken, wenn dein Zorn uns trifft. 8 Du führst dir unsere Verge-
hen vor Augen, selbst unsere verborgenen Sünden kommen vor dir ans Licht.
9 Ach, alle unsere Tage schwinden dahin, weil dein Zorn auf uns lastet, wir
durchleben unsere Jahre so rasch, als wären sie ein kurzer Seufzer. 10 Unser
Leben dauert siebzig Jahre, und wenn wir noch Kraft haben, dann auch acht-
zig Jahre. Und was uns daran so wichtig erschien, ist letztlich nur Mühe und
trügerische Sicherheit. Denn schnell eilen unsere Tage vorüber, als flögen wir
davon. 11 Wer aber erkennt wirklich, wie gewaltig dein Zorn und dein Grimm
ist? Wer begreift, welche Ehrfurcht dir gebührt? 12 Lehre uns zu bedenken,
wie wenig Lebenstage uns bleiben, damit wir ein Herz voll Weisheit erlangen!

WIR FLIEGEN DAVON. Schmerzhaft werden wir daran erinnert, dass unser Leben eine Einübung in den Zerfall ist – wir nutzen uns ab, werden verschlissen und schließlich wieder zu Staub (V. 3; vgl. 1Mo 2,7). Verse 7 bis 11 erinnern uns daran, dass der Tod in der Schöpfung ursprünglich nicht vorgesehen war; erst mit unserer Abkehr von Gott und dem Fluch über die ganze Schöpfung trat er auf (1Mo 3,1-19). Ohne dieses nüchterne Verständnis von Sünde werden wir das „Herz voll Weisheit" (V. 12) nicht entwickeln. Wir werden immer wieder schockiert sein, wozu Menschen (wir selbst eingeschlossen) fähig sind, wie schnell das Leben uns alles nimmt, was uns teuer ist. Wir werden uns zu sehr auf uns selbst verlassen und unser Glück in Dingen suchen, die wir unweigerlich verlieren werden. Begreifen wir doch: Wenn wir Sünde und Tod verdrängen, verdrängen wir damit zugleich die Realität.

***Gebet:** Herr, ich habe meine Seele noch nicht so gründlich erforscht, dass ich bereit wäre zu sterben. Gib mir die Kraft, die wirklich wichtigen Fragen zu stellen: Wenn ich morgen sterben würde – wäre ich bereit? Und dann „lass in deiner Klarheit Lug und Trug vergehen"[73], damit ich eine wirklich weise Antwort auf diese Frage finde und tue, was immer nötig ist. Amen.*

13 HERR, wende dich uns wieder zu! Wie lange hält dein Zorn noch an? Erbarme dich über alle, die dir dienen! 14 Schenk uns schon am Morgen deine
reiche Gnade! Dann werden wir jubeln und uns freuen unser Leben lang.
15 Erfreue uns nun eben so viele Tage, wie du uns bisher gedemütigt hast – für
die Jahre, in denen wir Schlimmes erleben mussten, gib uns nun gute Jahre!
16 Lass deine Diener dein mächtiges Handeln erleben, über ihren Kindern lass
deine Herrlichkeit sichtbar werden! 17 So zeige sich nun an uns die Freundlichkeit des Herrn, unseres Gottes! Gib dem Bestand, was wir mit eigenen Händen tun, ja, fördere unserer Hände Arbeit!

REICHE GNADE. Die Menschen, die wir lieben, wollen wir nicht verlieren. Aber da wir alle sterbliche Menschen sind, können wir dieses Ziel nicht erreichen. Aber wir können uns Gottes „reiche Gnade" schenken lassen (V. 14). Diese Gnade überwindet unsere Sterblichkeit und schenkt uns eine ewige Zukunft. Mose konnte das nur erahnen. Aber wir wissen: Für alle, die an Jesus glauben, der „die Auferstehung und das Leben" ist, gilt: Er wird „leben, auch wenn er stirbt" (Joh 11,25). Lassen wir uns also nicht beunruhigen. Lassen wir uns jeden Morgen diese Gnade schenken (V. 14). Lassen wir uns nicht von Tod und Trauer den Blick verstellen; sondern richten wir uns aus an Gottes Herrlichkeit, die allein Bestand hat (V. 16). Lassen wir uns nicht von diesem Weg abbringen, denn Gott wird dem Bestand schenken, was wir mit unseren Händen tun (V. 17).

***Gebet:** Herr, wenn deine Gnade mich ergriffen hat, muss selbst der Tod mich nur näher zu dir bringen. „Es münden alle Pfade durch Schicksal, Schuld und Tod doch ein in Gottes Gnade trotz aller unsrer Not."[74] Gott, dass du mich so sehr liebst, das weckt in mir die Liebe zu dir. Amen.*

1 Wer unter dem Schutz des Höchsten wohnt, darf bleiben im Schatten des
Allmächtigen. 2 Darum sage ich zum HERRN: „Du bist meine Zuflucht und
meine sichere Festung, du bist mein Gott, auf den ich vertraue.“ 3 Ja, er rettet
dich wie einen Vogel aus dem Netz des Vogelfängers, er bewahrt dich vor der
tödlichen Pest. 4 Er deckt dich schützend mit seinen Schwingen, unter seinen
Flügeln findest du Geborgenheit. Seine Treue gibt dir Deckung, sie ist dein
Schild, der dich schützt.

GOTTES SCHUTZ. Zwei unterschiedliche Bilder beschreiben, wie wir uns Gottes Schutz vorstellen können: wie eine Festung mit Schutzmauern und Wällen oder wie eine Vogelmutter, die ihre Küken unter den eigenen Flügeln wärmt und schützt. Festungsmauern sind stark und unbezwingbar; Pfeile oder Speere hinterlassen kaum einen Kratzer. Die Flügel eines Vogels dagegen sind zart und zerbrechlich. Die Vogelmutter schützt ihre Küken vor Hitze, Regen oder Kälte, indem sie selbst all das erträgt. Das Alte Testament erklärt uns nicht, wie unüberwindliche Stärke und hingebungsvolle, liebende Verletzlichkeit in Gott verbunden sind. Erst am Kreuz sehen wir, wie die absolute, gerechte Gewalt und die zärtliche, opferbereite Liebe zusammenkommen und hell aufstrahlen, weil beidem volle Genüge getan ist.

Gebet: *Herr, ich preise dich, dass ich an Jesus Christus beides sehe: deine Macht und deine Niedrigkeit. „Gott ist gerecht, ein Rächer alles Bösen; Gott ist die Lieb und lässt die Welt erlösen. Dies kann mein Geist mit Schrecken und Entzücken am Kreuz erblicken.“*[75] *Amen.*

5 Du brauchst dich nicht zu fürchten vor dem Schrecken der Nacht oder vor
den Pfeilen, die am Tag abgeschossen werden, 6 nicht vor der Pest, die im
Finstern umgeht, nicht vor der Seuche, die mitten am Tag wütet. 7 Selbst
wenn Tausend neben dir fallen, gar Zehntausend zu deiner Rechten – dich
trifft es nicht! 8 Aber anschauen wirst du es mit eigenen Augen, du wirst se-
hen, wie die Feinde Gottes ihre gerechte Strafe bekommen. 9 Denn du hast
gesagt: „Der HERR ist meine Zuflucht!" Den Höchsten hast du zum Schutz
dir erwählt. 10 So wird dir kein Unglück zustoßen, und kein Schicksalsschlag
wird dich in deinem Zuhause treffen. 11 Denn er hat für dich seine Engel ent-
sandt und ihnen befohlen, dich zu behüten auf all deinen Wegen. 12 Sie werden
dich auf Händen tragen, damit du mit deinem Fuß nicht an einen Stein stößt.
13 Über Löwen und Ottern wirst du hinwegschreiten, starke junge Löwen und
Schlangen wirst du zu Boden treten.

NICHTS KANN MIR SCHADEN. Diese Verse scheinen zu sagen: Wer glaubt, der ist sicher vor allem Schlimmen und Bösen in diesem Leben. Und als der Versucher Jesus gegenüber V. 11 zitiert, will er genau das suggerieren (Lk 4,9-12). Er will uns glauben machen, dass Gott sein Versprechen nicht hält, wenn wir leiden. Aber der Psalm macht später klar: Gott rettet uns „in Zeiten der Not", nicht vor ihnen (s. V. 15). Lk 21,16-18 macht die paradoxe Aussage, wer zu Gott gehört, dem wird „kein Haar von eurem Haupt verloren gehen", und doch wird man „einige von euch töten". Wer auf Gott vertraut, kann nur Dinge verlieren, die letzten Endes verzichtbar sind. Unser wirkliches Wesen, so wie Gott es geschaffen hat, kann kein Schaden treffen (Phil 1,6; 2Kor 3,18; 4,16.17).

***Gebet:** Herr, immer wieder werden mir andere Dinge viel wichtiger als deine Gnade, Liebe und Heiligkeit. Deshalb verliere ich den Mut, wenn es Schwierigkeiten oder Anfechtungen gibt. Aber diese Dinge können nur meinem falschen Ich schaden – der Person, die abhängig ist von meiner Leistung, von Sozialstatus und menschlicher Anerkennung. Aber meine wahre Identität können sie nicht zerstören – ich bin dein Kind. Und diese Identität können Leid und Schwierigkeiten nur stärken! Lehre mich gerade in schwierigen Zeiten, dir immer ähnlicher zu werden. Amen.*

14 So sagt nun der HERR: „Weil er mit ganzer Liebe an mir hängt, will ich ihn befreien; ich hole ihn heraus aus der Gefahr, denn er kennt meinen Namen.
15 Wenn er zu mir ruft, werde ich ihm antworten. In Zeiten der Not stehe ich
ihm bei, ja, ich reiße ihn heraus und bringe ihn zu Ehren. 16 Ich schenke ihm
ein erfülltes und langes Leben und zeige ihm, wie ich Rettung schaffe."

FREUDENKONZENTRAT. Auf knappem Raum macht Gott hier sieben Versprechen, die jedem gelten, der „mit ganzer Liebe an mir hängt" (V. 14). Zunächst vier ganz praktische: Gott wird uns befreien, aus Gefahr retten, uns antworten und uns in Not beistehen (V. 14-15). Dann folgen drei Zusagen, die uns mitnehmen hinter den Horizont. Gott „bringt uns zu Ehren" – er schenkt uns die Wertschätzung und Würdigung, um die wir uns vonseiten der Menschen so verzweifelt bemühen. Das sprengt in der Tat unsere Vorstellungskraft: Er schenkt uns seine Anerkennung, sein „Gut gemacht" – aus Gnade. Er schenkt uns außerdem unzerstörbares, ewiges Leben und Rettung für Leib und Seele, die wir nicht mehr nur ersehnen müssen, sondern die wir anschauen können (Röm 8,11.23-25). Wenn das nicht Freude in konzentrierter Form ist!

Gebet: *Vater, ich möchte Beifall, Anerkennung und Wertschätzung von anderen erleben. Aber dieser Wunsch macht mich unfrei. Und in schlaflosen Nächten führe ich imaginäre Streitgespräche mit Leuten, die mir das irgendwie vorenthalten und jede Kritik fühlt sich an wie ein Todesstoß. Hilf mir stattdessen, aus der Freude darüber zu leben, dass ich dein Kind bin, Erbe aller Güter und Gaben deines Reiches, und dass mir durch Christus deine ganze Liebe und Wertschätzung gilt. Amen.*

1 *Ein Psalm. Ein Lied für den Sabbat.*
2 Wie schön ist es, dem HERRN zu danken – deinen Namen, du Höchster,
zu besingen! 3 Morgen für Morgen deine Gnade zu verkünden und in den
Nächten deine Treue, 4 zum Klang der zehnsaitigen Laute und der Harfe,
zum kunstvollen Spiel auf der Zither. 5 Denn du, HERR, bereitest mir Freude
durch dein Wirken; ja, ich juble über alles, was du mit mächtiger Hand geschaffen hast.

EIN LIED FÜR DEN SABBAT. Das ist der Titel dieses Psalms. Für uns bedeutet das Wort „Ruhetag" vor allem Inaktivität. Der biblische Sabbat dagegen schenkte den Menschen neue Kraft und neue Freude durch Gottesdienst und Gebet. Es ist „schön", Gott zu danken (V. 2). Alles, was wir mehr lieben oder dem wir mehr Zeit und Kraft widmen als Gott, wird zum Götzen und raubt uns Kraft. Die Götter Erfolg, Mammon und Beziehungen sind nie zufrieden. Aber Dienst und Anbetung des wahren Gottes, des Gottes, der die Liebe selbst ist, belebt und stärkt uns. In seinem „Wirken" sollen wir unsere Freude finden (V. 5). Als Christen wissen wir mehr von diesem Wirken zu unserem Heil als der biblische Beter. Wir haben weitaus mehr Grund, „Morgen für Morgen deine Gnade zu verkünden" (V. 3), denn wir kennen die hingebungsvolle Liebe Gottes, die uns am Kreuz offenbart wird.

Gebet: *Herr, lass mich erfahren, dass meine wahre Ruhe und Erholung da zu finden sind, wo ich dich anbete. Nur dort finde ich Abstand zu meinen Sorgen, da befreist du mich von Unsicherheit und Groll. Schenke mir deinen Geist, so „bereitest [du] mir Freude durch dein Wirken" (V. 5) und ich kann jubeln „über alles, was du mit mächtiger Hand geschaffen hast". Amen.*

6 Wie großartig ist doch dein Tun und Walten, HERR, unendlich tief sind dei-
ne Gedanken! 7 Ein Mensch ohne Verstand erkennt dies nicht, ein Dummkopf
sieht das leider nicht ein. 8 Mögen die Gottlosen auch wachsen und gedeihen
wie das Gras, mögen alle, die nur Unheil anrichten, grünen und blühen – so
doch nur, damit sie für immer vernichtet werden! 9 Du aber, HERR, bist erha-
ben für immer und ewig! 10 Doch deine Feinde, HERR, ja, deine Feinde wer-
den umkommen. Die nur Unheil anrichten, werden in alle Winde zerstreut.

ÖFFNE MEINE AUGEN. Gott anzubeten bringt uns nicht nur zum Jubeln; es öffnet auch unseren Verstand und bringt uns zum Nachdenken. Von Natur aus sind wir alle so blind für geistliche Wahrheiten wie ein tatsächlich blinder Mensch für seine Umgebung. Wir betrachten die Natur und erkennen den Urheber dahinter nicht. Wir sehen uns die Geschichte an und können Gottes Hand darin nicht sehen. Deshalb schreiben wir uns zu, was doch in Wahrheit von ihm geschenkt ist. Wir lesen das Evangelium, und es erscheint uns als belanglose Geschichte. Selbst glaubende Menschen stellen immer wieder fest, dass ihre Sicht getrübt ist, dass sie die Dinge nicht in aller Klarheit erkennen können. Sie sehen „Menschen … wie Bäume umhergehen“ (Mk 8,24; ELB). Wir brauchen immer wieder die heilende Berührung durch Jesus, die unsere getrübte Sicht klärt.

Gebet: *Herr, danke, dass dein Geist in mir wirkt. Danke, dass ich inzwischen Dinge in meinem Herzen erkenne, für die ich früher blind war. Danke, dass ich in deinem Wort wunderbare, bewegende, faszinierende Dinge sehe, die ich früher uninteressant fand. Bitte, berühre immer wieder meine Augen, kläre meinen Blick, du Heiland, bis ich dich ganz klar und ungetrübt erkenne. Amen.*

11 Mir aber verhilfst du zu neuer Kraft, lässt mich stark sein wie ein Stier,
der seine Hörner emporreckt. Du überschüttest mich mit Ansehen und Ehre.
12 Mein Auge weidet sich am Schicksal meiner Feinde, erfreut werde ich mit
eigenen Ohren hören, was mit denen geschieht, die voller Bosheit gegen mich
vorgehen. 13 Alle, die nach Gottes Willen leben, gleichen einer immergrünen
Palme, einer mächtigen Zeder auf dem Libanon. 14 Sie sind verwurzelt im
Haus des HERRN, dort, in den Vorhöfen unseres Gottes, grünen sie immer-
zu. 15 Selbst in hohem Alter sprießen sie noch, sie stehen in vollem Saft und
haben immer grüne Blätter. 16 Mit ihrem ganzen Leben verkünden sie: Der
HERR hält sich an seine Zusagen. Ja, er ist mein Fels, kein Unrecht ist bei
ihm zu finden.

BIS INS ALTER FRISCH. Kraftvoll wie ein Stier und „mit Ansehen und Ehre überschüttet" wie bei einer Salbung – so charakterisiert V. 11 das Leben des Beters auch noch im Alter. Nur Gebet und Gottesdienst retten uns vor der Erschöpfung und dem Burnout, in die wir geraten, wenn wir uns unsere Anerkennung selbst erarbeiten wollen. Wenn wir dagegen in der Gemeinschaft mit Gott „wurzeln" (V. 14), können Kraft und Frische im Alter sogar noch zunehmen. Das meint nicht die naive Annahme einer ewigen geistlichen Jugend. Es meint eine geistliche Widerstandskraft, die nur aus jahrelangem vertrauensvollen Beten erwächst. Es meint eine Weisheit, die sich aus einem reichen Schatz an Erinnerungen speist, schmerzhaften ebenso wie beglückenden. „Wenn auch unser äußerer Mensch aufgerieben wird, der innere wird Tag für Tag erneuert" (2Kor 4,16).

Gebet: *Herr, ich werde älter. Schenk es mir, dass mein Glaube mit den Jahren reift und Frucht bringt, dass mein Gebet lebendig wird, wie ich es früher nicht kannte. Lass den inneren Menschen wachsen und stark werden, wenn auch meine äußeren Kräfte abnehmen. Amen.*

1 Der HERR ist König, mit Majestät hat er sich bekleidet. Ja, festlich bekleidet
hat sich der HERR, mit Stärke hat er sich umgeben wie mit einem Gürtel.
Fest gegründet ist die Erde, sie wird nicht wanken. 2 Fest steht auch dein
Thron, HERR, von Anfang an. Du bist von Ewigkeit her. 3 Fluten erhoben,
HERR, Fluten erhoben ihr donnerndes Tosen, Fluten erhoben ihr mächtiges
Brausen. 4 Mächtiger jedoch als das Tosen gewaltiger Wassermassen, majes-
tätischer als die Brandung des Meeres ist der HERR in der Höhe. 5 Was du
in deinem Wort bezeugst, darauf kann man sich stets verlassen. Deinem Haus
gebührt Heiligkeit, HERR, für alle Zeiten.

MÄCHTIGER ALS DAS TOSEN DES MEERES. Das Meer ist im Alten Testament ein Bild für die Chaosmacht, es ist der Lebensraum der Meeresungeheuer. Aber auch die Mächte des Chaos unterstehen der absoluten Herrschaft Gottes (V. 3.4). Und eben darum ist es angemessen, seinem Wort zu gehorchen und uns um Heiligkeit vor seinem Angesicht zu bemühen (V. 5). Gottes Heiligkeit allerdings ist bedrohlicher als das aufgewühlteste Meer. Wie könnten wir vor einem heiligen Gott bestehen? Wenn Jesus den Seesturm stillt (Mk 4,35-41), ist das ein Hinweis darauf, dass er das äußerste Chaos von Sünde und Tod besiegen wird. Weil Gottes Macht nicht nur in der Schöpfung, sondern auch zu unserer Erlösung wirksam ist, darum ist die Welt für uns ein sicherer Ort. Erinnern wir uns daran, wenn wir das nächste Mal am Ufer des Meeres stehen, und preisen wir Gott, unseren Schöpfer und Erlöser.

Gebet: *Herr, wenn ich einen Lichtstrahl sehe, sucht mein Auge automatisch nach der Lichtquelle. Warum mache ich es nicht genauso mit den Bergen, dem Meer und allen Wundern in deiner Schöpfung? Hilf mir, mir anzugewöhnen, dass ich hinter allem Guten, das mir begegnet, dich, den Geber suche und finde, damit ich dich immer besser kenne und mich immer mehr an dir erfreue. Amen.*

1 Du Gott, der Vergeltung übt, HERR, du Gott, der Vergeltung übt, erschei-
ne in deinem herrlichen Glanz! 2 Erhebe dich, du Richter der Erde, zahle
den Stolzen ihre hochmütigen Taten heim! 3 HERR, wie lange sollen diese
Gottlosen triumphieren? Wie lange noch sollen sie sich hämisch freuen? 4 Sie
sprudeln nur so über von Gemeinheit, reden vermessen; sie richten Unheil an
und brüsten sich auch noch damit. 5 Dein Volk, HERR, zertreten sie, dein Ei-
gentum drücken sie zu Boden. 6 Witwen und Menschen, die nicht zu unserem
Volk gehören, bringen sie um, und selbst Waisen ermorden sie. 7 Und dabei
sagen sie noch: „Der HERR sieht es doch nicht! Der Gott der Nachkommen
Jakobs bemerkt es gar nicht!“ 8 Kommt zur Einsicht, ihr Unvernünftigen im
Volk! Ihr Törichten, wann wollt ihr endlich Vernunft annehmen? 9 Der das
Ohr der Menschen erschaffen hat, sollte er wirklich nicht hören? Und der
das Auge gebildet hat, sollte er nicht hinsehen? 10 Er, der sogar ganze Völker
straft, wird er nicht jeden Einzelnen zur Rechenschaft ziehen? Schließlich ist
er es doch, der den Menschen Erkenntnis gibt!

AUSBEUTER. Kritik an den Vermögenden, an ihrer Gier und Herzlosigkeit, ist heute weit verbreitet. Gott steht auf der Seite der Ausgebeuteten und Unterdrückten aller Zeiten; er wird einmal darüber richten, wenn Menschen eigene Macht und Geld dazu missbrauchen, auf Kosten anderer gut zu leben. Reichtum ist kein Übel an sich, wie man an Abraham und Hiob sehen kann. Aber er stellt eine große Versuchung dar: „Wer aber reich werden will, gerät in Versuchungen und Schlingen, er verfällt vielen sinnlosen und schädlichen Begierden, die den Menschen ins Verderben und in den Untergang stürzen“ (1Tim 6,9.10). Wenn wir das Geld lieben, verleihen wir ihm Macht über uns. „Wir nennen's unser Gut und unsern sichern Grund. Kaum greifen wir danach, zieht es uns in den Schlund.“[76] Gottes Gericht über die hartherzigen Reichen kann viele Formen annehmen.

Gebet: *Herr, ich preise dich, dass du ein Gott bist, der die Schwachen und Ausgegrenzten schützt und für sie eintrittst. Aber das ist eine zweischneidige Wahrheit. Sie ist tröstlich, wenn ich die schreckliche Ungleichheit in der Welt betrachte. Aber sie konfrontiert mich auch mit meiner eigenen Selbstzufriedenheit, meinem bequemen Leben und meiner Gleichgültigkeit gegenüber anderen, die wirklich Not leiden. Bitte, heile mein Herz immer umfassender, damit ich immer mehr fähig werde, mein Leben zu ändern. Amen.*

[11] Der HERR kennt die Gedanken der Menschen, er weiß, dass ihre Über-
legungen vergänglich sind wie ein Hauch. [12] Glücklich zu preisen ist der
Mensch, den du, HERR, erziehst und aus deinem Gesetz belehrst. [13] So ver-
schaffst du ihm Ruhe vor Tagen des Unglücks, bis dem Gottlosen das Grab
geschaufelt wird. [14] Denn der HERR wird doch sein Volk niemals verstoßen –
sein Eigentum lässt er nicht im Stich! [15] Die Rechtsprechung wird sich wieder
auf Gerechtigkeit gründen, und alle, die von Herzen aufrichtig sind, werden
sich gerne danach richten.

SEGEN DER ZURECHTWEISUNG. Wenn alle Gedanken, die uns im Laufe eines Montags durch den Kopf gehen, am Dienstag im Internet nachzulesen wären, würden wir vermutlich alle unsere Freunde verlieren. Wir glauben, wir könnten unsere selbstgefälligen, grausamen, neidischen und begehrlichen Gedanken für uns behalten. Aber Gott kennt sie (V. 11). Und das ist der Grund, warum weise Menschen froh sind, wenn sie Zurechtweisung oder „Erziehung“ (V. 12) erfahren. Denn das bringt uns zurück zu Gottes Geboten und zu seinem Wort. Und dort finden wir „Ruhe“ (V. 13) – das hebräische Wort hier meint „innere Gelassenheit in äußerer Bedrängnis“.[77] Gott mag uns prüfen und zurechtweisen, aber er wird uns nie verstoßen, trotz unserer Sünde. Warum nicht? Weil er sein Urteil über das Böse bereits gesprochen und dann in Jesus die Strafe selbst auf sich genommen hat. Nur deshalb können wir uns darauf verlassen: Er „wird doch sein Volk niemals verstoßen“ (V. 14).

***Gebet:** Herr, erinnere mich immer wieder daran: Alle meine Gedanken liegen offen vor dir. Lass mich meine Tage vor deinem Angesicht, in deiner Gegenwart leben – und auch alle meine Gedanken vor dir denken. Hilf mir, deine Gegenwart immer zu suchen. Dann werde ich mich nicht in törichte Selbstgespräche verstricken, die mir nur das Herz verdunkeln. Verändere mein Denken dort, wo es schädlich oder nutzlos ist. Darum bitte ich dich, Herr. Amen.*

16 Wer ist bereit, mit mir gegen die verbrecherischen Feinde anzutreten?
Wer hilft mir, standzuhalten gegen Leute, die Unheil anrichten? 17 Hätte der
HERR mir nicht geholfen, dann hätte nicht viel gefehlt, und ich befände mich
bereits in der Stille des Totenreichs. 18 Doch immer wenn ich dachte: „Jetzt
gerate ich ins Stolpern!“, dann stützte mich, HERR, deine Gnade. 19 Als viele
Sorgen mich quälten, erfüllte dein Trost mein Herz mit Freude. 20 Kann es
wirklich sein, dass diese Leute, die uns jetzt regieren, ein Bündnis mit dir ein-
gegangen sind? Sie bringen doch nichts als Verderben über uns! Sie berufen
sich zwar auf deine Ordnungen, richten aber nur Unheil an! 21 Sie rotten sich
zusammen gegen den, der nach Gottes Willen lebt, unschuldige Menschen
verurteilen sie. 22 Doch der HERR ist meine sichere Burg geworden, mein
Gott ist der Fels, bei dem ich Zuflucht finde. 23 Er lässt das Unheil, das von
diesen Leuten ausgeht, auf sie selbst zurückfallen, und für ihre Bosheit wird er
sie vernichten. Ja, vernichten wird sie der HERR, unser Gott!

DEIN TROST. Der Psalmist hat Zeiten großer Sorge erlebt. Was ihn gerettet hat, war „dein Trost“ (V. 19). Was ist dieser Trost? Vor allem das, was dieser Psalm zum Thema hat: Gott macht keine Fehler mit der Geschichte – mit Ihrer, mit meiner, mit der Weltgeschichte. Er wird einmal alles Übel in der Welt zurechtbringen. Er lässt in unserem Leben nur die Anfechtungen und Schwierigkeiten zu, die uns zu besseren Menschen machen können. Aber noch tiefer ist der Trost, der in dem Wissen liegt, dass Jesus für uns streitet. Wenn der Psalmist in V. 16 nach einem solchen Kämpfer fragt, dann denkt er an einen wie David, der anstelle von ganz Israel gegen Goliath kämpfte. Jesus ist unser Kämpfer; er trug unsere Strafe, damit wir sie nicht mehr erleiden müssen.

Gebet: *Vater, dein Diener David hat für sein Volk sein Leben aufs Spiel gesetzt. Aber dein Sohn hat sein Leben verloren, um für mich Sünde und Tod zu besiegen. Hilf mir, den furchtlosen Einsatz, den Jesus für mich geleistet hat, zu betrachten, zu verinnerlichen, bis auch ich fähig bin, mich selbstlos und furchtlos für andere einzusetzen. Amen.*

1 Kommt, lasst uns dem HERRN zujubeln, ihm laut unsere Freude zeigen,
dem Fels, bei dem wir Rettung finden. 2 Lasst uns voll Dank vor ihn treten,
mit Liedern ihm unsere Freude zeigen. 3 Denn der HERR ist ein großer Gott
und ein großer König über alle Götter. 4 Die tiefsten Abgründe der Erde – er
hält sie in seiner Hand, und die Gipfel der Berge – auch sie gehören ihm.

ERHEBT EUER HERZ. Dieser und der folgende Psalm bieten uns fast so etwas wie eine Liturgie für einen Lobpreisgottesdienst. Teil eins: Anbetung. Erhebt eure Herzen voll Freude zu Gott, dem Schöpfer Himmels und der Erde (V. 1-5). Preisen wir ihn als Schöpfer und Erhalter der Welt. Anbetung muss nicht immer ruhig und gemäßigt vonstattengehen. Sie kann auch Ausdruck finden in lautem Rufen, spontanem Lobpreis, Aufspringen, indem wir lauthals heraussingen, was unser Herz erfüllt. Nicht nur unser Herz soll sich erheben. Auch unser Körper darf das tun. Wenn die Liebe zu dem unvorstellbar großen und transzendenten Gott des Universums eine Wirklichkeit in uns ist, sollte unsere Freude geradezu aus uns herausbrechen.

Gebet: *Herr, du bist ewig, du bist allgegenwärtig, allwissend und allweise; allmächtig bist du, makellos rein, vollkommen gerecht, strahlend schön. Meine Worte sind zu begrenzt, um dich wirklich zu erfassen. Und mein Lobpreis ist es ebenfalls – er entspricht dir und dem, was du bist, so wenig, dass ich mich schäme. Nimm mein Lob dennoch an, um Jesu willen, der mein Erlöser ist. Amen.*

[5] Ihm gehört das Meer, er hat es ja geschaffen, und auch das Festland haben
seine Hände gebildet. [6] Kommt, wir wollen ihn anbeten und uns vor ihm nie-
derwerfen, wir wollen niederknien vor dem HERRN, der uns geschaffen hat!
[7] Denn er ist unser Gott, und wir sind sein Volk, die Schafe auf seiner Weide,
er leitet uns mit eigener Hand.

BEUGT DIE KNIE. Als Nächstes folgt in unserem Gottesdienst das Bekenntnis unserer Schuld und Erlösungsbedürftigkeit. Beugt die Knie in Demut vor Gott, unserem Erlöser (V. 6.7). Im Kontrast zum Überschwang der ersten fünf Verse, der uns förmlich vom Sitz hochreißt und sogar tanzen lässt, zielen alle drei Verben in Vers 6 darauf ab, dass wir vor Gott gering sind und das auch körperlich zum Ausdruck bringen. Das hebräische Wort für „anbeten" meint buchstäblich: sich lang ausgestreckt niederwerfen. Jetzt ist es angemessen, uns ehrfurchtsvoll zu verneigen, demütig vor unserem Gott niederzuknien und zu bekennen, dass wir vor ihm schuldig sind und seine Hilfe unbedingt brauchen. Anbetender Lobpreis entsteht, wenn wir Gottes Herrlichkeit sehen; demütiges Bekenntnis richtet sich an den Gott der Gnade, an den Gott, der unser Bundespartner ist, der uns erlöst hat und uns nun zu den Schafen seiner Herde zählt (V. 7).

Gebet: *Herr, ich bekenne dir: Meine Erkenntnis ist blind, mein Wille eigensinnig, meine Gedanken sind töricht und mein Herz hängt an den Dingen dieser Welt. „Ich bin voller Sünd und Schuld, du bist reich an Gnad und Huld."*[78] *Ohne diese Gnade bin ich verloren. Ich preise dich, meinen Gott, dass du mir in Christus deine Gnade überreichlich schenkst. Amen.*

[7b] Wenn ihr heute seine Stimme hört, [8] dann verschließt euch seinem Reden
nicht! Macht es nicht wie das Volk damals in Meriba, in Massa in der Wüste,
als es sich gegen ihn auflehnte. [9] Da, sagt Gott, haben mich eure Vorfahren he-
rausgefordert, sie haben einen Beweis meiner Macht von mir verlangt, obwohl
sie meine großen Taten mit eigenen Augen gesehen hatten. [10] Vierzig Jahre
lang war mir jene ganze Generation zuwider, und ich sprach: Sie sind ein Volk,
das sich ständig von den eigenen Wünschen irreleiten lässt. Aber zu begreifen,
welche Wege ich sie führen will, dazu waren sie nicht imstande. [11] Schließlich
schwor ich in meinem Zorn: Niemals sollen sie an meiner Ruhe teilhaben!

ÖFFNET EUER OHR. Öffnet euer Ohr dem, der uns Ruhe schenkt (V. 7-11). Das dritte Element unseres Gottesdienstes: Wir öffnen unser Herz und unser Ohr für Gottes Wort, wir lesen es, studieren es, legen es aus. Israel hat das unterlassen (4Mo 14,1-44). Und der Hebräerbrief (4,1-13) warnt uns, es nicht ebenso zu machen. In Christus wird uns kein gelobtes Land hier auf Erden angeboten, sondern Anteil an der Ruhe Gottes – Ruhe und Rast von der erdrückenden Last, uns durch eigene Leistung und Anstrengung selbst erlösen zu müssen (Hebr 4,10). Und warum nehmen dann nicht alle Menschen mit Freuden dieses Angebot an? Weil es eine Freiheit bedeutet, die uns modernen Menschen fremd ist – eine Freiheit, die voraussetzt, dass man mehr auf Gott vertraut als auf sich selbst.

Gebet: *Vater, ja, ich brauche wirklich Ruhe. Ich bin es müde, dem Diktat meiner Ängste, meiner Triebe, meines Hungers nach Anerkennung und nach Macht zu gehorchen. Ich sehne mich nach dem tiefen Frieden der Seele, den du schenkst. Ich finde ihn, wenn ich aufhöre, mir mein Heil selbst erarbeiten zu wollen. Ich finde ihn, wenn ich das, was dein Sohn für mich getan hat, genug sein lasse. Amen.*

1 Singt dem HERRN ein neues Lied! Alle Länder der Erde, singt zur Ehre des
HERRN! 2 Singt für den HERRN und preist seinen Namen, verkündet Tag
für Tag, dass er uns Rettung schenkt! 3 Erzählt unter den Nationen von seiner
Herrlichkeit, unter allen Völkern von seinen Wundern! 4 Denn groß ist der
HERR, und ihm gebührt das höchste Lob. Ehrfurchtgebietend steht er über
allen Göttern. 5 Alle Götter der Völker sind schließlich nur Götzen, aber der
HERR ist es, der den Himmel erschaffen hat. 6 Majestät und Pracht umgeben
ihn, Macht und Herrlichkeit erfüllen sein Heiligtum. 7 Erweist dem HERRN
Ehre, ihr Völkerstämme! Preist die Herrlichkeit und Macht des HERRN!
8 Ja, erweist dem HERRN die Ehre, die seinem Namen gebührt. Bringt Opfer-
gaben und kommt in die Vorhöfe seines Heiligtums! 9 Betet den HERRN an
in heiligem Festschmuck! Alle Welt soll vor ihm in Ehrfurcht erbeben.

ERHEBT DIE STIMME. Unser Gottesdienst soll vor den Augen der „Völker" und „Nationen" geschehen (V. 3). Indem wir Gottesdienst feiern, Gott anbeten, verkünden wir, „dass er uns Rettung schenkt" (V. 2.) – wir leben das Evangelium. Es gibt keinen besseren Weg, Menschen, die nicht glauben, die Größe Gottes und die Schönheit seiner Wahrheit zu zeigen als durch unser Gotteslob im Gottesdienst (V. 4-10). Deshalb müssen unsere Gottesdienste auch Nichtgläubige ansprechen; und das ist „ebenso eine Anfrage an statische Gottesdienstformen wie an seichtes Predigen".[79] Lebendige Gottesdienste sind nicht nur ein Weg, die Welt zu gewinnen; sie sind auch die Motivation, aus der heraus wir das überhaupt wollen. Nur ein Herz voller Freude wird das Bedürfnis haben, diese Freude mit jedem zu teilen, der uns begegnet. Wenn Sie ein Heilmittel gegen Krebs gefunden hätten, würden Sie das für sich behalten? Frohe, lebendige Gottesdienste und die Freude am Lob Gottes treiben uns in die Welt, treiben uns dazu, zu dienen und zu lieben.

***Gebet:** Herr, lass mich immer besser, immer tiefer erkennen, was deine Gnade bedeutet. Lass alle Befangenheit, Trägheit und alle meine Befürchtungen, die mich immer wieder davon abhalten, in der Öffentlichkeit von meinem Glauben zu sprechen, vergehen, weil deine Gnade mich erfüllt. Vergib mir, dass ich dich so oft verschweige und nicht weitergebe, was du für mich getan hast. Amen.*

10 Verkündet es den anderen Völkern: „Der HERR ist König!“ Fest gegründet
ist die Erde, sie wird nicht wanken. Und der HERR wird für alle Völker ein
gerechter Richter sein. 11 Der Himmel soll sich freuen, und die Erde soll ju-
beln, rauschen soll das Meer mit allem, was in ihm lebt. 12 Die Felder sollen in
Jubel ausbrechen mit allem, was auf ihnen wächst! Auch alle Bäume im Wald
sollen jauchzen, 13 wenn der HERR kommt! Ja, er kommt, um auf der Erde
Gericht zu halten. Er wird die Welt gerecht richten und über alle Völker ein
Urteil sprechen, durch das sich seine Wahrhaftigkeit zeigt.

RICHTET DEN BLICK NACH VORN. Die ganze Schöpfung wird jubeln, wenn Gott die lange Nacht der Herrschaft der Sünde und des Bösen einmal beenden wird. Alle Bäume im Wald werden sein Lob singen, wenn der Heiland der Welt am Ende wiederkommt, um Gericht zu halten und die Erde zu erneuern (V. 11-13). „Wo Gott regiert ... können auch seine geringsten Geschöpfe ganz sie selbst sein; wo Gott ist, da wird gesungen. Bei der Schöpfung ‚lobten [ihn] die Morgensterne miteinander‘; bei seiner Wiederkunft wird die ganze Erde in dieses Lob einstimmen; und in der Zwischenzeit zeigt der Psalter, welche Wirkung es hat, wenn Menschen jetzt schon, wenn auch durch ein dunkles Glas und nur schattenhaft, sein Antlitz sehen.“[80] Und wir? Werden wir jubeln, wenn jener Tag kommt, weil wir wissen: In Christus gibt es keine Verdammnis, sondern nur liebende Aufnahme in die Familie Gottes? Oder sind wir da nicht ganz so sicher?

Gebet: *Herr, schenk mir jeden Tag die Freude und die Hoffnung, die aus der Sehnsucht danach erwachsen, an jenem letzten Tag dich selbst zu schauen. „Schau, o mein Geist, in jenes Leben, zu welchem du erschaffen bist, wo du, mit Herrlichkeit umgeben, Gott ewig sehn wirst, wie er ist. Du hast ein Recht zu diesen Freuden, durch Gottes Güte sind sie dein.“[81] Dann, dort, vor deinem Angesicht, werde ich dich preisen, wie es dir gebührt. Amen.*

1 Der HERR ist König! Die ganze Erde soll in Jubel ausbrechen. Auch die
vielen Inseln sollen sich freuen. 2 Dichte Wolken und Dunkelheit umgeben
ihn. Gerechtigkeit und Recht – darauf gründet sich sein Thron. 3 Verzehren-
des Feuer geht ihm voraus und erfasst seine Feinde ringsum. 4 Seine Blitze
erleuchten den Erdkreis, die Erde sieht es und erbebt. 5 Berge schmelzen wie
Wachs vor dem HERRN, vor dem Herrn der ganzen Erde.

DAS FEUER GOTTES. Wenn Christus wiederkommt, wird die Erde jubeln (V. 1). Aber auf das Freudenszenario folgt nun ein erschreckendes Bild. Die Gegenwart Gottes ist wie verzehrendes Feuer; alles, was in dieser Welt unrecht, ungut und verdreht ist, löscht sie aus. Es wird Menschen geben, die sich der Herrschaft Gottes widersetzt haben, und für sie wird sein Kommen schrecklich sein (V. 3-5). Was ist dieses Feuer? Es ist das Feuer der heiligen Liebe Gottes, die alles vernichten muss, was die Schöpfung, die er liebt, zerstört (V. 3; 5Mo 4,24; Hebr 12,29). Das sollte uns nicht erstaunen. Wenn wir einen Menschen lieben, müssen wir alles hassen, was sein Leben ruinieren könnte, selbst wenn es seine eigenen Entscheidungen sind. Gott ist die Liebe in Person; er kann nicht dulden, dass das Böse und die Sünde seine Welt zugrunde richten.

***Gebet:** Herr, du verdienst Lobpreis, denn du bist vollkommen in deiner Heiligkeit und schön in deiner Gerechtigkeit. In dir gibt es kein Böses, und in deiner Gegenwart kann das Böse nicht bestehen. Darauf ruht meine Hoffnung, auch die Hoffnung, dass ich mich ändern kann. Zieh mich immer näher zu dir, damit ich immer besser erkenne, was noch an Bösem in mir ist, und es im Feuer deiner Liebe untergeht. Amen.*

6 Der Himmel verkündet, dass Gott gerecht ist, und alle Völker sehen seine
Herrlichkeit. 7 Beschämt werden alle dastehen, die Götzenbilder verehren,
alle, die sich mit Stolz auf ihre falschen Götter berufen. Alle Götter werden
sich vor Gott niederwerfen! 8 Die Stadt Zion hört es und freut sich, ja, alle
Städte in Juda jubeln laut über die gerechten Urteile, die du, HERR, voll-
streckst. 9 Denn du, HERR, bist der höchste Herrscher über die ganze Erde,
hoch erhaben bist du über alle Götter.

BETET IHN AN, ALLE GÖTTER! Wir müssen unsere falschen Götter loslassen. Falsche Götter oder Götzen sind oft an sich gute Dinge, die aber einen viel zu hohen Stellenwert bekommen haben, sodass wir von ihnen den Sinn unseres Lebens abhängig machen. Diese Götzen müssen wir aus unserem Leben entfernen. Und dann muss auch der Platz, den sie in unserem Herzen eingenommen haben, verwandelt werden. Interessanterweise sagt der Psalm, die falschen Götter sollen Gott „anbeten“ (V. 7; L). Wenn wir zum Beispiel unseren beruflichen Erfolg vergöttern, dann fordert dieser Götze, dass wir alles für ihn tun. Er flüstert uns zu: „Nur wenn du mich hast, nur wenn du erfolgreich bist, hat dein Leben einen Wert.“ Nein. Gottes Liebe zu mir und das Ansehen, das er mir schenkt, müssen der neue Wurzelgrund meiner Identität werden. Dann kann auch der falsche Gott Erfolg dazu gebracht werden, dass er sagt: „Ich bin wichtig, ja; aber ich bin nicht höchstwichtig. Ich bin nur eine Weise, Gott zu dienen.“

Gebet: *Herr, deine Gnade hat den Baum der Sünde in meinem Leben gefällt. Aber der Stumpf und die Wurzeln sind noch da und sie sind tief in mir verankert. „Herr, habe acht auf mich! Schaff, dass mein Herze sich im Grund bekehre; trifft vom verborgnen Bann dein Aug noch etwas an, Herr, das zerstöre.“*[82] *Amen.*

10 Ihr alle, die ihr den HERRN liebt, verabscheut das Böse! Er bewahrt das
Leben derer, die sich treu zu ihm halten, aus der Gewalt der gottlosen Verbre-
cher wird er sie retten. 11 Ja, wer Gottes Willen tut, über dem wird das Licht
aufstrahlen, und Freude wird alle erfüllen, die von Herzen aufrichtig sind.
12 Freut euch über den HERRN, die ihr nach seinem Willen lebt! Preist ihn,
den ihr als den heiligen Gott kennt.

GOTT SÄT SEIN LICHT IN UNS. Wenn wir unsere Götzen verbannen (V. 7), strahlt Gottes Licht über uns auf (V. 11). Eine ältere Übersetzung sagt: „Licht ist dem Gerechten gesät" (ELB). Licht bringt uns Wahrheit und Klarheit; es bringt aber ebenso Heiligkeit und Schönheit. Gottes Licht ist vollkommene Erkenntnis und unendliche Herrlichkeit. Wenn wir an Christus glauben, wohnt Gottes Geist in uns (1Kor 3,6; 2Tim 1,14; Röm 8,9-11). Und damit „sät" Gott tatsächlich sein Licht in uns hinein; wie ein Same wird es wachsen und Weisheit und Schönheit in unserem Leben vermehren. Wir selbst werden alles, was wir in der Welt und in uns selbst entdecken, besser verstehen. Und die Menschen in unserem Umfeld können beobachten, wie wir langsam, aber sicher in Menschen umgestaltet werden, die Liebe und Schönheit ausstrahlen.

Gebet: *Herr, du bist ein Gott des Lichts, und ich preise dich dafür, dass in dir keine Finsternis ist. Aber in mir gibt es davon noch immer zu viel. Ich bin blind für meine eigenen Fehler; ich finde es schwer, deine Herrlichkeit und deine Liebe in meinem Alltag zu „sehen". Fülle meine Seele ganz mit deinem Licht, was es auch kosten mag. Amen.*

[1] *Ein Psalm.*
Singt dem HERRN ein neues Lied, denn er hat Wunder vollbracht! Allein
seine starke Hand, sein heiliger Arm, brachte die entscheidende Hilfe. [2] Der
HERR hat gezeigt, dass er Rettung verschafft; vor den Augen aller Völker
ließ er offenbar werden, wie er Heil schenkt. [3] Er hat ganz Israel gegenüber
an seine Gnade und Treue gedacht. Bis ans Ende der Erde sieht man die Ret-
tung, die von unserem Gott kommt. [4] Alle Welt juble dem HERRN zu. Ja,
freut euch, jubelt und lasst Musik ertönen – [5] spielt zu Ehren des HERRN
auf der Zither! Lasst die Zither hören und singt! [6] Trompeten und der Schall
des Widderhorns sollen erklingen, jubelt dem HERRN, unserem König, zu!

JUBELT! Dieser Psalm besingt den Auszug Israels aus Ägypten (V. 1-3). Wir wissen, dass das Kreuz Jesu Christi eine viel größere Befreiung bewirkt hat und viele Nationen betrifft statt nur ein Volk wie der Exodus. Der Sieg, den Jesus am Kreuz errang, erklärt, wieso auf den Psalm 97, der Gottes Heiligkeit und seinen Zorn so bedrohlich beschreibt (V. 3-5), nun dieser jubelnde Psalm 98 folgen kann. Christus hat für unsere Sünde bezahlt. Gott sieht uns nun in ihm als vollkommen gerecht und makellos an (Phil 3,9). Das bedeutet: Gottes Gerechtigkeit ist jetzt nicht mehr gegen uns, sondern für uns. Was heißt das für unser Leben? Leben wir doch jeden Augenblick unseres Lebens vor dem Hintergrund dieses Freudenjubels (V. 4-6)!

Gebet: *„Stern, auf den ich schaue, Fels, auf dem ich steh, Führer, dem ich traue, Stab, an dem ich geh, Brot, von dem ich lebe, Quell, an dem ich ruh, Ziel, das ich erstrebe, alles, Herr, bist du.“*[83] *Amen.*

Psalm 98,7-9 — *1. September*

7 Rauschen soll das Meer mit allem, was in ihm lebt, und die Erde mit all ihren
Bewohnern stimme ein! 8 Die Flüsse sollen in die Hände klatschen und die
Berge gemeinsam mit ihnen in Jubel ausbrechen, 9 wenn der HERR kommt,
um auf der Erde Gericht zu halten. Er wird die Welt gerecht richten und
über alle Völker ein Urteil sprechen, durch das sich seine Aufrichtigkeit zeigt.
Rühmt den heiligen Gott!

DIE FLÜSSE SOLLEN IN DIE HÄNDE KLATSCHEN. Bäume und Fische, die Gott preisen (Ps 96,11.12), von Flüssen und Bergen, die in die Hände klatschen und singen (V. 8) – das sind nicht nur poetische Bilder. Paulus sagt, dass die Natur weitaus lebendiger und herrlicher gedacht ist, als sie gegenwärtig ist (Röm 8,18-25). Modernen Philosophien bleibt verschlossen, dass die natürliche Welt nicht das sein kann, was sie sein soll, solange die Menschheit nicht wieder mit Gott im Reinen ist. Jesus wird kommen (V. 9), um die ursprüngliche Harmonie wiederherzustellen. Wir haben also eine sehr kraftvolle Hoffnung für die Zukunft. Wenn Flüsse und Berge so erneuert werden, was wird dann aus uns werden (1Joh 3,2-3)?

Gebet: *Herr, als Kind liebte ich Geschichten, in denen Bäume und Tiere sprechen konnten und Magie den Menschen half, dem Tod zu entkommen und die Zeit zu überwinden, Geschichten, in denen die Liebe immer über das Böse gesiegt hat. Du hast Jesus vom Tod auferweckt und wirst auch uns auferwecken und in einer neuen Schöpfung neues Leben schenken. Lass mich heute leben in der freudigen Hoffnung auf diese endgültige Auferstehung und das volle Leben bei dir. Amen.*

1 Der HERR ist König – die Völker zittern vor ihm. Er thront über den Ke-
rub-Engeln – und die Erde bebt. 2 Mächtig ist der HERR in der Stadt Zion, er
herrscht über alle Völker. 3 Sie werden deinen Namen preisen, der groß und
ehrfurchtgebietend ist. Heilig ist er, der HERR. 4 Du bist ein mächtiger Kö-
nig, der das Recht liebt, du hast für uns die Ordnungen festgelegt, ja, in ganz
Israel hast du für Recht und Gerechtigkeit gesorgt. 5 Rühmt den HERRN,
unseren Gott, und werft euch anbetend nieder vor seinem Thron. Heilig ist
er, der HERR.

HEILIG IST DER HERR. Was bedeutet es, dass Gott heilig ist? Das hebräische Wort für „heilig" bedeutet wörtlich: „ausgesondert". Im Blick auf Gott heißt das: Gott ist einzigartig; niemand ist ihm gleich; in seiner Macht, Vollkommenheit und Gerechtigkeit steht er unendlich weit über uns und allem Geschaffenen. Wenn von einem Menschen gesagt wird, dass er „heilig" ist (3Mo 11,44; 1Petr 1,16), heißt das, dass er allein Gott gehört. Er dient Gott nicht nur notgedrungen, sondern von ganzem, ungeteiltem Herzen. Für die christliche Gemeinde heißt das, dass wir radikal anders sein sollen. Die ersten Christen hoben sich aus der heidnischen Gesellschaft der griechisch-römischen Welt ab: durch Integrität und Ehrlichkeit, Mitgefühl und Vergebungsbereitschaft, sexuelle Keuschheit und durch ihre erstaunliche Großzügigkeit in materiellen Dingen. Sie waren heilig. Sind wir es auch?

Gebet: *Herr, als ich zum Glauben kam, habe ich mich bemüht, moralisch einwandfrei zu leben. Heilig zu sein, das bedeutet nicht weniger, sondern mehr als das. Ich möchte dir ganz gehören, alles soll dir vorbehalten sein. Ich möchte, dass du allein in meinem Herzen regierst. Lass nicht zu, dass es sich noch an irgendetwas anderes als an dich verliert. Mach mich heilig, Herr, denn du bist heilig. Amen.*

6 Mose und Aaron gehörten zu seinen Priestern, und auch Samuel war unter
denen, die ihn um Hilfe anriefen – sie beteten zum HERRN, und er erhörte
sie. 7 Aus der Wolkensäule sprach er zu ihnen, und sie bewahrten seine Wei-
sungen und die Ordnungen, die er ihnen gegeben hatte. 8 HERR, unser Gott,
du hast ihnen geantwortet! Du warst für sie ein Gott, der ihnen ihre Schuld
vergibt, trotzdem ließt du sie für ihre Vergehen die Strafe tragen. 9 Rühmt den
HERRN, unseren Gott, und werft euch anbetend nieder vor seinem heiligen
Berg! Denn heilig ist der HERR, unser Gott.

DAS GESCHENK DES GEBETS. Eines der größten Geschenke, die Gott uns macht, ist es, dass wir im Gebet Zugang zu ihm haben (V. 6). Samuel hielt das Gebet sehr hoch in Ehren; er betet: „Fern sei es von mir, dass ich mich an dem HERRN versündigen und aufhören sollte, für euch zu bitten" (1Sam 12,23; ELB). Aber wie kann ein heiliger Gott (V. 1–5) die Gebete von sündhaften Menschen anhören? Vers 8 bringt das Gebet in einen Zusammenhang mit Gottes Vergebung. Der Hinweis auf die Kerub-Engel (V. 1) erinnert an die Bundeslade und das Allerheiligste, das mit Blut besprengt wurde, um Sünde und Schuld zu sühnen (2Mo 25,17). Aber das war nur eine symbolische Vorwegnahme. Weil das Blut von Jesus vergossen wurde, können wir ganz sicher sein, dass wir Zutritt haben zur Gegenwart eines heiligen Gottes (Hebr 9,5.11-14; 10,19-25).

Gebet: *Herr, nicht zu beten ist eine Sünde gegen dich. Sie erwächst aus Stolz und Selbstgenügsamkeit; sie nimmt dir die Ehre. Und es ist auch eine Sünde gegen meine Mitmenschen. Ich sollte mein Herz für sie öffnen und deine Macht und Hilfe für sie erbitten. Herr, ich bitte dich von ganzem Herzen: Schenk mir ein Herz, das zu beten weiß und zu beten verlangt. Amen.*

[1] *Ein Psalm, der beim Dankopfer vorgetragen wird.*
Jubelt dem HERRN zu, alle Länder der Erde! [2] Dient dem HERRN mit
Freude, kommt vor ihn mit Jubel! [3] Erkennt, dass der HERR allein Gott ist!
Er hat uns geschaffen, ihm gehören wir. Wir sind sein Volk, seine Herde, und
er ist unser Hirte, der uns auf seine Weide führt! [4] Kommt in die Tore seiner
Stadt mit Dank, in die Vorhöfe seines Heiligtums mit Lobgesang! Dankt ihm
und preist seinen Namen! [5] Denn reich an Güte ist der HERR, ewig währt
seine Gnade, und seine Treue gilt auch allen künftigen Generationen.

JE MEHR WIR SEIN SIND, UMSO FREIER WERDEN WIR. Der Psalm ruft uns auf, Gott unser Leben zur Verfügung zu stellen, denn wir gehören nicht uns selbst, sondern Gott (V. 3). Und diese Hingabe soll mit Freude und Jubel geschehen (V. 1.2). Weder moralistische Religion (für die Gehorsam nur eine lästige Pflicht ist, die Gott zu unserem Schuldner machen soll) noch die moderne Selbstbestimmung (der jeder Verlust an Unabhängigkeit als ein kleiner Tod gilt) kann das begreifen. Christen haben eine besonders starke Motivation für eine freudige Hingabe. „Wisst ihr nicht, dass euer Leib ein Tempel des Heiligen Geistes ist, der in euch ist und den ihr von Gott habt, und dass ihr nicht euch selbst gehört?“ (1Kor 6,19.20; ELB). Das macht den Gehorsam allerdings zur Freude, denn er ist der Weg, wie wir dem ähnlich werden, dessen hingebungsvolle Liebe zu uns „ewig währt“ (V. 5), der Weg, ihn immer besser zu erkennen, ihm zu dienen und ihm zu gefallen.

Gebet: *„Nun jauchzt dem Herren, alle Welt! Kommt her, zu seinem Dienst euch stellt, kommt mit Frohlocken, säumet nicht, kommt vor sein heilig Angesicht. Er ist voll Güt und Freundlichkeit, voll Lieb und Treu zu jeder Zeit; seine Gnade währt immer dort und hier und seine Wahrheit für und für. Amen.“*[84]

1 *Von David. Ein Psalm.*
Von Güte und Recht will ich singen und dir zu Ehren, HERR, auf der Har-
fe spielen. 2 Aufmerksam will ich darauf achten, einen guten Weg zu gehen.
Wann kommst du, Gott, zu mir? Mit aufrichtigem Herzen will ich handeln in
meinem Königshaus. 3 Was schändlich ist, werde ich nicht ins Auge fassen. Ich
hasse es, wenn Menschen sich von Gott abwenden – nichts davon soll bei mir
zu finden sein. 4 Wer falsch ist, mit dem will ich nichts zu tun haben. Boshafte
Menschen sollen mir fernbleiben. 5 Wer heimlich seinen Nächsten verleum-
det, den will ich zum Schweigen bringen. Leute mit überheblichem Blick und
stolzem Herzen will ich nicht in meiner Nähe dulden. 6 Mein Augenmerk gilt
denen im Land, auf die man sich verlassen kann. Solche Menschen sollen um
mich sein. Wer einen guten Weg geht, der darf mir dienen. 7 Ein Betrüger je-
doch soll nicht bei mir im Haus sitzen; wer Lügen verbreitet, der muss mir aus
den Augen gehen! 8 Morgen für Morgen will ich alle gottlosen Verbrecher im
Land zum Schweigen bringen, um alle Übeltäter aus der Stadt des HERRN
auszurotten.

AUFRICHTIG VOR GOTT. Dies ist ein Psalm Davids. Dass er sein Leben als tadellos beschreibt („aufrichtig“; V. 2; „einen guten Weg gehen“; V. 6), ist keine pharisäerhafte Illusion moralischer Perfektion, sondern hier spricht ein König, der sein Amt makellos ausführen will (V. 2). Verleumdung (V. 5) und betrügerische Machenschaften (V. 7) wird er nicht dulden; er sorgt für Recht und Gerechtigkeit im Land (V. 8). Großartige Ideale für alle, die über Macht und Einfluss verfügen. Ernüchternd ist allerdings, wie weit menschliche Gesellschaften hinter diesem Ideal zurückbleiben. Und wir wissen, dass tragischerweise auch David selbst und sein Sohn Salomo, der größte König Israels, diesen Standard verletzt haben. „Glücklicherweise liegt das letzte Wort nicht bei David … sondern bei Gottes Sohn. Dort gibt es keinen Schatten.“[85]

***Gebet:** Herr, ich bete für alle, die in Politik und Wirtschaft, in Kunst und Kultur Macht und Einfluss haben. Lass sie ihre Aufgaben so wahrnehmen, dass daraus Ehrlichkeit, Weisheit, Kompetenz, Gerechtigkeit und Tugend sprechen und dass ihre Arbeit für viele zum Segen wird. Amen.*

1 *Gebet eines vom Leid Gebeugten, der verzweifelt ist und sein Herz vor dem HERRN ausschüttet.*
2 HERR, höre mein Gebet! Möge mein lauter Hilferuf doch bis zu dir drin-
gen! 3 Verbirg dich nicht vor mir, jetzt, wo ich in Not bin! Neige dich herab zu
mir und schenk mir ein offenes Ohr; jetzt rufe ich zu dir – erhöre mich doch
bald! 4 Denn meine Tage verflüchtigen sich so schnell wie Rauch, in meinen
Gliedern brennt es wie Feuer. 5 Mein Herz ist ausgetrocknet wie versengtes
Gras. Ich vergesse sogar, mein Brot zu essen. 6 Mein lautes Stöhnen hat mich
ausgezehrt, ich bin nur noch Haut und Knochen. 7 Ich gleiche einem Vogel in
der Wüste, einer Eule in verlassenen Ruinen. 8 Nachts finde ich keinen Schlaf,
ich bin wie ein einsamer Vogel auf dem Dach. 9 Den ganzen Tag verhöhnen
mich meine Feinde. Ausgelassen ziehen sie über mich her und missbrauchen
meinen Namen, wenn sie jemanden verwünschen. 10 Asche ist mein Brot ge-
worden, was ich trinke, ist vermischt mit Tränen. 11 Das sind die Folgen deines
grimmigen Zorns – du hast mich hochgehoben und wieder zu Boden gewor-
fen. 12 Meine Tage gleichen dem Schatten, der am Abend immer länger wird,
ich verdorre wie das Gras.

WIR SIND NICHT ALLEIN. Der Psalm schildert uns menschliches Leid in all seinen Aspekten. Fieber brennt wie Feuer in den Gliedern (V. 4); Leib und Seele verfallen (V. 6). Es gibt Anzeichen von Depression: Schlaflosigkeit (V. 8); Appetitlosigkeit (V. 5), unkontrollierbares Weinen (V. 10). Der Beter fühlt sich so verlassen und allein, dass er sich mit einer „Eule in verlassenen Ruinen" vergleicht (V. 7). Diesen Psalm brauchen wir alle. In Zeiten, in denen es uns gut geht, hilft er uns, den Schmerz anderer zu teilen und ihre Lasten mitzutragen und vor Gott zu bringen (Gal 6,2). Und in Zeiten, wo uns diese Worte aus dem Herzen sprechen, zeigen sie uns, dass wir nicht allein sind, dass andere vor uns, ja, dass Jesus selbst ähnliches Leid durchgemacht und es überwunden hat.

Gebet: *Herr, dein Wort ist so realistisch, dass es mir manchmal fast Angst macht. Ich möchte nicht glauben, dass das einmal mein Gebet sein könnte. Ich neige dazu, vor dem Leid anderer die Augen zu verschließen. Herr, das ist nicht richtig. Du hast unermessliches Leid auf dich genommen – für mich. Deshalb kann ich auch dem Leid ins Gesicht schauen – und anderen helfen, es ebenfalls zu tun, mit dir an unserer Seite. Amen.*

13 Du aber, HERR, regierst für immer, jetzt und in allen künftigen Generati-
onen wird man dich ehren. 14 Du selbst wirst dich erheben und dich der Stadt
Zion voll Erbarmen zuwenden, denn es ist an der Zeit, ihr gnädig zu sein. Ja,
der Zeitpunkt dafür ist gekommen. 15 Deine Diener freuen sich über Zions
schöne Mauersteine, und sie bedauern voller Schmerz, dass nun alles in Schutt
liegt. 16 Aber es kommt die Zeit, in der die Völker Ehrfurcht haben werden vor
dem Namen des HERRN und alle Könige der Erde vor deiner Herrlichkeit.
17 Denn der HERR wird Zion wieder aufbauen und dort erscheinen in seiner
Herrlichkeit. 18 Er wird sich dem Gebet der Verlassenen wieder zuwenden,
ihre Bitten wird er nicht zurückweisen.

KEIN GEBET BLEIBT OHNE ANTWORT. Israel hat eine nationale Katastrophe erlebt: Jerusalem liegt in Trümmern (V. 15.21). Der Psalmist betet darum, dass Gott Zion wieder aufbaut und seine Herrlichkeit dort erscheinen lässt (V. 17) – und zwar jetzt. Aber das geschieht nicht. Ein nicht erhörtes Gebet? Nein. Gottes Antwort lautet: „Nicht jetzt und nicht so, wie du meinst.“ Seine Antwort in Jesus war weitaus größer als der Psalmbeter auch nur hätte ahnen können (Hebr 12,12-28). Ganz ähnlich ist es bei Elia, als der sterben will (1Kön 19,4). Gott antwortet: „Unsinn, du wirst keineswegs sterben!“[86] Letztendlich gibt es kein unbeantwortetes Gebet. Und wenn Gottes erste Antwort lautet: „Nein“ oder: „Noch nicht“, dann deshalb, weil er uns weit Besseres geben will als das, worum wir gebeten haben.

Gebet: *Herr, ich muss zugeben, dass dein Versprechen, dass du keines unserer Gebete zurückweist (V. 18), mich oft nur wenig tröstet. Und das ist mein Fehler. Ich bin mir so sicher, wie ein gutes, glückliches Leben aussieht. Erinnere mich daran, dass du in deiner Weisheit und Liebe uns manchmal „mit Hunger speist … Herr, verdirb mir meine irdischen Wolkenkuckucksheime, damit ich auf ewig gerettet werde.“[87] Amen.*

19 Dies soll man aufschreiben für eine spätere Generation, und so wird ein
Volk, das erst noch geschaffen wird, den HERRN preisen. 20 Er schaut herab
aus seinem Heiligtum in der Höhe; ja, der HERR blickt vom Himmel auf
die Erde, 21 um das Seufzen der Gefangenen zu hören, um die Todgeweihten
zu befreien. 22 Und so werden sie in der Stadt Zion wieder den Namen des
HERRN verkünden, seinen Ruhm verbreiten in Jerusalem, 23 wenn Völker
sich dort versammeln, Menschen aus allen Königreichen, um dem HERRN
zu dienen.

DIE PFORTEN DER HÖLLE WERDEN SIE NICHT ÜBERWÄLTIGEN. In jeder Generation erschafft sich Gott in seiner Gnade sein Volk neu (V. 19). Wir alle beginnen als „nicht sein Volk", durch die neue Geburt aus Gott werden wir als „Gottes Volk" neu geschaffen (1Petr 1,3; 2,9.10). Immer wird es Menschen geben, die „seinen Ruhm verbreiten", weil er sie vom sicheren Tod errettet (V. 21). Der Psalmist konnte kaum ahnen, wie unendlich weit und tief dieses rettende Handeln Gottes gehen würde. Er kann nicht wissen, dass es durch den Glauben an Jesus „keine Verurteilung" mehr gibt (Röm 8,1) – für niemanden. Sondern wir sind auf ewig befreit von der Strafe der Sünde. Religion und Unglaube in vielen Formen werden vergehen und sind bald vergessen – die Kirche bleibt bestehen. Eine christliche Gemeinde, die dem Wort Gottes treu bleibt, wird bis ans Ende der Zeit bestehen – und darüber hinaus (Mt 16,18).

Gebet: *Herr, es gibt so viele Kräfte und Mächte, die den Glauben bedrohen. Unserer Gesellschaft gilt er als engstirnig, die Mächtigen der Welt sehen ihn als Bedrohung, mächtige Institutionen wollen, dass er stirbt oder nur im Geheimen gelebt wird. Erinnere mich immer wieder daran: Nichts von alldem wird Bestand haben. Ich danke dir dafür, dass die Pforten der Hölle deine Gemeinde nicht überwältigen werden, weil du selbst mitten unter uns lebst. Amen.*

24 Doch jetzt, mitten im Leben, hat Gott meine Kraft gebrochen, meine Le-
benszeit hat er verkürzt. 25 Deshalb bitte ich: Mein Gott, raffe mich nicht
schon in der Lebensmitte hinweg! Du allein lebst ewig – über alle künfti-
gen Generationen hinaus. 26 Du hast am Anfang das Fundament der Erde
gelegt, und auch der Himmel ist das Werk deiner Hände. 27 Himmel und Erde
werden vergehen, du aber bleibst. Sie werden alt werden wie ein abgenutztes
Kleid, du wirst sie auswechseln wie ein abgetragenes Gewand, und so werden
sie verwandelt. 28 Du aber bleibst immer derselbe, und deine Zeit wird kein
Ende haben. 29 Die Kinder all derer, die dir dienen, dürfen im Land wohnen
bleiben, und ihre Nachkommen werden vor dir Bestand haben.

PERSPEKTIVE. Der Psalmist sieht sich damit konfrontiert, dass er in jungen Jahren sterben wird (V. 24). Er konnte es nicht ahnen, aber was er erlebt – von Gott verworfen zu werden, seine Qual, sein früher Tod und dass er unter dem Zorn Gottes vergeht (V. 11) – weist voraus auf das Leiden von Jesus (Hebr 1,10-12), der unsere Sünden trug und das Reich Gottes errichtete, nach dem der Beter sich sehnt. Und das Himmlische Jerusalem, zu dem alle Völker und Nationen der Welt pilgern werden (Hebr 12,22-27), lag jenseits seiner Vorstellungskraft. Heute weiß der Beter um all das – in der Ewigkeit, bei Gott. Wenn er also „endlich seine Erfahrungen und seine Worte im Licht des Sohnes Gottes ansieht, wird er dann nicht froh sein, dass Gott ihm seine Bitte verwehrt, sein Gebet aber erhört hat?“ [88]

***Gebet:** Herr, nichts auf dieser Erde hat Bestand. Ich preise dich, Herr, denn du bist ewig, wenn auch die Fundamente der Erde vergehen. Ich preise dich, dass wir deine Ewigkeit teilen dürfen, wenn wir uns an dich halten und du uns mit deiner Liebe umgibst. Ich preise dich, dass unser Herz dann Ruhe finden wird. Ich preise dich für diesen so großen Trost und dein rettendes Heil. Amen.*

1 *Von David.*
Preise den HERRN, meine Seele, ja, alles in mir lobe seinen heiligen Na-
men! 2 Preise den HERRN, meine Seele, und vergiss nicht, was er dir Gutes
getan hat! 3 Er vergibt dir all deine Schuld und heilt alle deine Krankheiten.
4 Er rettet dich mitten aus Todesgefahr, krönt dich mit Güte und Erbarmen.
5 Er gibt dir in deinem Leben viel Gutes – überreich bist du beschenkt! Wie
sich bei einem Adler das Gefieder erneuert, so bekommst du immer wieder
jugendliche Kraft.

DAS EVANGELIUM BETEN. Diese Verse zeigen uns, wie wir uns das Evangelium selbst ins Herz beten können, bis es unser Leben prägt und verwandelt. Nämlich durch „Selbstgespräche“, die wir mit unserem eigenen Herzen führen. Indem wir direkt und nachdrücklich zu „meiner Seele“ sprechen, statt nur auf sie zu hören. Biblische Meditation ist, anders als populäre Varianten, keine Entspannungstechnik, die den Verstand entleert. Vielmehr füllt sie unseren Geist mit Wahrheit, indem sie Verstand und Gedächtnis bemüht, um unser Herz zu entzünden. Davids Gedanken kreisen hier um die Wahrheit: um die Wahrheit, dass Gott Sünde vergibt und einmal Leid und Krankheit ein Ende setzen wird. Wenn wir darum bitten, erhalten wir seine Vergebung sofort (1Joh 1,8.9). Leid und Krankheit werden uns vielleicht nicht sofort genommen (2Kor 12,8.9; 2Sam 12,13-23). Das hat einen Grund: Sünde beschädigt unsere Gemeinschaft mit Gott in jedem Fall. Aber Leid kann sie vertiefen.

Gebet: *Herr, ich bekenne dir, dass ich so oft vergesse, wie viel Gutes du mir tust. Und dann lasse ich mich bestimmen von Furcht, Zorn, Sorge und Hoffnungslosigkeit. Ich vergesse, was du mir in Christus alles geschenkt und verheißen hast. Mein Kopf weiß es, aber mein Herz vergisst, dass mir vergeben ist, dass du mich mit Wohlgefallen ansiehst, dass du mir eine Krone und ein Fest versprochen hast. Vergib mir, Herr, und hilf mir, so mit meiner Seele zu sprechen, dass sie in dir ihre Stärke und ihre Freude findet. Amen.*

6 Der HERR vollbringt große Rettungstaten, allen Unterdrückten verhilft er
zu ihrem Recht. 7 Er gab Mose zu erkennen, wie er handelt, und den Israeliten
zeigte er seine mächtigen Taten. 8 Barmherzig und gnädig ist der HERR, er
gerät nicht schnell in Zorn, sondern ist reich an Gnade. 9 Nicht für immer
wird er uns anklagen, noch wird er ewig zornig auf uns sein. 10 Er handelt
an uns nicht so, wie wir es wegen unserer Sünden verdient hätten, er vergilt
uns nicht nach unseren Vergehen. 11 Denn so hoch, wie der Himmel über der
Erde ist, so überragend groß ist seine Gnade gegenüber denen, die ihm in
Ehrfurcht begegnen. 12 So fern, wie der Osten vom Westen ist, so weit schafft
er unsere Vergehen von uns fort.

LANGSAM ZUM ZORN UND REICH AN GNADE. Gottes Zorn ist etwas anderes als Menschenzorn. Wir sind rasch zornig, wir zahlen heim, wenn uns jemand verletzt hat, und dann halten wir trotzdem noch beharrlich an unserem Groll fest. Gott dagegen „gerät nicht schnell in Zorn“, tut alles, damit uns vergeben wird, und vergisst unsere Sünde anschließend komplett. Vers 8 überrascht; es ist ein Zitat aus 2Mo 34,6, wo es dann aber weiter heißt: „aber ungestraft lässt er niemand“ (2Mo 34,7; ELB). Wie können sie beide recht haben – Mose mit seiner Aussage und dann David, der bezeugt: „Er handelt an uns nicht so, wie wir es wegen unserer Sünden verdient hätten“? Erst das Kreuz sollte offenbaren, was es Gott gekostet hat, die Sünde zu strafen, ohne uns dafür zu belangen. Unermessliche Weiten (V. 11.12) dienen als Bild dafür, wie unendlich seine Liebe ist.

Gebet: *Herr, mein Zorn ist wirklich anders als dein Zorn. Bitte, gib mir deinen Geist, dass er meinen Zorn reinigt, damit nicht mehr mein verletztes Ego mich zornig macht, sondern das wirkliche Unrecht und Übel in dieser Welt. Und damit er nicht in mir schwelt und mich hart macht und meine Freude vergiftet, sondern bereitwillig dem Erbarmen und dem Mitgefühl weicht. Amen.*

13 Wie ein Vater seinen Kindern voller Güte begegnet, so begegnet der HERR
denen, die ihm in Ehrfurcht dienen. 14 Denn er weiß ja, was für Geschöpfe wir
sind, er denkt daran, dass wir nur aus Staub gebildet wurden. 15 Der Mensch –
seine Lebenstage sind so vergänglich wie das Gras. Er gleicht einer Blume auf
dem Feld, die aufblüht, 16 wenn aber ein starker Wind über sie hinwegfegt,
dann ist sie nicht mehr da. Dort, wo sie einmal blühte, gibt es keine Spur mehr
von ihr. 17 Doch die Gnade des HERRN ist immer und ewig über denen, die
ihm in Ehrfurcht dienen. Und noch an ihren Kindern und Enkeln erweist er
seine Treue. 18 So handelt er an denen, die sich an seinen Bund halten, die an
seine Weisungen denken und danach leben.

VATERLIEBE. Erwachsenen fällt es leicht, Kinder zu durchschauen. Kinder haben noch nicht gelernt, Egoismus, Ungeduld und Torheit zu verbergen. Eltern kennen die hartnäckigen Sünden ihrer Kinder (V. 14). Aber ein guter Vater liebt sein Kind trotzdem (V. 13). Ja, je schwächer und hilfsbedürftiger ein Kind ist, umso mehr wird der Vater ihm seine ganze Liebe zuwenden. Gott kennt uns bis in den Grund unserer Seele, und er liebt uns bis in den Himmel – buchstäblich. Er vergibt nicht nur unsere Sünden. Er nimmt uns auf in seine Familie, schenkt uns seine Liebe, seine Nähe im Gebet, Anteil am himmlischen Erbe und sogar die „Familienähnlichkeit“ von Kindern – durch den Heiligen Geist, der Gottes eigenes Wesen in uns ausprägt (Joh 1,12.13; Mt 6,9; Gal 4,7; 1Joh 3,1-3).

***Gebet:** Herr, ich preise dich, dass du nicht nur mein König und mein Hirte bist, sondern mein Vater sein wolltest. Du, der allmächtige Gott, mein Vater – Allmacht, die mich adelt, die mich liebt und alle Dinge zu meinem Besten ordnet und lenkt! Herr, lass mich deine Vaterliebe immer tiefer erkennen, damit sie mein Gebet verwandelt. Amen.*

19 Der HERR hat im Himmel seinen Thron errichtet, und seine Königsherr-
schaft umschließt das All. 20 Preist den HERRN, ihr seine starken und gewal-
tigen Engel, die ihr sein Wort ausführt und seiner Stimme gehorcht, sobald er
spricht. 21 Preist den HERRN, ihr alle, die ihr zu seinem himmlischen Heer
gehört, ihr seine Diener, die ihr ausführt, woran er Freude hat. 22 Preist den
HERRN, ihr alle seine Werke, an allen Orten, über die sich seine Herrschaft
erstreckt! Ja, preise den HERRN, meine Seele!

DIE GANZE SCHÖPFUNG SINGT. Zu Beginn des Psalms hat der Beter seine eigene Seele aufgerufen, Gott zu loben (V. 1.2). Im Folgenden fasst er seinen inneren Jubel über die unermesslichen Wohltaten, die Gott uns durch das Evangelium schenkt, in Worte. Jetzt, am Ende des Psalms, erfährt er ein Einssein mit der Schöpfung, das er nie für möglich gehalten hat, denn er erkennt plötzlich, was die Schöpfung tut – sie preist Gott und jubelt über ihn! Alle „seine Werke" auf Erden (V. 22) und im Himmel (V. 20.21) singen einander das Lob Gottes zu, und der Beter hat seinen eigenen einzigartigen Platz im größten Chor, in der größten Symphonie, die sich denken lässt. Der Glaube an das Evangelium macht es möglich, dass wir diese Musik hören und einstimmen. Der große Prediger Jonathan Edwards (1703–1758) schrieb über eine Seele, die sich ganz dem Lob Gottes hingibt: „Wie alle Welt sie doch beglückwünscht, sich mit ihr verbündet und ihr zusingt!"[89]

***Gebet:** Herr, wenn irgendetwas zwischen dir und mir steht, fühle ich mich auch von der Welt getrennt und allein. Aber wenn ich dich von ganzem Herzen preise, kann ich hören, wie die Vögel am Morgen ihre Freude über dich heraussingen, wie dein Lob aus dem Regen klingt, der aufs Wasser fällt. Herr, ich möchte mich in diese Melodie einreihen, ich möchte meine Stimme singen. Dann trage ich zur Schönheit des Ganzen bei, die ich zugleich von dir allein empfange. Amen.*

1 Preise den HERRN, meine Seele! HERR, mein Gott, groß und erhaben bist
du, mit Herrlichkeit und Pracht hast du dich bekleidet. 2 In Licht hüllst du
dich wie in ein Gewand, den Himmel spannst du wie ein Zeltdach aus. 3 Er,
der die Säulen seiner Wohnung im Wasser des Himmelsgewölbes errichtet,
der Wolken zu seinem Wagen macht und auf Flügeln des Windes erscheint,
4 der Winde zu seinen Boten macht und Feuerflammen zu seinen Dienern.

DER LICHTGLANZ GOTTES. Psalm 104 ist eine Meditation über die Wunder der Schöpfung und den wunderbaren Schöpfer, der dahintersteht. Anders als in der Mystik der östlichen Religionen sehen wir hier einen Gott, der Person ist, der von seiner Schöpfung unterschieden und ihr doch nicht fern ist. Die Bilder, die der Beter verwendet – Prachtgewand, Streitwagen, Palast im Himmel – vermitteln die Botschaft: Die Natur ist erfüllt von Gottes Kraft und Gegenwart – das erklärt auch, warum wir der natürlichen Welt mit Staunen und Ehrfurcht begegnen und begegnen sollten. Unsere Augen können den vollen Glanz des Lichtes nicht sehen, ohne geblendet zu sein; ebenso müssen wir uns vor dem Gott, der mächtiger und herrlicher ist, als wir uns vorzustellen und zu erfassen vermögen, beugen und ihn preisen. „Wir bringen den Lobpreis. O zeig du uns doch: Nur der Glanz deines Lichtes verbirgt dich uns noch.“[90]

Gebet: *Herr, oft bin ich schwer von Begriff und verstehe weder dein Wort noch deine Wege mit mir. Und mein Herz, das immer nach Ausreden sucht, gibt dir die Schuld dafür. Hilf mir zu erkennen, was mein eigentliches Problem ist: Meine geistlichen Augen sind zu schwach, um dein strahlendes Licht zu sehen. Stärke mein geistliches Sehvermögen, Herr, damit ich mehr von dir sehen kann. Amen.*

5 Er hat der Erde ihr Fundament gegeben, so dass sie für immer und ewig
nicht wankt. 6 Du, Gott, bedecktest sie mit gewaltigen Wassermassen wie mit
einem Kleid, selbst über den Bergen standen die Fluten. 7 Doch auf deinen
drohenden Befehl hin flohen sie, vor deiner Donnerstimme wichen sie schnell
zurück. 8 So kamen Berge empor, Täler senkten sich. Die Wassermassen aber
zogen sich zurück an den Ort, den du für sie bereitet hattest. 9 Eine Grenze
hast du ihnen gesetzt, die sie nicht überschreiten dürfen; nie mehr sollen sie
zurückkehren und die ganze Erde bedecken.

EINE GRENZE HAST DU IHNEN GESETZT. Der Beter meditiert den dritten Schöpfungstag (1Mo 1,9.10), an dem Gott das trockene Land vom Meer schied (V. 7.8). Die Naturwissenschaft geht davon aus, dass die Natur eine Ordnung hat – wenn X unter bestimmten Bedingungen zu Y führt, dann wird das immer wieder so sein, wenn die Bedingungen identisch sind. Aber warum sollte es eine solche Regelhaftigkeit in der Natur geben? Weil wir nicht in einer vom Zufall bestimmten, chaotischen Welt leben, sondern in einer Welt, in der „Grenzen … gesetzt" sind (V. 9). Die Grundgesetze von Physik, Mathematik, Chemie, Biologie und so weiter hat ein personaler Schöpfer in diese Welt hineingelegt. Und nur darum können wir Aerodynamik (die das Fliegen ermöglicht), Elektrizität und Medizin nutzen – sie alle beruhen auf einer Unzahl von Vorgaben und Begrenzungen, die in der Schöpfung gegeben sind und Zivilisation überhaupt erst ermöglichen. Danken wir Gott für seine Grenzen mit ihren zahllosen Möglichkeiten.

Gebet: *Herr, so viele Dinge, die mein Leben bestimmen, halte ich für selbstverständlich, so viele wissenschaftliche Entdeckungen und Entwicklungen, die mein Leben sicher und bequem machen. Ich raube dir die Ehre und mir selbst die Zufriedenheit, wenn ich nicht immer wieder innehalte, darüber staune und dich für all diese wunderbaren Gesetzmäßigkeiten preise. Lehre mich diese Kunst, Herr. Amen.*

[10] Auf Gottes Befehl hin ergießen sich Quellen in die Flusstäler, zwischen den Bergen schlängeln sich ihre Wasserläufe. [11] Sie tränken die Tiere des freien Feldes, Wildesel löschen dort ihren Durst. [12] Da finden auch die Vögel ihre Nistplätze, zwischen den Zweigen lassen sie ihre Stimme ertönen. [13] Von seinen Wohnungen in der Höhe aus bewässert Gott die Berge. Von der Frucht, die seine Werke hervorbringen, wird die Erde gesättigt.

ER LÖSCHT IHREN DURST. Gott setzt die Schöpfung nicht nur in Gang, er sorgt auch weiterhin für sie. Durch die Wasserläufe stillt er den Durst seiner Geschöpfe (V. 11) und bewässert die Erde, damit sie fruchtbar wird (V. 13). Gottes Fürsorge für seine Schöpfung sollte uns als Christen Anlass sein, die Güter dieser Erde zu schützen, statt sie auszubeuten. Aber ist die Erde „gesättigt … von der Frucht, die [unsere] Werke hervorbringen" (V. 13)? Oder haben wir in unserer Ignoranz und Gier darin versagt, die Schätze dieser Erde, die Gott uns anvertraut hat, gut zu verwalten? Vielleicht fällt es uns deshalb schwer, die Natur nicht zum eigenen Vorteil auszubeuten, weil wir den tiefen inneren Frieden noch nicht gefunden haben, den uns nur das Wasser schenken kann, das Jesus uns gibt: das ewige Leben (Joh 4,13.14).

***Gebet:** Herr Jesus, ich bekenne dir, dass es mir oft so sehr um eigenen Komfort und ein bequemes Leben geht, dass ich gar nicht darüber nachdenken will, was mein normaler Lebensstil für die Natur, für deine Schöpfung bedeutet. Aber diese Erde ist deine Welt, die du liebst. Gib mir die Demut und die Geduld, mir auch die unbequemen Fragen zu stellen. Heute will ich damit beginnen. Amen.*

14 Gras lässt er hervorsprießen für das Vieh und allerlei Pflanzen für den Be-
darf des Menschen, damit dieser aus dem Schoß der Erde sein tägliches Brot
gewinnt. 15 Er schenkt Wein, der das Herz des Menschen erfreut, Öl, mit dem
er sein Gesicht pflegt, und Brot, das sein Herz stärkt. 16 Auch die Bäume des
HERRN trinken sich satt, die herrlichen Zedern des Libanon, die er gepflanzt
hat. 17 Dort wiederum bauen Vögel ihre Nester, auf den Zypressen nistet der
Storch. 18 Die hohen Berge bieten den Steinböcken Lebensraum, die Felsen
sind eine Zuflucht für die Klippdachse.

WAS DAS HERZ ERFREUT. Gott sorgt nicht nur für die rein physischen Bedürfnisse seiner Geschöpfe. Er möchte auch, dass sie Freude erleben. Er möchte strahlende Gesichter sehen. Nicht nur für unseren Leib, auch für unser Herz soll gesorgt sein (V. 15). Auch Jesus hat Wein gebracht, „der das Herz des Menschen erfreut". Er begann sein öffentliches Wirken mit der spektakulären Verwandlung von Wasser in Wein, um eine Hochzeitsfeier nicht vorzeitig enden zu lassen (Joh 2,1-11). Warum ein derartiges Zeichen als erstes, programmatisches Wunder? In diesem Zeichen fasst er zusammen, wozu er gekommen ist: Er bringt nicht nur die Vergebung der Sünden; er bringt uns das volle Leben zurück, ein Leben in Feststimmung. Wir haben noch nicht alles empfangen, was Gott uns schenken möchte, solange wir noch kein „Freudenöl" anstelle von „Trauergewand" bei uns tragen (Jes 61,3).

Gebet: *Herr, nicht nur mein Gehorsam ehrt dich. Am meisten Ehre gebe ich dir, wenn ich dich genieße, mich an dir freue. Hilf mir, bitte, hilf mir, geradezu darin zu schwelgen, wer du bist und was du für mich getan hast, bis in meinem Herzen die Freude erwacht. Amen.*

[19] Gott hat den Mond geschaffen zur Festlegung der Zeiten, auch die Sonne
weiß, wann sie untergehen soll. [20] Du bestimmst, wann es finster wird, und
schon kommt die Nacht. Da regen sich dann alle Tiere des Waldes. [21] Die jun-
gen Löwen brüllen nach Beute, sie verlangen von Gott ihre Nahrung. [22] Geht
dann die Sonne auf, so ziehen sich die Tiere wieder zurück und legen sich
nieder in ihren Verstecken. [23] Nun macht sich der Mensch auf und geht an
seine Arbeit, an das, was er zu verrichten hat bis zum Abend. [24] Wie zahlreich
sind doch deine Werke, HERR, alle hast du mit Weisheit ausgeführt, die Erde
ist erfüllt von dem, was du geschaffen hast!

DIE ERDE IST ERFÜLLT VON DEM, WAS DU GESCHAFFEN HAST. Vers 24 setzt eine Art Zäsur im Ganzen des Psalms: Der Beter verharrt in staunender Anbetung. Auf dem Meeresboden gibt es 5000 bekannte Arten von Schwämmen; allein von Käfern gibt es mehr als 300 000 verschiedene Arten. Blumen, Bäume, Vögel, Tiere gibt es in unglaublicher Vielfalt, manche faszinierend schön, andere faszinierend seltsam. Warum diese völlig nutzlose Vielfalt? Sie verweist uns auf den unerschöpflichen Reichtum an Kreativität, über den Gott verfügt; auf die unendliche Größe seiner Gedanken, seiner Schönheitsliebe, sogar seines Humors. All seine Werke sind „mit Weisheit ausgeführt" (V. 24). Und das ist nicht nur eine Aufforderung, darüber zu staunen, sondern auch dazu, diese Schöpfungsvielfalt zu erforschen und zu studieren. Wissenschaft und Kunst – beides sind Spurensuchen göttlicher Weisheit.

***Gebet:** Herr, dein Wort sagt, dass wir dich und deine Größe durch deine Schöpfung erkennen, wenn wir die Augen nicht davor verschließen. Öffne mir die Augen und die Ohren, Herr! „Wie herrlich gibst du, Herr, dich zu erkennen, schufst alles, deinen Namen uns zu nennen: Der Himmel ruft ihn aus mit hellem Schall, das Erdenrund erklingt im Widerhall."[91] Amen.*

25 Da ist das Meer, schier endlos groß und weit, darin wimmelt es von unzähl-
bar vielen Lebewesen, von kleinen wie von großen. 26 Dort ziehen Schiffe ihre
Bahn, auch das Ungeheuer Leviatan, das du geschaffen hast, um mit ihm zu
spielen. 27 Alle Lebewesen hoffen auf dich, dass du ihnen ihre Speise gibst zur
rechten Zeit. 28 Du gibst sie ihnen, sie sammeln alles ein. Du öffnest freigebig
deine Hand, und sie werden satt von deinen guten Gaben. 29 Doch wenn du
dein Angesicht verbirgst, dann erschrecken sie. Entziehst du ihnen den Le-
bensatem, so scheiden sie dahin und werden wieder zu Staub.

GESCHAFFEN ZUM SPIEL. Nahrung wächst zur rechten Zeit (V. 27) und wird gesammelt (V. 28). Und letzten Endes ist Gott der Geber (V. 27). Die großen Meeresgeschöpfe sind da, „um zu spielen“ (V. 26), die Schwalben sollen Kunstflüge vorführen. Es mag auch ein praktischer Sinn darin liegen. Aber der tiefere Sinn ist der: Gottes Geschöpfe sollen die Freude und Freiheit kennen und genießen, die darin liegt, zu sein und zu tun, wofür sie von Gott geschaffen sind. Das gilt auch für uns Menschen. Freude und Erfüllung finden wir nur, wenn wir „bestimmungsgemäß“ leben, so, wie Gott uns gestaltet hat. In dieser Hinsicht hat die Natur uns etwas voraus. Elisabeth Elliot hat gesagt: „Eine Muschel verherrlicht Gott besser, als wir es tun; denn die Muschel ist genau das, was zu sein sie geschaffen wurde; wir aber sind es nicht.“[92]

***Gebet:** Herr, dir nicht zu gehorchen, macht die Dinge manchmal leichter – kurzfristig. Langfristig macht es alles schwerer, weil ich damit gegen meine eigene Natur, gegen mein Wesen handle. Gehorsam kann anfangs hart sein, aber mit der Zeit wird er zu etwas Wunderbarem, denn nur so werde ich der Mensch, als den du mich gedacht hast. Bitte, erinnere mich daran, wenn es mir schwerfällt, mich nach deinen Leitlinien für mein Leben zu richten. Amen.*

30 Entsendest du deinen Lebensatem, dann werden sie geschaffen. Und so
erneuerst du den Anblick der Erde. 31 Die Herrlichkeit des HERRN währe
ewig! Möge der HERR sich freuen an seinen Schöpfungswerken! 32 Er braucht
die Erde nur anzublicken, und schon erbebt sie, rührt er die Berge an, dann
rauchen sie. 33 Zur Ehre des HERRN will ich singen mein Leben lang, für
meinen Gott musizieren, so lange ich bin. 34 Möge mein Denken und Sinnen
ihm gefallen! Ja, ich will mich erfreuen am HERRN. 35 Alle, die sich von Gott
abwenden, sollen von der Erde verschwinden – es soll keiner mehr da sein, der
Gott verachtet. Preise den HERRN, meine Seele! Halleluja!

DU ERNEUERST DEN ANBLICK DER ERDE. Menschen, die die physische Schöpfung erhalten und kultivieren, sind dadurch mit Gott verbunden, dass sie dieselbe Arbeit tun wie er. Gottes Geist erneuert nicht nur unsere Herzen (Titus 3,5.6), er erneuert auch den Anblick der Erde (V. 30). Denn er ist die Quelle allen Lebens – des geistlichen wie des biologischen. Gott freut sich an der Natur. Und wir sollten es auch. Allerdings erinnert Vers 35 daran, dass diese Welt eine gefallene Schöpfung ist und die Sünde darin eine Tatsache ist, mit der wir umgehen müssen. Es reicht nicht aus, die Schöpfung zu bewahren und Menschen in ökonomischer, materieller Not zu helfen. Christliche Nächstenliebe sollte sich auf beides erstrecken – auf das leibliche und das geistliche Wohl unseres Nächsten.

***Gebet:** Herr, du hast uns mit Leib und Seele geschaffen. In der Auferstehung wirst du auch beides erlösen – Leib und Seele. Hilf mir, dass ich anderen nicht nur mit Worten diene, und seien es die Worte des Evangeliums, sondern auch mit praktischer Hilfe und selbstloser Großzügigkeit. Amen.*

1 Dankt dem HERRN, ruft seinen Namen laut aus, macht unter den Völkern
seine großen Taten bekannt! 2 Singt und musiziert ihm zur Ehre, sprecht von
all den Wundern, die er getan hat! 3 Seid stolz, dass ihr seinen heiligen Na-
men kennt und anrufen dürft! Von ganzem Herzen sollen sich alle freuen, die
den HERRN suchen. 4 Ja, fragt nach dem HERRN und nach seiner Stärke,
kommt immer wieder vor sein Angesicht, sucht seine Nähe! 5 Erinnert euch an
die Wunder, die er getan hat, an die erstaunlichen Zeichen, die er geschehen
ließ, und an die Urteile, die er sprach. 6 Lasst euch das sagen, ihr Nachkom-
men Abrahams, seines Dieners, ihr Nachkommen Jakobs, die Gott auserwählt
hat! 7 Er, der HERR, ist unser Gott. Seine Gerichtsurteile ergehen über alle
Länder.

MACHT SEINE GROSSEN TATEN BEKANNT. Psalm 105 beschreibt das machtvolle Erlösungshandeln Gottes in der Geschichte. Aber bevor er das im Einzelnen darstellt, ruft der Psalmist zum Gotteslob auf für all die Wunder, die Gott getan hat (V. 2). Wir dürfen darin heute wohl den Auftrag hören, davon zu reden, was Gott in unserem Leben getan hat. Zu oft stehlen wir Gott den Ruhm, der ihm zukommt, wenn wir für uns behalten, was wir in unserer eigenen Geschichte an Befreiung durch Gott erlebt haben. Vielleicht glauben wir ja, es sei ein Akt der Bescheidenheit, wenn wir darüber schweigen. Aber es hat den gegenteiligen Effekt. Es verleitet andere dazu, zu glauben, wir hätten unsere Probleme selbst gelöst und lebten aus eigener Kraft.

***Gebet:** Herr, ich preise dich, dass du in mein Leben gekommen bist, dass ich über dich stolpern musste und du mir die Augen geöffnet und in meinem Herzen die Liebe zu dir und deinem Namen entzündet hast. Ja, Herr, wie du das getan hast, das war wirklich weise, großartig und schön. Gib mir die Demut und den Mut, die ich brauche, wenn ich anfange, anderen zu sagen, wie gut du zu mir gewesen bist. Amen.*

[8] Immer und ewig wird er sich an seinen Bund erinnern, an das Wort, das er
für bindend erklärt hat für tausende von Generationen. [9] Ja, er denkt an den
Bund, den er mit Abraham geschlossen hat, und an seinen Eid gegenüber
Isaak. [10] Er hat sein Wort zum Gesetz erklärt für ganz Jakob, zum ewig gülti-
gen Bund für ganz Israel, [11] als er sagte: „Dir will ich das Land Kanaan geben.
Ich habe es ausschließlich euch zum Erbbesitz bestimmt."

VERHEISSENES LAND. Gott verspricht Abraham, dass seine Nachkommen ein eigenes Land besitzen sollen (1Mo 12,1-5). Diese Verheißung ist ein Schlüssel, wenn wir den ganzen Heilsplan Gottes verstehen wollen. Wir alle sehnen uns nach Heimat, einem Zuhause, einem Ort, wo wir Sicherheit, Geborgenheit und Liebe erleben. Wir sind für eine Welt geschaffen, in der es keinen Tod gibt, keine Abschiede von geliebten Menschen, eine Welt, in der wir Gott von Angesicht zu Angesicht kennen und an seiner Seite gehen sollten. Aber diese Welt ist durch die Sünde entstellt. Sie ist keine Heimat mehr. Seit der Vertreibung aus dem Paradies sind wir ruhelose Exilanten. Selbst der Sohn Gottes hatte „keinen Ort, wo er sich ausruhen kann" (Lk 9,58) und wurde vor den Toren der Stadt hingerichtet. Er nahm das ewige Exil, das wir verdienen, auf sich, damit wir bei Gott Heimat finden können (Eph 2,17-19). Und eines Tages wird er diese Erde verwandeln, sodass sie wirklich Heimat für uns wird (Offb 21,1-8).

Gebet: *Herr, schenk mir den Frieden, der daraus erwächst, zu wissen, dass nichts in dieser Welt uns ein letztes Zuhause sein kann. Gib mir die Kraft, die aus dem Gebet erwächst – denn Beten ist ein Besuch in meiner künftigen Heimat, in deiner Liebe und Gegenwart. Ich preise dich, dass du uns einmal in unser wahres Vaterland bringen wirst, zu dem wir unser Leben lang unterwegs sind. Amen.*

[12] Als sie anfangs eine kleine Schar waren, nur wenige, die wie Fremde im
Land lebten, [13] und als sie noch von einem Volk zum anderen ziehen mussten,
von einem Königreich zum nächsten, [14] da ließ Gott nicht zu, dass andere sie
unterdrückten. Ihretwegen wies er sogar Könige zurecht und sagte: [15] „Vergreift euch nicht an denen, die ich mir erwählt habe! Untersteht euch, meinen Propheten etwas Böses anzutun!“

ALLEIN AUS GNADE. Der Abschnitt erzählt von den Erzvätern Israels, Abraham, Isaak und Jakob, und von Gottes Schutz und Bewahrung auf ihren Wanderungen. Vers 15 bezieht sich darauf, dass Abraham gegenüber Abimelech Sara als seine Schwester ausgegeben hatte, weil er fürchtete, der König würde ihn als ihren Mann töten, um Sara selbst zur Frau zu nehmen. Gott selbst musste Abimelech warnen, Sara nicht anzurühren (1Mo 20,6). Die Geschichte der Erzväter ist voll von solchen moralischen Missgriffen und Fehltritten. Können sie da Vorbilder für uns sein? Die Antwort: Der biblische Glaube will – anders als andere Religionen – nicht in erster Linie moralische Vorbilder präsentieren. Die Bibel erzählt vielmehr eine Geschichte, in der Gott seine Gnade gerade Menschen schenkt, die sie nicht verdient haben, die sie nicht gesucht haben und die sie auch nicht wirklich begreifen können, selbst wenn diese Gnade sie bereits gerettet hat.

***Gebet:** Herr, du Gott der Gnade, ich preise dich. Ich danke dir, dass du mich nicht nur vor allem schützt, was mir von außen schaden will. Ich danke dir, dass du mich auch vor mir selbst rettest. Lass dieses Wissen um deine Gnade nie Anlass sein, es mit dem Gehorsam nicht so genau zu nehmen. Vertiefe im Gegenteil meine Hingabe an dich und stärke meinen Wunsch, dir von ganzem Herzen gern zu gehorchen. Amen.*

[16] Er ließ eine Hungersnot über das Land kommen, und schließlich reichte das
Brot nicht mehr aus. [17] Doch hatte er einen Mann vor ihnen nach Ägypten ge-
sandt, Josef, der als Sklave dorthin verkauft worden war. [18] Man zwängte seine
Füße in schmerzhafte Fesseln und seinen Hals in eiserne Ketten, [19] bis dann
die Zeit kam und Josefs Voraussagen sich erfüllten, bis die Worte des HERRN
sich als wahr erwiesen. [20] Der König von Ägypten gab den Befehl, Josef frei-
zulassen; der Herrscher über Völker entledigte ihn seiner Fesseln. [21] Er setzte
ihn zum Gebieter über sein Königshaus ein, zum Herrn und Verwalter über
seinen ganzen Besitz. [22] Selbst die königlichen Minister mussten Josefs Anwei-
sungen folgen, die Ältesten lehrte er nach seiner Weisheit.

RETTUNG DURCH SCHWÄCHE. Josef wurde vor den Israeliten „nach Ägypten gesandt", damit er sie später retten könnte. Aber sehen wir uns genauer an, wie das geschah: „als Sklave". Wäre Josef nicht verraten, verkauft und ins Gefängnis geworfen worden, hätte er seine eigenen tödlichen Charakterfehler vielleicht nie überwunden; er hätte nicht generationenübergreifende Sünden seiner Familie aus der Welt schaffen und Tausende vor dem Hungertod retten können (1Mo 37 – 50). An Josefs Geschichte wird ein Grundmuster von Gottes Heilshandeln deutlich. Die Retter, die er sendet – und das gilt selbst für Jesus – retten durch Ablehnung, Schwäche und Selbsthingabe. Und auch wir bekommen durch Schwäche Anteil an der Erlösung – durch die Schwachheit der Reue, der Umkehr. Und danach nutzt Gott oft gerade unsere Schwierigkeiten, um uns von unseren Fehlern zu reinigen und uns groß zu machen.

Gebet: *Herr, ich hasse es, wenn ich mich schwach fühle, ohnmächtig, ohne Kontrolle über den Lauf der Dinge. Aber du hast Paulus gesagt, deine „Kraft kommt gerade in der Schwachheit zur vollen Auswirkung" (2Kor 12,9). Lehre mich, wenn ich mich schwach fühle und erlebe, zu dir zu kommen, an dir festzuhalten, zu dir umzukehren und auf dich zu vertrauen, damit ich in dir wirklich stark werden kann. Amen.*

[23] So kam Israel schließlich nach Ägypten, Jakobs Volk durfte als Gast im Land
der Nachkommen Hams leben. [24] Gott ließ sein Volk sehr zahlreich werden,
er machte es stärker als die Ägypter, von denen es nun unterdrückt wurde.
[25] Er hatte deren Gesinnung verändert, darum hassten sie jetzt sein Volk und
begegneten seinen Dienern mit List und Gemeinheit.

DER PLAN GOTTES. Die Ägypter begannen die Israeliten zu hassen (2Mo 1,1-4). Und das gehörte zu Gottes Plan (V. 25). Gott gebrauchte die Assyrer, um Israel zu strafen, und machte sie gleichzeitig verantwortlich für ihr gewaltsames Vorgehen (Jes 10,5-12). Der Tod Jesu war durch Gott vorherbestimmt, und doch waren die, die ihn töteten, schuldig (Apg 2,23). Wir finden hier zwei entscheidende biblische Wahrheiten, die wir nicht auseinanderreißen dürfen: Alles, was wir tun, ist Teil von Gottes Plan, und doch werden wir zu nichts gezwungen und sind ganz und gar selbst verantwortlich für das, was wir tun. Ohne die erste Wahrheit leben wir unter dem Druck zu glauben, es hinge allein von uns ab, wie unser Leben verläuft. Ohne die zweite glauben wir leicht, auf unsere Entscheidungen käme es nicht an. Nur, wenn wir beides glauben, entkommen wir der Selbstgefälligkeit auf der einen und der Sorge auf der anderen Seite.

Gebet: *Herr, du lenkst alle Dinge, und ich bin verantwortlich. Wenn ich das Erste nicht glaubte, würde mich die Angst lähmen, ich könnte deine Pläne mit mir ruinieren. Würde ich das Zweite nicht glauben, könnte ich passiv und zynisch werden. Lass diese wunderbare, paradoxe Lehre dazu dienen, mein eifriges Bemühen zu stärken und mich zugleich zu trösten und deiner Liebe zu versichern. Denn dazu ist sie gedacht. Amen.*

26 Da sandte Gott Mose, seinen Diener, und Aaron, den er erwählt hatte.
27 Diese beiden wirkten unter den Ägyptern überwältigende Zeichen Gottes,
im Land der Nachkommen Hams vollbrachten sie gewaltige Wunder. 28 Gott
ließ eine Finsternis kommen, es wurde stockdunkel. Aber die Ägypter achte-
ten nicht auf seine Worte. 29 Er verwandelte die Gewässer Ägyptens in Blut
und ließ die Fische verenden. 30 Dann wimmelte es im Land von Fröschen,
sie kamen bis in die königlichen Gemächer. 31 Gott gab den Befehl, und es
kamen lästige Fliegen, Stechmücken überfielen ihr ganzes Gebiet. 32 Ihren
Regen verwandelte er in schweren Hagel, flammende Blitze ließ er über ihr
Land kommen. 33 So schlug er ihre Weinstöcke und Feigenbäume nieder und
zerbrach Baum und Gehölz in ihrem Gebiet. 34 Wieder gab er einen Befehl,
und es kamen Heuschrecken, zahllose Insekten, die alles abnagten. 35 Sie fra-
ßen alles Grün im Land auf und vernichteten so die Frucht des Bodens. 36 Und
schließlich tötete Gott alle erstgeborenen Söhne der Ägypter, die erste Frucht
ihrer Manneskraft.

DAS DUNKEL DES GEHORSAMS. Der Psalmist hebt die neunte der ägyptischen Plagen hervor: absolute Dunkelheit. Der Grund dafür, so sagt Vers 28, war, dass die Ägypter nicht auf Gottes Worte achteten. Immer und überall ist eine Verdunkelung des Geistes die Folge von Ungehorsam gegen Gott. Dann bewegt sich unser Denken nur noch in sinnlosen Bahnen, und unser Herz mit seinen Gefühlen ist gefangen in einem Kreislauf aus Angst, Zorn und Verzweiflung (Röm 1,21; Eph 4,18). Das Gegenteil ist ebenso wahr: Gehorsam führt zu Erkenntnis. Bevor uns das Licht Gottes aufgeht und wir wirklich erkennen können, müssen wir gehorchen. („Wenn jemand bereit ist, Gottes Willen zu erfüllen, wird er erkennen …"; Joh 7,17). Wir sollten nicht warten, bis wir alles begriffen haben, bevor wir gehorchen. Orientieren wir uns an dem, der das tiefste Dunkel der Sünde und des Bösen für uns auf sich genommen hat (Mt 27,45.46).

Gebet: *Vater, ich bin dein Kind. Und wie alle anderen Kinder kann ich nicht immer verstehen, warum mein Vater mir bestimmte Dinge verbietet oder andere aufträgt. Aber es wäre eine Katastrophe, wenn Kinder ihren Eltern so lange nicht gehorchten, wie sie den Sinn der Anordnung nicht verstehen. Deshalb höre ich auf dich, Vater, und gehorche dir, denn du bist mein Vater. Amen.*

37 Die Israeliten aber führte er aus dem Land, beladen mit Silber und Gold,
und dennoch strauchelte keiner aus ihren Stämmen. 38 Ganz Ägypten war froh
über ihren Auszug, denn Grauen vor den Israeliten hatte sie befallen. 39 Gott
breitete über sein Volk eine Wolke als schützende Decke aus und einen Feu-
erschein, der ihnen in der Nacht Licht geben sollte. 40 Als sie etwas zu essen
verlangten, ließ er Wachteln kommen, und mit Brot vom Himmel machte er
sie satt. 41 Er spaltete einen Felsen, und es quoll Wasser hervor, wie ein Strom
ergoss es sich in die dürre Steppe. 42 Denn in Treue dachte er an sein heiliges
Wort und an Abraham, seinen Diener.

GOTT SORGT FÜR SEIN VOLK. Auf ihrem Weg durch die Wüste erlebten die Israeliten, wie Gott für sie sorgte: Er gab ihnen finanzielle Mittel, seinen Schutz und Nahrung (V. 37-40). Das hielt Israel nicht davon ab, sich bei Mose und bei Gott zu beklagen, sie hätten sie in die Wüste geführt, damit sie dort sterben (2Mo 17,1-7). Gott gebot dem Mose, den Stab zu nehmen, mit dem er das göttliche Gericht über Ägypten gebracht hatte. Aber statt nun den Stab auch gegen Israel zu wenden, sollte er ihn an einen Felsen schlagen, auf dem Gott stand. Als Mose auf den Fels schlug, kam Leben spendendes Wasser heraus (V. 41). Paulus sagt später, dieser Fels sei Christus (1Kor 10,4-6). Er wurde für uns geschlagen und verurteilt, damit „der Schmerz, die Liebe, die vereint hier fließen“,[93] uns das ewige Leben bringen können.

Gebet: *Herr, „hätt ich auch die ganze Welt zu geben, die Gabe wäre zu gering; der Lieb so groß, so göttlich, du mein Leben, schenk ich mich, Leib und Seel und alles, was ich bin.“[94] Amen.*

43 Er führte sein Volk hinaus in die Freiheit, sie waren voller Freude, jubelnd
zogen die von ihm Erwählten aus. 44 Und so gab er ihnen die Länder anderer
Völker. Wofür Nationen sich abgemüht hatten, das nahmen die Israeliten nun
in Besitz. 45 Denn Gott wollte, dass sie nun dort seine Ordnungen beachteten
und seine Gesetze befolgten. Halleluja!

HALLELUJA. Gottes Befreiungstat an Israel, sein Bund mit diesem Volk, war groß und wunderbar. Aber er war doch zeitlich begrenzt und unvollkommen. Denn Israel hat Gottes Ordnungen und sein Gesetz nicht gehalten (V. 45.) Etwas anderes war nötig. Mit Jesus wird jemand gesandt, der größer ist als Josef. Jesus wird gefangen genommen, getötet, zur Rechten Gottes erhöht, um denen, die ihn verraten und getötet haben, zu verzeihen und sie zu retten. In ihm haben wir einen, der größer ist als Mose, der in den Riss zwischen Gott und seinem Volk tritt und zum Mittler des Neuen Bundes wird. Er ist der Fels, der größer ist als der Fels des Mose: Er erleidet den Schlag der göttlichen Gerechtigkeit und gibt uns in der Wüste dieser Welt Wasser des ewigen Lebens. Hinter allem, was Gott tut, steht etwas unvorstellbar Größeres. Halleluja!

Gebet: *Herr, danke, dass dein Wort mir zeigt: Hinter allem, was du tust, steht „unendlich viel mehr … als wir erbitten oder begreifen können" (Eph 3,20). Lass mich in der Zuversicht und in dem Vertrauen leben, die dieses Wissen mir schenken kann, und vertreibe dadurch die vage Angst, die mich normalerweise beherrscht. Amen.*

Psalm 106,1-5 — *29. September*

1 Halleluja! Dankt dem HERRN, denn er ist gütig, und seine Gnade bleibt
für alle Zeiten bestehen! 2 Wer kann schon sämtliche mächtigen Taten des
HERRN erzählen, seinen Ruhm überall bekannt machen? 3 Glücklich zu prei-
sen sind alle, die sich an das Recht halten, die gerecht handeln zu jeder Zeit.
4 Denke an mich, HERR, wenn du dich deinem Volk gnädig zuwendest – wenn
du ihnen hilfst, dann hilf auch mir! 5 Dann kann ich mit eigenen Augen das
Glück derer sehen, die du erwählt hast, ich darf mich mitfreuen, wenn dein
Volk sich freut, darf stolz sein gemeinsam mit dem Volk, das dein Erbe ist.

GERECHT HANDELN ZU JEDER ZEIT. In diesem Psalm geht es um Gott und den Menschen: um Gottes unverdiente Gnade („erwählt“; V. 5) und Geduld auf der einen Seite und um die unheilbare Undankbarkeit des Menschen auf der anderen. Die Seligpreisung: „Glücklich … alle, die … gerecht handeln zu jeder Zeit“ (V. 3) führt das Thema von Sünde und Gnade ein. Das Evangelium der Gnade darf nie, niemals zum Vorwand werden, nicht gerecht zu handeln, und sei es auch noch so kurz. Obwohl, nein, gerade weil Gott so viel Geduld und Erbarmen mit uns hat, sind wir immer verpflichtet, sein Recht zu halten. Es gibt keine Entschuldigung dafür, der Versuchung nachzugeben (1Kor 10,13). In wohl keinem Menschen finden sich sowohl ein unerschöpfliches Maß an Barmherzigkeit als auch kompromissloses Beharren auf Gerechtigkeit Seite an Seite. Nur in Gott ist dies beides perfekt vereint.

***Gebet:** Herr, deine unerschöpfliche Gnade ist ein Anreiz, immer und unter allen Umständen dein Recht zu achten und gerecht zu handeln. Wie könnte ich gegen dich rebellieren, der so viel für mich getan und einen so hohen Preis bezahlt hat? Herr, stell mir deine Gnade so strahlend vor Augen, dass ich immer tue, was recht ist. Amen.*

[6] Wir haben gesündigt, so wie schon unsere Vorfahren, wir haben Unrecht
getan und gottlos gehandelt. [7] Schon unsere Vorfahren in Ägypten wollten
deine Wunder nicht verstehen, sie wollten sich nicht daran erinnern, wie oft
du deine Gnade erwiesen hattest. Und am Schilfmeer haben sie sich gegen
Gott aufgelehnt. [8] Aber er rettete sie dennoch und stand dafür mit seinem Na-
men ein, um seine Macht bekannt zu machen. [9] Er wies das Schilfmeer in seine
Schranken, und es zog sich zurück. Dann führte er sein Volk dort hindurch,
wo sonst die Fluten alles bedecken, sie gingen wie auf trockenem Wüsten-
boden. [10] So rettete er sie vor dem Zugriff dessen, der sie hasste, er erlöste sie
aus der Gewalt des Feindes. [11] Das Wasser begrub ihre Unterdrücker unter
sich, nicht einer von ihnen blieb am Leben. [12] Da glaubten sie den Worten
Gottes und lobten ihn mit einem Lied.

DIE SÜNDE DER UNDANKBARKEIT. Undankbarkeit ist das Thema dieses Psalms: „Sie wollten sich nicht … erinnern, wie oft du … Gnade erwiesen hattest“ (V. 7). Das ist die Wurzel aller menschlichen Sünde: „[Sie] erwiesen … ihm nicht die Ehre, die ihm zukommt, und blieben ihm den Dank schuldig“ (Röm 1,21). Das mag zunächst vielleicht nicht sehr gravierend klingen. Aber denken wir einmal an die Straftat des Plagiats. Sie vereint Diebstahl und Lüge. Sie raubt anderen, was ihnen zusteht, und schafft die Illusion, wir seien fähiger, als wir es sind. Sünde ist Undank in kosmischem Ausmaß. Sie gaukelt uns vor, wir könnten unser Leben aus eigener Kraft führen und bestimmen. Aber in Wahrheit ist jeder Tag, an dem unser Herz schlägt, niemand unser Vaterland angreift und unser Verstand funktioniert, ein völlig unverdientes Geschenk Gottes. Wir sollten auch unsere schlichten, normalen, ereignislosen Tage voller Staunen und dankbarer Freude leben.

Gebet: *Herr, ich danke dir für deine alltäglichen Gaben. Danke, dass du jeden Tag aufs Neue mein Leben erhältst, dass deine Geduld mit mir nie ein Ende hat, dass du mich so oft vor den Folgen meines törichten Handelns bewahrst. Danke, dass du in schwierigen Situationen bei mir gewesen bist, und danke für alle Gebete, die du erhört hast. Amen.*

13 Doch schnell vergaßen sie Gottes Handeln, sie wollten nicht warten, bis sein
Plan sich erfüllte. 14 In der Wüste ließen sie sich von ihrer Gier beherrschen,
in der Einöde stellten sie Gott auf die Probe. 15 Da gab er ihnen, wonach sie
verlangt hatten, doch er ließ sie krank werden an Leib und Seele. 16 Sie wurden
neidisch auf Mose, dort im Lager, auch auf Aaron, den heiligen Priester des
HERRN. 17 Da öffnete sich die Erde und verschlang Datan, sie verschüttete
alle, die sich um Abiram geschart hatten. 18 Ein Feuer brach los gegen ihre
Anhänger, lodernde Flammen erfassten diese gottlosen Aufrührer.

DOCH SCHNELL VERGASSEN SIE. Jeder Vers dieses Psalms hat dieselbe Aussage: Menschen leben vor Gott und mit ihren Nächsten nicht so, wie sie es sollten. Gott kann noch so viel für sie tun, es verändert ihr Herz nicht – nicht ihre Undankbarkeit (V. 13), ihre unstillbare Gier (V. 14), ihre Anmaßung gegenüber Gott (V. 14), ihren Neid und ihre Selbstsucht (V. 16). Was wir nötig haben, ist, dass etwas in uns geschieht, das uns erlöst und verwandelt, denn wir selbst vermögen das nicht zu leisten. In dem Film Superman Returns sagt Lois Lane: „Die Welt braucht keinen Erlöser. Und ich ebenfalls nicht."[95] Das ist die natürliche Sprache des menschlichen Herzens. Und sie ist überaus und auf fatale Weise falsch.

Gebet: *Herr, ich preise dich, dass du mir das Herz geöffnet hast, dich zu erkennen. Von mir aus wäre das nie geschehen. „Da ich noch nicht geboren war, da bist du mir geboren und hast mich dir zu eigen gar, eh ich dich kannt, erkoren. Eh ich durch deine Hand gemacht, da hast du schon bei dir bedacht, wie du mein wolltest werden."[96] Amen.*

[19] Am Berg Horeb fertigten sie sich ein Kalb an und warfen sich anbetend nieder vor dieser gegossenen Figur. [20] So tauschten sie Gott, der ihre Ehre ist, ein gegen das Standbild eines Stieres – eines grasfressenden Viehs! [21] Sie vergaßen Gott, ihren Retter, der große Taten in Ägypten vollbracht hatte, [22] Wunder im Land der Nachkommen Hams, furchterregende Zeichen am Schilfmeer. [23] Da wollte Gott sie vernichten, wäre nicht Mose gewesen, den er auserwählt hatte. Mose trat für sie in die Bresche, um Gottes Zorn abzuwenden und ihn davon abzuhalten, sie zu vernichten.

GOTTES ZORN ABWENDEN. Nach dem Wunder des Entkommens aus Ägypten „vergaßen [sie] Gott, ihren Retter, der große Taten in Ägypten vollbracht hatte“ (V. 21). Und wir sind genauso (V. 6). Unser Herz denkt: „Ja, damals hast du das für mich getan, aber jetzt?“ Hören wir nicht nur auf unser Herz, wenn es so redet, antworten wir ihm. Mose hat den Zorn Gottes abgewendet – im Gebet (V. 23). Aber Jesus hat am Kreuz den Zorn Gottes getragen (Hebr 10,14; Joh 2,2), und wenn wir an ihn glauben, gilt uns der Zorn Gottes nicht mehr (Joh 3,36; Röm 8,1). Wenn wir daran zweifeln, ob Gott uns wirklich liebt, sollten wir an Jesus denken. Selbst wenn er sonst nie etwas für uns getan hätte – das hat er getan.

Gebet: *Herr, mein Gott, in Christus hast du mir vergeben und mich als dein Kind angenommen, gerecht gemacht und mir deinen heiligen Geist geschenkt; du hast mir die Gewissheit geschenkt, dass ich auferstehen werde zu einer Herrlichkeit, wie ich sie mir gar nicht vorstellen kann. Erinnere mich immer wieder daran: Wenn du auch nichts anderes je für mich getan hättest – für dieses Heil sollte ich dich preisen und dir dienen, solange ich lebe. Amen.*

24 Sie verschmähten auch das herrliche Land und glaubten nicht, was Gott ge-
sagt hatte. 25 Sie murrten in ihren Zelten und hörten nicht auf die Stimme des
HERRN. 26 Da erhob er seine Hand gegen sie, um sie in der Wüste zu Boden
zu schlagen 27 und ihre Nachkommen unter die anderen Völker zu zerstreuen,
sie zu versprengen in fremde Länder. 28 Sie dienten Baal, dem Götzen, der in
Peor verehrt wurde, und aßen von den Opfern, die für die Toten bestimmt wa-
ren. 29 Durch ihr Tun riefen sie Gottes Zorn hervor, und so brach eine Seuche
unter ihnen aus. 30 Da machte sich Pinhas auf und griff richtend ein, und dar-
um kam die Seuche zum Stillstand. 31 Weil Pinhas so Gottes Willen tat, fand
er seine Anerkennung, und zwar für ewig, in allen künftigen Generationen.

SIE HÖRTEN NICHT. Gott kündigt sein Strafgericht an, aber auch das bringt sein Volk nicht dazu, seine Ordnungen zu befolgen. Wir kennen das: Es gibt so viele Programme, die versuchen, Menschen vor den Konsequenzen ihres Tuns zu warnen: Die Filmdokumentation Scared Straight, in der gefährdete Jugendliche mit verurteilten Straftätern sprechen, die ihnen vor Augen malen, was auf sie wartet, wenn sie ihre kriminelle Karriere weiterverfolgen, hat inzwischen bewiesen: Wer ein solches Curriculum absolviert, wird mit höherer Wahrscheinlichkeit genau die Delikte begehen, vor denen das Programm warnen will.[97] Verbote wecken in uns geradezu den Willen, sie zu übertreten. „Für mich gilt das nicht“, flüstert irgendetwas in uns. Paulus sagt: Wann immer er sich sehnlichst wünschte, das Richtige zu tun, wurde das Böse in ihm erst recht aktiv (Röm 7,14-24). Wir brauchen einen Erlöser.

Gebet: *Herr, ich bin traurig, dass mein Herz so störrisch und uneinsichtig ist. Und das ist so wegen der Sünde, die ich ererbt habe, und auch, weil ich mein Leben lang den sündhaften Impulsen in mir nachgegeben habe. Mein Gott! Wer kann mich denn erlösen? „Wird mich denn niemand aus diesem elenden Zustand befreien? Doch! Und dafür danke ich Gott durch Jesus Christus, unseren Herrn“ (Röm 7,24.25). Amen.*

32 Dann erregten sie Gottes Zorn beim Wasser von Meriba, und diesmal erging
es Mose schlimm ihretwegen. 33 Denn sie reizten ihn so sehr, dass unbedachte
Worte über seine Lippen kamen. 34 Auch vernichteten sie die Völker nicht, die
der HERR ihnen ausdrücklich genannt hatte. 35 Und so vermischten sie sich
mit den fremden Völkern und übernahmen ihre Lebensweise. 36 Sie dienten
deren Götzen, und die wurden ihnen zum Verhängnis. 37 Nun opferten auch
sie ihre Söhne und Töchter den Dämonen. 38 Ja, sie vergossen unschuldiges
Blut, das Blut ihrer Söhne und Töchter, das sie den Götzen Kanaans opferten.
So wurde das Land durch Blutschuld entweiht. 39 Durch ihre Taten waren sie
unrein in Gottes Augen, und wie Ehebrecher brachen sie ihm die Treue.

SIE DIENTEN DEREN GÖTZEN. Gott gebietet seinem Volk Israel, die Bewohner des Landes Kanaan zu vernichten. Das lässt uns heute schaudern. Aber dieses Gebot muss im größeren Kontext des Heilsplanes Gottes für die ganze Welt verstanden werden.[98] Jahrhundertelang hatte Gott mit den gewalttätigen Kanaanitern, die Menschen opferten, Geduld gehabt, bevor er durch die Israeliten sein Gericht über sie ausübte (1Mo 15,16). Als Christen heute haben wir die Berufung, die glaubenslose Umwelt, in der wir leben, nicht zu bekämpfen, sondern ihr Bestes zu suchen (Jer 29,7). Aber als Christen in einer pluralistischen Gesellschaft müssen wir umso mehr darauf bedacht sein, die Götzen unserer Welt nicht zu verehren oder Gottes Gebot nicht gering zu schätzen, nur damit wir nicht als Außenseiter gelten. Diese Kombination von Liebe, aber auch wahrnehmbarer Andersartigkeit wird uns in den Augen unserer Mitmenschen nicht nur seltsam, sondern auch anziehend erscheinen lassen (1Petr 2,11.12).

***Gebet:** Jesus, mein Herr, ich bekenne, dass ich nicht so deutlich anders lebe als meine Mitmenschen, dass sie sich für meinen Glauben interessieren. Ich bin nicht erkennbar glücklicher, freundlicher, demütiger oder weiser als andere. O Herr, hilf mir, in deiner Gnade zu wachsen, damit ich ein glaubwürdiger Zeuge für dich sein kann, für dich, dem ich alles verdanke. Amen.*

[40] Da wurde der HERR sehr zornig auf sein Volk, er verabscheute sie, die doch
sein Eigentum waren. [41] Er gab sie in die Gewalt fremder Völker; sie wurden
beherrscht von Menschen, bei denen sie verhasst waren. [42] Ihre Feinde mach-
ten ihnen schwer zu schaffen, und ihrer Macht mussten sie sich nun beugen.
[43] Viele Male befreite Gott sie aus ihrer Not, doch sie beharrten eigensinnig
auf ihrem falschen Weg. Durch ihre Schuld ging es immer weiter bergab mit
ihnen. [44] Doch Gott sah ihre Not und hörte ihr Schreien. [45] Ihnen zuliebe
dachte er an seinen Bund, so reich wie seine Gnade war nun auch sein Mitleid
mit ihnen. [46] Und so ließ er sie Erbarmen finden bei allen, die sie gefangen
hielten. [47] Rette uns, HERR, unser Gott! Sammle uns, bring uns zurück aus
den fremden Völkern, damit wir deinen heiligen Namen neu preisen und uns
glücklich schätzen, dein Lob wieder erklingen zu lassen. [48] Gepriesen sei der
HERR, der Gott Israels, von Ewigkeit zu Ewigkeit! Und das ganze Volk sage
dazu: Amen! Halleluja!

DOCH GOTT HÖRTE IHR SCHREIEN. Gott hat sich seinem Volk viele Male rettend zugewandt, aber sein Volk wandte sich von ihm ab. Und trotzdem sah er ihre Not und hörte ihr Schreien (V. 43.44). Warum gibt Gott uns nicht einfach auf? Weil er seinen Bund hält (V. 45). Gott hatte mit Abraham einen Bund geschlossen, und ihn bekräftigt, indem er bei seinem Leben schwor, Abrahams Nachkommen zu retten und zu segnen (1Mo 15,8-21). Als Christen sind wir auch Nachkommen Abrahams. Uns gilt der versprochene Segen trotz unserer Sünde, weil Jesus den Tod auf sich genommen und den Fluch getragen hat, der uns zukommen sollte (Gal 3,10-14). Angesichts der Treue Gottes ist unsere Treulosigkeit umso schrecklicher. Und Gottes Treue ist angesichts unserer Treulosigkeit umso wunderbarer.

Gebet: *Herr Jesus, ich preise dich für deine Liebe, die nie an ihre Grenzen kommt. Dir liegt so viel an mir, dass du bereit warst, deine Unsterblichkeit, deine Macht und Herrlichkeit aufzugeben und für mich durch unvorstellbare Tiefen zu gehen. Ich kann nur staunen und dir meine Liebe und meinen Lobpreis schenken. Amen.*

[1] Halleluja! Dankt dem HERRN, denn er ist gütig, und seine Gnade bleibt für alle Zeiten bestehen! [2] Das sollen alle sagen, die der HERR erlöst hat, die er aus der Gewalt ihrer Unterdrücker befreit [3] und aus fremden Ländern gesammelt hat, aus Ost und West, aus Nord und Süd. [4] Die einen irrten umher in der Wüste, auf öden, verlassenen Wegen; sie fanden keine Stadt[99], in der sie wohnen konnten. [5] Hungrig waren sie und von Durst gequält, all ihr Lebenswille schwand dahin. [6] Da schrien sie zum HERRN in ihrer Not, und er befreite sie aus all ihren Ängsten. [7] Er führte sie auf den richtigen Weg, so dass sie kamen zu der Stadt, in der sie wohnen konnten.[100] [8] Nun sollen sie dem HERRN danken für seine Güte und für seine Wunder, die er für die Menschen vollbringt. [9] Denn er hat den Durstigen erfrischt und den Hungrigen mit Gutem gesättigt.

KEINE STADT, IN DER SIE WOHNEN KONNTEN. Hier hören wir von Menschen, die in der Welt herumirren (V. 4), die hungrig und erschöpft (V. 5) und isoliert sind, weil sie keine Stadt haben, in der sie leben können (V. 5.7). Auf einer Ebene sagt uns das, dass es für Menschen gut ist, in Städten oder Siedlungen zu leben. Aber auf der tiefsten Ebene bedeutet es, dass wir Jesus brauchen – damit er unser geistliches Verirrtsein heilt, unseren geistlichen Hunger stillt, uns mit seinem Frieden aus unserer geistlichen Erschöpfung erlöst und durch seinen Leib unsere Einsamkeit beendet.[101] Darum setzen Christen sich dafür ein, dass unsere Städte Orte sind, in denen es sich gut leben lässt (Jer 29,7). Und sie tun alles dafür, dass alle einmal durch den Glauben an Gott Bürger der himmlischen Stadt werden (Offb 21-22; Heb 12,22-24).

Gebet: *Herr, bewahre mich davor, so mit mir selbst beschäftigt zu sein, dass ich nicht mehr für die Menschen in meinem Wohnort da bin. Aber bewahre mich auch davor, dass der Glamour und die vielen Angebote meiner irdischen Heimat mich verführen. Schenk meinem Herzen Frieden durch das Wissen, dass ich ein Bürger deiner himmlischen Stadt bin. Amen.*

10 Andere mussten ihr Leben in Dunkelheit und Finsternis verbringen, von
Leid gequält, in Ketten gefesselt, 11 denn sie hatten sich gegen Gottes Reden
aufgelehnt und den Rat des Höchsten verächtlich ausgeschlagen. 12 So demü-
tigte er ihr stolzes Herz durch großes Elend; sie kamen zu Fall, und es gab
niemand, der ihnen half. 13 Da schrien sie zum HERRN in ihrer Not, und er
rettete sie aus all ihren Ängsten. 14 Er führte sie heraus aus Dunkelheit und
Finsternis, und ihre Fesseln zerriss er. 15 Nun sollen sie dem HERRN danken
für seine Güte und für seine Wunder, die er für die Menschen vollbringt.
16 Denn er zerbrach bronzene Türen, und eiserne Riegel schlug er entzwei.

SIE LIEGEN IN FESSELN. Hier geht es um Menschen, die schuldig geworden sind (V. 11). Sie haben sich gegen Gott aufgelehnt und sitzen nun in Fesseln in der Dunkelheit eines Kerkers (V. 16). Dieser Zustand steht für die Dunkelheit eines Gewissens und einer Seele, die belastet sind von Scham und dem Gefühl, verdammt zu sein, und sich nicht davon befreien können. Sie schreien zu Gott, und er hört ihr Schreien und zerbricht Fesseln und Kertüren (V. 14.16). Aber er war es doch selbst gewesen, der sie dort festgesetzt hatte (V. 11.12). Wenn sie diese Strafe verdienen, wie kann er sie jetzt freisetzen? Er kann es tun, weil er in Jesus sein eigenes Urteil selbst getragen hat (Jes 53,6; Gal 3,13; Röm 3,25). Schreien wir zu Gott, egal, wie schwer unsere Sünde wiegt – und er wird uns hören.

***Gebet:** „Gefangen lag schon lang mein Geist, gebunden in der Sünde Nacht. Du blickst mich an – die Nacht zerreißt, Licht leuchtet auf, ich bin erwacht. Die Fessel fällt, mein Herz ist frei. Ich stehe auf und komm herbei.“[102] Ich preise deinen Namen, weil du so radikal vergibst. Amen.*

17 Wieder andere waren so töricht und vermessen, ihr Weg voller Unrecht,
ihr Tun voller Schuld, dass sie dadurch Leid und Elend über sich brachten.
18 Jede Speise war ihnen nun zuwider, sie waren dem Tod schon nahe. 19 Da
schrien sie zum HERRN in ihrer Not, und er rettete sie aus all ihren Ängsten.
20 Er schickte ihnen sein befreiendes Wort und heilte sie, er bewahrte sie vor
dem sicheren Tod. 21 Nun sollen sie dem HERRN danken für seine Güte und
für seine Wunder, die er für die Menschen vollbringt. 22 Dankopfer sollen sie
darbringen und von Gottes Taten erzählen unter lautem Jubel.

SICH SELBST SCHADEN. Hier haben wir Menschen, die sich selbst zugrunde gerichtet haben. Sie sind krank (V. 18), weil sie „töricht und vermessen“ gewesen sind (V. 17). „Toren“ sind in der Bibel nicht einfach normale Sünder, sondern Menschen, die in einer zerstörerischen Selbstbespiegelung und Selbsttäuschung leben. Das Bild meint Menschen, die durch einen törichten genussversessenen Lebensstil oder durch Abhängigkeiten ihre geistliche und ihre physische Gesundheit schwer geschädigt haben. „In einem solchen Kontext könnte Vers 18 wohl an einen Drogenabhängigen unserer Zeit denken lassen, aber nur als ein Beispiel für die beharrliche Entschlossenheit des Menschen, zu Schaden zu kommen.“[103] Gott antwortet, und ihnen wird nicht nur vergeben, sie werden auch durch sein Wort (V. 20) und vor allem durch seine unerschöpfliche Liebe (V. 21) geheilt. Wenn wir dem Evangelium glauben, bringt uns das nicht nur die Vergebung unserer Schuld. Es erneuert uns durch und durch – Verstand, Wille und Emotionen.

***Gebet:** Herr, ich freue mich, dass du mir meine Schuld vergibst. Aber ich hinke immer noch durchs Leben, halb gelähmt von Ängsten, Selbstmitleid, Zorn, Unsicherheit und Entmutigung. All das könnte schon viel mehr geheilt sein, wenn ich mir die Wahrheit des Evangeliums mehr zu Herzen nähme. Herr, senke dein Wort tief in mich ein, lass es reichlich in mir wohnen, damit ich immer freier werde von den Wirkungen der Sünde. Amen.*

[23] Wieder andere befuhren mit Schiffen das Meer und trieben Handel auf
weiter See. [24] Sie sahen die machtvollen Taten des HERRN und seine Wun-
der mitten im Tosen des Wassers. [25] Er sprach nur ein Wort und ließ einen
mächtigen Sturm aufkommen, der die Wogen des Meeres hoch auftürmte.
[26] Ihr Schiff wurde gen Himmel geschleudert, dann hinuntergestürzt in die
Wellentäler, und sie verloren allen Mut. [27] Sie taumelten und wankten wie Be-
trunkene, mit all ihrer Weisheit war es vorbei. [28] Da schrien sie zum HERRN
in ihrer Not, und er holte sie aus all ihren Ängsten heraus. [29] Er verwandelte
den Sturm in Windstille, die Wellen des Meeres beruhigten sich. [30] Wie froh
war man auf dem Schiff, dass sich die Wogen legten und Gott sie den ersehn-
ten Hafen erreichen ließ! [31] Nun sollen sie dem HERRN danken für seine
Güte und für seine Wunder, die er für die Menschen vollbringt. [32] Rühmen
sollen sie ihn in der Volksversammlung und im Ältestenrat ihn loben.

VOM STURM BEDROHT. Menschen werden von Naturgewalten bedroht, über die sie keine Kontrolle haben. Die Seefahrt kann ein Bild für das Leben sein. Da gibt es klare Tage, an denen wir glauben, wir hätten alles im Griff und unser Schiff würde uns hintragen, wohin wir wollen. Aber wenn die großen Stürme aufkommen, erkennen wir, dass wir gegenüber den gewaltigen Wellen machtlos sind (V. 26). Dann verfliegt die Illusion, wir könnten das Leben (oder das Meer) durch unser geschicktes Agieren oder unsere „Weisheit" (V. 27) zähmen. Die Stürme des Lebens werden unser Schiff zum Kentern bringen, wenn wir auf uns allein gestellt sind. Aber Gott ist unser Hafen im Sturm (V. 30). Und das Neue Testament erinnert uns, dass er uns auf zwei Weisen hilft – er stillt den Sturm (Mk 4,35-41) oder er befähigt uns, mit *dem* Blick auf ihn über die Wellen zu gehen (Mt 14,29-31).

Gebet: *Herr, ich bekenne dir, dass ich viel zu sehr auf mein eigenes Lebensmanagement vertraue und glaube, alles liefe glatt, wenn ich nur richtig plane, die richtigen Leute kenne, die richtigen Bücher lese. Aber dann zieht aus heiterem Himmel ein Sturm auf und ich bin verloren. Lehre mich, mich auf dich zu verlassen und mich in jedem Moment meines Lebens auf dich zu stützen. Denn ohne dich kann ich nichts tun. Amen.*

33 Er verwandelte Flusslandschaften in trockene Wüsten, Quellgebiete in dür-
re Steppen. 34 Fruchtbares Land machte er zur Salzwüste wegen der Bosheit
derer, die dort wohnten. 35 Dann wieder ließ er in der Wüste Wasserteiche
entstehen, in vertrockneten Gegenden sprudelnde Quellen. 36 Dort ließ er
Menschen sesshaft werden, die zuvor Hunger gelitten hatten; nun konnten sie
dort Städte gründen. 37 Sie besäten Felder, legten Weinberge an und brachten
eine reiche Ernte ein. 38 Er segnete sie, und sie wurden sehr zahlreich; auch
ließ er ihre Herden immer größer werden. 39 Doch dann verringerte sich die
Zahl der Bewohner wieder, Unglück drückte sie nieder, Kummer und Sorge
zehrten sie aus. 40 Gott goss seine Verachtung über die einflussreichen Männer
und ließ sie umherirren auf öden Wegen ohne Ziel. 41 Die Armen aber ent-
riss er ihrem Elend, ihre Sippen ließ er so zahlreich werden wie Herden auf
der Weide. 42 Aufrichtige Menschen sehen dies und freuen sich, alle Bosheit
jedoch muss verstummen. 43 Wer weise ist, der achte mit Sorgfalt darauf und
lerne zu verstehen, wie vielfältig der HERR seine Gnade erweist!

WIE GROSS IST SEINE GNADE. Jeder Vers in diesem Psalm nennt ein Beispiel für Gottes Gnade (V. 43). Manche Menschen haben sich ihr Leid selbst zuzuschreiben (die Schuldigen und die, die sich selbst ruinieren), andere nicht (die Heimatlosen und die vom Sturm Bedrohten). Bei aller Verschiedenheit der Lebensumstände gibt es doch einen gemeinsamen Faktor: Jedes Mal, wenn Menschen „zum Herrn schrien" (V. 6.13.19.28), hört er sie und gibt ihnen, was sie brauchen – Gemeinschaft, Vergebung, Heilung, einen sicheren Hafen. Was lernen wir? Die Liebe Gottes verdient man sich nicht; sie ist ein Geschenk seiner Gnade. Und wir verbinden uns nicht durch unsere Verdienste oder ein tadelloses Leben mit dieser Gnade, sondern im Gebet. Jeder, der zu Gott schrie, wurde erhört. Wie sehr er uns doch liebt!

Gebet: *Herr, es gibt nur ein einziges Passwort, um Zugang zu deinem unermesslichen Vorrat an Gnade und Liebe zu erhalten. Es ist nicht „meine Gerechtigkeit", sondern „die Gerechtigkeit Christi". Ich preise dich für das, was er am Kreuz getan hat, damit ich mit allem, was ich brauche, zu dir kommen kann, und du mich hörst. Amen.*

1 *Ein Lied. Ein Psalm Davids.*
2 Mein Herz ist zuversichtlich, o Gott. Ich will singen und auf der Harfe spie-
len. 3 Wach auf, meine Seele! Harfe und Zither, wacht auf! Ich will aufstehen
noch vor der Morgenröte und sie wecken durch unser Spiel. 4 Vor den Völ-
kern will ich dich loben, HERR. Ja, vor ihnen soll mein Lied für dich erklin-
gen. 5 Denn deine Gnade ist so groß und weit wie der Himmel, und deine
Treue reicht bis zu den Wolken.

ZUVERSICHT IM LEID. Psalm 108 verbindet die jeweils zweite Hälfte von Psalm 57 und 60. Beide Texte sind verzweifelte Klagelieder. Aber in der neuen Kombination ist die Wirkung drastisch anders. Dieser Psalm ist Ausdruck eines „zuversichtlichen Herzens" (V. 2), eines Herzens, das tapfer ist. Es klingt etwas durch wie eine trotzige Freude. Ja, es mag dunkel sein, aber das Lied des Psalmisten wird den Morgen heraufführen (V. 3). Das ist nicht naiver Optimismus, sondern ein tiefes Gottvertrauen, erwachsen aus früheren Erfahrungen großer Verletzlichkeit und Not. Darum redet die Bibel davon, dass aus unserer Schwachheit Stärke erwächst. Je öfter wir in die Klemme geraten und erleben, wie Gott uns hindurchhilft, umso mehr Frieden und Mut werden wir im Lauf der Zeit entwickeln.

Gebet: *Herr, ich preise dich, dass du mich nicht nur trotz meiner Schwachheit stark machst, sondern gerade durch sie. Enormer Druck macht aus Kohlenstaub Diamanten, und Feuer schmilzt Gold aus dem Erz. Herr, wenn ich Leid erfahre, dann lass es dazu dienen, dass ich werde wie dein Sohn. Amen.*

6 Zeige dich, o Gott, in deiner Macht, lass sie den Himmel überstrahlen, und
auch auf der ganzen Erde lass deine Herrlichkeit sichtbar werden. 7 Damit alle
gerettet werden, die du liebst, hilf uns mit deinem starken Arm und erhöre
mein Gebet! 8 Darauf hat Gott in seinem Heiligtum geantwortet: „Als Sieger
will ich triumphieren, die Stadt Sichem werde ich meinem Volk zurückgeben
und das Tal von Sukkot als mein Eigentum vermessen. 9 Mir gehört das Ge-
biet von Gilead und von Manasse, Efraïm ist mein starker, schützender Helm,
und Juda ist mein Herrscherstab. 10 Moab aber ist mein Waschbecken, von
Edom ergreife ich Besitz, indem ich meinen Schuh darauf werfe. Und auch
du, Land der Philister, musst mir zujubeln!" 11 Aber wer bringt mich in jene
Stadt, die gut befestigt ist? Ja, wer geleitet mich nach Edom? 12 Hast nicht du,
o Gott, uns verstoßen? Weigerst du dich nicht bis jetzt, mit unseren Heeren
in den Kampf zu ziehen? 13 Hilf uns doch gegen unsere Feinde! Was können
Menschen alleine schon ausrichten? 14 Aber mit Gott werden wir den Sieg
erringen, er wird alle, die uns jetzt bedrängen, schließlich zertreten!

ZUVERSICHT, WEIL GOTT DA IST. „Zuversicht" (V. 1) ist Mut – seine Sache mutig vertreten und das Rechte tun, ohne Rücksicht auf eigene Ängste und mögliche Folgen. Woher kommt ein derartiger Mut? Vor allem daher, dass es einem um mehr geht als um die eigene Sicherheit. David geht es darum, dass Gottes Herrlichkeit für alle Menschen sichtbar wird (V. 6). Wirklicher Mut sagt nicht: „Ich schaffe das" – das ist Selbstvertrauen. Wirklicher Mut sagt: „Dies ist wichtiger als ich selbst." Im Tierreich verteidigen die Mütter ihre Jungen gegen jeden Feind, wie überlegen er auch sein mag – nicht, weil sie glauben, sie könnten gewinnen, sondern weil es um das Leben der Jungen geht. David tritt gegen jeden Feind an, wenn es um den Gott geht, den er liebt. Er achtet nicht auf sich selbst. Das ist das Geheimnis von Mut und Zuversicht.

Gebet: *Herr, lass mich deine Gegenwart in meinem Leben so lebendig erleben, dass meine Ängste davor verblassen. Angst bedeutet, dass ich auf mich selbst schaue und auf meine Fähigkeiten, anstatt mich ganz auf dich auszurichten. Schenk mir genug Liebe zu dir, um Mut zu beweisen, wenn es darauf ankommt. Amen.*

Psalm 109,1-5 — *13. Oktober*

[1] *Für den Dirigenten. Von David. Ein Psalm.*
Du, Gott, dem ich meine Loblieder singe, schweige doch nicht! [2] Denn gott-
lose Verleumder haben ihr Lügenmaul aufgerissen, um mir zu schaden. Als sie
mit mir redeten, kam nur Lug und Trug über ihre Lippen. [3] Mit hasserfüllten
Worten haben sie mich umringt und ohne einen Anlass Krieg gegen mich
geführt. [4] Ich erwies ihnen Liebe, und doch feindeten sie mich an. Ich aber
bleibe unbeirrt im Gebet. [5] Sie haben mir Gutes mit Bösem vergolten, und
meine Liebe erwiderten sie mit Hass.

ICH ABER BLEIBE UNBEIRRT IM GEBET. David hat Menschen seine Freundschaft erwiesen, die ihn nun mit hasserfüllten Worten verleumden (V. 2.3). Wie reagiert er darauf? Sehr einfach: „Ich aber bleibe unbeirrt im Gebet“ (V. 4). Er betet für seine Feinde, die ihn angreifen (vgl. Mt 5,44). In einer Zeit, in der er unter enormem Druck steht, sucht er Zuflucht im Gebet. Reagieren wir genauso, wenn es hart auf hart kommt? Beten wir inständig für Menschen, die uns das Leben schwer machen (und versuchen gleichzeitig, sie von ihrem falschen Weg abzubringen)? Wenn wir das tun, kann es alles verändern.

Gebet: *Herr, ich bete heute für mein Beten. Hilf mir, eine neue Herzenshaltung gegenüber den Menschen zu gewinnen, die es mir schwer machen. Reinige mich im Gebet von allem Groll und dem Wunsch, es ihnen heimzuzahlen. Ich weiß, dass solche Gefühle mich hart und unmenschlich machen. Bitte, Herr, befreie und rette mich davon. Amen.*

[6] Lass doch einen gewissenlosen Richter gegen meinen Feind auftreten, und ein Ankläger stehe im Gericht zu seiner Rechten. [7] Aus dem Verfahren gehe er als schuldig hervor, selbst sein Gebet werde ihm zur Sünde. [8] Seine Lebenszeit sei kurz, sein Amt soll ein anderer übernehmen. [9] Zu Waisen mögen seine Kinder werden und seine Frau zur Witwe. [10] Seine Kinder sollen bettelnd umherirren und die Ruinen ihres Hauses nach Überresten durchsuchen. [11] Auf all sein Hab und Gut erhebe der Gläubiger Anspruch, Fremde mögen plündern, was er mit Mühe erwarb. [12] Er finde niemanden, der sein Andenken in Ehren hält und seine verwaisten Kinder beschenkt. [13] Seine Nachkommen sollen aussterben, in der folgenden Generation erlösche ihr Name für immer. [14] Die Schuld seiner Vorfahren bleibe beim HERRN in Erinnerung, und die Sünde seiner Mutter werde nicht ausgelöscht: [15] Ja, ihre Vergehen seien dem HERRN beständig vor Augen, niemand auf der Erde soll sich mehr an diese Menschen erinnern.

IHRE VERGEHEN SEIEN DEM HERRN BESTÄNDIG VOR AUGEN. Davids glühende Bitte darum, dass seine Feinde als Vergeltung für ihre Sünde das schlimmste Unheil treffen möge, lässt uns zusammenzucken. Aber wir sollten dankbar sein, dass Gott unseren Aufschrei gegen das Unrecht hört (Jak 5,4). Und beachten wir: David überlässt das letzte Urteil Gott (Röm 12,19). Er sagt nicht, er werde die Kinder seiner Feinde zu Bettlern machen (V. 10). Zorn über Unrecht, das geschieht, ist nicht falsch oder verboten, solange wir es Gott überlassen, wie er darauf reagiert. Wenn wir allerdings einfach unserem Zorn Luft machen, führt das zu Bitterkeit, Hass und Unversöhnlichkeit – und das ist Sünde.[104]

***Gebet:** Gerechter Gott, ich danke dir, dass du auch unsere zornigen Gebete hörst. Wenn ich voll Zorn bete, brauche ich besonders deine Hilfe. Bewahre mich davor, dass mein Wunsch nach Recht und Gerechtigkeit meine Liebe auslöscht und meinen Wunsch, dass meine Feinde sich ändern mögen, damit es ihnen gut geht. Lass diese Haltung meine persönlichen Beziehungen bestimmen, aber auch im politischen Leben wirksam werden. Amen.*

16 All das treffe meinen Feind, weil ihm nie in den Sinn kam, Liebe zu üben.
Stattdessen verfolgte er den, der von Leid und Elend geplagt wurde; ja, er-
morden wollte er ihn, dessen Herz verzweifelt war. 17 Den Fluch hat er geliebt,
so möge dieser ihn nun treffen. Am Segen fand er kein Gefallen, so bleibe der
auch von ihm fern. 18 Der Fluch war ihm schon vertraut – er hüllte sich darin
ein wie in einen Mantel. Darum soll der Fluch in ihn eindringen wie Wasser
und wie Öl, das in die Haut einzieht. 19 Ja, umhüllen soll ihn der Fluch wie
ein Gewand, er soll ihn umgeben wie ein Gürtel, den er nicht mehr ablegt.
20 Diese Strafe möge der HERR über meine Feinde verhängen, über alle, die
nur Böses über mich reden.

UNTERLASSUNGSSÜNDEN. Dieser Abschnitt lässt uns Davids Zorn über seine Feinde besser verstehen. Er zeigt auch, dass sein Gebet gerechtfertigt ist. David weiß, dass die Sünde immer auf einen selbst zurückfällt. Gottes Gericht vollzieht sich häufig durch die natürlichen Konsequenzen unseres Tun, in denen auf lange Sicht die Dinge auf uns selbst zurückfallen, die wir anderen gewünscht oder angetan haben (V. 17-19). Das zu wissen, macht es David und auch uns leichter, die Vergeltung Gott zu überlassen. Es kann uns außerdem helfen, die Sünde der Selbstgerechtigkeit zu vermeiden. Wenn andere Tatsünden begehen wie Fluchen oder Verleumden (V. 17), können wir versucht sein, uns zu gratulieren, dass wir all das nicht tun. Aber wenn wir es unterlassen, Liebe zu üben (V. 16), ist das ebenso eine Sünde – eine Unterlassungssünde. Und die begehen wir alle (Jak 4,17).

Gebet: *Herr, ich bekenne, dass ich so oft sündige, indem ich nicht genug liebe, nicht genug für andere da bin, weil ich so mit mir selbst beschäftigt bin, dass ich nicht daran denke, was andere brauchen. O Herr, rette mich vor meiner sündhaften Vergesslichkeit. Amen.*

21 Du aber, HERR, Herrscher über alle, hilf mir doch und steh dafür mit dei-
nem Namen ein! Rette mich, weil du reich an Gnade bist! 22 Ich bin arm
und vom Leid gebeugt, und mein Herz ist verwundet. 23 Wie der Schatten
immer länger wird, bevor er verschwindet, so schwinde ich dahin; wie eine
Heuschrecke abgeschüttelt wird, so werde ich aus dem Leben verscheucht.
24 Vom vielen Fasten bin ich so schwach geworden, dass meine Beine zittern,
und ich bin abgemagert bis auf die Knochen. 25 Für meine Feinde bin ich die
Zielscheibe für Hohn und Spott, sie sehen mich und schütteln nur noch den
Kopf. 26 Hilf mir, HERR, mein Gott, rette mich, weil du doch gnädig bist!
27 Lass alle erkennen, dass deine Hand Wunder vollbringt, dass du, HERR,
gehandelt hast. 28 Sie zwar verfluchen mich, du aber segnest. Sie greifen an
und stehen doch zuletzt beschämt da, während ich, dein Diener, mich freuen
darf. 29 Ja, meine Feinde werden mit Schmach bedeckt wie mit einem Gewand,
Schande umgibt sie wie ein Mantel.

DU ABER, HERR. Diese Worte markieren hier wie auch sonst in den Psalmen einen entscheidenden Wendepunkt. Harsche Gebete werden sanfter, hoffnungslose Gebete zuversichtlicher, traurige Gebete werden mit Freude erfüllt und Schuldbekenntnisse finden die Barmherzigkeit Gottes. Wir dürfen unser Gebet durchaus mit unseren eigenen Verletzungen, Sünden, Feinden, Umständen und Sorgen beginnen. Aber erst, wenn wir das alles Gott vorlegen, sehen wir es im Licht dessen, wer Gott ist, und können sagen: „Du aber, Herr …“ – und dann können Hoffnung, Kraft, Befreiung und Erleichterung uns erreichen. Das „Du aber, Herr …“ der Psalmen findet sein neutestamentliches Gegenstück im „Doch jetzt …“ von Paulus. Alle Menschen sind in der Sünde verloren (Röm 1,18-3,20). „Doch jetzt hat Gott, unabhängig vom Gesetz, seine Gerechtigkeit sichtbar werden lassen … deren Grundlage der Glaube an Jesus Christus ist“ (Röm 3,21.22).

Gebet: *Herr, ich danke dir, dass deine Wirklichkeit alles verändert. Ich bin schwach – aber du, Herr … Ich verdiene nichts – aber du, Herr … Ich sehe keinen Ausweg – aber du, Herr … Mein Leben scheint mir zu entgleiten – aber du, Herr ... Ich weiß nicht, wie ich beten soll. Aber du wirst mir helfen. Amen.*

[30] Ich aber werde den HERRN laut preisen und mitten unter vielen Menschen
ihn rühmen. [31] Denn er steht dem Armen zur Seite, er hilft ihm gegen alle, die
sich als Richter über sein Leben aufspielen.

ER STEHT DEM ARMEN ZUR SEITE. Vor einem Gericht des Altertums stand der Ankläger rechts vom Beschuldigten und trug seine Anklage vor. David hat erklärt, dass er ein Opfer falscher Beschuldigungen geworden ist und hofft, dass seinem Feind nun ein Ankläger „zu seiner Rechten“ gestellt wird (vgl. V. 6). Plötzlich ändert sich die Szene und Gott „steht dem Armen zur Seite“ (V. 31), um ihn zu verteidigen (1Joh 2,1.2). Er verteidigt uns, wenn wir verklagt werden (Apg 7,56). Jesus, unser wahrer Anwalt, kam und vergab seinen Feinden und dem, der ihn verriet (Joh 13,18-30). Wir sollten es auch tun.

Gebet: *Herr, ich bekenne dir meinen Groll und meine Vorbehalte. Ich rechtfertige sie damit, dass ich ja keine Vergeltung übe. Aber ich meide manche Menschen und wünsche ihnen im Stillen den großen Reinfall. Hilf mir, von ganzem Herzen zu vergeben, ohne Restbestände, und lehre mich, für meine Feinde um Gutes zu beten. „Für meine Sünde blutest du, doch batest du für mich.“[105] Amen.*

1 *Von David. Ein Psalm.*
So lautet der Ausspruch des HERRN an meinen Herrn: „Setze dich an meine
rechte Seite, bis ich deine Feinde zum Schemel für deine Füße gemacht habe!"
2 Der HERR lässt dich von Zion aus alles in Besitz nehmen, von dort streckt
er das Zepter deiner Macht in alle Richtungen aus und sagt dir: „Herrsche
mitten unter deinen Feinden!" 3 Mit ganzem Herzen steht dein Volk bereit,
willig folgt es dir an jenem Tag, an dem du dein Heer aufbietest. In heilige
Priestergewänder festlich gekleidet und wie der Tau aus dem Schoß der Mor-
genröte, so frisch und zahlreich ist deine junge Mannschaft zur Stelle. 4 Der
HERR hat geschworen und wird diese Zusage nie zurücknehmen: „Du sollst
für alle Zeiten Priester sein – ein Priester von derselben priesterlichen Ord-
nung wie Melchisedek!" 5 Der Herr steht dir zur Seite; er zerschmettert die
feindlichen Könige an jenem Tag, an dem er seinem Zorn freien Lauf lässt.
6 Er wird Gericht halten über die Völker, und alles wird voll von Toten sein.
Er vernichtet den Herrscher, der über ein großes Land regiert. 7 Auf seinem
Feldzug wird der König aus dem Bach trinken – so gestärkt wird er am Ende
als Sieger sein Haupt erheben.

DER PRIESTERKÖNIG. David hört ein Wort des Herrn an seinen „Herrn" (V. 1). David war König in Israel, wer also sollte noch über ihm stehen? Jesus bezieht diesen Vers auf sich (Mk 12,35-37). Aber dieser mächtige König war zugleich ein mitfühlender Priester (V. 4, vgl. 1Mo 14,18-20; Hebr 6,19–7,28), der das Volk vor Gott vertritt. Jesus ist Mensch und Gott, er ist Löwe und Lamm (Offb 5,5.6). Irdische Herrscher siegen, indem sie die Erde mit Toten übersäen (V. 6). Jesus siegt, indem er seine Erde mit seinem Leib erfüllt (Eph 1,22.23). Es gibt also eine Schlacht zu schlagen, aber die Waffen in diesem Kampf sind Liebe, Dienstbereitschaft und Wahrheit (2Kor 10,4.5; Röm 12,9-21). Wollen wir unserem König folgen (V. 3)?

Gebet: *„O mächt'ger Herrscher ohne Heere, gewalt'ger Kämpfer ohne Speere, du Friedefürst von großer Macht. Es wollen dir der Erde Herren, den Weg zu deinem Throne sperren, doch du gewinnst ihn ohne Schlacht."*[106] *Überwinde durch deinen Geist meinen Mangel an Großmut und meine Angst um mich selbst und meine Sicherheit, damit ich wirklich deine Sache in dieser Welt voranbringen kann. Amen.*

1 Halleluja! Danken will ich dem HERRN von ganzem Herzen, umgeben von
denen, die ihm aufrichtig dienen, inmitten der Gemeinde. 2 Gewaltig sind die
Taten des HERRN, alle, die sich an ihnen erfreuen, denken gerne über sie
nach. 3 Was Gott tut, zeugt von seiner Majestät und Herrlichkeit, für alle Zei-
ten erweist er seine Treue. 4 Er hat Gedenktage festgelegt, damit man sich im-
mer wieder an seine Wunder erinnert – gnädig und barmherzig ist der HERR!
5 Reichlich zu essen gab er denen, die Ehrfurcht vor ihm haben, immer und
ewig wird er sich an seinen Bund erinnern. 6 Er hat sein Volk erfahren lassen,
wie mächtig sein Handeln ist, ihnen hat er verkündet, dass er ihnen die Län-
der anderer Völker geben werde. 7 Was er mit eigenen Händen vollbringt,
zeugt von Wahrhaftigkeit und Recht, auf seine Ordnungen kann sich jeder
verlassen. 8 Sie gelten unerschütterlich für immer und ewig, gegründet sind
sie auf Wahrheit und Aufrichtigkeit. 9 Erlösung hat er seinem Volk gebracht,
er hat einen Bund mit ihnen geschlossen und verordnet, dass dieser für alle
Zeiten gelten soll. Heilig und ehrfurchtgebietend ist sein Name. 10 Weisheit
beginnt damit, dass man dem HERRN mit Ehrfurcht begegnet. Alle, die in
dieser Haltung leben, gewinnen gute Einsicht. Gottes Lob wird für immer
und ewig bestehen.

WEM WIR ÄHNELN SOLLEN. Psalm 111 beschreibt Gott, Psalm 112 legt dar, wie sein Volk seinem Gott ähnlich wird. Wir sind in seinem Bild geschaffen (1Mo 1,27). Das heißt, wir sind für eine Beziehung mit ihm geschaffen und sollen sein Wesen spiegeln. Wer ist also dieser Gott, dem wir ähneln sollen? Gott ist ein Arbeiter, er vollbringt gewaltige Taten (V. 2). Er ist treu (V. 3), barmherzig (V. 4.5) und ein Gott der Wahrhaftigkeit und des Rechts (V. 7.8). Und er ist zuverlässig, er hält, was er verspricht (V. 9.) Nicht, dass wir einfach sein Gesetz halten, macht uns ihm ähnlich (so wichtig das ist), entscheidend ist, „dass man dem Herrn mit Ehrfurcht begegnet“ (V. 10), dass wir ihn staunend anbeten. Was wir am meisten lieben, dem werden wir ähnlich.

Gebet: *Herr, ich spreche meine Gebete und befolge deine Gebote, aber was mich wirklich verändern kann, ist wahrhafte Anbetung und Ehrfurcht vor dir. Hilf mir, dass ich mich nicht mit bloßer religiöser Pflichterfüllung zufriedengebe. Erfülle mich mit der Ehrfurcht und der Freude, die entsteht, wenn wir dein Angesicht suchen. Amen.*

1 Halleluja! Glücklich zu preisen ist, wer dem HERRN in Ehrfurcht begeg-
net, wer Gottes Gebote mit Freude befolgt. 2 Seine Nachkommen werden im
ganzen Land einflussreich sein. Ja, sie alle, die aufrichtig vor Gott leben, wer-
den von ihm gesegnet. 3 Wohlstand und Reichtum sind im Haus eines solchen
Menschen zu finden, das Gute, das er tut, hat für immer Bestand. 4 Aufrichtigen
Menschen strahlt in der Finsternis ein helles Licht auf, gnädig, barmherzig und
gerecht ist Gott. 5 Gut steht es um den, der barmherzig ist und anderen etwas
leiht. Vor Gericht wird er sein Recht behaupten können. 6 Ja, niemals wird er ins
Stolpern geraten; in ewig guter Erinnerung wird der bleiben, der nach Gottes
Willen lebt. 7 Vor einem schlimmen Gerücht hat er keine Angst; sein Herz ist
zuversichtlich, voll Vertrauen auf den HERRN. 8 Gefestigt ist sein Herz, er
fürchtet sich nicht – bis er schließlich herabblicken darf auf alle, die ihn ange-
griffen haben. 9 Er teilt mit vollen Händen aus und beschenkt die Bedürftigen;
das Gute, das er tut, hat für immer Bestand. Er behauptet sich und genießt
hohes Ansehen. 10 Der Gottlose sieht es und ärgert sich, voller Wut knirscht er
mit den Zähnen – und geht doch unaufhaltsam seinem Ende entgegen! Ja, die
Wünsche der Gottlosen werden mit ihnen untergehen.

DIE WÜNSCHE DER GOTTLOSEN WERDEN MIT IHNEN UNTERGEHEN. Wenn wir nicht nur an Gott glauben, sondern ihm in Ehrfurcht dienen und seine „Gebote mit Freude befolgen“ (V. 1), werden wir verwandelt, wir werden seinem Wesen immer ähnlicher (Eph 4,22-24). Gott ist barmherzig und gerecht (111,4), wir werden es auch sein (V. 4.5). Gottes Ordnungen sind unerschütterlich (111,8), wer ihn fürchtet, wird ein gefestigtes Herz haben, auch wenn es schlimme Nachrichten gibt (V. 7). Gott ist gerecht (111,3); wer ihn fürchtet, wird es auch sein (V. 3). „Gerechtigkeit“ bedeutet nach biblischem Verständnis nicht nur, die traditionellen Familienwerte zu leben (V. 2), sondern auch Einsatz für die Armen (V. 9). Der Psalm bekräftigt: Ohne Gott bleibt unsere tiefste Sehnsucht unerfüllt (V. 10) – was bedeutet, dass Gott diese Sehnsucht stillt (Ps 16,11; Joh 6,35).

Gebet: *Herr, ich danke dir, dass du uns das Brot des Lebens gibst. Ich sehe mich um und sehe Menschen, die suchen: nach Sinn, nach Erfüllung, nach Freiheit, nach Beziehung. All das sind nur Aspekte unseres tiefen geistlichen Hungers. Und nichts anderes kann ihn stillen als deine Gnade und dein Angesicht. Bewahre mich davor, dass ich der kosmischen Jagd nach Glück verfalle. Lass mich schmecken und sehen, wie gut, wie köstlich du bist, Herr. Amen.*

1 Halleluja! Ihr Diener des HERRN, lobt ihn, lobt den Namen des HERRN!
2 Der Name des HERRN sei gepriesen, jetzt und bis in alle Ewigkeit! 3 Vom
Aufgang der Sonne bis dorthin, wo sie untergeht, sei der Name des HERRN
gelobt! 4 Erhaben über alle Völker ist der HERR, seine Herrlichkeit über-
strahlt den Himmel. 5 Wer ist wie der HERR, unser Gott, der in der Höhe
thront, 6 der herabblickt auf alles, was im Himmel und auf Erden ist? 7 Den
Geringen, der im Staub liegt, richtet er auf; den Armen holt er heraus aus dem
Schmutz. 8 Er lässt ihn bei den Herrschenden sitzen, gibt ihm einen Ehren-
platz bei den Vornehmen seines Volkes. 9 Der kinderlosen Ehefrau verleiht er
Wohnrecht und lässt sie eine glückliche Mutter werden. Halleluja!

GROSS UND GERING. Preis sei Gott, denn nichts ist für ihn zu groß. Er steht über der Zeit (V. 2), über allem Raum (V. 3), über aller menschlichen Macht und Autorität (V. 7-9). Er erhebt den Armen (V. 7). Die Situation der Armen dient oft dazu, Menschen dafür zu öffnen, dass sie Gottes Gnade und den Reichtum seines Heils brauchen (Lk 6,20; Offb 1,6). In der Geschichte wirkt Gott so, dass er den Unterdrückten Recht verschafft (Ps 103,6; 140,12; 146,7). Besonders gern handelt er durch die Unfruchtbaren (denken wir an Sara, Hanna und Elisabeth) und schenkt den einsamen neue Gemeinschaft (V. 9). Gottes Größe zeigt sich gerade darin, dass die Geringen ihm am Herzen liegen. In Jesus hat er ein für alle Mal bewiesen: Er ist groß genug, um selbst einer von den Geringen zu werden.

Gebet: *Herr Jesus, ich preise dich, denn du bist unendlich viel größer als das Universum mit all seinen Galaxien. Und doch bist du ein schwacher Säugling geworden, der gefüttert, getragen und gewickelt werden musste. Und das tatest du für mich. Wenn ich daran denke, wird mein Herz demütig und zugleich erhebt es sich bis zu den Sternen. Ich danke dir, Jesus, mein Herr. Amen.*

1 Als Israel auswanderte aus Ägypten, als die Nachkommen Jakobs wegzogen
von einem Volk mit fremder Sprache, 2 da wurde Juda zu Gottes Heiligtum,
Israel zu seinem Herrschaftsbereich. 3 Das Meer sah es und floh, der Jor-
dan wich zurück. 4 Die Berge erbebten und sprangen wie Widder, die Hügel
hüpften wie die Lämmer. 5 Was ist mit dir, Meer, dass du die Flucht ergreifst?
Und mit dir, Jordan, dass du zurückweichst? 6 Warum springt ihr Berge wie
Widder und ihr Hügel wie Lämmer? 7 Erde, erbebe vor dem Herrn, vor dem
Gott Jakobs – 8 vor ihm, der den Fels in einen Wasserteich verwandelt, das
Kieselgestein in eine sprudelnde Quelle!

ER ERSCHÜTTERT DIE ERDE. Als Israel aus Ägypten floh, wurden scheinbar unüberwindliche Hindernisse durch die Macht Gottes beiseitegeräumt. Das Rote Meer teilte sich, die Berge erbebten (2Mo 19,18; Hebr 12,18-27). Der Psalmist verhöhnt die Mächte dieser Welt, wenn er die Berge springen lässt „wie Widder" (V. 4). Gottes Liebe zu uns bringt die Welt aus den Fugen, denn nichts kann sich zwischen uns und diese Liebe stellen (Röm 8,38). Sowohl beim Tod Jesu als auch bei seiner Auferstehung bebte die Erde (Mt 27,51; 28,2) zum Zeichen dafür, dass Gott unterwegs war, um uns zu retten. Um uns in unser wahres Heimatland zu bringen, wo wir bei ihm leben werden, wird er den Tod selbst erbeben lassen und vernichten (1Kor 15,56.57). Was sollte uns da noch erschrecken oder von ihm abbringen (1Kor 15,58)?

Gebet: *Herr, wie leicht lasse ich mich erschüttern. Kritik, Misserfolg, Veränderungen und Verluste – das alles nagt an mir. Hilf mir, in deinem Reich zu leben, das unzerstörbar ist (Hebr 12,28). Lehre mich, mein Leben jeden Tag neu auf dein Wort und auf deine Liebe zu gründen, die Bestand haben, wenn alles andere vergeht. Amen.*

1 Nicht uns, HERR, nicht uns, sondern deinem Namen bereite Ehre! Hilf
uns um deiner Gnade und Treue willen! 2 Warum sollten die anderen Völker
Grund finden zu sagen: „Wo ist nun ihr Gott?“ 3 Unser Gott ist im Himmel!
Alles, was ihm gefällt, das führt er auch aus. 4 Die Götzen der fremden Völker
hingegen sind Figuren aus Silber oder Gold, ein Machwerk von Menschen-
hand. 5 Einen Mund haben sie, doch sprechen können sie nicht; Augen haben
sie, sehen aber nichts. 6 Ohren haben sie und können nicht hören, sie haben
eine Nase und riechen damit nichts. 7 Mit ihren Händen können sie nichts
ertasten, mit ihren Füßen nicht einen Schritt gehen, kein Laut kommt aus
ihrer Kehle. 8 Genau so hilflos sind die Menschen, die sie angefertigt haben,
und jeder, der auf solche Götzen vertraut!

DIE MACHT DER GÖTZEN. In dem Roman *Das Böse kommt auf leisen Sohlen* sind alle Figuren von einem jeweils eigenen heimlichen Verlangen getrieben, von dem sie sich Erfüllung versprechen – ewige Jugend, Sex mit einer Fantasieschönheit, athletisches Geschick, Reichtum.[107] Sie verkaufen alles, um ihre Träume zu verwirklichen, müssen aber erleben, dass das ihnen nicht die ersehnte Erfüllung schenkt, sondern sie zu Sklaven ihres Verlangens macht. Der Roman illustriert, was die Bibel über Götzen sagt. Alles, was uns wichtiger ist als der wahre Gott, ist ein anderer Gott. Götzen haben nicht die Macht (V. 5-7), uns die Liebe, Vergebung und Führung zu geben, die wir brauchen. Aber paradoxerweise haben sie die Macht, Menschen in ihren Bann zu ziehen (V. 8) und sie geistlich blind, sehuntüchtig und geistlich lahm und immun gegen jede Veränderung zu machen.

Gebet: *Herr, ich bekenne, dass die Anerkennung von Menschen mir zum Götzen werden kann. Lass mich Genüge finden an deiner Liebe, damit ich nicht mehr aus Angst davor handle, anderen zu missfallen, sondern nur noch aus der Liebe und dem Bestreben, für meinen Nächsten das Beste zu suchen. Befreie mich von meinem Götzen Anerkennung – denn er kann mir niemals die Anerkennung schenken, die ich wirklich brauche: dein Ja zu mir. Amen.*

[9] Du aber, Israel, vertraue auf den HERRN! – Ja, er ist ihre Hilfe und der Schild,
der sie schützt. [10] Ihr Nachkommen Aarons, vertraut auf den HERRN! – Ja, er
ist ihre Hilfe und der Schild, der sie schützt. [11] Ihr, die ihr Ehrfurcht habt vor
dem HERRN, vertraut auf den HERRN! – Ja, er ist ihre Hilfe und der Schild,
der sie schützt. [12] Der HERR hat an uns gedacht und wird uns segnen. Er wird
alle Israeliten segnen, er wird alle Nachkommen Aarons segnen. [13] Er wird
die segnen, die Ehrfurcht vor dem HERRN haben, die Kleinen wie die Gro-
ßen. [14] Der HERR wird euch noch zahlreicher werden lassen, euch und eure
Kinder. [15] Ihr seid gesegnet vom HERRN, der Himmel und Erde geschaffen
hat. [16] Der Himmel gehört allein dem HERRN, die Erde aber hat er den
Menschen anvertraut. [17] Die Toten können den HERRN nicht loben – keiner
von denen, die in die Stille des Totenreichs hinab müssen. [18] Wir aber, die wir
leben, wollen den HERRN preisen, jetzt und in alle Ewigkeit! Halleluja!

SEGEN. Fünfmal ist hier vom Segen die Rede. Das Wort bedeutet Reichtum, Fülle, Aufblühen in jeder Hinsicht und erfülltes Leben. Götzen können nicht segnen. Wenn der Psalmist vom Segen für Israel spricht (V. 12), erinnert uns das an Jakob (der den Namen Israel erhielt), der sein ganzes Leben lang darum gerungen hatte, doch noch den väterlichen Segen von Isaak zu bekommen (1Mo 28,1-41). Dann, in einer einsamen Nacht, erscheint ein Fremder und verwickelt ihn in einen Ringkampf. Als Jakob erkennt, dass hier Gott selbst ihm begegnet, sagt er: „Ich lasse dich nicht gehen, bevor du mich nicht gesegnet hast“ (1Mo 32,26-29). Nichts auf dieser Welt wird uns den bleibenden Segen geben, nach dem wir verlangen – aber Gott will ihn uns schenken.

Gebet: *Vater, dein Sohn Jesus Christus schenkt meinem Leben den Sinn, den Wert und die Sicherheit, nach denen ich überall sonst suche. Ich bitte dich: Hilf mir, dass die Freude darüber mich immer tiefer erfüllt. „Herr, habe acht auf mich und reiß mich kräftiglich von allen Dingen; denn ein gefesselt Herz kann sich ja himmelwärts durchaus nicht schwingen.“*[108] *Dann werde ich meine ganze Freude in dir finden. Amen.*

1 Ich liebe den HERRN, denn er hat mich gehört, als ich laut zu ihm um Hilfe
flehte. 2 Ein offenes Ohr hat er mir geschenkt, darum will ich mein Leben
lang zu ihm rufen. 3 Der Tod hatte seine Arme schon nach mir ausgestreckt,
das Totenreich warf seine Schatten voraus, in Not und Leid war ich geraten.
4 Da rief ich den Namen des HERRN an: „O HERR, rette doch mein Leben!“
5 Gnädig und gerecht ist der HERR, ja, voll Erbarmen ist unser Gott! 6 Der
HERR beschützt die Hilflosen. Ich war schwach, doch er hat mich gerettet.
7 Komm wieder zur Ruhe, meine Seele, denn der HERR hat dir Gutes erwie-
sen. 8 Ja, du hast mich vor dem Tod gerettet, meine Tränen hast du getrocknet
und meine Füße vor dem Ausgleiten bewahrt, damit ich nicht zu Fall komme.
9 So kann ich meinen Weg gehen in der Nähe des HERRN, ja, ich darf am Le-
ben bleiben. 10 Am Glauben habe ich festgehalten, auch als ich sagen musste:
„Ich liege am Boden!“ 11 In meiner Verzweiflung sagte ich: „Letztlich ist doch
jeder Mensch ein Lügner!“

EIN DANKBARES LEBEN. Der Psalmist ist knapp dem Tod entkommen (V. 3.8). In seiner Todesangst nannte er alle Menschen Lügner (V. 11), aber auch als seine Gefühle im Aufruhr sind, setzt er sein Vertrauen auf Gott (V. 10). Jetzt hat er sein Leben auf ein neues Fundament gestellt: auf Dankbarkeit und Liebe. Das erste Kennzeichen eines dankbaren Lebens lautet: „Ich will mein Leben lang zu ihm rufen“ (V. 2). Gottes Namen anrufen bedeutet in der Bibel zwei Dinge – von nichts und niemandem Heil und Rettung zu erwarten als von Gott (Röm 10,12.13) und Gebet und Gottesdienst zum Inhalt unseres Lebens zu machen (1Mo 12,8). Ein dankbarer Mensch geht seinen Weg „in der Nähe des Herrn“ (V. 9). Gott ist ihm immer vor Augen, immer im Herzen. Wenn wir so leben, sind wir „ganz und gar ausgesetzt [und verantwortlich] und ganz und gar angenommen [und geliebt]“.[109] Lasst uns den Herrn lieben, denn er hört uns.

Gebet: *Herr, wenn ich in der Klemme stecke, sagt mein Herz automatisch: „Das kriege ich schon wieder in den Griff. Ich krieg das hin.“ Ich überlege, bei wem ich mir Hilfe holen könnte. Aber das ist alles vergeblich. Ich kriege mein Leben nicht in den Griff, und je eher ich mir das wirklich eingestehe, umso eher werde ich den Frieden finden, der daraus erwächst, immer und in jeder Lage dich anzurufen. Amen.*

12 Wie kann ich dem HERRN jemals danken für alles Gute, was er an mir
getan hat? 13 Als Dank für die Rettung will ich beim Festmahl den Becher
erheben und den Namen des HERRN ausrufen. 14 Ich will die Gelübde er-
füllen, die ich vor dem HERRN abgelegt habe, vor seinem ganzen Volk will
ich es tun. 15 Kostbar ist in den Augen des HERRN das Leben derer, die ihm
treu sind. 16 O HERR, ich bin doch dein Diener! Ja, dein Diener bin ich,
und bereits meine Mutter hat dir treu gedient. Du hast alle Stricke gelöst,
die mich gefangen hielten. 17 Dir will ich Dankopfer darbringen und dabei
deinen Namen, HERR, ausrufen. 18 Ich will die Gelübde erfüllen, die ich vor
dem HERRN abgelegt habe, vor seinem ganzen Volk will ich es tun – 19 in
den Vorhöfen beim Haus des HERRN, in deiner Mitte, Jerusalem. Halleluja!

DANK FÜR DIE RETTUNG. Gott hat den Beter vor dem Tod gerettet (V. 8), denn das Leben seiner Diener ist Gott kostbar (V. 15). Der Psalmist hat das Gefühl, ihm ist das Leben noch einmal neu geschenkt worden (V. 9). Gott lässt es natürlich zu, dass seine Menschen sterben, aber sie sind ihm so kostbar, dass er einmal am Kreuz den äußersten Preis zahlen wird, damit unser physischer Tod nichts anderes ist als der Eintritt in das wahre Leben (2Kor 5,1-10). Deshalb können wir jetzt schon „den Becher erheben" – den Kelch des Heils (V. 13) und unsere Erlösung im Gottesdienst feiern. Das ist nur möglich, weil Jesus den Kelch des göttlichen Zorns für uns getrunken hat (Lk 22,42).

Gebet: *Herr, du bist gestorben, um mich vor dem ewigen Tod zu retten. Du bist auferstanden, damit ich ewig lebe. Dafür will ich „solang ich lebe, rühmen den Herren mein, im Herzen stets mir schwebe das Lob der Ehren sein."*[110] *Hilf mir, voll Freude und Hoffnung zu leben. Erinnere mich immer wieder daran: „Er hat zerstört der Höllen Pfort, die Seinen all herausgeführt und uns erlöst vom ewgen Tod. Halleluja!"*[111] *Amen.*

1 Lobt den HERRN, all ihr Völker, preist ihn, all ihr Nationen! 2 Denn überwältigend ist seine Gnade, die er uns erweist, und die Treue des HERRN bleibt ewig bestehen. Halleluja!

PREIST IHN VOR DEN VÖLKERN. Alle Völker sollen Gott preisen (V. 1). Und zwar für die Gnade, „die er uns erweist" (V. 2). Das Evangelium verkündet, dass Gott in die Geschichte eingegriffen und ein Volk für sich erwählt hat. Und in Jesus ist diese Erwählung zu ihrem Höhepunkt und Abschluss gelangt. Das stellt die enge Sicht all derer infrage, die meinen, „alle guten Menschen kommen in den Himmel", ob sie glauben oder nicht. Nein – das Heil Gottes steht allen offen, selbst denen, deren Leben nicht ordentlich, moralisch und wohl geordnet verläuft. Es ist nicht reserviert für Leute, die denken, sie sind gut genug; es gilt denen, die wissen, dass es nur Gottes chesedh, Gottes Gnade ist, die sie rettet (V. 2), und die an die Rettungstat von Jesus für uns glauben. Wenn wir diesen Psalm singen oder beten, schlägt er sozusagen zurück. Wir müssen dann auch hinausgehen und vor allen Völkern sein Lob singen.

Gebet: *Herr, ich preise dich, dass dir alle Rassen, alle Völker, alle Menschen am Herzen liegen und dass deine rettende Liebe ihnen, uns allen gilt. Ich bekenne, ich bin keineswegs so großherzig. Es gibt Menschen, die ich wirklich nicht leiden kann. Hilf mir, Menschen nicht nur als Sünder zu sehen, sondern als solche, denen deine Liebe und dein Rettungsangebot gilt. Amen.*

1 Halleluja! Dankt dem HERRN, denn er ist gütig, und seine Gnade bleibt
für alle Zeiten bestehen! 2 Israel soll sagen: Seine Gnade bleibt für alle Zeiten
bestehen. 3 Die Nachkommen Aarons sollen sagen: Seine Gnade bleibt für
alle Zeiten bestehen. 4 Alle, die Ehrfurcht vor dem HERRN haben, sollen
sagen: Seine Gnade bleibt für alle Zeiten bestehen. 5 In großer Not rief ich
zum HERRN, und er antwortete mir, ja, der HERR verschaffte mir weiten
Raum. 6 Der HERR steht zu mir, deshalb fürchte ich mich nicht. Was kann
ein Mensch mir anhaben? 7 Der HERR steht zu mir, er ist es, der mir hilft –
ich werde noch als Sieger herabsehen auf alle, die mich hassen. 8 Besser ist
es, beim HERRN Zuflucht zu suchen, als sich auf Menschen zu verlassen.
9 Besser ist es, beim HERRN Zuflucht zu suchen, als sich auf Mächtige zu
verlassen.

VERLASS DICH NICHT AUF MENSCHEN. Was bedeutet es, sich „auf Menschen zu verlassen" (V. 8)? Es heißt, sein Leben auf der Anerkennung anderer aufzubauen. Dann fühlen wir uns nur dann gut, wenn jemand in uns verliebt ist oder man uns Komplimente über unser Aussehen, unseren Intellekt oder unsere Fähigkeiten macht. Aber dann werden wir allzu abhängig von Anerkennung und sexueller Intimität, dann wird jede Kritik uns zerstören, dann werden wir auf Starruhm fixiert sein. Was heißt es, sich auf „Mächtige" zu verlassen (V. 9)? Es bedeutet, Macht zu vergötzen, zu sehr nach einflussreichen Freunden zu verlangen, viel zu sehr Herr unseres eigenen Lebens sein zu wollen. Das wird uns mit der Zeit immer einsamer machen. Denn das Wesen der Liebe ist der Dienst für andere (Röm 15,3). Nehmen wir also Zuflucht zu Gott.

***Gebet:** Herr, wenn ich dein Evangelium vergesse, werde ich abhängig vom Lächeln und der Wertschätzung anderer. In jeder Kritik höre ich ein vernichtendes Urteil über mich und mein Leben. Aber du sagst, es „gibt keine Verurteilung mehr" für mich (Röm 8,1). Du freust dich über mich und jubelst (Zef 3,14-17), in deinen Augen bin ich schön, ohne irgendeinen Makel (Kol 1,22). Lass mich das nie vergessen. Amen.*

[10] Viele fremde Völker hatten mich umringt – im Namen des HERRN habe
ich sie in die Flucht geschlagen! [11] Von allen Seiten hatten sie mich umstellt
und mich eingeschlossen – im Namen des HERRN habe ich sie in die Flucht
geschlagen! [12] Wie ein Bienenschwarm hatten sie mich umringt, doch sie sind
erloschen wie brennendes Dornengebüsch – im Namen des HERRN habe
ich sie in die Flucht geschlagen! [13] Man hat mich so gestoßen, dass ich fallen
sollte. Aber der HERR hat mir geholfen! [14] Meine Stärke ist der HERR, ihm
singe ich mein Lied; er wurde mir zum Helfer! [15] Lauten Jubel über die Ret-
tung hört man in den Zelten derer, die nach Gottes Willen leben: Die Hand
des HERRN vollbringt mächtige Taten! [16] Die rechte Hand des HERRN ist
siegreich erhoben, ja, die Hand des HERRN vollbringt mächtige Taten! [17] Ich
werde nicht sterben, sondern leben und von den Taten des HERRN erzählen.
[18] Der HERR hat mich zwar hart bestraft, aber dem Tod hat er mich nicht
preisgegeben.

GOTTES STRAFEN. Der Psalmist hat einen feindlichen Angriff erlebt und ihn mit Gottes Hilfe zurückgeschlagen. Aber obwohl Gott ihm geholfen hat, dem Tod zu entkommen (V. 17.18), erkennt der Beter doch Gottes Hand hinter dem Geschehen: Gott hat es genutzt, um ihn „hart zu strafen" (V. 18). Das ursprüngliche Wort „züchtigen" meint wörtlich: „Unterweisung mit den Zähnen". Es bedeutet, jemanden durch ein sehr strenges Regime zu formen. Hebräer 12,4-12 benutzt in ähnlichem Zusammenhang das Wort gymnadzo *für die „strenge Erziehung"*, die Gott denen angedeihen lässt, die er liebt. In einem harten Training fühlen wir uns, als würden die Muskeln schwächer; aber in Wirklichkeit macht die Anstrengung sie stärker. Darum lässt Gott, wie ein guter Trainer, Herausforderungen in unserem Leben zu, die uns Anstrengung abverlangen: damit Glaube, Hoffnung und Liebe in uns wachsen. Erkennen wir dieses Trainingsprogramm Gottes in unserem Leben?

Gebet: *Herr, ich preise dich. Du liebst mich so sehr, dass du mich nicht einfach so lässt, wie ich bin. Ich danke dir für dein Trainingsprogramm in meinem Leben. Und wie jedes Training ist das anstrengend – so funktioniert Training nun mal. Wenn ich ungeduldig werde, erinnere mich an Jesus. Er hat freiwillig die Strafe auf sich genommen – nicht für seine Sünden, sondern für meine (Hebr 12,1-3). Amen.*

19 Öffnet mir die Tore des Tempels, die Tore der Gerechtigkeit, ich möch-
te hindurchgehen und dem HERRN danken! 20 „Das ist das Tor, das dem
HERRN gehört. Menschen, die nach Gottes Willen leben, dürfen hindurch-
gehen." 21 Ich danke dir, HERR, dass du mich erhört hast und mir zum Helfer
wurdest. 22 Der Stein, den die Bauleute für unbrauchbar erklärten, ist zum
Eckstein geworden. 23 Das hat der HERR getan, und es ist ein Wunder in un-
seren Augen. 24 Dies ist der Tag, den der HERR gemacht hat; heute wollen wir
fröhlich jubeln und unsere Freude haben. 25 O HERR, hilf du doch auch wei-
terhin! O HERR, gib du doch Gelingen! 26 „Gesegnet sei, wer im Namen des
HERRN kommt! Wir segnen euch vom Haus des HERRN aus. 27 Der HERR
ist Gott, und er hat uns Licht geschenkt. Tanzt einen festlichen Reigen, mit
Zweigen in der Hand, bis dicht an die Hörner des Altars!" 28 Mein Gott bist
du, und ich will dir danken, mein Gott, ich will dich preisen! 29 Dankt dem
HERRN, denn er ist gütig, und seine Gnade bleibt für alle Zeiten bestehen!

ÖFFNET DIE TORE. Die Führungselite des Volkes hat den Beter kaltgestellt, wie man einen nutzlosen Stein aussortiert. Aber Gott hat ihn zum Eckstein gemacht (V. 22). Er nähert sich dem Tor des Tempels, durch das nur die Gerechten eintreten dürfen (V. 19.20), er wird mit Gesang und Tanz bis zu den Hörnern des Altars geleitet (V. 27).[112] Später wird Jesus unter dem Gesang dieses Psalms in Jerusalem einziehen: „Gesegnet sei, wer im Namen des Herrn kommt!" (V. 26). Auch er wird von den religiösen Führern abgelehnt und zum Altar geführt, aber um dort ein Opfer für unsere Sünde zu sein (Jes 53,10; Hebr 9,12), um uns gerecht zu machen, damit wir uns Gott nahen können (Hebr 10,22). Wenn wir beten, öffnen sich die „Tore der Gerechtigkeit". Durch sein Opfer haben wir durch den Geist Zugang zum Vater (Eph 2,18).

Gebet: *Herr, ich lobe und preise dich, dass dein Sohn aus freiem Willen einen schrecklichen Preis gezahlt hat, damit ich im Gebet zu dir kommen kann. Wenn er bereit war, aus deiner Herrlichkeit auf diese Erde zu kommen, um das zu tun – kann ich da nicht jeden Morgen wenigstens ein wenig früher aufstehen, um von diesem Geschenk Gebrauch zu machen, das so teuer erkauft ist? Herr, mach mich zu einem Menschen des Gebets. Amen.*

[1] Glücklich zu preisen sind alle, deren Lebensweg untadelig ist, die den Weg gehen, den das Gesetz des HERRN zeigt. [2] Glücklich sind, die auf alles achten, was er in seinem Wort bezeugt, die von ganzem Herzen nach ihm fragen,
[3] die kein Unrecht tun, sondern auf Gottes Wegen gehen. [4] Du selbst, HERR, hast uns deine Ordnungen anbefohlen, damit wir sie mit ganzem Ernst beachten. [5] Ach, dass ich doch beständig die Wege gehen möge, auf denen ich deine Bestimmungen einhalte! [6] Dann werde ich nicht in Schande enden, wenn ich auf all deine Gebote schaue. [7] Mit aufrichtigem Herzen will ich dir danken, wenn ich immer besser deine Rechtsordnung befolgen lerne, in der sich deine Gerechtigkeit spiegelt. [8] An deine Bestimmungen will ich mich halten, verlasse du mich nur nicht ganz und gar!

DAS WORT: WAS ES IST. Psalm 1 sagt, der Schlüssel, um Gott zu kennen, ist Freude an seinem Wort. Und was ist das – sein Wort? Es sind seine Gesetze, Bestimmungen und Gebote – Gottes autoritatives Wort, dem man gehorchen muss (V. 1.5.6). Es sind seine Vorschriften – dauerhaft gültig für jede Zeit, jeden Ort –, die zu beachten sind (V. 2). Es sind seine Ordnungen – vollendete Weisheit, in der das, was er fordert, unseren Bedürfnissen und unserem Wesen ganz genau entspricht (V. 4). Es sind seine „Wege" – keine abstrakte Regelsammlung, sondern ein Ausdruck von Gottes eigenem Wesen und Charakter (V. 3). Die Bibel zu kennen ist daher kein Selbstzweck. Wir lernen sie kennen, damit wir von ganzem Herzen nach ihm fragen (V. 2) – damit wir in Gemeinschaft mit diesem Gott leben können.

Gebet: *Herr, ich habe lange geglaubt, du wirkst in meinem Leben durch deinen Geist und die Bibel ist nur ein Buch voller Regeln und inspirierender Geschichten. Danke, dass du mir gezeigt hast, dass die Bibel die Weise ist, wie du durch deinen Geist in meinem Leben wirkst. Lass mich dich in deinem Wort finden und kennenlernen. Amen.*

[9] Wodurch hält ein junger Mensch seinen Lebensweg frei von Schuld? Indem
er sich nach deinem Wort, HERR, richtet. [10] Von ganzem Herzen habe ich
dich gesucht, lass mich nicht von deinen Geboten abirren! [11] Auch bewahre
ich im Herzen, was du gesagt hast, um nicht gegen dich zu sündigen. [12] Ge-
priesen seist du, HERR! Lehre du mich, deinen Bestimmungen zu folgen!
[13] Ich selbst will weitererzählen, welche Rechtsentscheidungen du ausgespro-
chen hast. [14] Es erfüllt mich mit Freude, den Weg zu gehen, den du als richtig
bezeugst; darüber bin ich glücklicher als über alles, was man besitzen kann.
[15] Gerne denke ich über deine Ordnungen nach, achten will ich auf die Wege,
die du vorgegeben hast. [16] An deinen Bestimmungen habe ich große Freude,
dein Wort will ich niemals vergessen.

DAS WORT: WAS WIR TUN SOLLEN. Wie sollen wir das Wort Gottes nutzen? Wir sollten sehen, welche Schätze darin stecken (V. 14) und es lange und intensiv meditieren (V. 15.16). Wir müssen das Wort Gottes tief in unser Herz aufnehmen, indem wir es immer wieder lesen und uns einprägen. Der Wahrheit der Schrift sollte unsere Liebe gelten, bis sie unsere Vorlieben, Hoffnungen und unsere Vorstellungswelt prägt. Jesus ist dafür unser größtes Vorbild. In seiner dunkelsten Stunde, als er verlassen (Mt 26,31), verraten (Mt 26,53-56) und getötet wird (Mt 27,46), zitiert er die Schrift. Er war so vertraut mit dem Wort der Schrift, dass er in jeder Notlage oder Schwierigkeit darauf zurückkommen konnte. Das Wort Gottes sollte seinen „ganzen Reichtum bei uns entfalten" (Kol 3,16). Tut es das?

Gebet: *Herr, nichts Wertvolles in meinem Leben habe ich ohne Mühe erworben – warum sollte es mit deinem Wort anders sein. Ich bekenne, dass ich dein Wort vernachlässige. Selbst wenn ich es lese, tue ich nicht genug, um es zu verdauen und zu leben. Hilf mir! Amen.*

[17] Erweise mir, deinem Diener, deine Güte, damit ich neue Lebenskraft be-
komme und dein Wort befolgen kann. [18] Öffne mir die Augen, damit ich die
Wunder erkenne, die dein Gesetz enthält! [19] Nur ein Gast bin ich auf dieser
Erde, enthalte mir deine Gebote nicht vor. [20] Zu jeder Zeit verzehre ich mich
vor Sehnsucht nach deinen Rechtsbestimmungen. [21] Überhebliche Menschen
hast du zurechtgewiesen, verflucht sind alle, die deine Gebote außer Acht las-
sen. [22] Befreie mich doch von Hohn und Verachtung, denn ich gebe Acht auf
das, was du in deinem Wort bezeugst. [23] Ganz gleich, ob Mächtige beieinander
sitzen und sich gegen mich beraten – ich, dein Diener, sinne nach über deine
Bestimmungen. [24] An dem, was du bezeugst, habe ich große Freude, es ist der
Ratgeber für mein Leben.

DAS WORT IST UNSER RATGEBER. Ein Weg, um mit der Vergänglichkeit (V. 19), mit Verachtung, Hohn und Verleumdung (V. 22.23) fertigzuwerden, ist der, dass man sich Berater sucht. Die Bibel kann ein wunderbarer Berater sein (V. 24), allerdings nur dann, wenn wir fähig sind, die „Wunder“ darin zu erkennen (V. 18). Paulus spricht davon, dass unser Verstand mit einer Decke verhangen ist (2Kor 3,14-18). Wir mögen wohl einzelne Aussagen und Fakten verstehen, aber ohne die Hilfe des Heiligen Geistes können wir nicht erkennen, wie herrlich und wunderbar die Botschaft der Bibel ist, insbesondere nicht, wenn es um das Evangelium von Christus geht. Gottes Geist kann diese Decke beseitigen (2Kor 3,18). Bitten wir Gott, dass er uns die Augen des Herzens und die Augen des Geistes öffnet, damit wir die Schönheit und Herrlichkeit seines Wortes erkennen (V. 18). Dann kann es auch ein Arzt für unsere Seele werden.

***Gebet:** Herr Jesus, man hat dich den wunderbaren Ratgeber genannt, und das bist du wirklich! Aber der Ort, wo ich unschätzbaren Rat und Trost gefunden habe, ist dein Wort. Öffne meine Augen, damit ich die Schrift verstehe, damit ich immer mehr von deinem guten Rat empfangen kann. Amen.*

[25] Wie zerschlagen liege ich im Staub, schenk mir neue Lebenskraft durch
dein Wort. [26] Ich habe dir erzählt, welchen Weg ich wähle, und du hast mir
geantwortet. Nun lehre mich doch, deinen Bestimmungen zu folgen. [27] Lass
mich verstehen, welchen Weg deine Ordnungen vorgeben; ich will nachsin-
nen über alle deine Wunder. [28] Ich bin in Tränen aufgelöst vor Kummer, richte
mich auf durch dein Wort. [29] Halte mich fern vom Weg der Lüge, beschenke
mich durch die Unterweisung aus deinem Gesetz. [30] Den Weg der Wahrheit
habe ich erwählt, deine Rechtsbestimmungen habe ich stets vor Augen. [31] Ich
halte fest an dem, was du bezeugst, HERR, lass mich nicht in Schande enden.
[32] Ohne zu zögern will ich den Weg gehen, den deine Gebote weisen, denn du
machst mein Herz dazu bereit.

DAS WORT PRÜFT UNSER LEBEN. Der Psalmist wirft einen prüfenden Blick auf sein Leben (V. 26), und er prüft sich anhand des Wortes Gottes. Vers 29 – „Halte mich fern vom Weg der Lüge“ – zeigt: Gottes Wort holt uns nicht nur heraus aus jeder Selbsttäuschung, es verhindert auch, dass wir andere täuschen. Heute neigen die Menschen dazu, die Bibel zu untersuchen, um Dinge zu finden, die sie nicht akzeptieren können. Aber Christen sollten es umgekehrt machen: Sie sollten der Bibel erlauben, uns zu prüfen, um herauszufinden, was Gott nicht akzeptieren kann. Der Beter hat sich von ganzem Herzen entschieden, dem Gesetz Gottes treu zu sein (V. 30). Wir können die Bibel nicht wirklich verstehen, solange wir diesen Grundentschluss nicht gefasst haben und sagen: „Was immer ich in deinem Wort finde, ich werde es tun.“ Das mag restriktiv erscheinen – aber es führt uns zur Freiheit (V. 45).

Gebet: *Herr, ich muss wirklich dein Wort erforschen. Aber wenn ich verstanden habe, was ein Text, ein Vers meint, dann muss ich zulassen, dass dieses Wort mich erforscht bis in meine Tiefen. Gib mir die Demut und die Liebe dazu. Amen.*

33 Zeige mir, HERR, den Weg, den deine Bestimmungen vorgeben, dann will
ich ihn gehen bis an mein Ende. 34 Gib mir Einsicht, damit ich mich an dein
Gesetz halte und es von ganzem Herzen befolge. 35 Führe mich auf dem Pfad,
den deine Gebote vorzeichnen, denn an ihm habe ich meine Freude. 36 Lenke
mein Herz hin zu dem, was du in deinem Wort bezeugst, und halte es fern
vom selbstsüchtigen Streben nach Gewinn! 37 Ja, halte meine Augen davon ab,
nach trügerischen Dingen Ausschau zu halten. Schenk mir neue Lebenskraft,
indem du mich auf deinen Wegen führst. 38 Erfülle mir, deinem Diener, die
Zusage, die du mir gegeben hast. Sie gilt allen, die Ehrfurcht vor dir haben.
39 Lass mich nicht in Schande enden – mir graut davor! Deine Rechtsbestim-
mungen sind heilsam. 40 Ja, ich sehne mich nach deinen Ordnungen. Erweise
mir deine Treue und gib mir neue Lebenskraft.

DAS WORT UND WIR. Der Beter will sich an Gottes Gesetz halten (V. 34), aber er muss feststellen, dass das Herz sich rasch selbstsüchtigeren Zielen (V. 36), ja sogar Götzen („trügerischen Dingen“, V. 37) zuwendet. Epheser 4,22-24 spricht davon, dass es in uns einen „alten Menschen“ und einen „neuen Menschen“ gibt. Christen wissen, dass der alte Mensch immer wieder mit dem Gefühl der Minderwertigkeit, des Ungenügens zu kämpfen hat (V. 39), der Angst, nicht gut genug zu sein. Und das ist ja durchaus nicht falsch. Aber wir werden diese Angst nicht los, auch nicht mit aller moralischen Anstrengung. Nur in Christus wird uns dieses Ungenügen abgenommen und wir erhalten eine ganz neue Identität (Röm 8,1; Hebr 10,22). Jeder Tag ist ein Kampf – lassen wir uns von unserem alten oder unserem neuen Menschen bestimmen?

Gebet: *Herr, ich bekenne dir, dass mein alter Mensch, meine alten Mechanismen, mir Anerkennung und Sicherheit zu verschaffen, immer noch sehr lebendig sind. Und deshalb steckt in mir immer noch diese unbestimmte, krank machende Furcht, jemand könnte mich bloßstellen oder mich als Hochstapler oder Versager entlarven. Herr, präge mir diese Wahrheit tief in mein Gewissen und mein Herz ein: Das Blut Jesu Christi reinigt uns von aller Sünde. Amen.*

41 Schenk mir reichlich deine Gnade, HERR, und deine Rettung, wie du es
zugesagt hast. 42 Dann kann ich dem, der mich beschimpft, Rede und Ant-
wort stehen, denn ich vertraue auf dein Wort. 43 Lass meinen Mund nicht
verstummen, hilf mir, die Wahrheit zu sagen! Meine Hoffnung setze ich auf
deine gerechten Entscheidungen. 44 An dein Gesetz will ich mich beständig
halten, für immer und ewig. 45 So werde ich frei meinen Weg gehen können,
denn gewissenhaft forsche ich in deinen Ordnungen. 46 Vor Königen will ich
reden über das, was du in deinem Wort bezeugst, und ich werde mich nicht
dafür schämen. 47 Mit großer Freude erfüllen mich deine Gebote, die ich so
lieb gewonnen habe. 48 Ja, ich liebe und verehre deine Gebote, und über deine
Bestimmungen sinne ich nach.

DAS WORT UND DIE FREIHEIT. Je mehr der Beter sich bemüht, Gott zu gehorchen, umso freier kann er seinen Weg gehen (V. 45). Wenn nicht Gott uns regiert, regiert uns etwas anderes: Sünde und Gewohnheit (V. 133), unser Bedürfnis nach Liebe und Anerkennung (V. 36). Aber wenn Gott uns „in die Hand nimmt“, verlieren diese Dinge ihre übermäßige Macht über uns. Dann fürchten wir uns nicht einmal mehr vor Königen (V. 46). Mit Gott kommt in unser Leben außerdem die Freiheit der „Horizont erweiternden Begegnung mit einer größeren Weisheit und Vision als unserer eigenen. Vers 45 heißt wörtlich ‚ich werde wandeln in der Weite/in weitem Raum.‘ Eine Umschreibung dieses Verses lautet: ‚Du öffnest mein Leben neu vor mir.‘“[113] Umgang mit kreativen Menschen setzt neue Gedanken in uns frei. Wie viel mehr dann die Begegnung mit dem lebendigen Gott und seinem Wort?

Gebet: *Herr, ja, du öffnest wirklich mein Leben neu vor mir. Ich dachte, es gäbe nichts weiter als die Karriereleiter dieser Welt. Aber jetzt erkenne ich, dass ich mich auf unermessliche geistliche Wirklichkeiten, auf eine Ewigkeit und deine Herrlichkeit freuen kann. Ich preise dich für diese staunenswerte Vision des Lebens, die du mir in deinem Wort schenkst. Amen.*

49 Denk an das Wort, das du an mich, deinen Diener, gerichtet hast – du hast
mich doch darauf meine Hoffnung setzen lassen! 50 Dies ist mein Trost in
allem Leid, dass dein Zuspruch mir neue Lebenskraft gegeben hat. 51 Bis zum
Äußersten haben überhebliche Menschen ihren Spott mit mir getrieben, ich
aber bin von deinem Gesetz nicht abgewichen. 52 Immer, wenn ich an deine
Rechtsbestimmungen dachte, die seit ewigen Zeiten gelten, HERR, dann fand
ich Trost. 53 Mich packt der Zorn über die Gottlosen, die deinem Gesetz den
Rücken kehren. 54 Deine Bestimmungen begleiten mich wie Lieder, solange
ich als Gast auf dieser Erde lebe. 55 Selbst spät in der Nacht denke ich an dei-
nen großen Namen, HERR, an dein Gesetz habe ich mich ständig gehalten.
56 Es ist ein Geschenk für mich, deine Ordnungen bewahren zu dürfen.

DAS WORT UND DIE KULTUR. In einer Kultur, in der man belächelt wird, wenn man an Gott glaubt, ist es schwierig, zu glauben (V. 51). Warum sollte man sich da für antiquierte und eindeutig überholte Gesetze interessieren („Rechtsbestimmungen, die seit ewigen Zeiten gelten“; V. 52)? Trotz des Spotts seiner Umwelt hält sich der Psalmist entschlossen an das Wort (V. 51.52). Das Ergebnis ist „neue Lebenskraft“ (V. 50). Auch andere Stellen betonen, dass Gottes Wort Leben erhält. Manchmal meint das ganz wörtlich das Überleben, aber hier bedeutet es mehr. Die Bibel schafft Belastbarkeit. Ihre Verheißungen, das Herz zu erfreuen, und ihre weitblickenden Einsichten stärken den Willen. Gottes Wort ist wirklich geistliches Manna, das uns auf den Beinen hält und befähigt, weiterzugehen.

Gebet: *Herr Jesus, du wurdest gnadenlos verspottet. „Messias, du bist doch ein Prophet! Sag uns: Wer hat dich geschlagen?“ (Mt 26,68). Du hast Spott und Hohn geduldig ertragen – für mich. Dann kann ich es sicher auch für dich tun. Erinnere mich daran, dass du für mich verlacht wurdest. Hilf mir, mutig den Mund aufzutun und von meinem Glauben zu reden. Amen.*

57 HERR, du selbst bist mein kostbarer Schatz. Ich habe versprochen, deine
Worte zu befolgen. 58 Von ganzem Herzen suche ich deine Gunst – sei mir
gnädig, wie du es zugesagt hast. 59 Ich überdenke alle meine Wege und lenke
meine Schritte zurück zu dem, was du als richtig bezeugst. 60 Entschlossen
und ohne zu zögern bemühe ich mich, deine Gebote zu halten. 61 Um mich
her liegen die Fallstricke, die gottlose Menschen ausgelegt haben, ich aber
vergesse dein Gesetz nicht. 62 Selbst mitten in der Nacht stehe ich auf, um dir
zu danken für die Rechtsordnung, in der sich deine Gerechtigkeit spiegelt.
63 Ich bin ein Freund all derer, die Ehrfurcht vor dir haben und sich an deine
Ordnungen halten. 64 HERR, die Erde ist erfüllt von deiner Gnade. Lehre
mich, deinen Bestimmungen zu folgen.

GOTTES GNADE ERFÜLLT DIE ERDE. Die ganze Erde „ist erfüllt von deiner Gnade“ (V. 64). Gott hat die Erde erschaffen und sorgt in Liebe weiter für sie. Jesus sagt, wir können Gott vertrauen, weil er sogar für die Vögel unter dem Himmel sorgt (Mt 6,26) und alles liebt, was er geschaffen hat (Ps 145,10). Und weil er alle Menschen liebt, die er geschaffen hat, will er auch, dass sie seine erlösende Liebe erfahren. „Ich habe kein Gefallen am Tod dessen, der sterben müsste … bekehrt euch, so werdet ihr leben“ (Hes 18,32; L). Wichtig ist, dass wir weder denken, Gott liebe nur die, die an ihn glauben, noch, er liebe alle Menschen auf genau gleiche Art und Weise. Wie sollten wir einem derart liebenden Gott antworten? Wir sollten unser Leben in jeder Hinsicht im Einklang mit seinem Wort gestalten (V. 59.60).

Gebet: *Herr, ich preise dich, dass du mich schon immer geliebt hast. Und besonders dafür, dass du mir das Herz geöffnet hast, damit ich deine rettende Liebe empfangen kann. „Ich lief verirrt und war verblendet, ich suchte dich und fand dich nicht; ich hatte mich von dir gewendet und liebte das geschaffne Licht. Nun aber ist’s durch dich geschehn, dass ich dich hab ersehn.“[114] Danke für deine überreiche Gnade. Amen.*

[65] Du hast mir, deinem Diener, stets Gutes erwiesen, HERR, so wie du es
in deinem Wort zugesagt hast. [66] Lehre mich gesundes Urteil und rechte
Erkenntnis, denn auf deine Gebote vertraue ich. [67] Bevor ich vom Leid ge-
troffen wurde, war ich verstrickt in Irrtum, doch nun achte ich auf das, was
du sagst. [68] Du bist gütig und tust den Menschen Gutes; lehre mich, deinen
Bestimmungen zu folgen. [69] Überhebliche Leute erdichten Lügen über mich,
ich aber halte mich von ganzem Herzen an deine Anordnungen. [70] Das Herz
dieser Leute ist abgestumpft, ich aber habe große Freude an deinem Gesetz.
[71] Es hat mir gut getan, dass ich vom Leid getroffen wurde, erst dadurch lernte
ich, mich auf deine Bestimmungen zu besinnen. [72] Das Gesetz, das du ausge-
sprochen hast, bedeutet mir mehr als Tausende von Gold- und Silberstücken.

DIE SCHULE DES LEIDENS. Leid ist eine Schule, in der die Schüler etwas über sich selbst, über Gott und über das Leben lernen, das sie ohne das Leid nie gelernt hätten (V. 66.67). Im Rückblick auf die unbezahlbaren Lektionen, die er gelernt hat, ist der Leidende fähig, zu dem, der ihm das Leid zugemutet hat, zu sagen: „Du bist gütig und tust den Menschen Gutes" (V. 68, vgl. V. 65 und 71). Wenn wir uns in der Schule des Leids in Gottes Wort vertiefen, entwickeln wir eine angemessene Empfänglichkeit des Herzens (V. 70) und uns werden die Augen geöffnet, sodass wir die ungeahnten Schätze in der Bibel entdecken (V. 72). Wie bemerkenswert, dass ein Mensch mit dem Wort Gottes aus leidvollen Erfahrungen einsichtiger, weiser, bereichert, liebevoller und sogar glücklicher hervorgehen kann.

Gebet: *Herr, du nennst dich Lehrer und Herr, aber ich bin ein so begriffsstutziger Schüler! Wenn es mir schlecht geht, beiße ich die Zähne zusammen und warte, dass die schwierigen Zeiten vorübergehen. Hilf mir stattdessen, wenn etwas Schlimmes geschieht, zu fragen: „Soll ich hier etwas lernen?" Zeig du selbst mir den Weg. Amen.*

73 Deine Hände haben mich geschaffen und gebildet; schenk mir Einsicht,
damit ich lerne, deine Gebote zu befolgen. 74 Alle, die vor dir Ehrfurcht haben,
werden sich freuen, wenn sie mich sehen, denn ich setze meine Hoffnung auf
dein Wort. 75 Ich weiß, HERR, dass deine Urteile gerecht sind: Du hast auch
dann in Treue gehandelt, als du Leid über mich brachtest. 76 Lass mich doch
nun Trost finden, indem du mir deine Gnade schenkst; so hast du es ja mir,
deinem Diener, zugesagt. 77 Schenk mir in reichem Maß deine Barmherzig-
keit, damit ich neue Lebenskraft bekomme, denn ich habe große Freude an
deinem Gesetz. 78 Stürze doch jene überheblichen Leute in Schande – sie,
die mich mit ihren Lügen zu Boden gedrückt haben! Ich dagegen sinne über
deine Ordnungen nach. 79 Lass Menschen sich mir zuwenden, die Ehrfurcht
vor dir haben, die vertraut sind mit dem, was du in deinem Wort bezeugst.
80 Mein Herz soll einzig und allein an deinen Bestimmungen hängen, damit
ich nicht in Schande falle.

DAS ZEUGNIS DES LEIDENS. Der Beter denkt darüber nach, wie sein eigenes Leid sich auf andere auswirkt – auf „alle, die vor dir Ehrfurcht haben“ (V. 74.79). Er glaubt, dass Gott selbst ihm das Leid zumutet, und zwar „in Treue“, das heißt in Liebe und Weisheit (V. 75, vgl. 1Mo 50,20; Röm 8,28). Wenn andere sehen, wie vertrauensvoll er an Gott festhält, wird seine standhafte Haltung sie aufbauen (V. 74). Mitten in der Anfechtung meditiert der Beter Gottes Wort gründlich und tief, um darin Trost (V. 76), Freude (V. 77) und ganze Hingabe (V. 80) zu finden, „ein inneres Wesen, in dem alle Seelenkräfte ganz und gar um das Wort Gottes herum geordnet sind“.[115] Wenn andere sehen, welche Kraft das Wort Gottes in seinem Leben entfaltet, zieht es sie zueinander und vertieft die Gemeinschaft der Gläubigen. Leid, mit dem wir richtig umgehen, schafft tiefe Gemeinschaft und Freundschaft.

***Gebet:** Herr, wenn ich meine Wunden lecke, denke ich nicht an andere und verkrieche mich am liebsten. Hilf mir, in solchen Zeiten offen zu sein für andere und zeig mir Wege, auch in meinen schwierigen Zeiten anderen Mut zu machen. Herr, in deinem Leiden hast du nur an mich gedacht. Lass mich an die Menschen denken, mit denen ich verbunden bin, wenn ich Leid zu tragen habe. Amen.*

81 Ich verzehre mich vor Sehnsucht nach deiner Hilfe, ich setze meine gan-
ze Hoffnung auf dein rettendes Wort. 82 Meine Augen halten sehnsüchtig
Ausschau danach, dass du deine Zusage erfüllst. „Wann wirst du mir Trost
geben?“, so frage ich immer wieder. 83 Ich fühle mich ausgedorrt wie ein lee-
rer Wasserschlauch, der im Rauch hängt; dennoch vergesse ich deine Bestim-
mungen nicht. 84 Wie viele Tage muss ich, dein Diener, noch warten? Wann
endlich wirst du Gericht halten über alle, die mich verfolgen? 85 Überhebliche
Menschen haben mir Gruben gegraben, damit ich hineinfalle – sie, denen
dein Gesetz so ganz und gar nichts bedeutet. 86 Alle deine Gebote spiegeln
deine Treue. Hilf mir, denn man verfolgt mich mit falschen Anschuldigungen!
87 Es fehlte nicht viel, und meine Feinde hätten hier in unserem Land ein Ende
mit mir gemacht; ich aber weiche dennoch nicht von deinen Anordnungen ab.
88 Sei mir gnädig und schenk mir neue Lebenskraft, so will ich gerne befolgen,
was du gesagt und bezeugt hast.

LEBENSRETTENDE MASSNAHMEN. Der Beter ist am Ende seiner Kräfte; noch mehr Leid kann er nicht ertragen (V. 81.82). Er leidet unverdient (V. 86), und es ist kein Ende in Sicht. Was können wir in solch extremen Momenten tun? Das, was wir bis dahin auch getan haben – am Wort Gottes festhalten und ehrlich und anhaltend beten, wie wir es hier sehen. Wenn Leid uns trifft, sind Gebet und Bibellese das Wichtigste, was wir tun können. Es sind wahrhaft lebensrettende Maßnahmen. „Die wichtigsten Mittel, um Weisheit zu erlangen … sind die Heilige Schrift und das Gebet. Das eine ist die Quelle lebendigen Wassers, das andere der Eimer, mit dem wir es schöpfen.“[116]

Gebet: *Herr, wenn ich am Ende meiner eigenen Kraft, Weisheit und Möglichkeiten angekommen bin, ist das noch lange nicht das Ende deiner Möglichkeiten. Deine Weisheit steht mir immer zur Verfügung – im Gebet und in deinem Wort. Hilf mir, diese lebensrettenden Maßnahmen nicht zu vernachlässigen. Amen.*

89 Für alle Ewigkeit, HERR, hat dein Wort Bestand, es steht so fest wie der
Himmel. 90 Von Generation zu Generation währt deine Treue, du hast der
Erde ihr Fundament gegeben, und so erhältst du sie. 91 Nach deinen Ordnun-
gen gibt es Himmel und Erde bis heute, alles steht dir zu Diensten. 92 Hätte
ich nicht so große Freude an deinem Gesetz, dann wäre ich längst zugrunde
gegangen in meinem Elend! 93 Nie und nimmer will ich deine Ordnungen ver-
gessen, durch sie hast du mich neu belebt. 94 Ich gehöre dir, so rette du mich!
Denn gewissenhaft forsche ich in deinen Ordnungen. 95 Gottlose Verbrecher
lauern mir auf, um mich umzubringen, ich aber achte auf alles, was du in dei-
nem Wort bezeugst. 96 Ich habe gesehen, dass alles noch so Vollkommene ein
Ende hat, deine Gebote aber gelten unbeschränkt.

DAS EWIGE WORT. Der Psalmist besingt das ewige Wort Gottes, das feststeht „wie der Himmel“ (V. 89) und die Welt ordnet und erhält (V. 91; vgl. Hebr 1,3). Und dann identifiziert er übergangslos das ewige Wort Gottes mit dem Wort der Schrift (V. 91.92). Derselbe Geist, der das Universum erhält, spricht sich durch die Bibel aus. Es gibt also keinerlei Einschränkung für die Vertrauenswürdigkeit und Wahrheit der Schrift (V. 96). Sie ist daher das einzig solide Fundament, auf das wir unser Leben bauen können. Kulturen, Philosophien und fortschrittliche Trends kommen und gehen, meist sind sie nach einer oder zwei Generationen schon wieder vergessen, aber „von Generation zu Generation“ (V. 90) „hat dein Wort Bestand“ (V. 89).

***Gebet:** Herr, was die Generation meiner Großeltern geglaubt hat, als sie jung war, ist heute lächerlich oder anstößig. In unserer Gesellschaft mehren sich die Stimmen, die die Bibel als „rückständig“ abschaffen wollen – Stimmen, die selbst einmal in den Mülleimer der Geschichte geworfen werden. Hilf mir, nie zu vergessen: Dein Wort ist beides: vollkommen und ewig. Amen.*

97 Wie lieb habe ich doch dein Gesetz, den ganzen Tag sinne ich darüber nach!
98 Deine Gebote machen mich klüger als meine Feinde, denn sie sind mir stets
gegenwärtig. 99 Ich bin verständiger als alle meine Lehrer, weil ich immer
wieder nachsinne über das, was du bezeugst. 100 Ich habe mehr Einsicht als
erfahrene, alt gewordene Menschen, denn ich richte mich nach deinen Ord-
nungen. 101 Von jedem bösen Weg halte ich meinen Fuß zurück, um dein Wort
zu befolgen. 102 Von deinen Rechtsbestimmungen weiche ich nicht ab, denn du
selbst hast mich darin unterwiesen. 103 Deine Zusagen sind für mich wie Gau-
menfreuden, ja, sie sind süßer noch als Honig! 104 Aus deinen Ordnungen ge-
winne ich Einsicht, darum hasse ich jeden Weg der Lüge und der Falschheit.

DAS WORT DER WEISHEIT. Weisheit besteht darin, in jeder Situation den richtigen Weg zu kennen (V. 101). Und nirgends lernen wir diese Weisheit besser als im Wort Gottes. Weder Gelehrsamkeit noch Studium (V. 99), weder Erfahrung noch Leistung (V. 100) können uns so viel über das menschliche Herz, die menschliche Natur und die Wege der Welt sagen wie Gottes Wort. Sowohl Jesus (Lk 10,21) als auch Paulus (1Kor 1,18-25) sagen uns: Bei den Klugen und Hochstehenden stößt das Evangelium eher auf Ablehnung; die Armen und Geringen dagegen nehmen es mit offenen Armen auf. Es sind also nicht die Leute, die die biblischen Fakten kennen, die Weisheit erlangen. Weisheit erschließt sich denen, die dem biblischem Wort mit Demut und Liebe (V. 97), Gehorsam (V. 101) und Wonne (V. 103) begegnen.

***Gebet:** Herr, dein Wort ist voller „unendlicher Süßigkeit! Lass mein Herz jeden Buchstaben [verkosten].“[117] Es ist Medizin für jede Wunde. Lehre mich, dein Wort nicht nur zu kennen, sondern alles, was es lehrt, zu verkosten und zu genießen. Amen.*

105 Dein Wort leuchtet mir dort, wo ich gehe; es ist ein Licht auf meinem Weg.
106 Ich habe geschworen und halte mich daran: Die Rechtsordnung, in der sich
deine Gerechtigkeit spiegelt, will ich treu beachten. 107 Ich bin vom Leid sehr
gebeugt, HERR, schenk mir neue Lebenskraft durch dein Wort. 108 Nimm
meine Dankgebete als Opfer an, HERR, und lehre mich, deine Rechtsbestim-
mungen zu befolgen. 109 Ständig ist mein Leben in Gefahr, doch dein Gesetz
vergesse ich nie. 110 Gottlose Menschen stellen mir Fallen, von deinen Ord-
nungen irre ich trotzdem nicht ab. 111 Was du in deinem Wort bezeugst, ist
mein kostbarer Besitz für alle Zeit, es erfüllt mein Herz mit großer Freude.
112 Ja, von ganzem Herzen will ich mich nach deinen Bestimmungen richten –
jederzeit, bis an mein Lebensende.

DEIN WORT IST MEIN LICHT. Licht brauchen wir, wenn es irgendwo zu dunkel für unsere bloßen Augen ist, um sichere Schritte machen zu können. Ganz ähnlich ist das Leben zu dunkel für unsere bloße Weisheit. Ohne das Licht des Wortes Gottes werden wir in die Irre gehen (V. 105). Das Wort wird uns aber nur dann zum Licht werden, wenn wir es ohne inneres Murren befolgen, auch wenn uns nicht gefällt, was es uns sagt. „Ja, von ganzem Herzen will ich mich nach deinen Bestimmungen richten – jederzeit, bis an mein Lebensende" (V. 112). „Freude ohne Gehorsam ist Frivolität; Gehorsam ohne Freude ist Moralismus."[118] Denken wir an Jesus in der dunklen Stunde der Versuchung (V. Lk 4,1-13). Jedes Mal, wenn der Versucher ihn in sein Dunkel hineinziehen wollte, hat Jesus das Dunkel mit einem Schriftwort vertrieben.

Gebet: *Herr, ich möchte so tief in dein Wort eintauchen, dass es mir – ebenso wie Jesus – jederzeit vor Augen steht und mir deutet, was ich gerade erlebe, meine Entscheidungen leitet und mein Herz stärkt. Amen.*

113 Ich verabscheue es, wenn Menschen wankelmütig sind, ich aber habe dein
Gesetz lieb gewonnen. 114 Bei dir finde ich Zuflucht, du bist der Schild, der
mich schützt, ich setze meine ganze Hoffnung auf dein Wort. 115 Haltet euch
fern von mir, die ihr ständig Böses plant – ich will die Gebote meines Gottes
befolgen! 116 Gib mir Halt, wie du es zugesagt hast! Dann habe ich wieder neue
Lebenskraft. Lass mich in meiner Hoffnung nicht enttäuscht werden. 117 Stär-
ke mich, damit ich gerettet werde, ich will beständig auf deine Bestimmungen
achten. 118 Du weist alle ab, die deine Bestimmungen außer Acht lassen, denn
ihre Pläne sind nichts als Lug und Trug. 119 Alle im Land, die sich dir wider-
setzen, schaffst du weg wie Abfall, daher liebe ich alles, was du in deinem
Wort bezeugst. 120 Mein Fleisch schaudert aus Furcht vor dir, und ich habe
Ehrfurcht vor deinen Bestimmungen![119]

GOTT KENNEN. Vers 120 bindet die Furcht vor Gott eng an die Ehrfurcht vor dem Wort. Es gibt eine Furcht vor dem Wort Gottes (V. 120), wenn uns aufgeht, wie erhaben, stimmig und weise es ist. Und dieses ehrfürchtige Erzittern führt uns direkt zur Gottesfurcht, dieser tiefen, zitternden, staunenden Freude, die zunimmt, je mehr wir ihn kennenlernen, wie er ist, nicht, wie wir ihn uns vorstellen. Wie können wir sicher sein, dass wir dem wahren Gott begegnen und nicht unserem Wunschbild von Gott? Nur durch sein Wort. Die Bibel ist „das vorrangige Mittel, durch das Gott sich uns vorstellt, und zwar so, dass wir ihn kennen und in einer verlässlichen Beziehung mit ihm bleiben können."[120]

***Gebet:** Herr, nimm mich mit in die Unendlichkeit und ungeheure Weite deines Wortes. Gib mir ein deutliches Gespür dafür, dass dieses Wort einen göttlichen Ursprung hat. Lass mich so atemlos darüber staunen wie über einen Sonnenaufgang oder Sonnenuntergang. Berühre mein Herz durch seine Schönheit, wie Berge und Meer es tun. Denn wenn das geschieht, bin ich nur einen Augenblick davon entfernt, dein Angesicht zu schauen. Amen.*

[121] Ich habe mich so verhalten, wie es Recht und Gerechtigkeit entspricht, lass
mich nicht in die Hände derer fallen, die mich unterdrücken! [122] Verbürge
dich für mich, deinen Diener, damit es mir zugute kommt. Lass nicht zu, dass
überhebliche Menschen mir Gewalt antun! [123] Meine Augen halten sehnsüch-
tig Ausschau danach, dass du hilfst und mir zusagst, deine Treue zu erweisen!
[124] Handle an mir, deinem Diener, wie es deiner Gnade entspricht, und lehre
mich, deinen Bestimmungen zu folgen. [125] Dir diene ich doch, so gib mir Ein-
sicht, damit ich recht begreife, was du in deinem Wort bezeugst. [126] Es ist Zeit
zu handeln, HERR, denn man hat dein Gesetz außer Kraft gesetzt. [127] Umso
mehr liebe ich deine Gebote – mehr als das allerfeinste Gold. [128] Darum halte
ich alle deine Anordnungen für gut und richtig, jeden Weg der Lüge hingegen
hasse ich.

ZEIT ZU HANDELN. In der Umwelt des Beters wird Gottes Gesetz verachtet (V. 126) und wer sich daran hält, wird bedrängt (V. 121.122). Vielleicht erleben wir auch, dass man uns ignoriert oder sogar niederschreit, wenn wir vom Glauben sprechen. Wie verhält sich der Psalmist? Er bittet Gott, zu „handeln“ (V. 126), was so viel heißt wie: „Ich bin am Ende meiner Kraft und meiner Ideen. Ich lege alles in deine Hand.“ Es gibt Zeiten, in denen man nichts anderes tun kann als zu beten und sich gut um das eigene Herz und das eigene Leben zu kümmern und zu warten, bis Gott eine Tür öffnet (Offb 3,8).

***Gebet:** Herr, ich bekenne dir, dass ich manchmal versucht bin, Heiliger Geist zu spielen. Wenn Menschen, die ich liebe, die Wahrheit nicht annehmen wollen, hämmere ich manchmal von außen an Herzen, die doch nur von innen geöffnet werden können. Nur dein Geist hat Zutritt zu solchen Herzen. Ich habe ihn nicht. Herr, ich will warten, bis du es an der Zeit findest zu handeln. Amen.*

129 Voller Wunder ist, was du in deinem Wort bezeugst, darum halte ich
mich von ganzem Herzen daran. 130 Wem deine Worte sich erschließen, für
den verbreiten sie Licht, gerade Unerfahrene gewinnen durch sie Einsicht.
131 Meinen Mund habe ich weit geöffnet wie einer, der nach Wasser lechzt, so
groß ist mein Verlangen nach deinen Geboten. 132 Wende dich mir zu und sei
mir gnädig, so wie es denen zusteht, die deinen Namen lieben. 133 Sprich ein
Wort und mach meine Schritte dadurch fest und sicher, und lass kein Unrecht
Macht über mich gewinnen. 134 Befreie mich von jeder Unterdrückung durch
andere Menschen, so will ich mich weiter nach deinen Ordnungen richten.
135 Wende dich mir, deinem Diener, freundlich zu und lehre mich, deinen Be-
stimmungen zu folgen. 136 Mein Gesicht ist tränenüberströmt, weil man dein
Gesetz so missachtet.

DAS WORT ERSCHLIESST SICH SELBST. Gottes Wort ist „voller Wunder“ (V. 129), sagt der Beter. Das hier verwendete Wort bedeutet eigentlich „übernatürlich“. Die Bibel ist nicht bloß ein menschliches Buch. Das ist der Grund dafür, dass sie ihre tiefen Wahrheiten nur denen „erschließt“, die genug Geduld aufbringen, ihre Tiefe auszuloten. Ja, die Grundbotschaft der Bibel ist so einfach, dass jedes Kind sie verstehen kann. Aber ihre staunenswerten Schätze öffnet die Schrift nur vertrauensvollem (V. 133), gehorsamem (V. 136), sehnsuchtsvollem (V. 131) Studium und anhaltender Betrachtung. Wer diesen Preis aber zahlt, den erwartet ein Gewinn, der den Einsatz um ein Vielfaches übertrifft.

***Gebet:** Herr, ich nehme mir oft nur die Zeit für einen höchst oberflächlichen Blick in die Bibel. Aber jeder nimmt sich Zeit für das, was ihm wichtig ist. Ich bekenne: Mein Herz verlangt nur selten danach, dein Wort besser zu kennen. Wirke durch diesen Psalm 119 in mir und überwinde die Gleichgültigkeit meines Herzens. Amen.*

137 Du, HERR, bist ein gerechter Gott, deine Urteile sind richtig und gut.
138 Was du in deinem Wort bezeugst und uns anvertraust, lässt deine Gerech-
tigkeit und deine große Treue sichtbar werden. 139 Meine Leidenschaft für
deine Gebote verzehrt meine ganze Kraft, denn meine Gegner vergessen dei-
ne Worte völlig. 140 Jedes deiner Worte ist geläutert und rein, und ich, dein
Diener, habe sie lieb gewonnen. 141 Zwar bin ich unbedeutend und verachtet,
doch deine Ordnungen vergesse ich nicht. 142 Du bist und bleibst gerecht für
alle Zeiten, und dein Gesetz ist gültig und wahr. 143 Ich bin in Not und Be-
drängnis geraten, doch an deinen Geboten habe ich große Freude. 144 Was du
in deinem Wort bezeugst, ist gerecht für immer und ewig. Gib mir Einsicht,
damit ich neue Lebenskraft bekomme!

DAS WORT DER GERECHTIGKEIT. Dass Gott gerecht ist (V. 137.142), betont die Bibel an vielen Stellen. Es bedeutet, dass er vollkommen fair ist und richtig urteilt; nie nutzt Gott uns aus oder missbraucht uns. Diese Gerechtigkeit Gottes spiegelt sein Wort vollkommen wider (V. 138.144). Das ist hart für moderne Menschen, die in einer der autoritätsfeindlichsten Kulturen der Weltgeschichte leben. Vieles im Wort Gottes erscheint uns auf den ersten Blick unfair oder sogar unterdrückerisch. Aber Millionen von Menschen – und das Wort Gottes selbst – bezeugen: Wer dem Wort Gottes vertraut und dieses Wort im Lauf der Jahre im Schmelztiegel des eigenen Lebens auf seine Substanz prüft (V. 140), der wird feststellen: Es ist nicht nur wahr (V. 142), sondern auch etwas, woran man große Freude haben kann (V. 143). Und er wird es lieb gewinnen (V. 140).

Gebet: *Herr, früher gab es vieles in deinem Wort, was mir zu hart und streng erschien. Aber im Lauf der Zeit wurde es immer weniger. Dein Wort hat sich als wahr und verlässlich erwiesen. Öffne du mir Türen, um in unserer argwöhnischen Kultur auch anderen zu sagen, dass dein Wort verlässlich und gut ist. Amen.*

145 Von ganzem Herzen rufe ich zu dir – erhöre mich, HERR! An deine Be-
stimmungen will ich mich halten. 146 Ich rufe laut zu dir – rette mich! Ich will
auf alles achten, was du in deinem Wort bezeugst. 147 Noch vor dem Morgen-
grauen flehe ich um Hilfe und setze meine Hoffnung auf dein Wort. 148 Nachts
liege ich mit offenen Augen wach und sinne nach über das, was du sagst. 149 Sei
mir gnädig und erhöre mich, schenk mir neue Lebenskraft durch dein gerech-
tes Urteil! 150 Menschen mit bösen Absichten kommen mir gefährlich nahe,
von deinem Gesetz haben sie sich weit entfernt. 151 Doch du bist nahe, HERR!
Und auf alle deine Gebote ist Verlass. 152 Schon längst weiß ich aus dem, was
du in deinem Wort bezeugst, dass du es als Fundament von ewiger Gültigkeit
gelegt hast.

VOM WORT GEBRAUCH MACHEN. Diese Verse geben uns Einblick in den Tagesablauf eines Menschen, der ein Mann des Wortes ist. Vor Tagesanbruch steht er auf, um zu beten und aus dem Wort Gottes seine Hoffnung zu stärken (V. 147); nachts meditiert er über Gottes Verheißungen (V. 148). Siebenmal am Tag preist er Gott für sein Wort (s. V. 164). Viele Ordensgemeinschaften folgen diesem Beispiel und setzen sieben Zeiten am Tag fest für Gebet und Lesung. Die Zahl Sieben symbolisiert Vollkommenheit oder Ganzheit. Wir sollten das betende Lesen des Wortes zur Priorität in unserer Zeitplanung machen, das nie zugunsten anderer Dinge ausfallen sollte.

Gebet: *Herr, wenn ich dieses Gebet beendet habe, werde ich einen Plan aufstellen, wie ich mehr Zeit finden kann, um dein Wort zu lesen und zu studieren. Hilf mir, dass mein Plan nicht zu unrealistisch wird, aber auch nicht so anspruchslos, dass sich nichts wirklich verändert. Amen.*

153 Sieh mein Elend an und rette mich, denn dein Gesetz vergesse ich nicht.
154 Sorge für mein Recht und erlöse mich. Schenk mir neue Lebenskraft, so
wie du es zugesagt hast. 155 Für alle, die dich missachten, ist jede Rettung fern,
denn sie fragen nicht nach deinen Bestimmungen. 156 Dein Erbarmen ist un-
endlich groß, HERR, schenk mir neue Lebenskraft durch dein gerechtes Ur-
teil. 157 Viele verfolgen und bedrängen mich, ich aber bin nicht abgewichen
von dem, was du in deinem Wort bezeugst. 158 Wenn ich die Menschen sehe,
die dir untreu sind, dann erfasst mich Abscheu, weil sie dein Wort missachten.
159 Sieh doch, dass ich deine Anordnungen liebe, HERR, schenk mir neue
Lebenskraft durch deine Gnade! 160 Dein Wort ist durch und durch wahr, und
ewig gültig sind alle deine Rechtsurteile. In ihnen zeigt sich deine Gerech-
tigkeit.

DIE LEHRE VOM WORT. „Dein Wort ist durch und durch wahr", betont der Psalmist (V. 160; vgl. 151). Alles, was die Bibel behauptet, ist wahr und muss befolgt werden, egal, ob es unseren emotionalen Vorlieben, kulturellen Gebräuchen oder der Meinung der Mehrheit entspricht. Gottes Wort ist zudem „ewig gültig (V. 160, vgl. 152). Nichts von dem, was die Bibel sagt, wird je überholt sein. Wir müssen sie auch nicht modernisieren, korrigieren oder ergänzen. Und ganz sicher ist das Wort Gottes mehr als einfach ein Buch voller Wahrheiten. Es ist der Weg, auf dem wir Gott und seine Liebe kennenlernen, aus der wir unsere Lebenskraft beziehen (V. 159). Aber diese Leben schenkende Begegnung beruht darauf, dass wir glauben, dass die Bibel in ihrer Gesamtheit inspiriert ist, und dass wir ihr die letzte Autorität zugestehen. Wenn wir dem, was die Bibel über Gott sagt, nicht vertrauen, können wir den Gott, den sie uns zeigt, nicht kennenlernen.

Gebet: *Herr, zur Zeit meiner Großeltern hat man dein Wort zwar gelten lassen, aber dann ignoriert. Ich lebe in einer Zeit, in der man es angreift und zerpflückt. Mach mich fähig, die Wahrheit deines Wortes zu verteidigen – gegenüber meinen eigenen Zweifeln und dann, wenn das angezeigt ist, auch gegenüber anderen. Amen.*

161 Mächtige verfolgen mich ohne jeden Grund, doch nur vor deinen Worten
erzittert mein Herz. 162 Ich freue mich über dein Wort wie jemand, der reiche
Beute macht. 163 Lüge hasse und verabscheue ich, doch deinem Gesetz gilt
meine Liebe. 164 Siebenmal am Tag preise ich dich für deine Rechtsordnung,
in der sich deine Gerechtigkeit spiegelt. 165 Großen Frieden haben alle, die
dein Gesetz lieben; es gibt nichts, was sie zu Fall bringen würde. 166 Ich warte
auf deine Hilfe, HERR, und handle weiterhin nach deinen Geboten. 167 Von
Herzen richte ich mich nach dem, was dein Wort bezeugt; ich habe es sehr
lieb gewonnen. 168 Ja, ich halte mich an deine Ordnungen und an alles, was du
bezeugst; alle meine Wege liegen offen vor dir.

DAS HOCH GESCHÄTZTE WORT. Der Psalmist „erzittert vor [Gottes] Worten“ (V. 161). Er ist der Schrift leidenschaftlich zugetan, weil er ganz recht dieses Wort mit seinem Autor identifiziert. Wenn Gott die Quelle des Lebens ist, dann wird sein Wort Leben schenken; wenn Gott durch und durch wahrhaftig ist, dann kann das Wort nicht irren. Und wenn Gott herrlich ist, ist die Bibel ein Schatz. „Ich freue mich über dein Wort wie jemand, der reiche Beute macht“ (V. 162). „Beute“ ist das, was Soldaten nach einem hart errungenen Sieg erhalten. Gottes Wort kennenzulernen und zu verdauen erfordert einen Kampf. Wir müssen unsere überfüllten Terminkalender bekämpfen, unseren zerstreuten Geist, unser träges Herz und die Meinung und Geringschätzung der Welt. Aber wenn wir siegen, ist unser Lohn das reinste Gold.

Gebet: *Herr, es stimmt: „Dein Wort bewegt des Herzens Grund, dein Wort macht Leib und Seel gesund, dein Wort ist’s, das mein Herz erfreut, dein Wort gibt Trost und Seligkeit.“*[121] *Gib mir die Energie, mich in dein Wort zu vertiefen, die aus einer tiefen Überzeugung erwächst, dass ich unendlich reiche Schätze darin finden werde. Amen.*

169 Hab ein offenes Ohr für meinen Hilferuf, HERR! gib mir die Einsicht, die
dein Wort verleiht. 170 Lass mein lautes Flehen zu dir dringen, rette mich, wie
du es zugesagt hast! 171 Aus meinem Mund soll dein Lob laut erklingen, weil du
mich deine Bestimmungen lehrst. 172 Deine Zusagen will ich besingen, denn
alle deine Gebote sind ganz und gar gerecht. 173 Strecke deine Hand aus, um
mir zu helfen, denn deine Ordnungen habe ich zur Richtschnur meines Le-
bens erwählt. 174 Ich sehne mich nach deiner Hilfe, HERR, an deinem Gesetz
habe ich große Freude. 175 Schenk mir neue Lebenskraft, damit ich dich loben
kann, deine Urteile mögen mir dabei helfen. 176 Ich bin so lange wie ein verlo-
renes Schaf umhergeirrt. Suche mich – ich diene dir doch, und deine Gebote
habe ich nicht vergessen.

DAS MACHTVOLLE WORT. Psalm 119 hat uns viele Hinweise gegeben, wie wir mit der Schrift umgehen sollen. Wir sollen sie lesen, lernen, verstehen – um sie zu meditieren, auswendig zu lernen und zu befolgen. Wir sollen uns morgens und abends Zeit dafür nehmen, ausnahmslos. Aber das alles wäre umsonst, wenn nicht Gott uns suchen würde, wenn wir sein Wort lesen (V. 176). Das Wort Gottes ist lebendig und aktiv, durchdringend und heilend wie das Skalpell eines Chirurgen (Hebr 4,12.13). Wenn Sie nicht sicher sind, ob Sie der Bibel vertrauen können – oder Freunde haben, die da ihre Fragen haben –, dann machen Sie sich einfach daran, sie zu lesen. Auch wenn Sie nicht glauben, dass ein Messer scharf ist – wenn es das ist, kann es Sie doch schneiden.

Gebet: *Herr, hier ist der wunderbare Spiegel, „der das Auge des Betrachters heilt, dies ist der Brunnen, der reinigt, was er zeigt. Wer könnte ihn ausreichend preisen?“*[122] *Was für heilende, neu schaffende Kraft dein Wort hat! Hilf mir, mich diesem Wort oft und gern ganz und gar zu widmen. Amen.*

1 *Ein Wallfahrtslied, gesungen auf dem Weg hinauf nach Jerusalem.*
In meiner großen Not rufe ich zum HERRN, und er wird mich erhören!
2 HERR, rette doch mein Leben vor diesen Lügenmäulern, vor denen, die
mit falscher Zunge reden! 3 Was für eine Strafe wird Gott über euch kommen
lassen, jetzt und in Zukunft, ihr doppelzüngigen Heuchler? 4 Er, der Allmäch-
tige, wird euch mit spitzen Pfeilen und mit glühenden Kohlen treffen. 5 Wie
schlimm ist es für mich, dass ich als Fremder mitten in Meschech leben muss,
dass ich bleiben muss bei den Zelten von Kedar! 6 Viel zu lange wohne ich nun
schon unter Menschen, die den Frieden hassen. 7 Ich selbst suche den Frieden,
doch was ich auch sage – sie sind nur auf Krieg aus!

EXIL. Mit diesem Psalm beginnt eine Reihe von fünfzehn „Wallfahrtsliedern" – Pilgergesängen beim jährlichen Aufstieg zum Zionsberg zu den hohen Feiertagen.[123] Der Psalmist möchte im Frieden leben, aber seine Mitmenschen stehen im Konflikt zu ihm und seinem Glauben (V. 7). Dies ist „die Abneigung einer Lebensweise gegen die gegenteilige … die auch noch so viel guter Wille, es sei denn Kapitulation oder Konversion, nicht auflösen kann."[124] In einer solchen Situation erlaubt die Bibel weder den Kompromiss (2Kor 6,14ff) noch das Zurückschlagen (Röm 12,14-21). Der Psalmist überlässt die Vergeltung Gott (V. 3.4). Aber selbst wenn Christen ihren Nächsten im Frieden dienen, kann das Feindseligkeit auslösen (1Petr 2,21-25). Dann folgen wir unserem Herrn, der in einer Kultur des Streites ein Mann des Friedens war.

Gebet: *Herr, es bricht mir das Herz und bringt mich oft genug an den Rand meiner Geduld, wenn Menschen mir feindselig begegnen, obwohl ich mich um Frieden bemühe. Und ich lebe in einer Kultur, in der viele meinen, eine Grundhaltung zorniger Empörung sei eine moralische Tugend. Herr, ich brauche deine Hilfe, damit ich Menschen, die gegen mich und meinen Glauben sind, weiterhin liebevoll und mit Respekt begegnen kann. Amen.*

1 *Ein Wallfahrtslied, gesungen auf dem Weg hinauf nach Jerusalem.*
Ich richte meinen Blick empor zu den Bergen – woher wird Hilfe für mich
kommen? 2 Meine Hilfe kommt vom HERRN, der Himmel und Erde ge-
schaffen hat. 3 Er bewahrt deine Füße vor dem Stolpern; er, dein Beschüt-
zer, schläft niemals. 4 Ja, der Beschützer Israels schläft und schlummert nicht!
5 Der HERR behütet dich, der HERR spendet dir Schatten und steht dir bei,
6 damit dich am Tag die Sonne nicht sticht und in der Nacht der Mond dir
nicht schadet. 7 Der HERR wird dich behüten vor jedem Unheil, er bewahrt
dein Leben. 8 Der HERR behütet dich, wenn du gehst und wenn du kommst –
jetzt und für alle Zeit.

HILFE. Auf der Suche nach Hilfe blickt der Psalmist zu den Bergen (V. 1) – ein Ort, um selbst Schutz zu suchen oder ein Versteck für Feinde. Aber die Berge sind nichts (ob nun als Drohung oder Hilfe) im Vergleich mit der Hilfe des Herrn, dessen, der die Berge erschaffen hat (V. 2). Worin besteht diese Hilfe Gottes? In der geistlichen Stärkung („Schatten", V. 5) durch seine Gegenwart. Darin, dass er uns hilft, einen Absturz oder Sünde zu vermeiden (V. 3, vgl. Ps 73,2). Ein Gramm Sünde kann uns mehr schaden als tonnenweise Leid. Sünde kann unser Herz verhärten, sodass wir alles verlieren. Aber Leid, mit dem wir richtig umgehen, kann uns weiser, glücklicher und reifer machen.

Gebet: *Herr, in meinem Leben gibt es Druck und Schwierigkeiten, die wie glühende Sonnenhitze brennt und mir alle Kraft raubt. Aber ich kenne auch Zeiten, wenn dein Lächeln, das ich im Gebet wahrnehme, wie ein kühlender Schatten oder eine frische Brise für mein Herz ist. Herr, ich bitte dich um die Gnade, dich immer besser kennenzulernen als meinen Schatten und meine Hilfe. Amen.*

1 *Ein Wallfahrtslied, gesungen auf dem Weg hinauf nach Jerusalem. Von David.*
Wie sehr habe ich mich gefreut, als andere zu mir sagten: „Lasst uns zum
Haus des HERRN pilgern!“ 2 Und dann standen wir in deinen Toren, Jerusa-
lem. 3 Jerusalem, wie beeindruckend bist du erbaut – eine Stadt, in der Haus
an Haus fest errichtet steht! 4 Dort hinauf zogen schon immer die Stämme Is-
raels, die Stämme des HERRN. Es ist eine feste Ordnung für Israel, dort den
Namen des HERRN zu preisen. 5 Denn dort ist auch der Sitz des obersten
Gerichts, der Thron des Königshauses Davids. 6 Wünscht Jerusalem Frieden!
Friede und Glück komme über alle, die dich, Jerusalem, lieben! 7 Ja, Friede
herrsche innerhalb deiner Stadtmauern, Ruhe und Glück in deinen Palastan-
lagen. 8 Wegen meiner Brüder und Freunde dort will ich dir Frieden zuspre-
chen. 9 Weil in dir das Haus des HERRN, unseres Gottes, steht, will ich nur
das Beste für dich suchen!

KIRCHE. Die Pilger, die zu den jährlichen Festen zum Tempel zogen, erfüllte Freude, wenn Jerusalem in Sicht kam (V. 1). Sie liebten die Stadt und beteten für ihr Wohlergehen (V. 6.7). Was Jerusalem für die Juden war, ist die Kirche für alle, die an Christus glauben. Wenn wir zum Glauben an Christus kommen, werden wir Bürger des himmlischen Jerusalem (Hebr 12,22-24; Phil 3,20). Die irdische Manifestation dieser himmlischen (und zukünftigen) Stadt ist die Alternativkultur der christlichen Kirche – eine Gemeinschaft, an der die Welt sehen kann, wie Menschen nach dem Willen Gottes leben sollen. Durch das Evangelium leben verschiedene Völker und Rassen „Haus an Haus“ (V. 3, vgl. Eph 2,11-22). Menschen, die außerhalb der Gemeinde nie miteinander zurechtkommen würden, lieben sich als Glieder des Leibes Christi. Wir sollten uns über unsere Gemeinden freuen; die Bibel kennt keine Einzelgänger-Religiosität.

Gebet: *Herr, ich preise dich für alles, was deine Gemeinde sein könnte – eine Alternative zur menschlichen Gesellschaft, an der die Welt deine Größe und Herrlichkeit ablesen kann. Aber ich bekenne, dass auch meinetwegen die Gemeinde ist, was sie ist – eine Gemeinschaft mit Fehlern und Mängeln, weit davon entfernt, dein Wesen widerzuspiegeln. Herr, schenk mir die Einsicht und die Liebe, die ich brauche, damit ich Teil der Lösung werde und nicht das Problem bin. Amen.*

1 *Ein Wallfahrtslied, gesungen auf dem Weg hinauf nach Jerusalem.*
Zu dir, der du im Himmel thronst, richte ich meinen Blick empor. Ja, wie die
Augen der Knechte auf den Wink ihres Herrn warten 2 und die Augen der
Magd auf ein Handzeichen ihrer Herrin, so richten wir unsere Augen auf
den HERRN, unseren Gott, bis er uns Gnade erweist. 3 Sei uns allen gnädig,
HERR, sei uns gnädig! Denn wir haben mehr als genug Verachtung erfahren
müssen. 4 Aus tiefster Seele haben wir es satt, den Hohn der Stolzen und den
Spott der Selbstherrlichen zu ertragen.

FOKUS. Glaubende Menschen spüren den Schmerz darüber, dass die Welt sie verachtet (V. 3.4). Wie können wir es vermeiden, uns der Sicht der Welt anzupassen oder uns grollend zurückzuziehen? Wir müssen unseren Blick auf Gott richten (V. 1). Das ist mehr als einfach mal kurz „zu ihm aufschauen". Gemeint ist ein stetiges, nachdenkliches, anbetendes Schauen (V. 1.2) voller Sehnsucht und Verlangen (Mt 6,23; Jos 7,21). Der Psalmist fokussiert seine Aufmerksamkeit und das Verlangen seines Herzens im Gebet auf Gott (V. 2). Er nimmt die Haltung eines Haussklaven an, der darauf trainiert ist, beim leisesten Anzeichen, dass sein Herr einen Wunsch hat, sofort zu reagieren (V. 2). Kurz: Der Psalmist besiegt jegliche Ablenkung und macht es zum wichtigsten Anliegen seines Lebens, Gott aus Erfahrung zu kennen und ihm gehorsam zu dienen. Beten wir diesen Psalm täglich, bis Gott uns seine Gnade schauen lässt.

Gebet: *Herr, ich lebe in einer Gesellschaft mit „Aufmerksamkeits-Defizit-Störung". Mein Blick wandert von diesem zu jenem, zu Dingen, die rasch wieder aus meinem Blickfeld verschwinden. Herr, lehre mich, dir meine ganze Aufmerksamkeit zu widmen. Hilf mir, dass ich dich im Lauf meines Tages nie vergesse. Und hilf mir, dich im Gebet ausgiebig und voll Liebe zu schauen. Amen.*

1 *Ein Wallfahrtslied, gesungen auf dem Weg hinauf nach Jerusalem. Von David.*
Wäre nicht der HERR auf unserer Seite gewesen – so soll Israel bekennen –
2 wäre nicht der HERR auf unserer Seite gewesen, als sich mächtige Feinde
gegen uns wandten, 3 dann hätten sie uns lebendig verschlungen, als ihr Zorn
gegen uns entbrannte. 4 Dann hätten uns die Wasserfluten weggeschwemmt,
ein vernichtender Strom hätte sich über uns ergossen. 5 Ja, sie hätten uns mit
sich fortgerissen, diese wild tobenden Wassermassen! 6 Gepriesen sei der
HERR, der uns nicht den Raubtierzähnen dieser Menschen zur Beute über-
ließ! 7 Wir sind entkommen wie ein Vogel aus dem Netz des Vogelfängers,
das Netz ist zerrissen – und wir sind frei! 8 Unsere Hilfe finden wir beim
HERRN, dessen Namen wir anrufen; sie kommt von ihm, der Himmel und
Erde geschaffen hat.

BUND. Viermal wird Gott in diesem Psalm als Herr angerufen (V. 1.2.6.8) – als der Gott, der aus reiner Gnade eine Bundesbeziehung mit uns eingeht. Das ungewohnte Wort „Bund“ meint, dass er eine immerwährende Verpflichtung eingegangen ist, uns seine Liebe sozusagen „auf den Leib zu schneidern“. Und so ist er immer für uns (V. 1.2). Aber der Psalmist konnte noch nicht sehen, was wir sehen. Gott ist immer auf unserer Seite, weil unsere Sünden uns nicht mehr verdammen können, wenn wir in Christus sind (Röm 8,1.34.35). Darum können uns Not, Angst, Verfolgung, Hunger, Entbehrungen, Lebensgefahr nicht „von der Liebe Gottes trennen … die uns geschenkt ist in Jesus Christus, unserem Herrn“ (Röm 8,35.39). Der Schöpfer von Himmel und Erde ist (durch Christus) unsere Hilfe geworden; deshalb fürchten wir uns nicht (V. 8). Wer könnte uns da noch etwas anhaben (Röm 8,31)?

Gebet: *Herr, du bist ein Gott, der sein Bundesversprechen hält. Dein Sohn hat versprochen, uns zu retten, und nicht einmal die Hölle selbst, die all ihre Macht gegen ihn ins Feld führte, konnte ihn davon abhalten, dieses Versprechen zu halten. Bitte, Gott, mach mich deinem Sohn ähnlich. „Nimm, Herr, meinen Willen du, dass er still in deinem ruh. Nimm mich selbst und lass mich sein ewig, einzig, völlig dein.“*[125] *Amen.*

1 *Ein Wallfahrtslied, gesungen auf dem Weg hinauf nach Jerusalem.*
Die auf den HERRN vertrauen, gleichen dem Berg Zion, der nicht wankt und
der ewig besteht. 2 So wie Jerusalem von schützenden Bergen umgeben ist,
so umgibt der HERR sein Volk, jetzt und für alle Zeit. 3 Denn die gottlosen
Unterdrücker werden nicht mehr lange ihr Zepter schwingen dürfen über
dem Land, das als Besitz denen zusteht, die nach Gottes Willen leben. Es soll
nicht so weit kommen, dass selbst die ihre Hände nach Unrecht ausstrecken,
die Gottes Willen tun. 4 Erweise deine Güte, HERR, an den guten Menschen,
an denen, die von Herzen aufrichtig sind! 5 Alle jedoch, die krumme Wege
gehen, wird der HERR ins Verderben stürzen samt denen, die nur Unheil
anrichten. Friede komme über Israel!

AUSDAUER. Im Altertum gab es für eine Stadt keine größere militärische Sicherheit, als wenn sie von Bergen umgeben war. Das Vertrauen auf Gott gleicht einer solchen schützenden Bergkette (V. 2). Wieso? Gottvertrauen stellt uns auf einen überragenden Aussichtspunkt. Es hilft uns, unsere eigene Sünde zu sehen und zu erkennen, dass Schlechtigkeit sich nur kurzfristig auszahlt. Gottvertrauen ist auch der Weg, auf dem wir schließlich zur atemberaubenden Schau Gottes gelangen. Jesaja hat den heiligen Gott auf seinem hohen und erhabenen Thron geschaut, und es hat seine Sicht auf alles Sonstige für immer verändert (Jes 6,1-8). Vor allem bedeutet Gottvertrauen, dass wir uns mit dem Einen verbinden, der ewig besteht. Und das bedeutet: Auch wir werden ewig bestehen (V. 1). In einer Welt, in der sich anscheinend alles wandelt und nichts Bestand hat, sollten wir uns darauf konzentrieren.

Gebet: *Herr, ich bin erschöpft von den unerbittlichen Veränderungen des Lebens. Aber du änderst dich nicht, und du bist meine Zuflucht, meine Heimat. Hilf mir, mein Herz mit dieser Wahrheit zur Ruhe zu bringen. „Alles Ding währt seine Zeit, Gottes Lieb in Ewigkeit.“[126] Amen.*

1 *Ein Wallfahrtslied, gesungen auf dem Weg hinauf nach Jerusalem.*
Als der HERR uns aus der Gefangenschaft nach Zion zurückkehren ließ, da
war es uns, als träumten wir. 2 Wir lachten und jubelten laut vor Freude. Sogar
unter den anderen Völkern sagte man: „Der HERR hat Großes für sie getan!“
3 Ja, Großes hat der HERR für uns getan, darum freuen wir uns sehr! 4 HERR,
wende auch jetzt unser Geschick zum Guten, so wie du die ausgetrockneten
Bäche im Südland wieder mit Wasser füllst! 5 Wer unter Tränen die Saat aus-
streut, wird voll Jubel die Ernte einbringen. 6 Weinend geht der Sämann jetzt
über den Acker, mit sich trägt er den Samen zur Aussaat. Voll Jubel kommt er
dann heim von der Ernte, den Arm voller Garben.

ERNEUERUNG. Israel hat Zeiten großer geistlicher Fruchtbarkeit und Vitalität (V. 1-3) erlebt, in der die Freude vorherrschte (V. 2). Aber Glaubensgemeinschaften erleben auch oft „Negev“-Zeiten großer geistlicher Trockenheit. (Die Negev ist eine dürre, unfruchtbare Wüste.) Manchmal lässt Gott seinen Geist herabströmen wie einen überraschenden kräftigen Platzregen, und eine Gemeinschaft wird schlagartig neu belebt (V. 4). Aber es gibt auch einen langsameren Weg zur Erneuerung: den Weg der Aussaat unter Tränen. Wer „unter Tränen die Saat ausstreut“ (V. 5.6), hat über seine Sünde geweint und auch über Menschen, die nicht glauben. Wie in der Landwirtschaft folgt auf die Saat nicht sofort die Frucht. Aber beharrliches Gebet und ausdauernder Dienst werden schließlich ihre Frucht bringen. Die Wüste wird zum Garten (Jes 35,1.2).

Gebet: *Herr, ich bete für meine Kirche, für mein Land und für Menschen, die ich liebe – dass du sie geistlich stärkst und erneuerst. Hilf mir, auf deinen Zeitplan zu vertrauen. Mach mich gewiss, dass die Tränen, die ich im Gebet vergieße, Samen sind, die ihre Frucht im Leben der Menschen bringen werden, für die ich bete. Amen.*

1 *Ein Wallfahrtslied, gesungen auf dem Weg hinauf nach Jerusalem.*
Von Salomo. Wenn der HERR nicht das Haus baut, dann mühen sich alle, die
daran bauen, vergeblich. Wenn der HERR nicht die Stadt behütet, dann hält
der Wächter vergeblich Wache. 2 Vergeblich ist es, dass ihr so früh aufsteht
und euch erst spät wieder hinsetzt, um dann euer mühsam erarbeitetes Brot zu
essen – denn genauso viel gibt der HERR den Seinen im Schlaf! 3 Auch Kinder
sind eine Gabe des HERRN, ja, Fruchtbarkeit ist ein großes Geschenk! 4 Wie
Pfeile in der Hand eines starken Mannes, so sind Kinder, die man in jungen
Jahren bekommen hat. 5 Glücklich zu nennen ist der Mensch, der einen vollen
Köcher davon hat! Seine Kinder werden nicht unterliegen, wenn sie mit ihren
Gegnern einen Rechtsstreit führen müssen.

RUHE. Wohlstand und Sicherheit sind letztlich nicht unser Verdienst, sondern Gottes Geschenk (V. 1). Deswegen sind Arbeitsüberlastung, Sorge und Überanstrengung töricht und falsch (V. 2). Und deswegen sind glückliche, sich gut entwickelnde Kinder Gottes Werk (V. 3-5). „Helikopter"-Eltern und übermäßiges Engagement für das Leben unserer Kinder können nicht garantieren, dass sie gesund bleiben und glücklich werden. Wenn sie Gott nicht finden, ist all unsere elterliche Sorge umsonst. Der einzige Weg, unsere Kinder zu behalten, ist, sie Gott anzuvertrauen. Zu wissen, dass der Gott, der uns zuverlässig liebt, die gesamte Weltgeschichte in seiner Hand hält, lässt uns ruhig schlafen (V. 2). Und wenn wir überarbeitet und ausgelaugt sind, haben wir vergessen, wer Gott ist. Jesus sagt es ganz direkt: „Ohne mich könnt ihr nichts tun" (Joh 15,5).

Gebet: *Herr, ich gebe zu, es fällt mir nicht leicht, zuzugeben, dass all meine Erfolge dein Geschenk sind. Dieses Eingeständnis schmerzt, denn es kratzt an meinem Geltungsbedürfnis. Aber andererseits ist es auch unendlich heilsam und entlastend und bringt mir Frieden. Es hängt nicht alles von mir ab, hat es noch nie. Lass mich hart arbeiten, aber entlastet durch diese befreiende Einsicht, die den Druck von mir nimmt, den ich mir sündhafterweise selbst aufgeladen habe. Amen.*

[1] *Ein Wallfahrtslied, gesungen auf dem Weg hinauf nach Jerusalem.*
Glücklich zu preisen ist, wer dem HERRN in Ehrfurcht begegnet, wer auf
den von Gott gezeigten Wegen geht. [2] So wirst du genießen dürfen, was
du mit eigenen Händen erarbeitet hast. Zu beglückwünschen bist du – gut
steht es um dich! [3] Deine Frau gleicht einem fruchtbaren Weinstock, dort
im Schutz deines Hauses; deine Kinder sind wie junge Olivenbaumpflanzen,
wenn sie um deinen Tisch versammelt sitzen. [4] Ja, so wird der Mensch geseg-
net, der dem HERRN in Ehrfurcht begegnet. [5] Es segne dich der HERR vom
Berg Zion aus! Mögest du sehen, wie gut es Jerusalem geht, alle Tage deines
Lebens! [6] Mögest du so lange leben, dass du noch die Kinder deiner Kinder
sehen kannst! Friede komme über Israel!

FAMILIE. Ein liebevoller Ehepartner und heranwachsende Kinder sind ein großer Segen (V. 3.4). Aber die Sünde im Herzen und das Böse in der Welt haben das Leben der Menschheitsfamilie zerrissen. Viele, die keine Familie haben, wünschen sich eine; viele, die eine haben, wünschen, sie hätten eine andere. Und viele Menschen haben in ihrer eigenen Familie schlimmen Missbrauch erlebt. Jesus hat nicht in erster Linie seine biologischen Verwandten als seine Familie gesehen. „Wer den Willen Gottes tut, der ist mein Bruder, meine Schwester und meine Mutter" (Mk 3,35). Die Kirche muss nicht nur Familien unterstützen und wieder zusammenbringen, sondern auch Wege finden, zur Familie Gottes zu werden, in der jeder, verheiratet oder single, kinderlos oder nicht, geliebt wird und aufblühen kann.

***Gebet:** Herr, auch in der Kirche begegnen wir uns heute so oft eher als Konsumenten denn als Brüder und Schwestern. Wir nehmen den Religionsservice in Anspruch, aber wir leben nicht miteinander wie eine Familie. Verändere mein Denken, Herr. Hilf mir, dazu beizutragen, dass die Kirche eine Familie – deine Familie – wird. Amen.*

1 *Ein Wallfahrtslied, gesungen auf dem Weg hinauf nach Jerusalem.*
Oft hat man mich angefeindet von meiner Jugend an – so soll Israel sagen –
2 oft hat man mich angefeindet von Jugend an, aber keinem gelang es, mich zu
überwältigen! 3 Auf meinem Rücken haben die Feinde ihre Furchen gezogen
wie auf einem Acker, ja, lange Furchen haben sie gezogen. 4 Der HERR aber
ist gerecht, er hat die Stricke durchschnitten, mit denen die Gottlosen mich
gebunden hielten. 5 In Schande sollen sie fallen und den Rückzug antreten, sie
alle, die Zion hassen. 6 Es soll ihnen ergehen wie dem Gras auf den Dächern:
kaum sprießt es auf, da ist es schon wieder verdorrt. 7 Kein Schnitter sammelt
es auf, niemand bündelt es zu Garben. 8 Und so ruft auch niemand, der vor-
übergeht, den Gruß: „Der HERR segne euch!“ Wir segnen euch im Namen
des HERRN!

UNTERDRÜCKUNG. Der Psalm redet von Sklaven mit Wunden auf dem Rücken (V. 3), die Gott befreit hat (V. 4). Gott „vollbringt große Rettungstaten, allen Unterdrückten verhilft er zu ihrem Recht“ (Ps 103,6). Er hasst die Tyrannen dieser Welt (Lk 22,25-27), deswegen ist ihre Macht immer zeitlich begrenzt (V. 5). Christen sollen sich deshalb für soziale Gerechtigkeit in dieser Welt einsetzen. Aber wir sehen hinter diesem Einsatz noch eine andere Dimension. Es gab einen, der seinen Rücken freiwillig dargeboten hat, als man ihn schlug (Jes 50,6), einen, durch dessen Wunden und Striemen wir geheilt sind (Jes 53,5). Wenn wir Menschen begegnen, die das Evangelium bekämpfen („Zion hassen“, V. 5), sollten wir Jesus folgen und das Böse durch Vergebung und Liebe überwinden (Röm 12,14-21; 1Petr 2,22-24) und zur Umkehr zu Gott aufrufen (Hes 18,20-32).

***Gebet:** Herr, sie kamen „mit Schwertern und Knüppeln“ (Mt 26,47) und haben dich geschlagen. „Du hast wollen sein geschlagen, zu befreien mich von Pein, fälschlich lassen dich anklagen, dass ich könnte sicher sein; dass ich möge Trost erlangen, hast du ohne Trost gehangen.“*[127] *Danke, dass du jene Stunde um meinetwillen auf dich genommen hast und ich durch deine Wunden geheilt bin. Amen.*

1 *Ein Wallfahrtslied, gesungen auf dem Weg hinauf nach Jerusalem.*
Aus der Tiefe schreie ich zu dir, HERR! 2 HERR, höre meine Stimme, schenk
meinem lauten Flehen ein offenes Ohr! 3 Wenn du, HERR, die Sünden an-
rechnen willst – wer kann dann noch vor dir bestehen, o Herr? 4 Doch bei dir
gibt es Vergebung, damit die Menschen dir in Ehrfurcht begegnen. 5 Ich hoffe
auf den HERRN, ja, aus tiefster Seele hoffe ich auf ihn. Ich warte auf sein ret-
tendes Wort. 6 Von ganzem Herzen sehne ich mich nach dem Herrn – mehr
als die Wächter sich nach dem Morgen sehnen, ja, mehr als die Wächter nach
dem Morgen! 7 Israel, hoffe auf den HERRN! Denn der HERR ist voll Gnade
und immer wieder bereit, uns zu erlösen. 8 Er allein wird Israel erlösen von
allen seinen Sünden.

VERGEBUNG. Was sind wir einem Gott schuldig, der uns alles, was wir haben, geschenkt hat und uns in jeder einzelnen Sekunde unseres Lebens am Leben erhält? Wir sollten ihn über alles lieben und ihm dienen. Aber das tut niemand. Daher kann niemand am Tag des Gerichts „bestehen“ (V. 3; vgl. Röm 3,10), wenn er sich auf sein eigenes Tun beruft. Auf Gottes Gnade zu warten, kann uns als hoffnungslose Angelegenheit erscheinen – so wie für Menschen, die nicht schlafen können, der Morgen nie zu kommen scheint (V. 6). Aber hier ist das Evangelium: „Er allein wird Israel erlösen von allen seinen Sünden“ (V. 8). In Jesus kommt Gott selbst und stirbt, um sein Volk von seinen Sünden zu erlösen. Gottes Vergebung und seine Gnade wecken in uns freudige Ehrfurcht und Staunen (V. 4), und beides stärkt unser Leben. Der Tag ist gekommen!

Gebet: *Herr, ich danke dir für das Glück deiner Vergebung. Ich weiß noch, wie groß meine Überraschung, mein Staunen war. Meine Schuld nagte an mir wie ein ständiger leiser Schmerz. Als du sie mir abnahmst, habe ich erst gespürt, wie sehr sie mir Freude und Zuversicht geraubt hatte. Lass mich nie vergessen, dass du mir vergeben hast, damit mein Herz leicht ist und sich am Leben und an anderen Menschen freut. Amen.*

1 *Ein Wallfahrtslied, gesungen auf dem Weg hinauf nach Jerusalem. Von David.*
HERR, mein Herz ist nicht erfüllt von Stolz, auch schaue ich nicht überheb-
lich auf andere herab. Ich erstrebe nicht hohe Ziele, die zu vermessen für mich
wären. 2 Vielmehr habe ich meine Seele besänftigt und beruhigt. Wie ein ge-
stilltes Kind an der Brust seiner Mutter, so zufrieden ist meine Seele. 3 Israel,
hoffe auf den HERRN jetzt und für alle Zeit!

ZUFRIEDENHEIT. Es gibt ein unangemessenes Streben nach Größe und persönlichem Erfolg (V. 1). „Und du begehrst für dich große Dinge? Begehre es nicht!“ (Jer 45,5; L). Ein derart eigensüchtiges Streben bringt nur große Rastlosigkeit und Unzufriedenheit – aber der Psalmist hat all das hinter sich gelassen. Ein Kind an der Brust seiner Mutter weiß nichts anderes, als dass hier die Nahrungsquelle ist, und wenn man ihm die versagt, wird es schreien. Aber ein Kind, das bereits entwöhnt ist, ist zufrieden, wenn die Mutter es einfach im Arm hält, es genießt ihre Nähe und Liebe und verlangt nichts weiter. So oft wenden wir uns nur dann an Gott, wenn wir etwas brauchen, statt einfach in seiner Nähe und Gegenwart zu ruhen. Tun wir es doch jetzt, durch sein Wort und im Gebet. In Jesu Namen.

Gebet: *Herr, du sagst, ich darf dir immer sagen, was ich brauche. Hilf mir aber auch, einfach in deiner Gegenwart zu ruhen und die Freude zu genießen, bei dir zu sein. Schenk mir hin und wieder diese innige Nähe und Liebe. Ich brauche sie so sehr. Amen.*

1 *Ein Wallfahrtslied, gesungen auf dem Weg hinauf nach Jerusalem.*
Denke an all die Mühe, HERR, die David auf sich genommen hat! 2 Er schwor
dem HERRN, legte ein Gelübde ab vor dem starken Gott Jakobs: 3 „So wahr
ich lebe: Ich will mein Haus nicht betreten, auf mein Bett will ich mich nicht
mehr legen, 4 ich will mir keinen Schlaf mehr gönnen und nicht einmal kurz
die Augen schließen, 5 bis ich einen geeigneten Platz gefunden habe für das
Haus des HERRN, eine würdige Wohnstätte für den starken Gott Jakobs!“
6 Nie werden wir es vergessen: In Efrata hörten wir von der Bundeslade, und
wir fanden sie im Gebiet von Jaar. 7 So lasst uns nun in die Wohnung Gottes
gehen und uns zu seinen Füßen anbetend niederwerfen. 8 Mache dich auf,
HERR, zu der Stätte, wo du ruhen kannst, du und die Bundeslade, das Sinn-
bild deiner Majestät! 9 Deine Priester sollen mit Wort und Tat verkünden, was
deinem Willen entspricht. Alle, die dir treu sind, sollen in Jubel ausbrechen!
10 David, deinem Diener, zuliebe weise unseren König nicht ab, der von dir
gesalbt wurde!

NÄHE. David hat versprochen, die Bundeslade („Gottes Wohnung“, V. 7, vgl. 1Chr 28,2) nach Jerusalem zu bringen und Gott dort ein Haus zu bauen (vgl. 2Sam 7,1-7). Das war nicht nur ein politischer Schachzug. In Vers 5 nennt David Gott „den starken Gott Jakobs“ – den Widersacher, der mit Israels Stammvater Jakob gerungen und ihm endlich den Segen gegeben hatte, nach dem Jakob ein Leben lang gesucht hatte (1Mo 32,29). David möchte Gott nah bei sich haben, damit sein Herz seines Segens gewiss sein kann. Dafür ist ihm kein Preis zu hoch. Und dieser Psalm sagt uns, dass es David viel „Mühe“ gekostet hat (V. 1), Gott in Jerusalem eine Wohnstatt zu errichten. Wie David sollte uns kein Preis zu hoch sein, um Gott nah bei uns zu haben. Denken wir an den, der wie David einen Eid geschworen und einen unermesslichen Preis bezahlt hat, um uns nah zu sein (Hebr 10,5-10).

Gebet: *Herr, in früheren Zeiten mussten die Menschen nach Jerusalem pilgern, um deine Gegenwart im Tempel zu erleben. Ich preise dich, dass wir durch Jesus heute jederzeit und überall deine Nähe erfahren können. Ich bekenne, dass ich dieses Geschenk nicht genug würdige, obwohl du einen so hohen Preis dafür gezahlt hast. Hilf mir, deine Nähe öfter zu suchen, Herr, und dann komm auch du mir nah. Amen.*

[11] Der HERR hat David einen Treueid geschworen, von dem er niemals etwas
zurücknehmen wird: „Einen deiner Söhne werde ich als deinen Nachfolger
auf den Thron setzen. [12] Wenn deine Söhne sich an meinen Bund halten, an
alles, was ich in meinem Wort bezeugt habe und sie lehre, dann sollen auch
ihre Nachkommen deine Thronfolger sein, und das für alle Zeiten.“ [13] Der
HERR hat sich den Berg Zion erwählt, sein Wunsch war es, dass dort seine
Wohnstätte sein soll. [14] Er hat gesagt: „Dies ist mein Ruheplatz für alle Zeiten,
hier will ich wohnen, denn nach diesem Ort der Ruhe habe ich Verlangen.
[15] Die ganze Stadt Zion will ich mit Nahrung reich beschenken, und den Ar-
men dort gebe ich genügend Brot. [16] Zions Priestern schenke ich Rettung,
damit sie diese mit Wort und Tat verkünden. Alle, die mir treu sind, sollen
in Jubel ausbrechen! [17] Dort will ich die Herrschaft des Königshauses David
stärken, für den von mir gesalbten König habe ich hier ein Licht entzündet,
das nie verlöschen soll! [18] Seine Feinde stürze ich in Schimpf und Schande, auf
seinem Haupt aber soll die Krone erstrahlen.“

VERGEWISSERUNG. Der Psalm betont den Treueid, den Gott David geschworen hat und den er keinesfalls brechen wird. Gott hat versprochen, dass es ein Nachkomme Davids sein würde, der einmal Gottes Gegenwart in diese Welt bringen würde – auf eine Weise, die David kaum geahnt haben dürfte (V. 11; vgl. 2Sam 7,11-16). Jesus, der größere David, ist gekommen, und er hat Gottes Gegenwart in unser Leben gebracht – und uns zu seiner Wohnung gemacht (1Petr 2,4-10). Wir sind seine Wohnung, nicht weil wir das mit unserem Tun verdient hätten, sondern weil er uns aus Gnade erwählt hat (V. 13). Wir werden aus unserer Rettung keinen Trost ziehen, wenn wir nicht sicher sind, dass wir wirklich gerettet sind. Gottes Versprechen versichert uns: Er wird uns nie verlassen.

Gebet: *„Mein Jesus ist mein Ehre, mein Glanz und schönes Licht. Wenn der nicht in mir wäre, so dürft und könnt ich nicht vor Gottes Augen stehen und vor dem Sternensitz … In ihm kann ich mich freuen, hab einen Heldenmut, darf kein Gerichte scheuen, wie sonst ein Sünder tut.“*[128] *Ich bitte dich, Heiliger Geist, sprich diese Wahrheit in mein Herz (Röm 8,16). Amen.*

1 Ein Wallfahrtslied, gesungen auf dem Weg hinauf nach Jerusalem.
Von David. Seht, wie schön und angenehm es ist, wenn Brüder einträchtig
beieinander wohnen! 2 Es ist wie das kostbare Salböl, das über das Haupt ge-
gossen wird und das sogar noch herabfließt auf den Bart, so wie das Öl herab-
rann auf den Bart des Hohenpriesters Aaron und hinunter auf den Halssaum
seines Gewandes. 3 Es ist erfrischend wie der Tau vom Berg Hermon, der den
Berg Zion und seine Hügel benetzt. Wo dies geschieht, hat der HERR seinen
Segen versprochen – Leben, das niemals enden wird!

EINHEIT. Die Einheit unter Menschen, die zu Gott gehören, bringt Gegensätze zusammen – hier symbolisiert durch den hohen Hermongipfel im ländlichen Norden und die vergleichsweise niedrigen Hügel um Jerusalem im städtischen Süden (V. 3). Tau vom Hermon auf den Hügeln um Jerusalem wäre ein Wunder – ebenso wie das übernatürliche Band, das Menschen aus ganz unterschiedlichen Kulturen, Rassen und Schichten in der Gemeinde Gottes miteinander verbindet. Die Einheit und Liebe, die er unter uns schafft, sind wie kostbares Öl (V. 2), das Menschen, die wir sonst vielleicht übersehen oder zurückweisen würden, duften lässt und attraktiv macht. „Seid also freundlich und geduldig und geht nachsichtig und liebevoll miteinander um. Setzt alles daran, die Einheit zu bewahren, die Gottes Geist euch geschenkt hat“ (Eph 4,2.3).

Gebet: *Herr, die Welt hat deine Jünger daran erkannt, dass sie sich lieben – über die Grenzen von Rasse und Kultur hinweg, die den Rest der Welt voneinander trennen. Und doch ist deine Gemeinde allzu oft genauso gespalten wie die Welt. Lehre mich, meinen Beitrag zu leisten, damit deine Kirche die Einheit in der Vielfalt leben kann, die ihr als deinem Leib auf Erden aufgetragen ist. Und gib mir die Gnade, es so zu tun, dass ich nicht selbstgerecht wirke. Amen.*

[1] *Ein Wallfahrtslied, gesungen auf dem Weg hinauf nach Jerusalem.*
Kommt und preist den HERRN, all ihr Diener des HERRN, die ihr nachts den Dienst im Tempel des HERRN verrichtet! [2] Hebt eure Hände im Gebet empor, streckt sie aus zu seinem Heiligtum und preist den HERRN! [3] Es segne dich der HERR vom Berg Zion aus, er, der Himmel und Erde geschaffen hat!

GOTTESDIENST. Die Pilger haben endlich Jerusalem erreicht und betreten den Tempel. Hier sehen sie den Tempelchor aus Priestern und Leviten, der nachts das Lob Gottes singt (V. 1; vgl. 1Chr 23,30). Vielleicht bekamen die Sänger der „Nachtschicht" wenig öffentliche Aufmerksamkeit oder Anerkennung. Aber nachts zu beten und Gott zu loben und in seiner Gegenwart zu sein – das ist „das eine Notwendige" (Lk 10,42). Sie taten ihren Dienst vielleicht im Verborgenen, aber Gott hat ihnen seinen Segen geschenkt, wie er ihn allen gibt, die ihre Berufung verlässlich leben. Das Größte ist also, dass wir in seiner Gegenwart leben und ihm jederzeit im Herzen Danklieder singen (Eph 5,19.20; L). Vergessen wir aber nicht: Das können wir nur „vom Berg Zion aus" (V. 3), dem Ort, an dem Sünde durch blutige Opfer gesühnt wurde. Heute heißt das: Erinnern wir uns, dass Jesus sein Blut für uns vergossen hat (Hebr 10,1-22).

***Gebet:** Herr, ich möchte dich gern immer ganz bewusst anbeten, den ganzen Tag lang. Dann würde ich alles Gute, das ich erlebe, als Geschenk sehen, das direkt aus deinem Herzen kommt, und alles Schlechte als Prüfung aus deiner Hand entgegennehmen. Bitte, schenk mir diese Ausrichtung auf dich von Minute zu Minute. Amen.*

1 Halleluja! Lobt den Namen des HERRN, ihr Diener des HERRN! Ja, lobt
ihn, 2 die ihr den Dienst im Tempel des HERRN verrichtet, in den Vorhö-
fen beim Heiligtum unseres Gottes. 3 Lobt den HERRN, denn gütig ist der
HERR, besingt seinen Namen zum Spiel auf der Harfe – ja, das ist wunderbar!
4 Denn der HERR hat die Nachkommen Jakobs für sich erwählt, hat Israel
zu seinem persönlichen Eigentum erklärt. 5 Ja, ich bin gewiss: Der HERR ist
groß! Größer als alle Götter ist unser Herr! 6 Alles, was dem HERRN gefällt,
das vollbringt er, sei es im Himmel oder auf der Erde, im Meer oder in den
tiefsten Tiefen. 7 Er führt Wolken herauf vom Ende der Erde, Blitze lässt
er dem Regen folgen, er holt den Wind hervor aus seinen Vorratskammern.
8 Er war es, der die Erstgeborenen Ägyptens tötete, sowohl bei den Menschen
als auch beim Vieh. 9 Zeichen und Wunder ließ er in deiner Mitte, Ägypten,
geschehen, am Pharao und an dessen Dienern. 10 Er war es, der starke Völker
vernichtend schlug und mächtige Könige tötete – 11 Sihon, den König der
Amoriter, und Og, den König Baschans. Alle Königreiche Kanaans besiegte
er 12 und gab ihr Land anderen zum Eigentum – zum ewigen Besitz gab er es
Israel, seinem Volk.

DER GOTT, DEM UNSER LOB GEBÜHRT. Warum sollen wir Gott loben? Weil Gott gut ist, gütig (V. 3). Aber wir sollen ihn auch loben, weil es gut ist, dies zu tun – es bringt uns wahre Freude (V. 3), weil es unsere tiefste Sehnsucht erfüllt und unserem Wesen als Geschöpfe dieses Gottes entspricht. Und wir sollen ihn loben, weil er, erstaunlicherweise, in seiner Gnade uns gut findet. Wir sind sein Schatz (V. 4), sein Eigentum – wie tröstlich! Und schließlich sollen wir ihn loben, weil er uns alle Dinge zum Besten dienen lässt (V. 6; vgl. Röm 8,28). Wir sind dermaßen umgeben von seiner Liebe, wir können gar nicht herausfallen.

Gebet: *Herr, ich lobe und preise dich, denn alles, was du willst, ist gut – weil du gut bist. Und ich preise dich, dass das meine Freiheit in keiner Weise verletzt, sondern sie eher untermauert. Letzten Endes kann ich mein Leben nicht vermasseln, denn du bist zuständig – und du liebst mich. Amen.*

13 HERR, dein Name besteht für immer, jetzt und in allen künftigen Gene-
rationen wird man dich ehren. 14 Denn der HERR wird seinem Volk zum
Recht verhelfen, wird Erbarmen haben mit all seinen Dienern. 15 Die Götzen
der fremden Völker hingegen sind Figuren aus Silber oder Gold, ein Mach-
werk von Menschenhand. 16 Einen Mund haben sie, doch sprechen können
sie nicht; Augen haben sie, sehen aber nichts. 17 Ohren haben sie und können
nicht hören, auch ist kein Atem in ihrem Mund. 18 Genauso hilflos sind die
Menschen, die sie angefertigt haben, und jeder, der auf solche Götzen ver-
traut! 19 Volk Israel, preise den HERRN! Ihr Nachkommen Aarons, preist den
HERRN! 20 Ihr alle aus dem Stamm Levi, preist den HERRN! Ihr alle, die ihr
Ehrfurcht habt vor dem HERRN, preist den HERRN! 21 Gepriesen sei der
HERR vom Berg Zion aus, er, der in Jerusalem wohnt. Halleluja!

DIE GÖTTER, DENEN KEIN LOB GEBÜHRT. Diese Verse über die Götzen der Völker wiederholen, was bereits Psalm 115 gesagt hat (s. zum 23. Oktober). Götzen sind an sich gute Dinge, die zu letzten Dingen geworden sind, weil wir von ihnen Sinn und Sicherheit erwarten, die uns nur Gott geben kann. Wie können wir unsere Götzen abschaffen? Immer, wenn wir merken, dass unser Herz von einer Versuchung, von Angst oder Zorn beherrscht ist, können wir fragen: Was fehlt mir gerade? Erwarte ich (zu Unrecht) von irgendetwas anderem, mir das zu geben, was nur Jesus mir geben kann? Und inwiefern schenkt Christus mir all das, wonach ich anderswo suche – viel umfassender und angemessener und gütiger?

Gebet: *Herr, ich werde dich nie so lieben können, wie ich sollte, solange ich die Konkurrenten um meine Liebe nicht aus meinem Leben verbanne. Reinige mein Herz, damit es seine Freude in dir findet – weit vor allen anderen Dingen. Um wie viel besser und weiser werde ich Menschen und Dinge in meinem Leben lieben können, wenn ich dich am meisten liebe. Amen.*

1 Dankt dem HERRN, denn er ist freundlich, ja, ewig währt seine Güte.
2 Dankt dem Gott, der über alle Götter erhaben ist, denn ewig währt seine
Güte. 3 Dankt dem Herrn aller Herren, denn ewig währt seine Güte. 4 Ihm,
der allein große Wunder vollbringt, denn ewig währt seine Güte. 5 Ihm, der
mit Weisheit den Himmel schuf, denn ewig währt seine Güte. 6 Ihm, der die
Erde über den Wassermassen ausbreitete, denn ewig währt seine Güte. 7 Ihm,
der große Lichter am Himmel erschuf, denn ewig währt seine Güte: 8 die
Sonne, dass sie den Tag regiere, ja, ewig währt seine Güte; 9 den Mond und die
Sterne, dass sie die Nacht regieren, denn ewig währt seine Güte.

THEOLOGIE ALS LOBPREIS. Jeder Vers in diesem Psalm verweist auf Wahrheiten, die die Bibel an anderer Stelle nennt. Gesunde Theologie ist allerdings kein Selbstzweck; gesunde Theologie sollte zum Lobpreis werden. Auch Gehorsam allein ist nicht genug. Wenn wir moralisch einwandfrei leben, Gott aber nicht von ganzem Herzen anbeten, bedeutet das: Wir haben Gott unseren Willen geschenkt, aber nicht unser Herz. Und: Dieses Gotteslob ist keine einsame Angelegenheit. Der Psalm lässt uns ahnen, wie wir uns den Psalmengesang damals vorstellen können: als Wechselgesang in der zum Gottesdienst versammelten Gemeinde. Geben wir uns also nicht zufrieden mit Bibelkenntnis und gesunder Theologie. Machen wir aus all dem ein Gotteslob, in dem unser ganzes Herz sich ausdrückt und unser ganzes Leben vorkommt. Und tun wir es nicht nur im stillen Kämmerlein, als „Privatspiritualität". Begegnen wir Gott in der Gemeinschaft und gehorchen wir ihm als Teil eines größeren Ganzen.

Gebet: *Herr, dort, wo du bist, gibt es Freude in Fülle (Ps 16,11). Aber ich verwende mehr Zeit und Mühe auf meine Karriere und sogar für meine Hobbys, als darauf, beten zu lernen. Das ist, als spielte ich lieber in einer Schlammpfütze, wo du mir doch den Tisch gedeckt hast mit deiner Liebe, deinem Frieden, deiner Freude. Herr, lehre mich zu beten. Und zeig mir eine Gemeinde, in der ich es lernen kann. Amen.*

10 Dankt ihm, der die Erstgeborenen der Ägypter tötete, ja, ewig währt seine
Güte; 11 und Israel mitten aus Ägypten herausführte, denn ewig währt seine
Güte. 12 Mit starker Hand und mit erhobenem Arm tat er es, denn ewig währt
seine Güte. 13 Dankt ihm, der das Schilfmeer in zwei Hälften teilte, denn ewig
währt seine Güte; 14 und Israel mitten hindurch führte, denn ewig währt seine
Güte. 15 Aber den Pharao und dessen Heer stieß er ins Schilfmeer, denn ewig
währt seine Güte. 16 Dankt ihm, der sein Volk in der Wüste sicher leitete, denn
ewig währt seine Güte.

WUNDER SEINER LIEBE. „Ewig währt seine Güte" – so lautet der immer wiederholte Refrain. Man könnte auch übersetzen: „Seine Liebe hat kein Ende." Aber warum seine Liebe? Sind nicht auch Gottes Gerechtigkeit und seine Macht ewig? Keine Eigenschaft Gottes lässt sich ohne die anderen verstehen. Bei Paulus findet sich der Hinweis: Gottes Größe lässt sich logisch ableiten, und zwar aus der Schöpfung (Röm 1,20). Gottes Liebe aber ist völlig überraschend, ein absolutes Wunder. Wenn wir uns das menschliche Herz und die menschliche Geschichte ansehen, würden wir nie darauf kommen, dass Gott uns liebt. Aber er tut es! Paulus bittet um Hilfe, damit er nicht nur Gottes Gerechtigkeit begreift, sondern auch fähig wird „die Liebe Christi in allen ihren Dimensionen zu erfassen – in ihrer Breite, in ihrer Länge, in ihrer Höhe und in ihrer Tiefe" (Eph 3,18). Gottes Liebe ist das Allererstaunlichste an ihm. Und deswegen sollte die Liebe auch das Kennzeichen derer sein, die zu Gott gehören (Joh 13,35). Erkennt man uns an der Liebe?

Gebet: *Herr, das Kennzeichen eines Christen ist die Liebe. Nicht nur meine Freunde, auch flüchtige Bekannte sollten mich als einen liebevollen Menschen kennen. Ich bekenne dir: So ist es nicht. Herr, beseitige durch deinen Geist die Gründe dafür – mein zu voller Terminplan, mein Stolz und, ja, meine Angst, mich zu verletzlich zu machen. Amen.*

[17] Ihm, der große Könige vernichtend schlug, denn ewig währt seine Güte;
[18] und mächtige Könige tötete, denn ewig währt seine Güte: [19] Sihon, den
König der Amoriter, denn ewig währt seine Güte, [20] und Og, den König Ba-
schans, denn ewig währt seine Güte. [21] Ihr Land übergab er anderen als Eigen-
tum – denn ewig währt seine Güte; [22] zum bleibenden Besitz gab er es Israel,
seinem Diener, denn ewig währt seine Güte. [23] Dankt ihm, der in unserer
Erniedrigung an uns dachte, denn ewig währt seine Güte; [24] und uns von un-
seren Feinden erlöste, denn ewig währt seine Güte. [25] Dankt ihm, der allen
lebendigen Wesen ihr Brot gibt, denn ewig währt seine Güte. [26] Dankt ihm,
dem Gott des Himmels, denn ewig währt seine Güte.

UNSERE ERNIEDRIGUNG. Gottes Liebe zu uns ist so groß, dass er in Jesus Christus in unsere Erniedrigung hineinkam (V. 23) und sie mit uns teilte. Meditieren wir diese Liebe in einem Gedicht, das Jesus vom Kreuz sprechen lässt:

Die ihr vorübergeht, schaut her und seht:
Der Mensch raubte die Frucht, den Baum muss ich ersteigen;
den Baum des Lebens allen, nur nicht mir:
War jemals Leid wie meins?

„Arzt, hilf dir selbst und steig herab vom Kreuz." Ach ja.
Ich tat es, als ich meine Krone
und meines Vaters Lächeln ließ – für euch –
und spür nun seinen Zorn.
War jemals Leid wie meins?

Ich heil nicht mich, und darin liegt
das ganze Heil, dem ihr nun widerstrebt.
Krank bin ich, dass ihr sicher seid.
War jemals Leid wie meins?[129]

Gebet: *Herr, deine Liebe ist ewig, aber ich schwanke zwischen heiß und kalt, und meist bin ich kalt. Heiliger Geist, tu an mir, was dieser Psalm an mir zu tun versucht: Lass nicht nach, mir deine Liebe ins Herz zu gießen, bis sie meine Liebe entzündet – die Liebe, die ich dir schulde und die ich gern empfinden möchte. Amen.*

1 An den Flüssen von Babylon saßen wir und weinten, wenn wir an Zion dach-
ten. 2 An die Weiden dort hängten wir unsere Zithern. 3 Die uns gefangen
hielten, forderten von uns, eines unserer Lieder zu singen, unsere Peiniger
verlangten von uns, fröhlich zu sein: „Singt uns eines eurer Zionslieder!“
4 Doch wie könnten wir ein Lied für den HERRN auf fremdem Boden sin-
gen? 5 Jerusalem, wenn ich dich je vergesse, dann soll meine rechte Hand mir
ihren Dienst versagen! 6 Meine Zunge soll mir am Gaumen kleben, wenn
ich nicht mehr an dich denke, wenn Jerusalem nicht mehr meine allergrößte
Freude ist! 7 HERR, vergiss den Edomitern nie, was sie am Unglückstag Jeru-
salems getan haben, als sie riefen: „Reißt die Stadt nieder, reißt sie nieder bis
auf den Grund!“ 8 Du Stadt Babylon, die du einst verwüstet sein wirst – wohl
dem, der dir einmal vergelten wird, was du uns angetan hast! 9 Wohl dem, der
deine Kinder packt und sie am Felsen zerschmettert!

ZIONSLIEDER. Israel ist ins Exil in Babylon geraten. Dort setzen die Weggeführten sich für das Wohl der Stadt ein, in der sie nun leben (Jer 29,4-7). Aber als die Sieger verlangen, zu ihrer Unterhaltung die Psalmen Israels zu singen, weigern sie sich (V. 2-4). Sie sind nicht bereit, ihren Glauben zu relativieren. Die Zionslieder sind keine Kulturprodukte; sie sind die Geschichte von Gottes Heilsplan. Der Aufschrei in Vers 7, der für die Unterdrücker Vergeltung fordert, lässt uns zusammenzucken. Aber wir sollten unsere Ohren nicht vor dem Schmerz der Unterdrückten dieser Welt verschließen. Auch in diesem Fall wird die Vergeltung Gott überlassen. Christen wissen außerdem, dass Gottes Sohn Jesus ein kleines Kind geworden ist, der schließlich an der Brutalität seiner Feinde zugrunde ging (V. 8.9). Er hat die Strafe auf sich genommen, die das Unrecht verdient. Deswegen können Christen vergeben und um Versöhnung beten.

Gebet: *Herr, ich bitte dich dringend um Hilfe für deine Kirche heute. In einer relativistischen Welt glauben wir an absolute Wahrheit. Wir werden toleriert, wenn wir „religiös“ oder „spirituell“ sind, aber nur solange wir nicht beanspruchen, dass unser Glaube die Wahrheit ist, die Gott selbst offenbart hat. Herr, wie können wir unseren Nächsten dienen und zugleich liebevoll auf der Wahrheit des Evangeliums bestehen? Hilf uns, Herr. Amen.*

1 *Von David.*
Von ganzem Herzen will ich dir danken, zum Spiel auf der Harfe will ich dich
loben vor den Göttern. 2 Ich werfe mich anbetend nieder vor deinem heiligen
Tempel und preise deinen Namen wegen deiner Güte und Treue. Denn deine
Zusage ist noch größer als alle bisherigen, die man mit deinem Namen ver-
bindet. 3 An dem Tag, als ich zu dir rief, hast du mich erhört; du hast mir Mut
verliehen und meiner Seele Kraft gegeben. 4 Alle Könige der Erde werden dir
danken, HERR, wenn sie die Worte hören, die dein Mund gesprochen hat.
5 Sie werden die Wege und Taten des HERRN besingen, denn groß ist die
Herrlichkeit des HERRN. 6 Ja, hoch und erhaben ist der HERR – und doch
achtet er auf den Bescheidenen, den Hochmütigen aber durchschaut er schon
von ferne. 7 Führt mich mein Weg mitten durch die Not, so schenkst du mir
neue Lebenskraft. Du streckst deine Hand aus und wehrst den Zorn meiner
Feinde ab, mit deinem mächtigen Arm rettest du mich. 8 Der HERR wird alles
für mich zu einem guten Ende bringen! HERR, deine Güte währt ewig; und
was du zu tun begonnen hast, davon wirst du nicht ablassen.

ER ACHTET AUF DIE BESCHEIDENEN. David wendet sich ab von den „Göttern" – hochgestellten, mächtigen Wesen und Menschen (V. 1). Obwohl er selbst mächtig und erhaben ist, erkennt er, dass Gott immer nah bei den Geringen ist (V. 6) – in zweifacher Hinsicht. Er liebt die Armen und die Witwen (vgl. Ps 113,7.8). Und er kommt in die Herzen und in das Leben derer, die gering und demütig genug sind, um zu wissen, dass sie einen Erlöser brauchen (Jes 5,15; 1Petr 5,6; Mt 5,3). Es sind Menschen, die selbst nicht viel zu bieten haben, die am besten begreifen, wie verschwenderisch Gottes Liebe ist. Wer sich selbst genug ist, kommt nicht mit einer solchen Bedürftigkeit zu Gott und wird daher nie entdecken, wie viel Liebe und welche Macht Gott für ihn bereithält.

***Gebet:** Herr, ich lebe in einer Kultur, die nach Selbstbehauptung schreit. Aber wenn du deine Hand nur einen Augenblick von mir abziehen und mir deine Kraft entziehen würdest, würde ich im Nu vergehen. Ich bekenne: Ich vergesse das immer wieder und meine, ich kann mich, mein Leben und diese Welt im Griff haben. Ich bitte dich: Heile mich von dieser verdammenswerten Selbstgenügsamkeit. Amen.*

1 *Für den Dirigenten. Von David. Ein Psalm.*
HERR, du hast mich erforscht und kennst mich ganz genau. 2 Wenn ich mich
setze oder aufstehe – du weißt es; meine Absichten erkennst du schon im Vo-
raus. 3 Ob ich gehe oder liege, du siehst es, mit all meinen Wegen bist du ver-
traut. 4 Ja, noch ehe mir ein Wort über die Lippen kommt, weißt du es schon
genau, HERR. 5 Von allen Seiten umschließt du mich und legst auf mich deine
Hand. 6 Ein unfassbares Wunder ist diese Erkenntnis für mich; zu hoch, als
dass ich es je begreifen könnte. 7 Wohin könnte ich schon gehen, um deinem
Geist zu entkommen, wohin fliehen, um deinem Blick zu entgehen? 8 Wenn
ich zum Himmel emporstiege – so wärst du dort! Und würde ich im Toten-
reich mein Lager aufschlagen – dort wärst du auch! 9 Hätte ich Flügel und
könnte mich wie die Morgenröte niederlassen am äußersten Ende des Meeres,
10 so würde auch dort deine Hand mich leiten, ja, deine rechte Hand würde
mich halten! 11 Und spräche ich: „Nur noch Finsternis soll mich umgeben,
und der helle Tag um mich her soll sich verwandeln in tiefste Nacht!“, 12 dann
wäre selbst die Finsternis nicht finster für dich, und die Nacht würde leuchten
wie der Tag. Ja – für dich wäre tiefste Dunkelheit so hell wie das Licht!

DU ERKENNST. Gott weiß alles (V. 1-6) und er existiert überall zur selben Zeit – er ist allgegenwärtig (V. 7-12). Das sollte uns trösten (V. 10), aber es erscheint uns bedrohlich (V. 5: „du umschließt mich“), weil wir glauben, wir müssten uns vor Gott verstecken (1Mo 3,7). Aber in Christus werden wir mit der Gerechtigkeit bekleidet, die Jesus eigen ist (Phil 3,9). Wenn wir das wissen, können wir es ertragen, wenn Gott uns erforscht und unsere verzerrte Sicht von uns selbst korrigiert, die so voreingenommen ist. Wenn ein Mensch, von dem wir wissen, dass er absolut auf unserer Seite steht, uns auf unsere Fehler hinweist, können wir zuhören, auch wenn es schwerfällt. Das Fundament der Liebe ermöglicht es uns, auch die unangenehme Wahrheit zu hören – und dann gibt es endlose Möglichkeiten, daran zu wachsen. Sollte es bei Gott anders sein?

Gebet: *Herr, ich bekenne dir: Wenn etwas in meinem Leben schiefläuft, bringt mich das selten dazu, mich zu fragen, ob du mir damit in deiner Liebe zeigen willst, dass sich etwas ändern muss. Freunde sagen einander die Wahrheit, auch wenn sie schmerzt. Hilf mir, offen zu sein für deine Freundschaft und Kritik. Amen.*

[13] Du bist es ja auch, der meinen Körper und meine Seele erschaffen hat,
kunstvoll hast du mich gebildet im Leib meiner Mutter. [14] Ich danke dir dafür,
dass ich so wunderbar erschaffen bin, es erfüllt mich mit Ehrfurcht. Ja, das
habe ich erkannt: Deine Werke sind wunderbar! [15] Dir war ich nicht verbor-
gen, als ich Gestalt annahm, als ich im Dunkeln erschaffen wurde, kunstvoll
gebildet im tiefen Schoß der Erde. [16] Deine Augen sahen mich schon, als mein
Leben im Leib meiner Mutter entstand. Alle Tage, die noch kommen sollten,
waren in deinem Buch bereits aufgeschrieben, bevor noch einer von ihnen
eintraf. [17] Wie kostbar sind für mich deine Gedanken, o Gott, es sind unbe-
greiflich viele! [18] Wollte ich sie zählen, so wären sie zahlreicher als alle Sand-
körner dieser Welt. Und schlafe ich ein und erwache, so bin ich immer noch
bei dir. [19] Ach dass du, Gott, die töten würdest, die sich dir widersetzen! Und
ihr alle, an deren Händen Blut klebt, haltet euch fern von mir! [20] Diese Men-
schen reden über dich, Gott, in böser Absicht, sie, deine Feinde, missbrauchen
deinen Namen. [21] Sollte ich nicht hassen, HERR, die dich hassen, nicht die
verabscheuen, die sich gegen dich erheben? [22] Ja, ich hasse sie mit äußerstem
Hass und betrachte sie als meine eigenen Feinde! [23] Erforsche mich, Gott, und
erkenne, was in meinem Herzen vor sich geht; prüfe mich und erkenne meine
Gedanken! [24] Sieh, ob ich einen Weg eingeschlagen habe, der mich von dir
wegführen würde, und leite mich auf dem Weg, der ewig Bestand hat!

WENN ICH ERWACHE. Gott ist außerdem allmächtig (V. 13-18). Das sollte ein großer Trost für uns sein. Egal, was die Zukunft bringt, Gott behält die Kontrolle und seine Macht ist stärker als der Tod. Der Psalmist sagt, Gott lässt unsere Hand niemals los, egal, wie dunkel es wird (V. 11.12), deswegen betet er: „Schlafe ich ein und erwache, so bin ich immer noch bei dir“ (V. 18). Wie Psalm 17,15 sagt: Gott hat sich in seiner Liebe dazu verpflichtet, immer bei uns zu sein – deshalb kann uns auch der Tod nicht von ihm trennen (Röm 8,38.39). Wir werden für immer bei ihm sein.

***Gebet:** Herr, ich bekenne dir, es gab eine Zeit, da fühlte ich mich eingeengt bei der Vorstellung, dass meine Tage in „deinem Buch“ bereits aufgeschrieben waren. Aber je älter ich werde, umso mehr erkenne ich, wie begrenzt unsere Weisheit ist, und spüre: Meine einzige Hoffnung liegt darin, mich auf deine Weisheit zu verlassen. Ich preise dich dafür, dass ich so wunderbar erschaffen bin! Amen.*

1 *Für den Dirigenten. Ein Psalm Davids.*
2 Rette mich, HERR, vor boshaften Menschen, beschütze mich vor gewalttäti-
gen Leuten, 3 die tief in ihrem Herzen Böses ersinnen und Tag für Tag Streit
anzetteln! 4 Sie machen ihre Zunge scharf und spitz wie die einer Schlange,
hinter ihren Lippen verbirgt sich Gift wie bei einer Natter. 5 Bewahre mich
davor, HERR, in die Hände der Gottlosen zu fallen, vor gewalttätigen Leuten
beschütze mich, die beschlossen haben, mich zu Fall zu bringen! 6 Überhebliche
Menschen haben mir heimlich Schlingen und Fallstricke gelegt, ein Fangnetz
haben sie am Wegesrand ausgespannt und mir lauter Fallen gestellt. 7 Ich aber
sage zum HERRN: Du bist mein Gott! Höre, o HERR, mein lautes Flehen!
8 HERR, mein Gott, du bist eine starke Festung, wo ich Rettung finde! Du be-
schützt mich wie ein Helm an dem Tag, wenn die Waffen sprechen. 9 Gewähre
dem Gottlosen nicht, HERR, wonach er begehrt! Lass seinen bösen Plan nicht
gelingen! 10 Wenn meine Feinde mich einkreisen und siegessicher ihr Haupt
erheben, dann komme über sie selbst das Unheil, das sie mit ihren Worten her-
aufbeschwören wollten! 11 Mögen glühende Kohlen auf sie fallen, möge Gott sie
ins Feuer stürzen, in Abgründe, aus denen sie nicht mehr hochkommen. 12 Ein
Mensch mit böser Zunge soll in diesem Land nicht verwurzelt sein, und für
jeden Gewalttäter gelte: Das Unheil soll ihn in Windeseile davonjagen! 13 Ich
weiß, dass der HERR sich für die Belange der Unterdrückten einsetzt und den
Armen Recht verschafft. 14 Ja, alle, die deinen Willen tun, werden dankbar dei-
nen Namen bekennen, die Aufrichtigen werden in deiner Nähe leben.

VERÄNDERE DIE WELT. David betet um Schutz (V. 2-6). Er trifft zwar Vorkehrungen, sich zu verteidigen, aber er weiß doch, dass allein Gott ihn vor den Feinden schützen kann (V. 6-8). Er bestürmt Gott, der zu sein, der er ist, und auf Erden Gerechtigkeit zu schaffen (V. 11.12), indem er die Ausbeuter und Unterdrücker zu Fall bringt. Am Ende seines Gebets ist Davids Vertrauen gestärkt (V. 13). David betet, um die Welt zu verändern. Er betet, dass die Pläne der Gewalttätigen und Ausbeuter scheitern und dass die Armen und Unterdrückten aufgerichtet werden. Wir sollten ebenso beten. Es ist kein Wunschdenken, dass wir beeinflussen können, was in dieser Welt geschieht. Wenn wir unseren Vater im Himmel bitten, einzugreifen, beeinflussen wir den Lauf der Dinge sehr wohl.

Gebet: *Herr, lass mich nicht vergessen, dass du sagst: „Ihr habt nichts, weil ihr nicht bittet" (Jak 4,2; ELB). Vergib mir meine Schuld gegenüber so vielen Freunden, für die ich nicht gebetet habe. Nutze meine Gebete, um in dieser Welt Gutes zu bewirken. Amen.*

1 *Ein Psalm Davids.*
HERR, ich rufe zu dir, komm mir schnell zu Hilfe! Höre auf meine Stimme, wenn ich zu dir rufe! 2 Nimm mein Gebet an wie den Duft geopferten Weihrauchs; und wenn ich meine Hände zu dir emporhebe, dann sei es für dich wie ein Speiseopfer am Abend. 3 Stelle eine Wache vor meinen Mund, HERR, ja, achte auf die Worte, die über meine Lippen kommen. 4 Lass nicht zu, dass mein Herz sich zum Bösen verleiten lässt – sei es in gottlosen Worten oder Taten, dass ich gemeinsame Sache mache mit Leuten, die Übeltäter sind. Nicht einmal kosten will ich von ihren Leckerbissen! 5 Wer nach Gottes Willen lebt, der mag mich strafen – er tut es aus Liebe! Er mag mich zurechtweisen – es ist wohltuend wie Salböl für mein Haupt, und dagegen werde ich mich gewiss nicht wehren! Noch immer begegne ich der Bosheit meiner Feinde mit Gebet. 6 Wenn die Mächtigen unter ihnen die Felswände hinuntergestoßen werden, dann werden meine Worte bei den Leuten wieder willkommen sein. 7 Wie beim Pflügen das Erdreich aufgerissen und verteilt wird, so liegen unsere Gebeine überall zerstreut an den Pforten des Totenreichs. 8 Doch auf dich, HERR, mein Gott, blicken ständig meine Augen, bei dir suche ich Zuflucht – gib mein Leben nicht preis! 9 Bewahre mich vor der Schlinge, die sie mir gelegt haben, und vor den Fallen der Übeltäter! 10 Mögen die Gottlosen sich in ihrem eigenen Netz verfangen, während ich unbeschadet vorbeigehe!

REDEN UND HÖREN. Wieder ruft David um Hilfe, aber diesmal bittet er um Bewahrung vor der Neigung seines eigenen Herzens zum Bösen (V. 4). Er bittet darum, dass Menschen, die nach Gottes Willen leben, ihn zur Verantwortung ziehen (V. 5: „zurechtweisen"). Das wäre „wohltuend" (V. 5). Um kritische Rückmeldung zu bitten und sie zu beherzigen gehört unabdingbar zur Weisheit (Spr 27,5.6.; 28,23; 29,5). Auch bittet David Gott, „eine Wache vor [s]einen Mund" zu stellen (V. 3). Unbedachte Worte verletzen nicht nur andere; sie können auch die schlechtesten Seiten in uns selbst verstärken (Jak 3,1-12). Unsere Worte sollen ehrlich sein, angemessen, freundlich – und es sollen nicht zu viele sein. „In der Liebe die Wahrheit reden" (Eph 4,15) – darin kommt alles zusammen: selbst aufrichtig zu reden und Freunde, die bereit sind, uns mit unseren Schattenseiten zu konfrontieren.

Gebet: *Herr, ich bitte dich um zwei Dinge. Mach mich zu einem Freund, der die Wahrheit in Liebe sagen kann. Und gib mir Freunde, die bereit sind, das auch für mich zu tun – mich liebevoll, aber auch ernst zu ermahnen, damit mich die Arglist meines eigenen Herzens nicht verhärtet (Hebr 3,13). Amen.*

1 *Ein kunstvoll gestaltetes Lied. Ein Gebet von David, als er sich in der Höhle auf-
hielt.*
2 Mit lauter Stimme schreie ich zum HERRN, ja, laut flehe ich zum HERRN.
3 Ich schütte mein Herz vor ihm aus und klage ihm meine ganze Not. 4 Auch
wenn ich allen Mut verliere, wachst du doch schützend über meinem Weg.
Dort, wo ich gehen muss, hat man mir Fallen gestellt. 5 Wohin ich auch
schaue – da ist niemand, der sich um mich kümmert. Jede Zuflucht habe ich
verloren, keiner fragt nach mir. 6 Ich schreie zu dir, HERR, und sage: Du
allein bist meine Zuflucht, du bist alles, was ich zum Leben brauche! 7 Höre
doch auf mein Flehen, denn ich bin sehr schwach geworden. Rette mich vor
denen, die mich verfolgen, denn sie sind zu stark für mich! 8 Führe mich her-
aus aus diesem Gefängnis, damit ich deinen Namen preise. Die nach deinem
Willen leben, werden sich freudig um mich scharen, wenn du mir Gutes er-
wiesen hast.

EMOTIONEN UND GEBET. Diesem und dem 57. Psalm liegt dieselbe Erfahrung zugrunde: David versteckt sich in einer Höhle vor König Saul. Beide Psalmen zeigen uns, wie unterschiedlich unsere Emotionen auf ganz ähnliche Umstände und trotz des immer gleichen Glaubensgerüstes reagieren können. In Psalm 57 sieht David die Höhle als Schutzraum, den Gott ihm schenkt; aber jetzt erscheint sie ihm als Todesfalle (V. 4.5). Er schämt sich nicht, dreimal zu Gott zu „schreien". Er bestürmt Gott, ihn zu erhören, für ihn zu sorgen, seine Notlage zu sehen und ihn zu retten. Wohlgesetzte Gebete haben ihren Platz, aber verzweifelte Gebete, die aus tiefstem Herzen kommen, sind etwas, das Gott respektiert. Am Ende hat David die Hoffnung wiedergefunden (V. 8).

Gebet: *Vater, dein Sohn war kein Stoiker. Er war ein Mann der Schmerzen, umgeben mit Qual. Er hat geweint, geseufzt und geklagt, und er hat im Geist gejubelt. Ich bekenne dir: Ich verleugne entweder meine Gefühle und wahre den Anstand, oder ich lasse mich einfach von ihnen überwältigen. Zeig mir, wie ich all meine Gefühle ehrlich, aber auch geordnet vor dich bringen kann. Amen.*

1 *Ein Psalm Davids.*
HERR, höre mein Gebet, vernimm mein Flehen! Du bist doch treu und
schenkst Rettung, bitte antworte mir! 2 Geh nicht ins Gericht mit mir, deinem
Diener – vor dir könnte doch kein Mensch bestehen! 3 Erhöre mich, denn der
Feind trachtet mir nach dem Leben, er hat mich zu Boden getreten, mich in
grauenvolle Finsternis getrieben – ich gleiche denen, die begraben und für
immer vergessen sind. 4 Ich habe allen Mut verloren, mein Herz ist starr vor
Verzweiflung. 5 Ich denke zurück an die früheren Tage, sinne nach über all dein
Tun; meine Gedanken richten sich auf das, was deine Hände geschaffen haben.
6 Ich strecke meine Hände zu dir aus, meine Seele dürstet nach dir wie dürres
Land nach Wasser. 7 Erhöre mich rasch, HERR, ich verzehre mich vor Ver-
langen nach deiner Hilfe! Verbirg dein Angesicht nicht vor mir, sonst gleiche
ich denen, die sterben und unter die Erde kommen. 8 Lass mich schon früh am
Morgen deine gnädige Antwort hören, denn auf dich vertraue ich. Lass mich
den Weg wissen, den ich gehen soll, – meine Seele sehnt sich nach dir. 9 Be-
freie mich von meinen Feinden, HERR, denn bei dir habe ich Schutz gesucht.
10 Lehre mich, so zu handeln, wie du es willst; denn du bist mein Gott. Dein
guter Geist führe mich wieder über ebenes Land. 11 Mach deinem Namen Ehre,
HERR, und rette mein Leben. Erweise deine Treue, hilf mir aus aller Bedräng-
nis; 12 und weil du gnädig bist, vertilge meine Feinde – vernichte sie alle, die
mich bedrängen und mir nach dem Leben trachten! Denn ich bin dein Diener.

NIEMAND IST GERECHT. In seinen Psalmen pocht David häufig auf seine „Untadeligkeit". Man könnte meinen, er hat geglaubt, er sei ohne Sünde. So ist es nicht. David erklärt seine Unschuld im Blick auf ganz konkrete Anschuldigungen, die man gegen ihn erhoben hat. Aber er weiß: Wenn Gott ihn für sein Leben zur Rechenschaft zöge, würde er nicht bestehen. Hier bekennt er nun, dass kein Mensch, auch der beste nicht, vor Gott bestehen kann (V. 2; Röm 3,10-18). Er sagt nicht nur, dass wir alle sündigen; er sagt, dass wir alle verloren sind. Aber Moment! Wie kann David Gott bitten, nicht mit ihm ins Gericht zu gehen (V. 2), wo doch ein Richter, der den Schuldigen gerecht spricht, ein Gräuel ist (Spr 17,15). Erst das Kreuz gibt darauf eine Antwort (1Joh 1,9–2,2).

Gebet: *Vater, ich preise dich, dass dein Heil so schön und strahlend ist: dass der Gerechtigkeit Genüge getan ist und doch der Sünder erlöst ist, dass du beides sein kannst: vollkommen gerecht und zugleich der, der die, die glauben, gerecht macht (Röm 3,26). Bitte hilf mir, dich dafür anzubeten. Amen.*

1 *Von David.*
Gepriesen sei der HERR, mein Fels, der meine Hände zum Kampf anleitet,
meine Finger geschickt macht für den Krieg. 2 Er ist mein gnädiger Gott und
meine Festung, meine Zuflucht und mein Befreier, mein Schild und der, bei
dem ich geborgen bin, der mein Volk meiner Herrschaft unterstellt. 3 HERR,
was ist der Mensch, dass du auf ihn achtest? Wer ist er schon, dass du dich
um ihn kümmerst! 4 Der Mensch ist wie ein Hauch, die Tage seines Lebens
gleichen einem Schatten, der vorüberzieht. 5 HERR, neige deinen Himmel
und steige herab, rühre die Berge an, dass sie rauchen! 6 Lass Blitze zucken
und zerstreue meine Feinde, schieße deine Pfeile ab und bring sie in Verwir-
rung! 7 Strecke aus der Höhe deine Hände aus, befreie und rette mich aus
gewaltigen Wasserfluten, aus der Hand erbarmungsloser Feinde. 8 Von ihren
Lippen kommt nur Täuschung, erheben sie ihre rechte Hand, dann stets zum
Meineid.

WARUM ACHTEST DU AUF UNS? „Der Mensch ist wie ein Hauch, die Tage seines Lebens gleichen einem Schatten, der vorüberzieht (V. 4). Das Leben ist hässlich, brutal und kurz. Warum also sollte Gott überhaupt von uns Notiz nehmen, geschweige denn uns lieben (V. 3)? Diese Frage kann man auf unterschiedliche Weise stellen: skeptisch oder ergriffen. Der Skeptiker fragt, warum eine Macht, die in der Lage ist, ein unendliches Universum zu schaffen, sich um kurzlebige Wesen auf einem Staubkörnchen namens Erde kümmern sollte. Aber für die, die „meinen gnädigen Gott" kennen (V. 2), ist das gerade der Punkt. Es gibt keinen guten Grund, warum wir Gott am Herzen liegen sollten. Und doch tun wir es. Er liebt uns nicht, weil wir ihm irgendwie nützlich sein könnten. Wie könnten wir das. Er liebt uns – einfach weil er uns liebt (5Mo 7,7). Und darum preisen wir ihn.

Gebet: *Herr, ich preise dich, dass du in deiner unvorstellbaren Größe mir nicht nur deine Liebe zuwendest, sondern dass du selbst dich unendlich klein gemacht hast, um auf diese Erde zu kommen, die du geschaffen hast, damit man dich zertritt wie ein Insekt – und das alles für mich. „Wo ist solch ein Herr zu finden, der was Jesus tat mir tut: mich erkauft von Tod und Sünden mit dem eignen teuren Blut?"[130] Amen.*

9 Gott, ein neues Lied will ich dir singen, auf der zehnsaitigen Harfe will ich
für dich spielen – 10 ja, für dich, der den Königen Sieg schenkt, der mich,
deinen Diener David, dem mörderischen Schwert entreißt. 11 Befreie und
rette mich aus der Hand jener erbarmungslosen Feinde, von deren Lippen
nur Täuschung kommt und die ihre rechte Hand stets zum Meineid erhe-
ben! 12 Dann werden unsere Söhne kräftigen Pflanzen gleichen, die ungestört
emporwachsen konnten, und unsere Töchter werden so schön sein wie wohl-
gestaltete Ecksäulen, die Paläste schmücken! 13 Dann sind unsere Vorratsspei-
cher gut gefüllt, um die verschiedensten Speisen darzubieten. Unsere Schafe
werfen zu Tausenden ihre Jungen, ja, zu Zehntausenden auf unseren Weiden.
14 Auch unsere Rinder werden trächtig sein und ihre Kälber ohne Fehlgeburt
und ohne Verletzung zur Welt bringen. Dann hört man nirgendwo Klage-
geschrei auf unseren Gassen! 15 Glücklich zu preisen ist das Volk, dem es so
ergeht. Glücklich zu preisen ist das Volk, dessen Gott der HERR ist.

DANKSAGUNG. Dieser Psalm besingt das Ende der Verfolgung Davids durch Saul und möglicherweise Davids Thronbesteigung. Er zeigt uns auch, wie wir reagieren sollen, wenn Gott ein wichtiges Gebetsanliegen erhört: mit Danksagung. Ein dankbarer Geist verbindet Demut (weil wir sehen, dass die Gebetserhörung ein Geschenk ist) mit Zuversicht (weil wir wissen, dass ein liebender Gott unser Gebet immer hört). Diese demütige Kühnheit erkennen wir an David, sie prägt sein Herz und sein Denken. Seine erste Reaktion war die erstaunte Frage gewesen, wieso Gott uns überhaupt zur Kenntnis nimmt (V. 3.4). Aber seine Freude verkommt nicht zu Selbstgefälligkeit: Inständig betet er um Wohlstand (V. 12.13) und Gerechtigkeit (V. 14) für sein Volk. Andererseits ist diese Bitte auch nicht von Angst bestimmt. Den ganzen Psalm durchzieht ein Grundton der Ausgelassenheit, des Überschwangs. So reich und strukturiert ist ein Leben, das von dankbarer Freude geprägt ist.

Gebet: *Herr, ich danke dir, dass es so unendlich vieles gibt, wofür ich dir danken kann, wenn ich nur einen Moment überlege! Hilf mir jetzt, mir die Zeit zu nehmen und dir für deine vielen Gaben zu danken, die ich oft für selbstverständlich halte. Und dann lass diese Dankbarkeit meine Haltung zu vielem in meinem Leben verändern: meine Haltung zu dir, zu mir selbst, zu anderen und zum Leben überhaupt. Amen.*

1 *Ein Loblied von David.*
Ich will dich preisen, mein Gott, o König, und deinen Namen immer und
ewig rühmen. 2 Tag für Tag will ich dich preisen und deinen Namen loben
für alle Zeiten. 3 Groß ist der HERR, ihm gebührt das höchste Lob; seine
Erhabenheit ist unergründlich. 4 Eine Generation rühmt bei der nächsten dei-
ne Werke, sie alle verkünden deine machtvollen Taten. 5 Von der herrlichen
Pracht deiner Majestät will ich sprechen, und über deine Wunder will ich
nachsinnen. 6 Alle sollen von deinen gewaltigen, ehrfurchtgebietenden Taten
reden, und ich will erzählen, welch großer Gott du bist! 7 Mit überschwäng-
lichen Worten erinnern die Menschen an deine große Güte, jubelnd preisen
sie deine Treue. 8 Gnädig und barmherzig ist der HERR, er gerät nicht schnell
in Zorn, sondern ist reich an Gnade. 9 Der HERR ist gütig zu allen, und sein
Erbarmen gilt jedem seiner Geschöpfe.

SEINE HERRLICHE GNADE. Als Mose Gott bat: „Lass mich deine Herrlichkeit sehen" (2Mo 33,18), verkündete Gott: „Gnädig und barmherzig ist der Herr, er gerät nicht schnell in Zorn, sondern ist reich an Gnade" (V. 8; s. auch 2Mo 34,5.6). Ja, Gott verfügt über absolute Macht, und doch gibt es keine eindrucksvollere Offenbarung seiner Herrlichkeit als sein Erbarmen für alle Menschen. Jona zitiert Vers 8 im Zorn darüber, dass Gott Erbarmen mit einem Volk hat, das Jona verachtet (Jona 4,2). Gott weist ihn zurecht und lässt Jona wissen, dass nicht nur die verdorbenen Menschen aus Ninive ihm am Herzen liegen, sondern sogar ihr Vieh (Jona 4,11) – ein klares Beispiel für die Wahrheit von Vers 9. Feiern wir doch seine überfließende Güte und Gnade (V. 6)!

***Gebet:** Herr, ich bekenne dir, dass ich bin wie Jona. Ich möchte deine Liebe auch nur bestimmten Menschen zugestehen. Wenn ich davon rede, „jedem Menschen mit Liebe zu begegnen", dann ist das nichts als ein Lippenbekenntnis; in Wirklichkeit tue ich das nicht. Lehre mich das Mitgefühl mit allem, was du geschaffen hast. Hilf mir, den Anfang zu machen, indem ich geduldig mit dem Menschen bin, den zu lieben mir so schwerfällt. Amen.*

10 HERR, alles, was du erschaffen hast, lobt dich, und die Menschen, die dir
treu sind, preisen dich. 11 Sie verkünden, wie majestätisch deine Königsherr-
schaft ist, und geben Zeugnis von deiner Macht. 12 Sie wollen den Menschen
Gottes gewaltige Taten bekannt machen und auch die Pracht und Herrlich-
keit seines Königreiches. 13 Dein Königreich ist ein ewiges Reich, deine Herr-
schaft besteht jetzt und in allen künftigen Generationen. 14 Der HERR stützt
alle, die zu fallen drohen, und alle Gebeugten richtet er wieder auf. 15 Erwar-
tungsvoll blicken die Augen aller Lebewesen auf dich, und du gibst ihnen ihre
Speise zur rechten Zeit. 16 Du öffnest freigebig deine Hand und sättigst alles,
was lebt, mit deinen guten Gaben. 17 Der HERR ist gerecht in all seinem Han-
deln und gütig in all seinen Taten. 18 Nahe ist der HERR denen, die zu ihm
rufen, allen, die ihn aufrichtig anrufen. 19 Er erfüllt das Sehnen und Wünschen
derer, die Ehrfurcht vor ihm haben; er hört, wenn sie um Hilfe schreien, und
rettet sie. 20 Der HERR behütet alle, die ihn lieben, aber die ihn missachten,
vernichtet er. 21 Aus meinem Mund soll das Lob des HERRN erklingen, alle
Menschen sollen seinen heiligen Namen immer und ewig preisen.

LIEBE IN VIELEN FACETTEN. Die Liebe Gottes ist viel umfassender und reicher, als wir meinen. Es gibt die universale Liebe Gottes zu allem, was er geschaffen hat (V. 8). Mit seiner erlösenden Liebe begegnet Gott allen, die er rettet. Auf eine andere, intensivere Weise ist er allen nahe, „die ihn aufrichtig anrufen“ und „Ehrfurcht vor ihm haben“ (V. 18.19). Ohne diesen rettenden Glauben sind wir auf ewig verloren (V. 20). Und schließlich gibt es die sehnsuchtsvolle, suchende Liebe Gottes zu allen, die bedrückt, gefallen, am Ende sind. „Der Herr stützt alle, die zu fallen drohen, und alle Gebeugten richtet er wieder auf“ (V. 14). Es wäre ein Fehler, zu sagen, Gott liebe alle Menschen gleich, und es gäbe niemanden, den Gott nicht liebt. Gottes Liebe ist so schön und strahlend und facettenreich wie ein Diamant.

***Gebet:** Herr, weil du es bist, der uns ernährt und versorgt, hat jede menschliche Tätigkeit wie Landwirtschaft, Kochen und Stricken große Würde. Durch sie liebst du deine Schöpfung. Hilf mir, diese Würde in allem Tun zu erkennen, damit ich auch die einfachsten Dinge zu deiner Ehre tue. Amen.*

1 Halleluja! Lobe den HERRN, meine Seele! 2 Ich will den HERRN loben
mein Leben lang, für meinen Gott singen und musizieren, solange ich bin.
3 Verlasst euch nicht auf Mächtige, nicht auf irgendeinen Menschen, bei dem
doch keine Hilfe zu finden ist! 4 Wenn er den letzten Atem aushaucht, so
wird er wieder zu Erde, und am selben Tag ist es vorbei mit all seinen Plänen.
5 Glücklich zu preisen ist, wer den Gott Jakobs zum Helfer hat, wer seine
Hoffnung auf den HERRN, seinen Gott, setzt, 6 auf ihn, der Himmel und
Erde erschaffen hat, das Meer und alles, was darin lebt, auf ihn, der für alle
Zeiten die Treue hält. 7 Den Unterdrückten verschafft er Recht, den Hun-
gernden gibt er Brot. Der HERR befreit die Gefangenen, 8 der HERR öffnet
die Augen der Blinden, der HERR richtet Gebeugte auf, der HERR liebt
Menschen, die seinen Willen tun. 9 Der HERR behütet die Fremden, Wai-
sen und Witwen stärkt und erhält er; aber den Weg derer, die ihn verachten,
macht er zu einem Irrweg. 10 Auf ewig herrscht der HERR als König, dein
Gott, Zion, jetzt und in allen künftigen Generationen. Halleluja!

LOB FÜR GERECHTIGKEIT. Die letzten Psalmen im Psalter sind alles Lob- und Freudenpsalmen. Das besagt, dass „die Psalmen eine Miniatur unserer Geschichte als ganzer sind, die in ungebrochenem Segen und Glück enden wird".[131] Es mag lange dauern, vielleicht ein ganzes Leben lang, aber jedes Gebet, das sich auf Gott und die Welt einlässt, wie sie wirklich sind, wird am Ende im Lobpreis enden. Dieser spezielle Psalm preist Gott, weil er Recht und Gerechtigkeit garantiert. Er sorgt für die Armen, Hungrigen, Gefangenen, körperlich Gebrechlichen, seelisch Ermüdeten, für Immigranten und alleinerziehende Eltern (V. 7-9). Sie liegen ihm so sehr am Herzen, dass er selbst ein hilfloser Säugling wurde, der in eine arme und verfolgte Familie hineingeboren wurde. Preis sei Gott!

***Gebet:** Herr, ich danke dir, dass dir so viel an uns liegt, dass du klein, schwach, verletzlich und sterblich geworden bist und am Ende gestorben bist, um die Forderungen der Sünde an die Gerechtigkeit zu erfüllen. Heute an Weihnachten preise ich dich für dieses Geschenk, für das ich kaum Worte finde. Amen.*

1 Halleluja! Gut ist es, für unseren Gott zu singen, ja, schön ist solch ein Lob-
gesang, ihm allein gebührt er! 2 Der HERR selbst baut Jerusalem wieder auf;
er sammelt die unter die Völker zerstreuten Israeliten wieder in ihrem Land.
3 Er schenkt denen Heilung, die ein gebrochenes Herz haben und verbindet
ihre schmerzenden Wunden. 4 Er bestimmt die Anzahl der Sterne, sie alle
spricht er mit Namen an. 5 Groß ist unser Herr und reich an Kraft, seine
Weisheit ist unermesslich. 6 Der HERR hilft den Unterdrückten auf; die sich
gegen ihn auflehnen aber erniedrigt er, bis sie am Boden liegen. 7 Stimmt für
den HERRN ein Danklied an, spielt für unseren Gott auf der Zither! 8 Er
überzieht den Himmel mit Wolken und sorgt für Regen auf der Erde. Auf
den Bergen lässt er das Gras sprossen; 9 dem Vieh gibt er sein Futter, auch den
jungen Raben, die danach rufen. 10 Ihn beeindruckt nicht die Stärke des Pfer-
des, er freut sich auch nicht über die Muskeln des Kämpfers. 11 Gefallen hat
der HERR an denen, die ihm mit Ehrfurcht begegnen und voller Zuversicht
darauf warten, dass er seine Güte zeigt.

ER BESTIMMT DIE ZAHL DER STERNE. Bis heute ist es der Wissenschaft noch nicht gelungen, die Zahl der Sterne zu bestimmen. Aber Gott kennt ihre Zahl, er kennt sogar ihre Namen (V. 4, vgl. Jes 40,26). Hiob spricht vom Schöpfungstag, an dem „die Morgensterne miteinander jubelten und alle Söhne Gottes jauchzten“ (Hiob 38,7). Psalm 19 sagt uns, wenn wir den Klang nicht unterdrücken, können wir noch immer hören, wie die Sterne ihren Schöpfer besingen. „Und du, der Nächte Zierd’ und Trost und all das strahlend’ Heer, verbreitet überall sein Lob in euerm Chorgesang.“[132] Und diesem unermesslich großen Gott macht es Freude, es bereitet ihm wirklich Entzücken und Glück, wenn Menschen ihre Hoffnung auf seine Güte und sein Erbarmen setzen (V. 11). Wie groß ist unser Gott!

***Gebet:** Herr, ich staune, dass ich dir Freude machen kann. Und deine Freude an mir schwankt nicht, je nachdem, wie ich mich verhalte. Nein, sie ist unveränderlich, weil ich zu Christus gehöre, in ihm lebe (Eph 1,3.4). Lass mich jeden Tag damit beginnen, mir klarzumachen: „In den Augen des Einzigen, der im Kosmos wirklich zählt, bin ich liebenswert.“ Amen.*

12 Rühme den HERRN, Jerusalem! Lobe deinen Gott, Zion! 13 Denn er hat
die Riegel deiner Tore gut befestigt, hat die Kinder in deiner Mitte gesegnet.
14 Er ist es, der innerhalb deiner Grenzen Frieden schenkt und dich mit dem
besten Weizen sättigt. 15 Er sendet seinen Befehl zur Erde, aufs schnellste läuft
sein Wort, um auszurichten, was er befahl. 16 Er lässt den Schnee fallen wie
Wollflocken, den Reif streut er aus wie weiße Asche. 17 Den Hagel wirft er als
eisige Brocken herab – wer kann der Kälte, die er kommen lässt, standhalten?
18 Dann wieder gibt er einen Befehl und bringt alles zum Schmelzen, er lässt
seinen Tauwind wehen, und sofort rinnt überall das Wasser. 19 Sein Wort hat
er den Nachkommen Jakobs verkündet, seine Ordnungen und Rechtsbestim-
mungen gab er dem Volk Israel. 20 Das hat er in dieser Weise für kein ande-
res Volk getan; nein, seine Rechtsbestimmungen kennen die anderen Völker
nicht. Halleluja!

LOBPREIS UND GEHORSAM. Ein kleiner Junge ließ seine Spielsachen draußen liegen und lief ins Haus, um Klavier zu üben. Was er übte, waren Choräle. Als die Mutter rief, er solle seine Spielsachen wegräumen, sagte er: „Ich kann jetzt nicht; ich singe gerade Loblieder für Jesus." Die Mutter erwiderte: „Loblieder nützen nichts, wenn man ungehorsam ist."[133] Gott freut sich nicht nur an unseren dankbaren oder lobenden Worten; er freut sich an Menschen, die sein Gesetz befolgen (V. 19.20; V. 11). Wenn wir emotionale Highs aus einem Lobpreisgottesdienst mitnehmen, aber nicht bereit sind, zu tun, was Gott sagt, dann benutzen wir ihn, ohne uns ihm zu schenken. Christen sind durch den Glauben gerettet, nicht durch Gesetzesgehorsam; aber das Gesetz zeigt uns, wie wir dem, der uns aus Gnade erlöst hat, gefallen, wie wir ihn lieben und ihm ähnlich werden können.

Gebet: *Herr, ein einwandfreies Verhalten ohne freudige Anbetung oder überschwänglicher Lobpreis ohne Gehorsam gegen dich in allen Lebensbereichen – beides sind Zerrbilder vom Christsein. Ich bin schon auf beiden Seiten vom Pferd gefallen, das bekenne ich dir. Halte mich auf rechtem Kurs, Herr. Dir überlasse ich mich ganz, mein Leben, meinen Verstand, Wille und Gefühle. Amen.*

1 Halleluja! Lobt den HERRN vom Himmel aus, lobt ihn in den Himmels-
höhen! 2 Lobt ihn, ihr alle seine Engel, lobt ihn, ihr himmlischen Mächte!
3 Lobt ihn, Sonne und Mond, lobt ihn, alle leuchtenden Sterne! 4 Lobt ihn,
alle Himmel und ihr Wasser über dem Himmelsgewölbe! 5 Loben sollen sie
alle den Namen des HERRN; denn er gab einen Befehl, und sogleich wurden
sie geschaffen. 6 Er stellte sie an ihren Platz für immer und ewig; er gab ihnen
eine feste Ordnung – und keins von ihnen überschreitet sie.

DAS LOB DER SCHÖPFUNG. Alles, was Gott geschaffen hat, jubelt ihm Lob und Dank entgegen. Der Lobpreis beginnt in den Himmelshöhen (V. 1-4). Er erklingt von Sonne, Mond und Sternen (V. 3), durch Wolken und Regen (V. 4). Die zweite Hälfte des Psalms wird die Meerestiere erwähnen, Berge, Bäume, Landtiere und fliegende Vögel (V. 7-10). Sie alle ruft der Psalmist zum Lobpreis für Gott auf – ebenso wie die Bewohner der Erde (V. 11-13). Der Bibelleser weiß, dass die nichtmenschliche Schöpfung bereits voll ist vom Gotteslob. Die ganze Natur besingt Gottes Herrlichkeit; nur wir Menschen erwischen ständig den falschen Ton. Die Frage ist: Wie können wir in den großen Schöpfungsgesang wieder einstimmen?

Gebet: *Herr, wenn ich dich loben möchte, spüre ich, wie falsch ich singe, dass ich ein sehr ungeübter Musiker bin. Bitte, „stimm mein Herz auf deine Gnade“[134] – durch die Wahrheit deines Wortes und durch deinen Geist, der mein Herz bewegt. Amen.*

7 Lobt den HERRN von der Erde aus, ihr großen Ungeheuer im Meer und
ihr Wassertiefen! 8 Lobt ihn, Schnee und Hagel, Feuer und Rauch, du Sturm-
wind, der seinen Befehl ausführt! 9 Lobt ihn, ihr Berge und alle Hügel, ihr
Fruchtbäume und all ihr hohen Zedern; 10 ihr Tiere der Wildnis und Vieh
jeder Art, ihr Kriechtiere und alles, was Flügel hat. 11 Lobt ihn, ihr Könige
der Erde und alle Völker, ihr Herrscher und sämtliche Richter auf Erden;
12 junge Männer und junge Frauen, die Alten gemeinsam mit den Jungen!
13 Sie alle sollen den Namen des HERRN loben, denn sein Name allein ist
hoch erhaben; seine Herrlichkeit erstreckt sich über Erde und Himmel. 14 Er
hat seinem Volk aufs Neue Stärke und Macht verliehen und schenkt so allen,
die ihm treu sind, großes Ansehen. Sie sind sein Volk Israel, und ihnen ist er
nahe. Halleluja!

LOBPREIS VEREINT. Extreme Gegensätze finden im Lobpreis Gottes zueinander (V. 10-12): wilde Tiere und Könige, Alt und Jung, Felsen und Bäume. Wie kann der Mensch in diese Musik einstimmen? „Er hat seinem Volk aufs Neue Stärke und Macht verliehen“ (V. 14), er hat ihm einen starken Befreier geschickt. Das Evangelium sagt uns, dass Jesus dieser Befreier ist (Lk 1,69). Wenn unsere Seele durch Gottes Gnade anfängt, Gott zu preisen, kommen wir auch mit dem Rest des Universums in Einklang, das ebenfalls Gottes Lob singt. Unsere erlösten Stimmen steuern ihren ureigenen Klang zur großen Gesamtharmonie bei, zu einer überwältigenden Schönheit. Das Gotteslob verbindet uns auch untereinander. Hier ist „das einzige potenzielle Band zwischen den Extremen der Menschheit: freudige Versunkenheit in Gott.“[135] Preis sei Gott!

Gebet: *Herr, verherrliche dich vor der Welt und wirke mit deiner Macht, um die Extreme der Menschheit in der Gemeinde Jesu Christi zu vereinen. Schaffe Einheit zwischen Rassen, Klassen, Geschlechtern, Völkern – Einheit im Lobpreis. Du hast dieses gute Werk bereits begonnen, vollende es nun auch in Jesus Christus. Amen.*

1 Halleluja! Singt dem HERRN ein neues Lied, singt für ihn ein Loblied in
der Gemeinde derer, die ihm treu sind! 2 Israel möge sich freuen über seinen
Schöpfer, die Bewohner von Zion sollen jubeln über ihren König. 3 Seinen
Namen sollen sie beim Reigentanz besingen, mit Pauke und Zither für ihn
spielen. 4 Denn der HERR hat Gefallen an seinem Volk, die Demütigen rettet
er und bringt sie so zu Ehren. 5 Alle, die ihm treu sind, sollen jubeln, denn
er schenkt ihnen hohes Ansehen, auch noch in der Nacht mögen sie ihn laut
rühmen auf ihren Lagern. 6 Ein Loblied auf Gott erklingt aus ihrem Mund,
und ein zweischneidiges Schwert halten sie in der Hand, 7 um Vergeltung zu
üben an den Nationen, Strafe zu vollstrecken an den Völkern; 8 um deren
Könige mit Ketten zu binden und ihre Würdenträger in Fesseln aus Eisen zu
legen. 9 Auf diese Weise sollen sie an ihnen Gottes Urteil vollstrecken, wie es
in seinem Gesetz aufgeschrieben ist. Eine Ehre ist dies für alle, die ihm treu
sind. Halleluja!

DAS LOBLIED DER ERLÖSTEN. Gottes Volk preist Gott, weil er es zu seinem Volk gemacht hat (V. 2.3) und weil er ihm Würde verleiht und Freude an ihm hat (V. 3.4) – auch wenn es das nicht verdient (V. 4). Mit diesem Wissen im Hinterkopf sind wir in die Welt gesandt, um Gottes Sache voranzubringen. Für Israel hieß das, tatsächlich Krieg gegen die Völker zu führen, die Gott ablehnten (V. 6-9). Aber das Schwert der Christen ist das Evangelium des Wortes Gottes, das die Schutzmauern der Herzen gegenüber dem Evangelium durchtrennt (Hebr 4,12). Wir siegen durch das Blut Christi und durch unser Zeugnis darüber, was er in unserem Leben getan hat (Offb 12,11). Was uns zu dieser Aufgabe befähigt, ist die Freude am Evangelium und das Wissen, wie angesehen und geliebt wir in Jesus Christus sind (V. 5).

Gebet: *Herr, „nimm die Füße, mach sie flink, dir zu folgen auf den Wink. Nimm die Stimme, lehre mich reden, singen nur für dich; nimm, o Herr, die Lippen mein, lege deine Worte drein.“*[136] *Amen.*

1 Halleluja! Lobt Gott in seinem Heiligtum, lobt ihn im Himmelsgewölbe, das
seine große Macht zeigt! 2 Lobt ihn für seine gewaltigen Taten, lobt ihn, denn
seine Größe ist unermesslich! 3 Lobt ihn mit Hörnerschall, lobt ihn mit Harfe
und Zither! 4 Lobt ihn mit Pauke und Reigentanz, lobt ihn mit Saiteninstru-
menten und Flötenspiel! 5 Lobt ihn mit hell tönenden Zimbeln, lobt ihn auch
mit tief schallenden Zimbeln! 6 Alles, was atmet, lobe den HERRN! Halleluja!

EINE EWIGKEIT VOLL LOBPREIS. Die Psalmen sind schlussendlich eine Miniatur des Lebens. Jede denkbare Erfahrung muss schließlich in Lobpreis münden, wenn wir sie im Gebet vor den Gott bringen, der wirklich da ist. Unser Schuldbekenntnis führt zur Freude der Vergebung. Klagen führen uns dazu, uns tiefer in Gott zu beheimaten und unser Glück nur von ihm zu erwarten. Wenn wir Gott auf vollkommene Weise preisen könnten, würden wir ihn auch auf vollkommene Weise lieben, und dann wäre auch unsere Freude vollkommen. Der neue Himmel und die neue Erde sind vollkommen, weil alles und jeder Gott so verherrlicht, wie es sein soll, und ihn deswegen auf ewig genießt. Psalm 150 lässt uns also einen Blick tun in diese unvorstellbare Zukunft. Loben wir ihn also an allen Orten (V. 1), für alles (V. 2), auf jede Weise (V. 3-5). „Alles, was atmet, lobe den Herrn!“ (V. 6)

Gebet: *„Herr, der du mir schon so viel gabst, gib eines noch – ein Herz voll Dank … Nicht dankbar nur, wenn's mir gefällt, als sei dein Segen spärlich, krank. Nein, jeder Puls, Herr, sei ein Dank.“*[137] *Amen.*

Danksagung

Als wir gebeten wurden, ein Andachtsbuch zu schreiben, dachten Tim und ich sofort an die Psalmen. Dazu hatte er jahrzehntelang Material gesammelt, es würde also ein Kinderspiel, stimmt's? So etwas sollte man nie sagen!

In einem gesundheitlich schwierigen Jahr für mich, einem beruflich herausfordernden Jahr für Tim, in das auch noch der Tod unseres Freundes David fiel, dem dieses Buch gewidmet ist, war Tim schon im Verzug, als er mit dem Schreiben begann. Das erste Manuskript war unglückseligerweise schrecklich – jede Seite so überladen mit Informationen und Gedanken, dass es, wie ich meinem Mann mit Bedauern sagte, so konzentriert war wie japanische Haiku-Gedichte.

Das erste Manuskript verschwand in der Versenkung, ein zweites entstand, aber unser Lektor Brian Tart lehnte es ab – zu Recht, denn auch das war noch zu komplex und nicht verständlich genug.

Inzwischen waren wir ziemlich verzweifelt (ich war eingesprungen, um zu helfen), aber schließlich vereinfachten wir alles und es entstand die Version, die Sie jetzt in Händen halten. In bestimmter Hinsicht war es sehr schwierig, dieses Buch zu schreiben – aber es war zugleich auch ein Buch, das uns am Herzen lag. Und im Rückblick müssen wir sagen: Es ist das persönlichste und privateste von allen Büchern, die Tim bisher geschrieben hat.

Als das Manuskript fertig war, haben wir uns angesehen und gesagt: „Was machen wir jetzt bloß, wenn wir nicht mehr fünfzehn Stunden am Tag in den Psalmen verbringen?" Die Antwort ist wohl: Wir beginnen noch mal von vorn mit einem Psalm oder Psalmabschnitt pro Tag – so wie jeder andere auch.

Allen, die uns auf vielfältige Weise beim Schreiben (und Schreiben und Schreiben) dieses Buchs unterstützt haben, gilt unser herzlicher Dank: Ray und Gill Lane, die uns in ihrem Bed-and-Breakfast-Hotel im Lake District, England, beherbergt haben; Lynn Land und Jane und Brian McGreevy in Charleston; Janice Worth in Florida und Louise Mitwood.

Besonders herausstellen möchte Tim, wie viel er für dieses Buch Derek Kidner verdankt, der bereits verstorben ist. Sein Psalmenkommentar war in den letzten vierzig Jahren Tims wichtigste Ressource, um den Psalter zu verstehen. Kidners Kommentar ist im Blick auf seine Weisheit und geistliche Sprachfertigkeit unübertroffen und das Feingespür des Autors für die Nuancen dieser Dichtung ist wunderbar und war uns weniger geschulten Lesern eine enorme Hilfe. Tim möchte außerdem zwei weitere Psalmenkommentare empfehlen: Alec Motyer (in The New Bible Commentary: 21stCentury Edition) und Tremper Longman (in der Reihe Tyndale Old Testament Commentaries). Trempers Kommentar ist besonders hilfreich im Blick darauf, die Psalmen vom Neuen Testament und vom Evangelium her zu lesen. Motyers Werk ist kurz und prägnant und randvoll mit Einsichten wie Goldkörner. Alle drei Autoren zeichnet ihr seelsorglicher Ansatz und eine christozentrische Perspektive aus, die ihre Werke für jeden, der das meiste aus dem Lesen der Psalmen herausholen möchte, unverzichtbar macht.

Dank schulden wir auch unseren Kindern und Enkeln, die dafür sorgten, dass wir auch noch im wirklichen Leben verankert waren: David, Jen und Charlotte; Michael, Sara, Lucy und Kate; Jonathan, Ann-Marie und das Keller-Baby, das noch einen Namen bekommen muss.

Danken möchten wir auch unserem Agenten David McCormick, der die Gabe der Ermutigung besitzt. David, du bist einfach der Beste.

Und unser Dank gilt Gott, der uns beide in seiner Weisheit für diese Monate in die Psalmen eintauchen ließ, um unsere Liebe zu ihm und zueinander zu vertiefen und uns einen Ausblick auf das Land geschenkt hat, auf das wir zugehen: unsere wahre Heimat.

„Mitsammen ziehen wir den Weg, der in den Westen führt
ins Land, das unser beider Herz zur Ruhe bringt und rührt.“[138]

Anmerkungen

EG = **Evangelisches Gesangbuch (verschiedene regionale Ausgaben. Angegebene Lieder finden sich alle im Stammteil).**

1 Gordon Wenham, *The Psalter Reclaimed: Praying and Praising with the Psalms* (Crossway, 2013), 16.

2 Johannes Calvin, *Commentary on the Psalms*, elektronische Ausgabe, Albany, Or: Ages Software 1998, zu Psalm 20,1.2.

3 Athanasius, *Brief an Marcellinus über die Erklärung der Psalmen (Epistula ad Marcellinum) 30*, Bibliothek der Kirchenväter, 1 Serie, Band 29, Kempten 1875. https://www.unifr.ch/bkv/kapitel3956-29.htm, Zugriff am 27.04.2017.

4 Alec Motyer, *A Christian's Pocket Guide to Loving the Old Testament* (Rosshire, Scotland: Christian Focus, 2015), 97.

5 Ebd., 34.

6 Ebd., 26. Wenham legt anhand der „Sprechakt"-Theorie dar, warum das Rezitieren und Beten der Psalmen eine Erfahrung ist, die uns verwandelt.

7 Eugene Peterson, *Answering God: The Psalms as Tools for Prayer* (Harper San Francisco, 1989), 5-6.

8 Derek Kidner, *Psalms 1–72: An Introduction and Commentary* (Leicester, England: InterVarsity Press, 1973), 53.

9 John Newton, „Approach, My Soul, the Mercy Seat", *Olney Hymns* (London: W. Oliver, 1779), Nr. 12.

10 Ulrich A. Leupold 1969 nach dem Suaheli-Lied „Mfurahini, Haleluya" von Bernhard Kyamanywa 1966 (EG 160).

11 Jürgen Henkys 1990 (nach Anders Frostenson 1968).

12 C. S. Lewis, „The Weight of Glory" (Predigt in der Kirche St. Mary the Virgin, Oxford, 8. Juni 8 1942), Text verfügbar unter : http://www.verber.com/mark/xian/weight-of-glory.pdf, Zugriff am 27.04.2017.

13 Johann Hermann Crüger, „Herzliebster Jesu", 1630, Str. 3.

14 Kidner, *Psalms 1–72*, 111.

15 C. S. Lewis, „Das Gewicht der Herrlichkeit", in: ders., *Das Gewicht der Herrlichkeit und andere Essays* (Basel: Brunnen, 2005), 107.

16 Kidner, *Psalms 1–72*, 140.

17 Kidner, *Psalms 1–72*, 128.

18 Tom LeCompte, „The Disorient Express", *Air and Space*, September 2008, http://www.airspacemag.com/military-aviation/the-disorient-express-474780, Zugriff am 27.04.2017.

19 C. S. Lewis, *Das Gespräch mit Gott* (Gießen: Brunnen, 2016), 105.

20 George Herbert: *Poems*. Ins Deutsche nachgebildet von Wolfgang Kaussen. (Frankfurt/M.: S.P.Q., 2001), 62f.

21 Kidner, *Psalms 1–72*, 155-156.

22 Ebd. 158. S. auch Sinclair B. Ferguson, *The Whole Christ: Legalism, Antinomianism, and Gospel Assurance: Why the Marrow Controversy Still Matters* (Wheaton, IL: Crossway Books, 2016).

23 C. S. Lewis, „Das Gewicht der Herrlichkeit“, a.a.O., 104.

24 Der Zusammenhang dieses Psalmabschnitts mit den zitierten Stellen aus 2Kor ist hier aufgenommen in Anlehnung an Kidner, *Psalms 1–72*, 169-170.

25 Newton, „How Sweet the Name of Jesus Sounds“, Str. 5.

26 Paul Gerhard, „Lobet den Herren“, 1653, Str. 3 (EG 447).

27 Justus Gesenius, „Wenn meine Sünd mich kränken“, 1646, Str. 1 (EG 82).

28 Kidner, *Psalms 1–72*, 157.

29 Aus John Newton, „We Were Once as You Are“, in *The Works of John Newton*, Bd. 3.

30 Kidner, *Psalms 1–72*, 179.

31 Isaac Watts, „O God Our Help in Ages Past“, deutscher Text unter https://www.lds.org/music/library/hymns/o-god-our-help-in-ages-past?lang=deu, Zugriff am 20.04.2017.

32 C. S. Lewis, *Perelandra* (New York: Macmillan, 1965), 121-122. Dt: Ausgabe: *Perelandra* (Moers: Brendow, 2013).

33 J. R. R. Tolkien, *Die Wiederkehr des Königs* (Stuttgart: Klett-Cotta, 2000), 237.

34 Kidner, *Psalms 1–72*, 207.

35 Johann Mentzer, „O dass ich tausend Zungen hätte“, 1704, Str. 2 (EG 330).

36 Alec Motyer, „The Psalms“, in *The New Bible Commentary: 21st Century Edition*, hg. v. D. A. Carson u. a.. (Downers Grove, IL: Intervarsity Press, 1994), 523.

37 Tremper Longman, *Psalms: An Introduction and Commentary* (Downers Grove, IL: IVP Academic, 2014), 242.

38 Kidner, *Psalms 1–72*, 227.

39 Kidner, *Psalms 1–72*, 252.

40 Paul Gerhard, „Ich singe dir mit Herz und Mund“, 1653, Str. 17. (EG 324).

41 Paul Gerhard, „Befiehl du deine Wege“, 1653; Str. 4. (EG 361).

42 Kierkegaard, Søren, *Die Reinheit des Herzens: Eine Beichtrede.* (München: Chr. Kaiser, 1924).

43 C. S. Lewis, „Ein Wort über den Lobpreis“ in: *Das Gespräch mit Gott* (Gießen: Brunnen 2016), 106.

44 J. J. R. Tolkien, *Die zwei Türme* (Stuttgart: Klett-Cotta, 2000), 362.

45 Kidner, *Psalms 1–72*, 238.

46 Siehe George Herbert, „Time“, in *George Herbert: The Complete English Poems*, Hg. John Tobin, (London: Penguin Books, 1991), 114.

47 Kidner, *Psalms 1–72*, 263.

48 John Newton, „Letter VII to the Reverend Mr. R________“, in *The Works of the Reverend John Newton* (New York: Robert Carter, 1847), 337.

49 Kidner, *Psalms 1–72*, 28.

50 C. S. Lewis (Hg.), *George MacDonald: An Anthology* (New York: HarperCollins Paperback, 2001), 44.

51 Nach Paul Gerhard, „Ich singe dir mit Herz und Mund“, 1653, Str. 1 (EG 324).

52 Elisabeth Elliot, in David Howard, „The Intrepid Missionary Elisabeth Elliot“, *Wall Street Journal*, June 25, 2015.

53 Motyer, „Psalms", in Carson, *New Bible Commentary*, 530.

54 John Newton, *Letters of John Newton* (London: Banner of Truth Trust, 1960), 179.

55 Nach Thomas Cranmer, „Collect for the Fifth Sunday After Trinity", Barbee and Zahl, *Collects of Thomas Cranmer*, 78.

56 Helen H. Lemmel, „Turn Your Eyes Upon Jesus", 1922.

57 Augustinus von Hippo, *Bekenntnisse*, Zweites Buch, Kapitel 4 bis 8.

58 Augustinus von Hippo, *Bekenntnisse*, Viertes Buch, Kapitel 11. https://www.unifr.ch/bkv/kapitel66-10.htm, Zugriff am 27.04.2017.

59 Nach George Herbert, „Joseph's Coat", in Tobin, *George Herbert*, 137.

60 *Elisabeth Elliot, „Epilogue II", in Through the Gates of Splendor*, (Tyndale, 1996), 267.

61 Ludwig Helmbold, „Von Gott will ich nicht lassen", 1563, Str. 3 (EG 365).

62 Siehe Longman, *Psalms*, 242: „Mit dem Kommen Jesu gab es keinen Bedarf mehr für einen besonderen heiligen Ort, denn in Jesus war Gott selbst gegenwärtig (Joh 1,14). Und nach seiner Himmelfahrt sandte er den Heiligen Geist, der unter uns wohnt."

63 Nach Thomas Cranmer, „Collect for the First Sunday After Trinity", in Barbee and Zahl, *Collects of Thomas Cranmer*, 70.

64 Johann Scheffler, „Ich will dich lieben, meine Stärke", 1657, Str. 4 (EG 400).

65 Philipp Spitta, „Bei dir, Jesu, will ich bleiben", 1833, Str. 1 (EG 406).

66 Derek Kidner, *Psalms 73–150: An Introduction and Commentary* (Downers Grove, IL: InterVarsity Press, 1975), 324-325.

67 Kidner, *Psalms 73–150*, 327.

68 Longman, *Psalms*, 52.

69 *Der kürzere Westminster Katechismus von 1647*: Frage 1: „Was ist das höchste Ziel des Menschen? A.: Das höchste Ziel des Menschen ist, Gott zu verherrlichen und sich für immer an ihm zu erfreuen.", http://files.feedplace.de/kvetterli/Kleiner%20Westminster%20Katechismus.pdf, Zugriff am 27.04.2017.

70 Kidner, *Psalms 73–150*, 313.

71 Johann Scheffler, „Liebe, die du mich zum Bilde", 1657, Str. 5 (EG 401).

72 John Newton, „Glorious Things of Thee Are Spoken", Hymnus nach Psalm 87, *Olney Hymns.*

73 Nach Liselotte Corbach, „Herr, lass deine Wahrheit uns vor Augen stehn", 1953, Str. 1 („Gemeindelieder", Oncken Verlag, 406).

74 Arno Pötzsch, „Du kannst nicht tiefer fallen als nur in Gottes Hand", 1941, Str. 2 (EG 533).

75 Christian Fürchtegott Gellert, „Herr, stärke mich, dein Leiden zu bedenken", 1757, Str. 4 (EG 91).

76 George Herbert, „Avarice", Tobin, *George Herbert*, 70.

77 Kidner, *Psalms 73–150*, 374.

78 Charles Wesley, „Jesus, Lover of my Soul", Str. 4.

79 Kidner, *Psalms 73–150*, 380.

80 Kidner, *Psalms 73–150*, 349.

81 Christian Fürchtegott Gellert, „Wie groß ist des Allmächt'gen Güte“, 1757, Str. 3 (EG 609).

82 Johann Ludwig Konrad Allendorf, „Herr, habe acht auf mich“, 1726, Str. 2 („Gemeindelieder“, Oncken Verlag, 337).

83 Cornelius Friedrich Adolf Krummacher, „Stern, auf den ich schaue“, 1857, Str. 1 (EG 407).

84 David Denicke, „Nun jauchzt dem Herren, alle Welt“, Str. 1 und 6, 1646 (EG 288).

85 Kidner, *Psalms 73–150*, 359.

86 Motyer, „Psalms“, in Carson, *New Bible Commentary*, 551.

87 Samuel Rutherford, *The Letters of the Rev. Samuel Rutherford* (New York: Robert Carter and Brothers, 1863), 40 und 166.

88 Motyer, „Psalms“, in Carson, *New Bible Commentary*, 552.

89 Jonathan Edwards [1722], The „Miscellanies“: (Eintrag Nr. a-z, aa-zz, 1-500) (WJE Online Vol. 13), Eintrag a) „Of Holiness“. Edwards beschreibt hier eine häufige Erfahrung im geistlichen Leben: Wenn wir von ganzem Herzen das Lob Gottes singen, spüren wir, dass auch Berge, Meere und Bäume „singen“ (Psalm 19,1-5).

90 Walter Chalmers Smith, „Immortal, Invisible God Only Wise“, 1867, Str. 4.

91 Vilhelm Vischer, „Wie herrlich gibst du, Herr, dich zu erkennen“, 1944; Str. 1 (EG 271).

92 Zitiert aus einer Vorlesung von Elisabeth Elliot am Gordon-Conwell-Seminar 1974, die wir (Tim und Kathy Keller) gehört haben.

93 Isaac Watts, „When I Survey the Wondrous Cross“, Str. 3.

94 Ebd., Str. 4.

95 *Superman Returns* (2006), Warner Bros. Pictures, Regie: Bryan Singer.

96 Paul Gerhard, „Ich steh an deiner Krippen hier“, 1653, Str. 2 (EG37).

97 David Lapp, „Do Scary Statistics Change People's Behavior?“, *Family Studies*, 16. Juni 2015, https://ifstudies.org/blog/do-scary-statistics-change-peoples-behavior, Zugriff am 27.04.2017.

98 Dieses Problem kann nicht in einer kurzen Fußnote diskutiert werden. Als Einstieg in die Problematik lesen Sie bitte: Tremper Longman und Daniel G. Reid, „When God Declares War“, *Christianity Today*, October 28, 1996, und Tremper Longman, „The God of War“, *Christianity Today*, May 1, 2003.

99 In der NGÜ ist V 4b wiedergegeben mit: „Sie fanden keinen Ort, wo Menschen wohnten.“

100 In der NGÜ ist V 7b wiedergegeben mit: „… und so fanden sie einen bewohnten Ort.“

101 Kidner, *Psalms 73–150*, 418-419.

102 Charles Wesley, „And Can It Be?“, Str. 4, dt. Übersetzung Christoph Klaiber (vgl. auch in anderer Übersetzung in „Ich will Dir danken: Lieder für die Gemeinde“, Hänssler 1991, 32).

103 Kidner, *Psalms 73–150*, 420.

104 „Wovor wir hier zurückschrecken ist nicht die Tatsache, dass [David] betet, sondern der Realismus, der sich in seinem Gebet ausspricht. Wenn unser behag-

liches Leben durch irgendeine kleine oder große Feindseligkeit gestört wird, raffen wir uns auf und beten: ‚Herr, hilf mir meine Feinde zu lieben, wie Jesus es gelehrt hat, und bitte, regele die Angelegenheit für mich.‘ Der Psalmist war realistischer: Wie wird Gott ‚die Angelegenheit regeln‘ – außer auf die Weise, die er in seinem Wort offenbart hat? Falsche Zeugen sollen selbst erfahren, was sie anderen antun wollten (5Mo 19,16-19, vgl. V. 2 mit V. 6); Ungehorsame haben auf Erden keinen Bestand (5Mo 4,1; vgl. V. 8); Sünder bringen Unheil über ihre Nachkommen (2Mo 34,7, vgl. V. 9-12). Wenn wir uns aus diesem Realismus mit allgemeinen Bitten heraushalten, wo der Psalmist es wagt, mit biblischem Realismus zu beten, sollten wir zumindest wissen, was wir tun. Allerdings ist unser Zurückschrecken verständlich und steht im Einklang mit der Mahnung des Paulus, dass Zorn zwar gerecht sein kann, aber doch nah an Sünde herankommt (Eph 4,26). J. L. McKenzie (*American Ecclesiastical Review*, III, 1944, 81-96) fragt, ob ‚die Fluchpsalmen deswegen kein Beispiel sind, nicht etwa weil sie ein geringeres Maß an Perfektion besitzen, sondern weil sie zu erhaben sind … als dass wir sie ohne Gefahr imitieren könnten.‘“ Motyer *„Psalms“*, in *New Bible Commentary*, Hg. Carson et al., 551.

105 John Newton, „Father, Forgive Them“, *Olney Hymns.*

106 Friedrich Rückert, „Dein König kommt in niedern Hüllen“, 1834, Str. 2. (EG 14).

107 Ray Bradbury, *Das Böse kommt auf leisen Sohlen*, dt. zuerst 1969, später Zürich, diogenes, 1981. Meine Beschreibung hier orientiert sich an der Filmversion *‚Something Wicked this Way Comes‘* (1983), die in einigen Punkten vom Buch abweicht. Ein Zitat von W. B. Yeats ist der englischen Ausgabe des Romans vorangestellt: „Der Mensch ist verliebt und er liebt das Vergängliche.“ Vergleichen Sie das mit den Aussagen von Psalm 115 über die Götzen.

108 Johann Ludwig Konrad Allendorf, „Herr, habe acht auf mich und reiß mich kräftiglich“, 1726, Str. 1, (z. B. in „Gemeindelieder“, Oncken Verlag, 337).

109 Kidner, *Psalms 73–150*, 409.

110 Cornelius Becker, „Ich will, solang ich lebe“, 1602, Str. 1 („Gemeindelieder“, Oncken Verlag, 59).

111 Cyriakus Spangenberg, „Wir wollen alle fröhlich sein“, 1568, Str. 3 (EG 100).

112 Ich folge hier der Interpretation von Motyer, „Psalms“, in Carson, *New Bible Commentary*, 565.

113 Von James Moffatt (schottischer Theologe, 1870–1944), zitiert nach Kidner, *Psalms 73–150*, 421.

114 Johann Scheffler, „Ich will dich lieben, meine Stärke“, 1657, Str. 4 (EG 400).

115 Motyer, „Psalms“, in Carson, *New Bible Commentary*, 569.

116 J. Newton und Richard Cecil, *The Works of John Newton*, Bd. 1 (London: Hamilton, Adams, 1824), 141.

117 George Herbert, „The Holy Scriptures (1)“, in Tobin, *George Herbert*, 52.

118 Motyer, „Psalms“, in Carson, *New Bible Commentary*, 570.

119 V. 120 ist nach SLT wiedergegeben.

120 Timothy Ward, *Words of Life: Scripture as the Living and Active Word of God* (Downers Grove, IL: IVP Academic, 2009), 177.

121 Johann Olearius, „Herr, öffne mir die Herzenstür“, 1671, Str. 2 (EG 197).

122 Herbert, „Holy Scriptures (1)“, in Tobin, George Herbert, 52.

123 Tremper Longman, *How to Read the Psalms* (Downers Grove, IL: InterVarsity Press, 1988), 44-45; see also Kidner, *Psalms 1–72*, 43.

124 Kidner, *Psalms 73–150*, 430.

125 Frances R. Havergal, „Take My Life", Str. 5 und 6. Dt.: „Nimm mein Leben, Jesu, dir übergeb ich's für und für" von Dora Rappard (Jesus unsere Freude, Gemeinschaftsliederbuch, Brunnen Verlag, 448).

126 Paul Gerhard, „Sollt ich meinem Gott nicht singen", 1653, Str. 1 (EG 325).

127 Ernst Christoph Homburg, „Jesu, meines Lebens Leben", 1659; Str. 5 (EG 86).

128 Paul Gerhard, „Ist Gott für mich, so trete gleich alles wider mich", 1653, Str. 4 und 5 (EG 351).

129 George Herbert, „The Sacrifice", in Tobin, *George Herbert*, 29-30.

130 Philipp Spitta, „Bei dir, Jesu, will ich bleiben", 1829, Str. 3 (EG 406).

131 Kidner, *Psalms 73–150*, 483.

132 Joseph Haydn, *Die Schöpfung, Nr. 30.*

133 Wir (Tim und Kathy Keller) haben diese Geschichte in einer Vorlesung von Elisabeth Elliott am Gordon-Conwell-Seminar 1974 gehört.

134 Robert Robinson, „Come Thou Fount of Every Blessing", 1757, Str. 1.

135 Kidner, *Psalms 73-150*, 488.

136 Frances R. Havergal, „Take My Life and Let It Be", 1874, Str. 2 und 3. Dt.: „Nimm mein Leben, Jesu, dir übergeb ich's für und für" von Dora Rappard (Jesus unsere Freude, Gemeinschaftsliederbuch, Brunnen Verlag, 448).

137 George Herbert, „Gratefulness", in Tobin, *George Herbert*, 114.

138 J. R. R. Tolkien, *Die zwei Türme* (Stuttgart: Klett-Cotta, 2000), 95.